Jörg-Peter Findeisen

Gustav Adolf von Schweden

Jörg-Peter Findeisen

Gustav Adolf von Schweden

Casimir Katz Verlag

CIP-Titelaufnahme der Deutschen Bibliothek

Jörg-Peter Findeisen:
Gustav Adolf von Schweden: Der Eroberer aus dem Norden
Gernsbach: Katz, 2005
ISBN 3-938047-08-9

Überarbeitete Taschenbuchausgabe

Umschlaggestaltung: Jörg Schumacher, Casimir Katz Verlag
Satz und Druck: Ebner & Spiegel, Ulm
ISBN 3-938047-08-9

Inhalt

Vorwort

Breitenfeld und Lützen, Warschau und Lund sind nur einige jener illustren Namen der schwedischen Militärgeschichte, blutige Schlachten, bekannt bis in unsere Tage, erlebbar in vielen Geschichtsbüchern. Im 17. Jahrhundert errang Schweden als militärische Großmacht europäische Bedeutung. Diese Entwicklung mit glanzvollen Siegen, der Herrschaft über weite Teile des Ostseeraums und gewaltigem Landbesitz außerhalb der Grenzen des mittelalterlichen Schwedens ist ein bemerkenswerter Zeitabschnitt in der Geschichte dieses skandinavischen Staates.

Die Großmachtperiode Schwedens ist eng verbunden mit seinen Heeren und Kriegerkönigen, undenkbar auch und vor allem ohne Gustav II. Adolf. Dessen Statuen stehen in vielen schwedischen Städten. Sie erinnern ebenso an zentraler Stätte mancher deutscher Gemeinde an dessen Eingreifen in den großen europäischen Krieg auf dem Boden unserer Vaterlandes. Aber auch Böhmen und Schlesien, selbst Landschaften Österreichs litten unter den schwedischen Eroberern.

Es war Schwedens populärster Historiker des 19. Jahrhunderts, der »Vater« der modernen schwedischen Historiographie, der seinerzeit Schwedens Geschichte auf einprägsame Art bilanzierte. Die schwedische »Nation folgte ihren Gustaven und Karlen zu Siegen, zu Ehren, bis an den Rand des Untergangs.« Er, so dieser Historiker, werte das ohne Lob oder Tadel. Er wolle nur ausdrücken, dass er verstanden habe, die Geschichte des schwedischen Volkes ist »die Geschichte seiner Könige« (B: Geijer, Svenska folkets, III, 373). Eine merkwürdige Einstellung, zweifellos, aber dennoch nennen einige dortige Geschichtswissenschaftler Erik Gustav Geijer noch heute den »schwedischen Ranke«, verweisen auch heutige Uppsalaer Historiker stolz auf das Geijer-Monument im Zentrum dieser ältesten schwedischen akademischen Lehr- und Forschungsstätte.

Es ist natürlich ein faszinierendes Argument, so recht geeignet als Motto für eine Biographie über eine der populärsten Herrschergestalten dieses nordischen Staates in der deutschsprachigen Welt. Da bleibt allerdings ein ungutes Gefühl, noch verstärkt, weil jene Glorifizierungen dieses Königs auf dem deutschen Buchmarkt schon Legion sind. Sei es, dass sie aus protestantisch-jubelnder Feder, manchmal auch nordisch-germanischem Rassedünkel erwachsen sind oder einfach nur als Produkt rechtshistorischer Würdigungen entstanden unter der Rubrik »Der Große«, der »Adelsdemokrat«, Herrscher im Zeichen des »Rechts«, Gegner absolutistischer Strukturen.

Zwar hat noch im beginnenden 20. Jahrhundert auch in Schweden einer der vielgelesenen Historiker, Carl Grimberg – auch seine Bücher füllen dort Regale – , vor allem gerade wegen dieser Hervorhebung der Könige Geijer den größten schwedischen Historiker genannt. Doch kann auch eine solche Berufung, vielleicht ein Verstecken hinter so treffenden, passenden Argumenten, berechtigte Zweifel am Fazit des großen Mannes aus Uppsala nicht ausräumen.

Tatsächlich führte beispielsweise Karl XII. das schwedische Volk an den »Rand des Untergangs«. Und er tat das ganz im Geiste Gustavs II. Adolf, dessen Eroberungen er leidenschaftlich verteidigte, dem er sich besonders verbunden fühlte. Es scheint dennoch der Gedanke überzeugender: Trotz der erwähnten »Abgründe« überlebten die Menschen in Schweden auch diese Katastrophe in der Geschichte des Königreichs. Sie zwangen ihre späteren Könige, andere Wege zu gehen.

So bleibt Geijers Aussage bestenfalls eine Momentaufnahme. Es lässt sich nicht leugnen, die Geschichte Schwedens ist vor allem die seiner Menschen. Hier haben die Könige ihren Platz, auch Gustav II. Adolf. Einige von ihnen leisteten Bemerkenswertes, schrieben auch deutsche und europäische Geschichte, und auch hier wiederum vor allem Gustav II. Adolf. Das ist Grund genug, seinen Stellenwert in der schwedischen und europäischen Geschichte zu erfragen, an der Seite, inmitten seines Volkes.

Das mag für Gustav II. Adolf schwer und gleichermaßen leichter sein, zählt er doch auch und gerade in Deutschland zu den bekanntesten Herrschergestalten. Ein Wagnis bleibt es dennoch, sollen Antworten in einer Kurzbiographie gefunden werden. Hier kann nur eine Annäherung versucht, auf wenigen hundert Buchseiten ein so erfülltes Leben, Geschichte rund um die Ostsee, im Baltikum, in Polen und Russland bis tief nach Süddeutschland hinein berichtet werden. Einige biographische Notizen, in gebotener Kürze, so möchten Autor und Verlag ein breites historisch interessiertes Leserpublikum ansprechen.

Besonderer Dank erwächst den Mitarbeitern der Universitätsbibliothek Sundsvall, die mir während meiner Gastprofessur an der Universität für Mittelschweden so überaus freundlich die benötigte Literatur besorgten, oft auf eine mehr als unbürokratische Art, eben »schwedisch« im wahrsten Sinne eines »beglückenden Wortes«. Insbesondere fühle ich mich aber einem schwedischen Freund, Herrn Bibliothekar Örjan Bergman von der Landesbibliothek Norrköping, verpflichtet. Er erschloss mir auf eine höchst bemerkenswerte Weise die Finspång-Sammlung, unterstützte mich bei der Suche nach antiquarischer Literatur. Ohne seine Hilfe wäre vieles nicht erfasst worden. Danke Örjan!

Vorwort zur neuen, veränderten Auflage

Es war eben gerade Lützen, wo ich am 5. September 1998 anlässlich der bevorstehenden 350. Wiederkehr des Westfälischen Friedens über Gustav II. Adolf sprechen durfte. Ein Platz, der einen Schwedenhistoriker freudig bewegen muss, durfte doch erwartet werden, dass hier, wo der »Löwe aus dem Norden« nicht nur in der musealen Erinnerungsstätte am Rande der Stadt nahezu überall gegenwärtig scheint, viele, sehr viele Zuhörer kommen würden.

Das Thema war glänzend gewählt, verband Konfliktbewältigung damals und heute mit dem aktuellen Bosnienproblem, vereinte in einer »Gesprächsrunde« Sachsen-Anhalts damaligen Regierungschef, Dr. Reinhard Höppner, mit dem Bosnienexperten Hans Koschnik, dem früheren Bürgermeister Bremens, dem schwedischen Bischof Bengt Wadensjö aus Karlstad und einem bekannten Gustav-Adolf-Experten der Universität Lund, – ja, und ich durfte auch dabei sein . . .

Es wurde ein spannender Abend. Rasch zeigte sich, dass viele der dortigen Bürger nicht nur gut informierte Kenner aktuellster Konfliktlinien waren, sondern ihnen die Ereignisse des 6./16. Novembers 1632 wohl vertraut schienen, manche sich »ihrem guten alten Schweden« höchst verbunden wussten. Nicht, das ich religiöse Gefühle verletzen wollte oder Schwedens großes Kriegergenie allzu modern und ahistorisch wertete, zum Eklat kam es dennoch. Lützens evangelischer Prediger hatte wohl bereits meinen Untertitel »Der Eroberer aus dem Norden« nicht ertragen können, glaubte laut und erregt seinen Protest äußern zu müssen. Gustav II. Adolf sei in erster Linie als Glaubenskämpfer zu verstehen, sei gekommen, um den Protestantismus in Deutschland zu retten, eine ältere, sehr traditionelle Auffassung. »Das Gustav Adolf nur wegen der Religion gekommen sei, glaube nicht einmal ich«, so Hochwürden Wadensjö leise auf Schwedisch neben mir . . . Gut, vielleicht habe ich den Geistlichen aus dem Südwesten Schwedens nicht ganz richtig verstanden. Aber ein anderer Mann der Evangelisch-Lutherischen Kirche, eben Dr. Höppner, suchte den Lützener Pfarrer mit dem Argument zu beschwichtigen, man habe in Schweden natürlich eine ideologische Begründung für das Eingreifen Schwedens in den großen europäischen Krieg und die künftige Großmachtrolle gebraucht. Im Übrigen sehe auch er ähnlich wie die Mehrheit der modernen Historiker Schwedens die machtpolitischen Zielstellungen der seinerzeit führenden Kräfte in Stockholm als das Wesentliche. Eine Wertung, die Hans Koschnik ebenfalls teilte, der sich Sverker Oredsson, mein Lunder Kollege auch verband. Richtig geholfen hat es mir dennoch nicht. Mein einheimischer »Opponent« wollte und konnte wohl nicht über die Brücke gehen. Schade, denn genau das wollte und möchte ich auch heute noch nicht: Gefühle verletzen. Eine Überarbeitung bedeutet aber für mich auch jetzt nicht, historische Überzeugungen aufzugeben. Selbstverständlich war Gustav II. Adolf ein gläubiger Lutheraner, auf jeden Fall ein überzeugter Christ. Aber natürlich wusste ein so kluger Politiker wie er auch, dass es unter seinen Gegnern neben Heuchlern auch Katholiken gab, denen ihr Bekenntnis äußerst wichtig war und blieb. Und diese wiederum kannten die politischen Zielsetzungen des Schwedenkönigs nur zu gut. Sie wussten im Übrigen ebenso, dass selbst tief überzeugte Lutheraner die Landung der schwedischen Armee unter Gustav II. Adolf nicht gerade glücklich begrüßten. Das eben verpflichtet den Historiker, nach Motiven zu suchen, Prioritäten zu setzen. So muss es auch weiterhin bei dem Beisatz bleiben: Der Eroberer aus dem Norden.

Inzwischen sind einige neue bemerkenswerte Forschungsergebnisse publiziert worden, in Deutschland ebenso wie in Gustav II. Adolfs Mutterland. Sie stützen zweifellos jene Erkenntnis, die den Schwedenkönig vor allem als Eroberer in den zahllosen Gefechten und Schlachten auf russischem, polnischem und deutschem Boden wertet. Für diese Überarbeitung wurde versucht, einzelne entsprechende Aussagen einzuarbeiten beziehungsweise sie weiter zu verfolgen, eigene Schlüsse daraus zu formulieren. Und es versteht sich von selbst, das manche frühere eigene Aussage klarer gefasst wurde, kritische Anmerkungen zu älteren Gustav-Adolf-Biographien deutlicher markiert werden konnten.

Trier, 12. 05. 2005
Jörg-Peter Findeisen

Einleitung

Noch heute servieren schwedische Bäckereien, wenigstens jene, die sich heimischen Traditionen verpflichtet wähnen, in allen größeren Orten des Landes an jedem 6. November das Gustav-Adolf-Backwerk. Das ist eine herrliche Süßigkeit, gewöhnlich mit einem schokoladengegossenen Silhouettenkopf des Königs verziert, unverkennbar der berühmte spitze Knebelbart. Und ebenso unverrückbar bleibt für Zeitungen und Fernsehen unseres nördlichen Nachbarn die Schlacht bei Lützen, Gustavs II. Adolf Tod, an dieses Datum gebunden. Just an diesem Tag treffen sich jedes Jahr gläubige Lutheraner aus Deutschland, Finnland und Schweden in der kleinen, nicht heizbaren Kapelle am Rande der Walstatt von 1632. Sie gedenken fröstelnd auf ihre Weise des »Retters des Protestantismus«. Eine Formel, an die jene glauben wollen, noch immer wohl auch ein wenig dem Geiste verpflichtet, der bis heute den Todestag zehn Tage vor das astronomische reale Datum verlegt, dem Julianischen Kalender geschuldet. Damals hielt die protestantische Welt noch unbeirrt an dieser Datierung fest, verwarf den modernen, stimmigen Gregorianischen Kalender als katholische Zumutung, »papistisches Irrwerk«. Es wird wohl so bleiben, auch wenn die heutigen Schweden mit Sommerzeit und sonstigen Zeitangaben sehr europäisch rechnen.

Im Lande der Mitternachtssonne war man erst Ende November 1699 nach längeren stürmischen Debatten übereingekommen, die Differenz zwischen beiden Kalendern durch eine allmähliche Annäherung auszugleichen. Sie waren wahrlich nicht immer so friedfertig, diese Nordländer, heute eher bedacht, wahrlich überlegte Demokraten, damals gelegentlich auch mehr als hitzig streitend. Dass man sich gegen Ende des stürmischen Jahrhunderts scheinbar endlich einigte, war ein Kompromiss. Er zielte auf Zeitgewinn, da die Diskussionen, die Reibereien, in Schweden auch jetzt noch nicht wirklich entschieden schienen. Tatsächlich wurde auch nur 1700 das Reformvorhaben umgesetzt. So rechnete man die Zehn-Tage-Differenz bis 1711 weiter. Dann bestimmte König Karl XII. aus dem fernen türkischen Bender per Dekret, dass erneut zur julianischen Zählweise zurückgegangen werden solle. So rechnete man in Schweden ergeben den Februar 1712 mit 30 Tagen. Man stimmte erst 1753 für den Anschluss an den

Gregorianischen Kalender, hielt aber an allen historischen Datierungen eisern fest.

Alle deutschen Biographen Gustavs II. Adolf haben daher überlegen müssen, wie sie datieren wollten. Vor allem die Historiker der älteren protestantischen Geschichtsschreibung entschieden sich für die »schwedische Zählung«. Noch unlängst – 1985 – haben sich der Westdeutsche Felix Berner, der ostdeutsche evangelische Publizist Alfred Otto Schwede – nomen est omen – einige Jahre vorher für das »schwedische« Rechnen durchgerungen. Marcus Junkelmann hat kürzlich nach einer möglichst »befriedigenden Lösung« gesucht, alle Ereignisse »innerhalb Schwedens und seines unmittelbaren Machtbereichs im Ostseeraum« im »alten Stil« nummeriert, die internationalen Ereignisse modern aufgelistet (G: Junkelmann, 7), salomonisch, aber dennoch verwirrend. Wo endet der Ostseeraum, wächst über in die »internationale Welt«, wie hält es der Leser mit dem Geschehen tiefer in Mecklenburg und Pommern?

Hier – auch und vor allem der Tradition folgend, in der Gustav II. Adolf als eigentlicher »Held« dieser Darstellung aufwuchs, siegte und fiel – wurde konsequent wie zu seiner Zeit auf die Julianische Zeitrechnung zurückgegriffen. Bekannte – im Süden Deutschlands gebräuchliche – Datierungen sind umgerechnet, eine Zeittafel an das Buchende gefügt, beide Zählweisen gegenübergestellt. So ist hier der 6. November »julianisch« dem »gregorianischen« 16. November beigefügt. Der Leser wird es schon »richten« – in beiderlei Bedeutung. Den Kenner bedrücken ohnehin kaum Schwierigkeiten, zu bekannt sind doch die meisten Datierungen, Eckpunkte unserer Geschichte.

Natürlich wendet sich diese Biographie auch an Fachleute, will schwedische und deutsche Gustav-Adolf-Spezialisten anregen, manchmal auch herausfordern, sucht den Meinungsstreit. Dieser Versuch versteht sich aber auch und besonders als Sachbuch für Geschichtsstudenten, Geschichtslehrer, Historiker anderer Sachgebiete und die vielen historisch Interessierten. Es scheint, als sei dieser bedeutende Kriegerkönig trotz skeptischer Reden mancher Kollegen der historisierenden Zunft im deutschsprachigen Raum wohl noch immer breiter verankert als möglicherweise in Schweden.

Nie werde ich wohl jene Fernsehschau in Stockholm Anfang der achtziger Jahre vergessen, das auch in Schweden übliche Frage- und Antwortspiel vor der Kamera. Damals waren es zwei populäre Journalisten, laut und herzlich durch das geladene Publikum begrüßt, Strahlemänner, die sich lächelnd dem Moderator stellten, selbstbewusst, Könner offenbar. Überraschend die Antwort auf die Frage, welcher prominente schwedische König auf einem ausländischen Schlachtfeld fiel ... »Den första Bernadotten – Der erste Bernadotte«!

Vielleicht hat es König Karl XVI. Gustav, der derzeit »amtierende Bernadotte«, nicht hören müssen. Ich jedenfalls reagierte verärgert mit einem ganz sicher auch nicht sonderlich stimmigen, mehr als übertriebenen Kopfschütteln, die richtige Antwort wüsste in Deutschland jedes Schulkind. Seither suchte ich wissbegierig herauszufinden, warum dieser Herrscher den Schweden von heute offensichtlich weniger als den Deutschen bedeutet. Eine kürzlich in Schweden, wenig später auch in Deutschland veröffentlichte Untersuchung über die Geschichtsschreibung zu Gustav II. Adolf weiß eine interessante Erklärung. Der einstigen Glorifizierung des Herrschers in Schweden sei heute »Verlegenheit« gewichen. Man frage sich dort, unangenehm berührt, ob man so Peinliches wie Not und Elend, durch schwedische Eroberer den Deutschen angetan, nicht besser vergessen solle. Viele heutige Schweden verneinen kategorisch jeden Grund, stolz auf diesen König zu sein. »Das Trauma« liege weniger darin, »dass Schweden einmal Großmacht war«, Gustav II. Adolf dabei wesentliche Bedeutung zukam. Es sei vielmehr, »dass Generationen von Historikern davon gesprochen haben, was Schweden während dieser Zeit an Großem und Gutem geleistet hätte« (A: Oredsson, Gustav Adolf, 236).

Ganz sicher eine einleuchtende Erklärung, weitere Argumente ließen sich finden. Eine längere Periode der Geschichtsverdrossenheit der Schweden aber neigt sich offenbar jetzt dem Ende entgegen. Gerade gegenwärtig greifen junge und ältere Leser verstärkt wieder nach Büchern zu Zäsuren schwedischer und europäischer Geschichte, wollen wissen, was Schweden dort taten. Es bleibt zu hoffen, dass auch solche Journalisten, die bisher der Geschichte weniger Bedeutung beimaßen, vielleicht auch nach dieser, einer deutschen Wertung Gustavs II. Adolf greifen. Autor und Verlag jedenfalls verstehen dieses Buch als einen Beitrag zur gemeinsamen deutsch-österreichisch-schwedischen Geschichte, der Auseinandersetzung mit unseren Traditionen.

In Schweden jedenfalls streitet man wieder. Der 350. Jahrestag der Schlacht bei Lützen 1983 war der Leibrüstkammer im Stockholmer Stadtschloss Verpflichtung und Bedürfnis, die Persönlichkeit Gustavs II. Adolf in einem attraktiven Bildspiel zu würdigen. Das missfiel auch manchen der dortigen Geschichtslehrer. Sie kritisierten eine Glorifizierung des Herrschers in den traditionellen Formen als »Glaubensstreiter«, »Retter des Protestantismus«, »royalistisch romantisierend, unwahr«, so eine besonders scharfe Äußerung. Man lüge in der Leibrüstkammer. Gustav II. Adolf lebe »auf einem sechs Meter breiten Tuch und mit Hilfe von neun synchronisierten Projektoren« wieder als der »gottesfürchtige Heldenkönig aus dem Norden«, der seinerzeit »edelmütig in den Krieg zog, um unsere reine lutherische Lehre gegen die Katholiken zu verteidigen«. Kein Wort sei verloren worden über »die Grausamkeiten der schwedischen Söldnerarmee«. Man berichte nicht, dass 1630 die 40 000 Soldaten die schwedischen Bauern »9,5 Millionen Taler« kosteten, 1632 die »Bauern hier zu Hause« für die 200 000 Söldner nur noch 2,2 Millionen aufbringen mussten, »der Rest von den deutschen Bauern und Bürgern geplündert wurde«. Solcherart pflege man »erneut den Gustav-Adolf-Mythos, mit dem Generationen schwedischer Schulkinder gemästet wurden«. Wieder sollten Zitate belegen, der damaligen Religionspropaganda entnommen, dass der Papst »eine römische Hure« sei, die »Kröten ausspucke«. Das Volk leide und hungere, »opfere sich aber . . . für die große Sache«, folge seinem König bereitwillig (Z: Bengtsson, Dagens Nyheter).

Andere reagierten auf solche Anwürfe, verteidigten die Verantwortlichen der Ausstellung. Sie glaubten betonen zu sollen, gerade jene Kritiker nationaler Geschichtsschreibung seien es, die für die »katastrophale Situation des Faches Geschichte an den Schulen Schwedens« verantwortlichen zeichneten. Es dokumentiere jenes bedauerliche Erbe der »Kritikaster der sechziger Jahre«. Sie hätten die Geschichte als Verherrlichung der Könige Schwedens, einseitige Beschränkung auf Hofgeschichte verunglimpft, »gegen ein volksverankertes Geschichtsbewusstsein« gewirkt (Z: Ohrlander, Zetterholm, Dagens Nyheter).

So ging es weiter, steigerten sich die Kontrahenten in den bedeutendsten Tageszeitungen Schwedens. Die führenden Historiker des Landes aber schwiegen. Wenigstens meldeten sie sich nicht in der Presse zu Wort, überließen den Publizisten das »Feld«. Lützen war offenbar nicht ihr Kampfplatz. Enttäuschend das, vielleicht auch eine Erklärung für die möglicherweise gerade damals verbreitete Unkenntnis, den Irrtum der königlichen Aussteller, unterstellt man nicht wissentliche Fälschung. Das aber erscheint unwahrscheinlich in einem Land, wo seit langem Wahrheitssuche als wichtigstes Gebot der

Wissenschaft gilt. Auch das eine Antwort auf die Frage, warum tatsächlich ein so tradiertes überlebtes Bild Gustavs II. Adolf viele Besucher der Leibrüstkammer abstieß.

Hatten die Professoren und Lektoren der Universitäten und Hochschulen des Landes sich anderen Problemen zugewandt, war es »wirklich so schwer einzugestehen, dass es reiner und nackter Imperialismus war, der jene leitete, die während der Großmachtperiode herrschten«? Ist es das »auch noch nach 300 Jahren«, lautete eine interessante Frage (Z: Bengtsson, Dagens Nyheter). Ganz in diesem Sinne will auch dieses Buch Argumente und Fakten zusammentragen, aus deutscher Sicht Antworten wagen. Dabei interessiert auch hier die Suche nach den Motiven Gustavs II. Adolf, Schwedens Grenzen vorzutreiben, neue abzustecken, seinen Staat weit entfernt, tief in Europa »verteidigen« zu wollen. Es geht um Probleme, die uns heute noch bewegen, weil es kaum eine deutsche Landschaft gibt ohne Erinnerungen an den »Großen Krieg« des 17. Jahrhunderts. Auch viele deutsche Historiker scheiden sich in Befürworter und Gegner des schwedischen Krieges und seines obersten Feldherrn.

In Schweden beschloss die große Tageszeitung »Dagens Nyheter« die damalige Diskussion mit dem Resümee, der »pädagogische Schlüssel zur Geschichte sind Persönlichkeiten und Ereignisse. Unsere Aufgabe ist, die Geschichte lebendig zu machen und das kann nur dann geschehen, wenn wir die Gesichter aus der Geschichte hervortreten lassen – auch die der Könige« (Z: Dagens Nyheter). Ein wunderbares Bild, so recht geeignet für die Einstimmung in eine Biographie Gustavs II. Adolf.

Gustav II. Adolf und kein Ende. Einige kriminaltechnische Untersuchungen 360 Jahre nach dessen Tode bei Lützen

Vor einigen Jahren beherrschte in großformatigen Bildgestaltungen und umfangreichen Textpassagen nahezu alle bedeutenden schwedischen Tageszeitungen und einige wissenschaftliche Zeitschriften ein längst vergessenes Thema: Gustavs II. Adolf Tod bei Lützen, jener historisch bedeutsamen Schlacht auf deutschem Boden zwischen dem schwedischen Großmachtherrscher und Wallenstein. Die Journalisten formulierten erneut die uralte Frage, wie der protestantische Kriegerkönig aus dem fernen Norden mitten im Kampfgetümmel starb. Doch diesmal war ein Heer von Kriminaltechnikern, Biomedizinern, Museologen rekrutiert. Ihnen stand einer der bedeutendsten Fotografen unserer Tage zur Seite, keimte berechtigte Hoffnung, endgültige Antworten zu finden.

Nun sind Analysen dieser Art keineswegs neu in der Geschichte Schwedens. Schon immer haben sie es genauer wissen wollen, die Menschen dort oben jenseits der Ostsee. Bereits 1746 hatten sie das erste Mal in einer großen Untersuchung zu klären versucht, ob ihr Heldenkönig Karl XII. vor der norwegischen Festung Fredriksten durch einen Nahschuss eines Verschwörers aus den eigenen Reihen getötet wurde, wie es denn überall im Lande hieß, oder ob eine norwegische Kugel den neuerlichen Siegeszug des in mancher Hinsicht einzigartigen Schweden stoppte. Und noch einmal gut hundert Jahre später, 1859, hatte man erneut den Sarg geöffnet. Wiederum analysierten Anatomen den Schädeldurchschuss. Sie konnten aber auch diesmal das Für und Wider um den Tod Karls XII. nicht wirklich klären. Grund genug, 1917, nun schon mit den Mitteln einer moderneren Pathologie und Gerichtsmedizin, zum dritten Male zu fragen, aus welcher Richtung geschossen wurde. Die Experten diskutierten neuerlich höchst konträr Möglichkeiten und Grenzen damaliger Militärtechnik, schieden wiederum am Ende als Gegner oder Befürworter der Mordtheorie. Die nächste Untersuchung ist wohl nur eine Frage der Zeit und des Geldes.

Da waren die Widersprüche um den Tod Katharinas von Sachsen-Lauenburg in der Tat leichter zu deuten. Sicher ging es damals weniger um die deutsche Gemahlin Gustav Vasas, des berühmten Begründers des frühmodernen schwedischen Nationalstaates, als vielmehr um allgemein interessierende medizintechnische Fragen zum Gesundheitszustand der Schweden des 16. Jahrhunderts, als man im November 1945 die Gruft des Königs öffnete. Die Wissenschaftler beabsichtigten, die Skelette Vasas und seiner Gemahlinnen zu untersuchen, Krankheitsbilder des alten Herrschers zu bestimmen. Und dennoch konnte auch eine strittige Behauptung endgültig als Legende abgetan werden. Nein, Gustav I. hatte die junge Deutsche, Mutter seines Sohnes Erik, 1535 nicht mit einem Hammer in einem jener berüchtigten Anfälle von Jähzorn getötet, wie es die Feinde erzählten, aber wohl auch mancher Freund genauer wissen wollte. Der Schädel Katharinas wies keine entsprechenden Beschädigungen auf.

Und auch Sohn Erik, König in Schweden zwischen 1560 und 1568, war dem Staat noch 1958 eine gründliche Analyse wert. Diesmal ging es um eindeutige Beweise für einen Giftmord des Entthronten, hinter dem schon die Zeitgenossen den jüngeren Bruder und gewaltsamen Nachfolger, König Johan III., wähnten. Auch diesmal schieden sich im Übrigen die Geister. Wohl glaubte die Mehrheit der Experten die Vergiftung mit Arsenik ganz im Sinne der Legenden belegt. Einige äußerten dennoch Zweifel. Ähnliche Symptome, wie sie das Skelett Eriks XIV. aufwies, seien auch auf natürliche Ursachen zurückzuführen.

So gesehen wird man kaum umhin kommen, eine lange Tradition diesbezüglich mehr oder weniger erfolgreicher nachträglicher Geschichtsrekonstruktionen konstatieren zu müssen. Doch diesmal wollten die Forscher nicht nur wissen, wer geschossen hatte. Jetzt beherrschte die Techniker des Staatlichen Krimimaltechnischen Labors in Linköping und die Mediziner der Universität Uppsala vor allem die Frage, ob es möglich sei, Blut- und Pulverspuren noch nach mehr als 360 Jahren in Kleidungsstücken nachzuweisen. Konnte man sie sichtbar machen, eventuell gar gesicherte wissenschaftliche Analysen aus solchen Präparaten vorlegen?

Der Mehrheit der heutigen Schweden gilt König Gustav II. Adolf noch immer als der eigentliche Symbolträger für Schwedens Großmachtzeit. Sie verbinden mit seinem Namen eine Periode schwedischer militärischer Triumphe und den Gewinn umfangreicher Territorien rund um die Ostsee. Nicht wenige sehen im Geiste ihre Vorfahren hinter seinen Fahnen auf dem Weg tief hinein in den Kontinent Europa, im Schatten der Nürnberger Burg, in den Gassen Prags, auf den Straßen nach Wien, längs des Rheins, bis – ja, bis die Schüsse von Lützen das Schicksal Schwedens und Europas entscheidend änderten. So jedenfalls deuten viele Schweden ihre Geschichte, blicken Gruppen schwedischer Schüler ebenso wie reife Menschen in der Leibrüstkammer des Stockholmer Stadtschlosses in die großen Glasvitrinen mit den historischen Zeugnissen einer bewegten Zeit. Sie hören staunend, dass es der König selber war, der befohlen hatte, man möge seine blutigen Kleidungsstücke aus früheren Schlachten zur »ewigen Erinnerung« aufbewahren. Solches ordnete er an, lange bevor er in den deutschen Krieg marschierte, noch auf polnischem Boden, auch dort endlos kriegführend, schier unendliches Brennen, Schießen und Sterben (G: Schwede, 139).

Blut beinhaltet normalerweise Informationen über die Blutgruppe, die Erbeigenschaften und Krankheiten des Menschen. Konnte man diese »Daten« auch noch nach 360 Jahren abfragen? Fanden sich Schussspuren auf den Kleidungsstücken, konnte man so die Waffe bestimmen, herausfinden, ob es ein Nahschuss aus einer Reiterpistole war, eine verirrte Kugel aus einer Muskete? War es so möglich, den Todesschützen zu bestimmen? Darüber stritten bereits die wenigen Augenzeugen. Und manche vermuteten damals ein Mordkomplott, suchten die Anstifter überall. Einige glaubten sogar, die Spur führe nach Wien, vielleicht sogar ins verbündete Paris. In der Tat gewichtige Fragen, keineswegs nebensächlich für die Bestimmung historischer Komponenten im großen europäischen Machtkampf jener Jahre.

Nicht wenige Zeitgenossen waren 1632 überzeugt, der Schwede strebe nach der Kaiserkrone. Selbst in Kreisen des Stockholmer hochadligen Reichsrates fürchtete man solche Wünsche Gustavs II. Adolf, kalkulierte wohl auch in Paris eine derartige Entwicklung und die Folgen für Frankreich. Ein Alptraum für Kardinal Richelieu, so wenigstens glaubten es damals manche in wohlunterrichteten Kreisen im alten krisengeschüttelten Europa zu wissen. Grund genug für den großen Politiker, den historischen Werdegang in seinem, in Frankreichs Sinne zu ändern, den unbequemen Bundesgenossen auf diesem Wege zu stoppen, auf die eine oder andere wirkungsvolle Weise! Und so sprach man unmittelbar nach dem Geschehen an jenem schicksalsträchtigen nebligen Novembertag auf dem Schlachtfeld von Lützen von einer Verschwörung der Jesuiten, von Mordbefehlen Kardinal Richelieus. Natürlich sorgte der Franzose, die frühe Verkörperung des »Politikers« schlechthin, sofort dafür, dass sein laut beteuertes Bedauern überall bekannt wurde. Dieser König sei allein für Frankreich mehr wert gewesen als ganze Armeen, ließ er als persönliche Klage verbreiten. Manche wussten es dennoch besser. Sie kannten Auseinandersetzungen des Kardinals mit dem siegreichen Schweden, der keineswegs gewillt war, die Rolle eines Juniorpartners zu spielen. Immerhin, der Franzose pries später den Tod seines wichtigsten Alliierten als einen »Glücksfall«. Und als einer der mutmaßlichen Täter galt der Herzog Franz Albrecht von Sachsen-

Lauenburg, eine der schillernden Kriegerfiguren in diesem endlosen dreißigjährigen Töten und Sterben, heute fast vergessen, damals in aller Munde.

Einst hatte der Herzog gegen die Schweden gekämpft, war kaiserlicher Oberst gewesen, nun war er ins schwedische Lager gewechselt, stand Gustav II. Adolf nahe. Er hielt dennoch beständig Verbindungen zu Wallenstein, mit dem Wissen Gustavs II. Adolf zwar, wie man im schwedischen Führungskreis wusste. Unheimlich blieb er den meisten Offizieren trotzdem. Ein Abenteurer und Glückssucher, wie manche meinten, ein Agent des Kaisers, wie wenige es vorsichtig auszusprechen wagten, vielleicht gar ein bezahlter Mörder des Königs. Einigen der führenden schwedischen Köpfe war jedenfalls vertraut, dass Franz Albrecht ein halbes Jahr vorher, Ende April, nur knapp einer Verhaftung als geheimer kaiserlicher Unterhändler in Brandenburg durch den schwedischen Kommandanten der Festung Spandau entgangen war. Die alte Kurfürstenwitwe hatte sich für ihn verwendet, ein Gespräch des Herzogs mit dem Berliner Gesandten Gustavs II. Adolf vermittelt. Bei dieser Unterredung war die Rede auf ein Angebot Johann Georgs, des sächsischen Kurfürsten, gekommen, dem Sachsen-Lauenburger ein Kommando im sächsischen Heer anzutragen. Scheinbar empört bekannte Franz Albrecht, er halte die kaiserlichen Friedensangebote für Spiegelfechterei, wolle daher den Dienst wechseln. Schwedens Resident, Joachim Transehe, hatte daraufhin dem Herzog eifrig nahe gelegt, er, ein Lutheraner, solle sich den schwedischen Fahnen andienen, Gustav II. Adolf schätze ihn persönlich. Erstaunlich, dass Schwedens Reichskanzler den Lauenburger dennoch erst im Herbst in Nürnberg empfing, Gustav II. Adolf berichten konnte, dieser wünsche sich dem König anzuschließen. Axel Oxenstierna hatte dennoch vorsichtig geäußert, er wisse nicht, wie weit ihm zu trauen sei.

Ein Beweis für solchen Verrat, den heimtückischen Mord am König, als kaiserlicher Auftrag gar, war nicht zu erbringen. Aber nach Gustavs II. Adolf Tode diente der Lauenburger wenig später wieder dem Kaiser. Er war zwischendurch in die Wallensteinaffäre verwickelt, rettete sich aus dem kaiserlichen Kerker nur durch die Konversion zum Katholizismus, wie einige seiner Gegner behaupteten. Erneut wechselte Franz Albrecht den »Arbeitgeber«, wurde dann als sächsischer Befehlshaber und Bundesgenosse des Kaisers 1642 in Schlesien durch Schwedens neuen Feldherrn Lennart Torstensson besiegt und gefangen genommen. Dennoch behandelten ihn die Schweden zu keiner Zeit als mutmaßlichen Verräter. In der Tat eine faszinierende Geschichte – und die Fragen blieben bis heute!

So schien das große Experiment im Frühjahr 1991 mehr als nur die Antwortsuche auf die Fragen einiger interessierter Historiker.

Vergleichende Untersuchungen der Blutspuren auf den drei Hemden mit dem ebenfalls aufbewahrten sogenannten blutigen Leichentuch belegten den gleichen genetischen Code. Sie erlauben die eindeutige Antwort, es handele sich auch hier um Gustavs II. Adolf Blut. Weniger erfolgreich waren die Biomediziner in Uppsala bisher, aus den weißen Blutkörpern die Erbanlagen und damit bestimmte Krankheiten des Königs zu bestimmen.

Eine andere Gruppe von Technikern analysierte die Einschussstellen auf dem Lederkoller des Königs, auch dessen Geschichte ein kulturhistorisches Ereignis an sich. Hatte man dem toten König Hemden und Strümpfe gelassen, raubten seine Gegner doch Waffen, Stiefel, Sporen – und eben auch die feste Jacke aus Elchlederhaut. Als hochgeschätztes Beutestück hatte man das Kleidungsstück bis 1920 in der kaiserlichen Schatzkammer in Wien aufbewahrt, etwas nachlässig, zugegeben. Das Seidenfutter war ebenso verschwunden wie alle Knöpfe, auch hatte man es nicht für nötig befunden, den Rock zu reinigen. Aber das hatten auch die Schweden unterlassen, als Österreich 1920 das wertvolle Utensil als Dank für den Einsatz des Schwedischen Roten Kreuzes im Ersten Weltkrieg an den schwedischen Staat zurückgab. Und hier nun erwuchs eine reale Chance für die Kriminaltechniker in Linköping. Konnte man Pulverspuren an der Einschussstelle nachweisen, war sicher, dass Gustav II. Adolf durch einen Nahschuss fiel.

Tatsächlich hatten auch einige zeitgenössische Quellen berichtet, es sei der Oberstleutnant Moritz von Falkenberg vom kaiserlichen Reiterregiment Görtz gewesen, der plötzlich aus dem Nebel herangaloppierte. Er habe den Herrscher erkannt und den bereits stark aus einer Armwunde blutenden, geschwächten König mit einem Pistolenschuss in den Rücken tödlich verletzt. Kein Geringerer als der Herzog Bernhard von Weimar, der neue schwedische Oberbefehlshaber, hatte das wenig später in einer Schilderung des Geschehens so behauptet. Ähnlich notierte der Herzog Franz Albrecht von Sachsen-Lauenburg in seinem Tagebuch, der Monarch sei in seinen Armen erschossen worden. Aber der eine hatte es nur berichten gehört, rang mit seinen Einheiten selbst verzweifelt um jeden Meter Boden in diesem Moment; der andere galt vielen als mutmaßlicher Mordschütze.

Angeblich sollte er mit mehr als 300 Reitern feige vom Schlachtfeld geflohen sein, just in dem Augenblick, als der König fiel. So jedenfalls behaupteten es »Augenzeugen«, zweifelhafte zwar, offenbar solche, die sich selbst dazu ernannten. Ein »Schurkenstreich«, wie einer der Rittmeister im schwedischen Heer und dessen Leibknecht nach der Schlacht verkündeten. Doch hatte Gustavs II. Adolf Hofmeister Adam Heinrich Pentz am 22. November 1632 aus Erfurt an den schwedischen General Gustav Horn, der fern im Elsass kommandierte, aus eigenem Erleben berichten können. Er schrieb, im entscheidenden Augenblick seien nur noch der Herzog von Sachsen-Lauenburg, der Leibknecht Anders Jönsson, der Kammerjunker Truchsees – ein Franzose, sagen einige, ein fränkischer Adliger, so meinen die anderen, dürften wohl recht haben – und der Page Augustus von Leubelfing in unmittelbarer Nähe des Herrschers gewesen. Der kurze Zeit später gefundene, ebenfalls tödlich getroffene Leubelfing soll seinerseits einigen glaubwürdigen Zeugen auf dem Sterbebett in Naumburg seine Version berichtet haben. Das aber wissen wir wiederum auch nur aus dem Munde und der Feder des Vaters. Und wieder stoßen sich die Historiker an offenkundigen Widersprüchen, vielleicht Produkte einer ausufernden Phantasie, die Schilderung eines Geltungssüchtigen, möglicherweise die Fieberfantasien eines Sterbenden, kaum sicher zu entscheiden.

Der junge Mann wollte gesehen haben, dass ein feindlicher Kürassier Gustav II. Adolf in den Kopf geschossen habe, den König weitere Stiche und Schüsse trafen. Für Momente abgedrängt, konnte der Page dann wenig später seinen Herrn schwer verletzt am Boden liegend entdecken, dem offenbar noch reagierenden Herrscher anbieten, ihn auf ein Pferd zu heben. Der König sei jedoch für ihn zu schwer gewesen. Und dann wären weitere Kürassiere herangetrabt, hätten den Monarchen endgültig getötet. Eine doch recht merkwürdig anmutende Schilderung angesichts der schweren Verletzungen Gustavs II. Adolf.

Natürlich äußerte sich auch der große Kardinal in seinen Memoiren zum Tag von Lützen. Sich dort auf den Bericht des Kammerjunkers von Truchsees und auf ein Schreiben Bernhard von Weimars an den französischen Hof stützend, unmittelbar nach dem Geschehen von Lützen abgesandt, schrieb Richelieu ebenfalls Falkenberg den tödlichen Schuss in den Rücken zu. Er erwähnte Gustav Adolfs Sturz vom Pferd, Leubelfings Hilfsversuche, den zweiten Reiterangriff, neue Stiche und Schüsse. Dem Ausgeplünderten, noch Atmenden habe dann ein kaiserlicher Soldat noch in den Kopf geschossen, fast eine Bestätigung des Pagenrapports. Und doch bleiben auch hier Zweifel. Truchsees war im Getümmel von Gustav II. Adolf getrennt worden, dichter Nebel hinderte alle am Sehen, so jedenfalls räumte es auch Richelieu ein. Und auch das ist sicher: Der Kammerjunker informierte den Hofmarschall Bernholf von Crailsheim mitten im Kampfgewühl, er habe gesehen, der König sei verwundet worden.

Ein schwedischer Hofhistoriker hat wenige Jahre später nur sehr kurz berichten können, der verwundete Gustav II. Adolf habe den Herzog von Sachsen-Lauenburg gebeten, ihn aus dem Kampf zu bringen. Gleich darauf hätten jedoch kaiserliche Reiter beide entdeckt, geschossen, den König tödlich verletzt.

Einer derjenigen, die über besondere Informationsmöglichkeiten verfügten, Silvio Piccolomini, notierte in seinen Aufzeichnungen, man habe seinen Onkel, Octavio Piccolomini, Wallensteins erfolgreichen Reiterführer, zu dem bereits ausgeraubten, halbnackten Körper geholt. Der General sei jedoch unsicher gewesen, in dem Sterbenden tatsächlich den schwedischen König zu erkennen.

Andere, die glaubwürdigsten katholischen Quellen – im Übrigen auch hier viele Fehldeutungen, Unmöglichkeiten, wahrlich ein breites Panorama zweifelhafter Darstellungen – erwähnen den Pistolenschuss Falkenbergs. Hier wird unterstrichen, dass dieser Offizier kurz vor der Schlacht persönlich durch Gustav II. Adolf aus schwedischer Gefangenschaft freigegeben wurde. Es sei eine königliche Geste des Dankes an seinen berühmten protestantischen Vetter Dietrich von Falkenberg, den unbeirrbaren Verteidiger Magdeburgs, gewesen, Ironie des Schicksals zugleich. Wahrlich ein schlechtes Entgelt für majestätische Großmut, wie protestantische Historiker murrten, damit jedoch auch ausdrücklich jene Theorie einer Mordverschwörung ausschlossen, weder Richelieu noch den Kaiser hinter der Tat vermuten, den Sachsen-Lauenburger freisprechen möchten. Moritz von Falkenberg konnte niemand mehr befragen. Er lag selbst verblutet auf der Walstatt, einer der vielen, vielen Toten an diesem Novemberabend. Und niemand hielt es offenbar der Mühe wert, die Kürassiere aufzuspüren, die jenen Angriff ritten, ausführlich nachzufragen, gar ein Protokoll anzufertigen, Namen zu notieren. Zu hastig waren die kaiserlichen Truppen abgerückt. Sie verließen auch Leipzig bereits am folgenden Tage, räumten schnell auch Sachsen. So blieb wohl keine Zeit für weiteres zielgerichtetes Suchen. Nicht einmal Wallenstein selbst wusste in den nächsten Tagen mit Sicherheit zu antworten, ob

Gustav II. Adolf nur verwundet oder wirklich gefallen war, wie es der kaiserliche Generalissimus gehört hatte. Lediglich Gerüchte kursierten und lebten fort.

Es blieb in der Tat eine besondere Herausforderung für die schwedischen Kriminaltechniker. Konnte man also auch dann nicht exakt bestimmen, wer geschossen hatte, wenn man Pulverreste am Lederkoller finden sollte, blieb jedenfalls die Möglichkeit offen, der Herzog von Sachsen-Lauenburg habe sein Pistol in den Rücken seines obersten Kriegsherren gefeuert. Dann war möglicherweise die Geschichte der »Täterschaft« Falkenbergs doch pure Erfindung, Schutzschild der Verschwörer. In einem solchen Fall konnte aber doch ausgeschlossen werden, dass eine Musketenkugel aus größerer Entfernung tödlich wirkte. Französische und englische zeitgenössische Quellen wussten das zu berichten. Eine Untersuchung des Einschussloches im Lederkoller in den sechziger Jahren des 19. Jahrhunderts in Wien erbrachte damals die Bestätigung dieser Behauptung. Eine Musketenkugel, aus größerer Entfernung abgefeuert, konnte möglicherweise tatsächlich ein solches Loch reißen, meinten auch die schwedischen Experten des kriminaltechnischen Labors. Doch wusste man dort bereits, dass die kaiserlichen Kürassiere Reiterpistolen des Kalibers 15 mm benutzten, ein Nahschuss aus einer dieser Waffen ebenfalls solche Wunden und Löcher fetzte. Natürlich konnte man gleichzeitig nicht ausschließen, dass der Sachsen-Lauenburger als einstiger kaiserlicher Oberst selbst solche Reiterpistolen besaß. Doch sollte wahrscheinlicher sein, dass dieser Fürst seine eigenen kunstvoll verzierten Waffen bei sich trüge. Dann wäre die wahrscheinlichere Alternative doch ein kaiserlicher Schütze, könnte das Mordkomplott nahezu ausgeschlossen werden. Grund genug, nach Pulverspuren zu fahnden!

Ende des 19. Jahrhunderts wurde das Schwarzpulver durch moderne Pulvergemische ersetzt. Die heute genutzten Sorten hinterlassen im glücklichsten Falle Spuren, wenn die Waffe näher als fünf Meter am Zielobjekt abgefeuert wird. Dagegen ist die Wirkungsweise des Schwarzpulvers unbekannt. Möglicherweise hinterließ dieses gegebenenfalls deutlichere Zeichen, eine vage Vermutung nur, dennoch zugleich ein Hoffnungsschimmer angesichts der 360 Jahre alten Verschmutzungen.

Tatsächlich konnten Kalium und Schwefel nachgewiesen werden, also Schwarzpulver, wenigstens vermuteten die Männer in Linköping dies. Offen bleibt dennoch der Zeitfaktor. So dämpften die Fachleute selbst schnell die Erwartungen der Historiker. Man müsse kalkulieren, dass sich Schwarzpulver über die Jahrhunderte und aufgrund der Luftfeuchtigkeit verändere, absolut sichere Schlüsse nicht gewagt werden könnten. Doch glaube man jetzt relativ deutlich sagen zu können, alles spreche für einen Schuss aus einer kaiserlichen Reiterpistole. Es müsste Falkenberg gewesen sein. Aber benutzte dieser hohe kaiserliche Offizier, nicht eben ein Hocharistokrat, aber doch ein Oberstleutnant, eine der üblichen Reiterpistolen gewöhnlicher Kürassiere?

Sicher, der Tod Gustavs II. Adolf bei Lützen war nur eine Episode. In unserer schnelllebigen Zeit kaum noch verständlich, warum die Zeitgenossen in weiten Teilen Europas so vehement reagierten, die einen aufschrien vor Leid, die anderen bei Bekanntwerden des Geschehens glücklich jubelten. Einer der Großen der europäischen Geschichte, der Weltgeschichte sogar, war tot, ein begnadeter Militär und einer der bedeutendsten Heerführer der Geschichte, Triumphator in zahllosen Schlachten. »Dadurch wurde nicht bloß ein großartiger Siegeslauf jäh abgebrochen – auch die militärische Situation in Deutschland und die politische Lage in Europa änderten sich rasch und bedeutend«, wie einer der besten Kenner dieser Epoche urteilte (A: Zeeden, 276).

Kann man die zeitgenössischen Reaktionen noch nachvollziehen, so muss eine aktuelle Diskussion der Rolle Gustavs II. Adolf möglicherweise umso verwunderlicher erscheinen, als unsere Zeit den Wert historischer Persönlichkeiten kritischer wägt. Es mag sogar manchem heute befremdlich anmuten, dass soviel Geld und Zeit aufgewandt wurde, um gegen Ende des 20. Jahrhunderts den Todesschützen festzustellen. Ein wenig Nostalgie eines Volkes an der Peripherie Europas vielleicht, eben Erinnerung an jene Zeit, in der Schweden eine europäische Großmacht war, der König Gustav II. Adolf europäische Geschichte schrieb. Ganz sicher war es dort auch Rückbesinnung auf Geschichte überhaupt. Auch das ist eine von vielen Erklärungen dafür, dass Gustav II. Adolf und Lützen lebendig blieben, erneut interessant wurden im Lande jenseits der Ostsee. Er habe wie kaum ein anderer die Entwicklung Schwedens in der frühen Neuzeit geprägt, die Richtung europäischer Geschichte mit beeinflusst in einer Phase wichtiger europäischer Zäsuren, so meinen jene, die die Erinnerung wachhalten wollen. Das mag in Schweden, trotz aller Bekenntnisse zu Europa, noch schwieriger scheinen als in Deutschland, jenem Teil Europas, auf dem der Große Krieg des

17. Jahrhunderts so entsetzlich tobte. Er brannte sich in das Gedächtnis von Generationen ein, das große Kriegsfeuer, das so grell noch in den Werken bedeutender Historiker und Publizisten des 19. Jahrhunderts loderte.

Europa in der Epoche Gustavs II. Adolf

Der große Konfessionsstreit

Religionskrieg oder Machtkampf zwischen den auf Universalherrschaft orientierten Habsburgern in Spanien und Österreich und den jungen europäischen Nationalstaaten am Beginn der frühen Neuzeit, so lautete lange Zeit eine heftig umstrittene Historikerfrage. In der Tat lässt sich nicht leugnen, dass manche Zeitgenossen kräftig und schrill verkündeten, es gehe um die rechte Konfession. Zweifelsfrei auch, dass es viele aufrichtig so glaubten, ihr Seelenheil gefährdet wähnten. Ebenso sicher ist aber doch, dass nicht wenige unter ihnen tiefer loteten, über das religiöse Moment hinaus machtpolitische Motive, ständische Ziele, nationalstaatliche Interessen und Gegensätze registrierten.

Martin Luthers Reformation hatte Folgen gezeitigt, tiefe Gräben ausgehoben zwischen den Christen überall in Europa. Um die Mitte des 16. Jahrhunderts schien fast der gesamte Kontinent konfessionell gespalten, stritten Katholiken, Lutheraner und Kalvinisten, neben ihnen noch religiöse Sonderentwicklungen, um das echte gottgefällige Bekenntnis. Alle Glaubensstreiter sahen die Opponenten auf dem Sündenweg in die ewige Verdammnis, besorgten ehrlich, ohne den entschiedenen bewaffneten Widerstand das ewige Heil zu gefährden.

Während der Augsburger Religionsfrieden 1555 die blutigen Auseinandersetzungen zwischen dem Kaiser als Hort des katholischen Universalkirchentums und den widerstrebenden, eigene territorialstaatliche Souveränität verteidigenden evangelischen deutschen Landesfürsten vorläufig beendete, zündeten die Feuer nun in Frankreich und den Niederlanden umso höher. Dort und bald überall in Europa verbanden sich politische und religiöse Momente, häufig auch für den gebildeten Zeitgenossen nur schwer durchschaubar.

In Trient hatte endlich, Jahrzehnte nach Martin Luthers weltveränderndem ersten öffentlichen Auftreten, das Konzil der katholischen Kirche im Dezember 1563 eine schlüssige Antwort auf die Reformation formuliert. Die Gegenreformation begann. Ihre Repräsentanten waren nicht weniger militant als deren protestantische Widersacher. Mit Jean Calvins kompromisslosem antikatholischem Eiferertum bahnten sich neue, ungleich blutigere konfessionelle Auseinandersetzungen zwischen den Parteien an. Der Kampf wogte zwischen Altem und Neuem, Verteidigung und Rückgewinnung verlorener Positionen. Bald mordeten überall in Europa Ja-Sager und Gegner der neuen reformatorischen Welle Andersdenkende, unterschieden sich Befürworter eines starken Königtums, die Anhänger frühabsolutistischer Herrscher, und die ständische Opposition gewöhnlich nach Konfessionen. Hielt es der Landesfürst mit dem katholischen Bekenntnis, so sammelten sich die adligen und bürgerlichen Gegner unter protestantischem Banner. Das schien so sicher wie das Amen in der Kirche aller christlicher Konfessionen.

In Spanien verstand sich König Philipp II. – Kaiser Karls V. Sohn – als Wahrer der katholischen Kirche in seinem weltumspannenden Reich, aufgemuntert durch das hoffnungsvoll nach Madrid blickende Papsttum. Rom wurde in der zweiten Hälfte des 16. Jahrhunderts nie müde, den Spanier zu erinnern, die politischen Interessen seines Thrones entsprächen voll und ganz denen des Vatikans. Verteidigung der katholischen Doktrin sei gleichbedeutend mit der Sicherung des spanischen Weltreiches. Das war eine Ermahnung, die Philipp so ernst nahm, dass er seinerseits den Kirchenstaat als eine weitere spanische Provinz deutete, in Madrid auch römische Politik gedacht wurde. Schüchterne Versuche einiger Päpste, mit Hilfe Frankreichs einer allzu weitreichenden Vereinnahmung des Pontifikats durch Spanien entgegenzuwirken, durchkreuzten die militärischen Erfolge der Truppen Philipps II. Graf Egmonts Siege erzwangen Frankreichs vorläufigen Verzicht auf territoriale Positionen in Italien. Sie sicherten die europäische Dominanz Spaniens, drückten Rom in die nahezu völlige Abhängigkeit von den Habsburgern.

Wohl fanden sich auch zwischen Madrid und Wien manche Zwistigkeiten, insgesamt fühlten sich beide Linien jedoch dem Erbe Karls V. verpflichtet. Sowohl der Kaiser in Wien als auch sein spanischer Vetter in Madrid sahen die katholische Kirche als die wahre Stütze der Habsburger Herrschaft in Europa und Übersee. Im Zeichen eines römischen Kreuzes sollte der uralte Gedanke einer Universalherrschaft Habsburgs verwirklicht werden. Auch der Kaiser erkannte Spaniens Mission auf diesem Wege an. Er war im Übrigen auch viel zu sehr mit inneren Problemen seiner eigenen Staaten beschäftigt, um Philipp II. ernsthaft Schwierigkeiten bereiten zu können.

Im »Heiligen Reich«, wie die Zeitgenossen gewöhnlich die deutschen Territorien einschließlich ihrer italienischen Reichsteile benannten, bauten derweil die Landesfürsten, evangelische wie katholische, ihre Territorialherrschaft weitestgehend unangefochten aus, integrierten die jeweiligen Kirchenstrukturen in das Landesfürstentum. Trotz gelegentlicher Streitereien über Bestimmungen des Augsburger Religionsfrieden herrschte doch insgesamt Übereinstimmung, man habe das Machbare vereinbart, und im Übrigen sei man froh über den dauerhaften Frieden im Reich, sehe mit Grauen auf die Metzeleien in Frankreich. Der Kaiser selbst hatte in der Abwehr einer neuerlichen gefährlichen Türkeninvasion zunächst anderes durchzusetzen und zu sichern, als erneut einer Illusion der religiösen Reichseinheit nachzuleben. Er konnte höchstens neidvoll auf Philipps scheinbare Erfolge in Spanien blicken. Der deutsche Habsburger konzentrierte sich fortan – wenigstens während der nächsten Jahrzehnte nach dem Augsburger Kompromiss – auf die Sicherung der eigenen Landesherrschaft. Er sah sich hier allerdings primär durch eine ständische Opposition des eigenen Adels unter lutherischen beziehungsweise kalvinistischen Losungen bedroht. Böhmen und Mähren, Österreich und Ungarns Aristokraten verwarfen die Sakramente der Alleinseligmachenden Römischen Kirche. Sie beteten evangelisch, meinten gewöhnlich auch und in erster Linie die Unabhängigkeit von kaiserlichen Weisungen. Politik und Glauben flossen auch hier ineinander. Die großen europäischen Entscheidungen fielen aber nicht mehr auf deutschem Boden.

Die spanische Krone, Europas mächtigstes Zentrum, verband den Kampf um die Erweiterung des spanischen Einflusses in Westeuropa und Italien mit der Gegenreformation. Philipp II. fühlte sich auch innerlich als der wahre Verteidiger des alten rechten Glaubens berufen, mit Feuer und Schwert die Ketzer auszurotten, wo immer er sie zu erkennen glaubte. In Spanien waren es die Morisken, getaufte Araber, deren heimliches islamisches Bekenntnis den frommen Habsburger in Madrid nicht ruhig schlafen ließ. Sorge bereiteten ihm auch die niederländischen Landesteile Spaniens, wo der Kalvinismus wie eine Woge über das Land schwappte, Holland bereits religiös »Land unter« signalisierte. Kummer empfand er auch über England, wo Spanien gegenreformatorische Tendenzen der Tudorkönigin Maria der Blutigen, Philipps damaliger Gemahlin, eifrig unterstützte. Später hätte man gar zu gerne ihre Nachfolgerin, die ketzerfreundliche Elisabeth, durch die katholische Maria Stuart ersetzt. Gut schienen sich die Dinge lediglich in Frankreich zu entwickeln, wo die berüchtigte Bartholomäus-Nacht die ausdrückliche Billigung Philipps II. fand.

Die Höfe in England und Frankreich sahen dagegen mit wachsender Sorge auf jeden Machtzuwachs Spaniens. Der spektakuläre Seesieg einer spanisch-venezianischen Flotte unter Philipps Halbbruder

Don Juan d'Austria 1571 über die Osmanen mochte vielen ehrlichen Christen in ganz Europa ein wenig Angst vor der latenten Türkenbedrohung nehmen. Mancher Gläubige, ob Protestant oder Katholik, dürfte befreit das volle Glas zum Toast auf die mutigen Spanier erhoben haben. Die Mächtigen in Paris, London, in Nordeuropa und wohl auch an manchen deutschen und italienischen Fürstenhöfen sahen das weniger euphorisch. Spaniens Aktivitäten mussten, das war jedem nüchtern kalkulierenden Politiker klar, nun nach dem Nordwesten zielen. Das gedemütigte Frankreich, nach wie vor der natürliche Gegner Spaniens, das aufstrebende England, das protestantische Schottland und vor allem die eigenen, Spaniens rebellische niederländische Provinzen würden künftig Ziel neuerlicher spanischer Machtdemonstrationen werden. Schon deshalb, weil die sogenannten siebzehn Provinzen, die nördlichen und südlichen Niederlande, als Nachbarn Frankreichs, Englands und der deutschen Staaten weit entfernt der spanischen Mutterlande lagen, musste jedes spanische militärische Eingreifen dort zu einer alle europäischen Mächte bewegenden Angelegenheit wachsen. Wer eine weitere Stärkung Spaniens verhindern, wenigstens aber erschweren wollte, stellte sich, offen oder versteckt, auf die Seite der aufrührerischen Generalstaaten, der niederländischen Ständeopposition.

Was ursprünglich als Kampf zwischen absolutistischen Machtansprüchen Philipps II. und ständischer Opposition vor allem des niederländischen Hochadels um die Grafen Oranien, Egmont und Hoorn begann, wuchs schnell zu einer allgemeinen Auseinandersetzung der Niederländer mit der spanischen Hegemonie, gegen Steuerdruck und Benachteiligung des reichen holländischen Besitzbürgertums auf den spanischen Märkten. Es vereinte nun alle Klassen und Schichten, traf den Katholiken ebenso wie den evangelischen Christen, verschärfte sich im konfessionellen Streit zwischen spanischem unduldsamen Katholizismus und ähnlich aggressivem Kalvinismus. Weder Herzog Albas grausame Vergeltungsaktionen noch die besser fundierten diplomatischen und militärischen Maßnahmen Spinolas konnten die stolzen »Geusen« wirklich besiegen. Auch die Ermordung Wilhelms von Oranien rettete Spanien die Provinzen nicht mehr. Philipp II. und sein Nachfolger konnten schließlich die südlichen Niederlande, das heutige Belgien, verteidigen. Der Krieg mit den Nordprovinzen, der kalvinistisch dominierten »Republik der Vereinigten Provinzen«, aber schwelte weiter. 1609 erzwangen die Niederländer endlich mit französischer und englischer Hilfe einen vorläufigen Waffenstillstand. Die Habsburger willigten zähneknirschend bis auf weiteres in das Unvermeidliche, akzeptierten die Republik der Kaufleute und Aristokraten. Dennoch war auch dies nur eine Atempause, entsagten doch lediglich Erzherzog Albrecht und Isabella, die Regentin der »Spanischen Niederlande«, ihres Anspruchs auf die Territorien der »Generalstaaten«. Beide ließen offen, ob dieser Verzicht auch den Herrscher in Madrid einschloss, bewusst, wie sich später erweisen sollte.

Da aber war in Frankreich der blutigste aller europäischen Glaubenskriege bereits weitgehend entschieden. Im machtpolitischen Gerangel der verschiedenen französischen Hochadelsgeschlechter unter konfessionellem Banner eines religiösen Fanatismus hatte das Haus Bourbon die Krone und die Macht gewonnen. Das Haupt der dortigen Kalvinisten – der Hugenotten –, Heinrich von Navarra, zunächst nur eine Minderheit der Franzosen repräsentierend, war als neuer König Heinrich IV. demonstrativ zum Katholizismus gewechselt. Das brachte ihm die Unterstützung der einflussreichen Partei der »Politiker«, sammelte die nationalen Kräfte im katholischen Lager schnell hinter dem klugen, weitsichtigen neuen Herrscher. Heinrich IV. hatte andererseits seiner früheren Partei, den Hugenotten, weitgehende konfessionelle Zugeständnisse eingeräumt. Damit einte er auch diese – Verständnisvolle, Enttäuschte, offene religiöse Gegner – vorübergehend unter dem französischen Königsbanner, auch hier Symptom einer neuen Zeit. Das Zeitalter konfessioneller Kriege versank auch in Frankreich in allgemeiner Kriegsmüdigkeit, in wachsender Ablehnung religiösen Fanatismus, aufkommender nationaler Sammlung gegen die im Lande operierenden spanischen Truppen. Der Weg war geebnet, dass das katholische Frankreich dem katholischen Spanien an der Seite der protestantischen Engländer und Niederländer künftig besser gewappnet als zu Zeiten Karls V. im Kampf um die Hegemonie in Europa entgegentreten konnte und würde, möglicherweise im Namen des rechten Glaubens. Ansonsten musste man eben unter dem Titel einer Verteidigung legitimer französischer Interessen kämpfen, auch das noch immer weitgehend mit konfessioneller Färbung, mindestens durch die Nutzung konfessioneller Widersprüche.

1597 hatte der Hugenottenführer und umstrittene König von Frankreich, Heinrich IV., noch spanische Truppen aus den niederländischen Provinzen auf französischem Boden ganz im Geiste solidarischer Übereinkunft mit den niederländischen Kalvinisten bekämpft. Damals wusste er sich einig mit der »Protestantin« Elisabeth I. von

England. Nun führte der »Katholik« Heinrich IV. von Frankreich als akzeptierter König aller Franzosen den dortigen Bürgerkrieg in seiner Schlussphase als europäischen Widerstandskampf gegen Spaniens Dominanz in Europa. Papst Clemens VIII. geistige Hilfeleistung für den Konvertiten in Paris empfand der alte Philipp II. als politischen Verrat an sich und Spanien. Der Vorkämpfer des europäischen Katholizismus, Freund und Beherrscher des Papsttums, als wütender Gegner der Konversion Heinrichs IV. zur Römischen Kirche, erbittert gegen den Heiligen Stuhl agierend, wahrlich ein merkwürdiger Glaubenskrieg!

Als schließlich der Kampf der spanischen Krone gegen Frankreich in einem Erschöpfungsfrieden 1598 endete, deutete sich auch für die zeitgenössischen Politiker eine neue Epoche an. Spaniens große Zeit in Europa neigte sich langsam ihrem Ende entgegen. Neue Kräfte waren gewachsen, der Habsburger Dynastie am Ebro Paroli zu bieten. Das alte, feudale, universalherrschaftlich orientierte Spanien, noch immer eine Macht, ein europäischer Riese, focht mit dem Rücken zur Wand. Es verfügte kaum noch über die notwendigen Ressourcen, sah sich zu einem Politikwechsel gezwungen. Fortan galt es für die Herrschenden im Escorial, dem Machtzentrum Madrids, Bestehendes zu bewahren, ein kurzes Verschnaufen für alle im europäischen Mächteringen.

Spanien hatte, oberflächlich betrachtet, nur die nördlichen Provinzen seiner Niederlande eingebüßt. Dagegen waren Portugal und dessen Kolonialreich hinzugewonnen. Philipp III. konnte sich in der Verteidigung spanischer Habsburgerinteressen auch im deutschen Reichsverband auf ein erstarktes katholisches Lager stützen. Doch hatte sein Vater das große Ziel einer Rekatholisierung Europas nicht verwirklichen können. Der Katholizismus war keineswegs wieder als einigendes europäisches religiös-ideologisches Band geknüpft. Im Gegenteil, im Schatten reformierter protestantischer Bekenntnisse sammelten sich vielerorts die Nichtkatholiken. Sie beherrschten ganze Regionen Europas, behinderten noch immer jeden wirklichen Machtzuwachs der österreichischen Habsburger.

Neue konfessionelle Parteibildungen in den deutschen Territorien

Gegen Ende des 16. Jahrhunderts verstarb die Fürstengeneration allmählich, deren Wollen und Wünschen den Augsburger Religionsfrieden ermöglicht und gesichert hatte. Immer neue Belastungen einiger vieldeutiger Bestimmungen des Friedensabkommens deuteten die Brüchigkeit des Kompromisses an. Besonders umstritten blieb der sogenannte Geistliche Vorbehalt.

Die beiden streitenden Seiten hatten sich damals unter anderem darauf geeinigt, dass das sogenannte Cuius-regio-eius-et-religio-Prinzip nur für die weltlichen Fürstentümer und Reichsherrschaften gelten sollte. Danach bestimmte der jeweilige Territorialfürst souverän die Religion seiner Untertanen. Auch wurde alles legitimiert, was bis 1552 als vollendete Tatsachen durch die Reformation geschaffen worden war. Doch war ebenso klar umrissen – so wenigstens deuteten die Katholiken den Vertrag –, dass von nun ab kein Besitz der katholischen Kirche weiterhin zu den jeweiligen evangelischen Herrschaften geschlagen werden durfte. Entschied sich ein kirchlicher Fürst zum Glaubenswechsel, dann sollte das Cuius-regio-eius-et-religio-Prinzip nicht gelten. Der jeweilige Abt, Bischof oder Erzbischof musste sein Amt aufgeben, das Dom- oder Stiftskapital »eine Person der alten Religion verwandt«, zum neuen landesherrlichen Oberhaupt bestimmen.

Sie zweifelten nicht, die katholischen Reichsstände, dass die Mehrheit des geistlichen Gremiums am katholischen Bekenntnis festhalten werde, eine höchst unsichere Voraussetzung, wie sich aber des Öfteren zeigte. In Territorien Norddeutschlands beispielsweise, wo ringsherum evangelische Herrschaften existierten, schien das Bedürfnis der Dom- und Stiftsherren, katholisch zu bleiben, offenbar gewöhnlich weitaus geringer ausgeprägt, als die katholischen Schöpfer des Paragraphen im Religionsfrieden vorausgesetzt hatten. Es sei der unzulässige Druck der protestantischen Umgebung, Gesetzesbrüche der dortigen Landesfürsten, die weiterhin geistliches Territorium ihren Fürstentümern angliederten, protestierten nicht ganz unberechtigt die Katholiken.

Es war dennoch so einfach nicht. Kaiser Ferdinand I. – Bruder Karls V. und dessen Nachfolger auf dem römischen-deutschen

Thron – hatte seinerzeit den Geistlichen Vorbehalt ausdrücklich schriftlich erläutern müssen. Um dem Murren der Protestanten begegnen zu können, erklärte er, die Ritterschaft und die Städte im geistlichen Territorium seien vom Grundsatz des »Cuius regio-eius-et-religio« ausgenommen. Sie könnten das lutherische Bekenntnis frei und unbehelligt ausüben.

Für die Reichsstädte hatte man sogar festgelegt, beiden Konfessionen seien gleiche Rechte einzuräumen. Niemand dürfe dort »des andern Teils Religion, Kirchengebrauch oder Zeremonien« behindern, habe ihn gewähren zu lassen. Das war eine kluge Entscheidung, gefährlich aber dann, wenn ein Bekenntnis das andere provozieren sollte, mächtige Nachbarn sich als Schutzherren einmischen könnten.

Im Übrigen hatten nur die katholischen Reichsstände den »Vorbehalt« bestätigt, die evangelischen Repräsentanten energisch protestiert. Diese wollten auch die Entscheidung des Kaisers nicht billigen, als »Reichsoberhaupt« solche Einschränkung des »Cuius-regio-eius-et-religio« erlassen zu können, eine Anmaßung, so das Urteil der evangelischen Stände.

Aber auch die Rekatholisierung bestimmter protestantischer Räume durch katholische Landesherren rief Unruhe und Proteste der protestantischen Reichsstände hervor. Für den bayrischen Herzog war ebenso wie für die Habsburger in ihren Erblanden unumstritten das Recht fixiert, die eigene teilweise bereits evangelische Bevölkerung zum neuerlichen Bekenntniswechsel zwingen zu dürfen.

So schieden sich, mehr oder weniger verärgert, katholische und lutherische Reichsstände immer dann als Gegner, wenn die andere Seite die Friedensbestimmungen zum eigenen Vorteil nutzen konnte. Dennoch war auch diese Grenze keineswegs klar und eindeutig als politische Trennungslinie entwickelt. Kursachsen als evangelische Vormacht im Reich suchte politische Anlehnung an den Kaiser, bremste protestantische Eiferer unter den evangelischen Landesherren.

Der Wechsel einiger lutherischer Reichsstände mit dem Kurfürsten von der Pfalz an der Spitze zum kalvinistischen Bekenntnis belastete das Kompromissverhältnis nach den Augsburger Bestimmungen weiter. Offiziell war das Dokument seinerzeit nur für Katholiken und Lutheraner gedacht. Calvins welthistorischer Erfolg datierte erst später. Nun standen sich Kalvinisten und Lutheraner gewöhnlich ebenfalls misstrauisch, oft feindselig gegenüber. Dennoch reagierten die evangelischen Reichsstände auf einen Gewaltakt der Katholiken 1608 relativ geschlossen.

Es war eingetreten, was im Augsburger Friedensabkommen vorprogrammiert war. Die wirkliche Religionsfreiheit in den Reichsstädten mit gemischter Konfession war einer späteren Epoche vorbehalten. Im Zeitalter tief empfundener religiöser Differenzen mussten Demütigungen und Behinderungen der anderen Konfession Eiferern als gottgefälliges Tun erscheinen, jedes Bekenntnis mit Lust das andere reizen. So geschah es in der primär lutherischen Reichsstadt Donauwörth, einer protestantischen Enklave an Bayerns Grenze, unter den stets wachsamen Augen Herzog Maximilians I. Dieser registrierte hier hocherfreut die Behinderung einer katholischen Prozession, verstieß es doch eindeutig gegen die Friedensbestimmungen. In Wien und München sah man gute Gründe zu echter Fröhlichkeit.

Prompt beauftragte der Kaiser dann auch den sehr bereitwilligen Bayernherzog mit der fälligen Exekution der Reichsacht gegen Donauwörth. Und Maximilian ließ sich nicht lange nötigen. Er besetzte die Stadt, gliederte sie Bayern an, begann die Rekatholisierung. Und das war nun zweifelsfrei mehr, als das religiöse Grundgesetz nach einhelliger Auffassung aller evangelischen Reichsstände zuließ. Die Protestanten machten geltend, dass Donauwörth überwiegend lutherisch gewesen sei. Man habe dort auf eindeutige Provokationen der katholischen Minderheit reagiert. Vergebens, die Katholiken wünschten keinen Ausgleich, waren am Frieden offenbar weniger interessiert als die Generation ein halbes Jahrhundert früher. So auch die Protestanten! Die nun geschaffene »Union« der evangelischen Reichsstände unter Vorsitz des martialischen Kurfürsten von der Pfalz verstand sich als Verband einer militärischen Abwehr weiterer militanter Absichten des katholischen Lagers. Sie verkündete solches unüberhörbar, meinte wohl aber auch gelegentliche »Präventivmaßnahmen«, ahnte dabei doch dunkel die Grenzen eigener Macht. Die Katholiken ihrerseits reagierten mit der Gründung der »Liga« ein Jahr später, 1609. Unter Führung des erzkatholischen, jedem Kompromiss in Glaubensfragen abholden Bayernherzogs verfügte dieses Bündnis zweifellos über die größeren finanziellen und militärischen Ressourcen. Und Maximilian I. war höchst geneigt, die Allianz zu weiteren territorialen Gewinnen Bayerns einzusetzen, natürlich zuerst und vor allem im Sinne einer gottgefälligen Rekatholisierung, erst dann auch zur wohlgefälligen eigenen territorialen Abrundung. Vielleicht sah er es wirklich so.

Einer, der es wissen sollte, bedeutender gegenwärtiger Kenner der bayrischen Geschichte und auch der Spannungen zwischen Wallenstein und Maximilian, hat allerdings vor einiger Zeit den Kurfürsten wohl als gläubig, dennoch als »großen Heuchler« skizziert (W: Diwald, 168). Das lässt aufhorchen, zwingt, mögliche Klischees zu überdenken. Immerhin vermeinen bisher jene, denen die bayrische Entwicklung dieser Periode vertraut ist, Maximilians Überzeugungen anzuzweifeln, sei wenig gegründet. Territorialer und religiöser Gewinn war ihm wohl eine festgefügte Einheit, mag er gelegentlich in der Wertung der Prioritäten auch geschwankt haben, so er überhaupt unterschied. Heuchelei hätte er entrüstet als Unterstellung zurückgewiesen.

Ähnlich wie in den großen europäischen Nationalstaaten am Beginn der frühen Neuzeit eine Tendenz zu absolutistischen Herrschaftsstrukturen nachweisbar ist, so entwickelten auch die größeren Landesfürsten im Reich solche Ideen, beabsichtigten, die eigenen landständischen Gewalten zu entmachten. Man wird das als eine Reaktion auf die Krise der feudalen Gesellschaft oder als Ausdruck persönlicher Machtgelüste einzelner Fürsten, als Nachahmung solcher Beispiele durch andere werten können. Der Fakt als solcher bleibt unabhängig von Erklärungsmodellen. Berechtigt kritisieren die Historiker gewöhnlich jenes Gebaren, da die deutschen Landesfürsten ihre Souveränität als Reichsstand gegenüber kaiserlichen Herrschaftsbestrebungen energisch verteidigten. Sie wollten aber im eigenen Territorialstaat ebenso unduldsam verfahren, wie es der Habsburger in Madrid getan, die Könige in Paris versucht hatten, der Kaiser in seinen Erblanden und den anderen Staaten Österreichs vorging. Die deutschen Landesfürsten, ob Katholiken, Lutheraner oder Kalvinisten, versuchten, die städtischen Selbstverwaltungen ihrer Landstände einzuschränken beziehungsweise völlig aufzuheben, ihnen genehme Personen in die städtischen Organe zu entsenden. Gewöhnlich wünschte der Landesherr auch, den Ständen das Steuerrecht zu nehmen, wenigstens aber selbst berechtigt Sondersteuern erheben zu können. Das ist ein Vorgang, der überall in Europa zu beobachten ist, häufig erfolgreich war, hin und wieder mit der Niederlage, ja der Katastrophe des Fürsten endete.

In Deutschland wirkte sich auch hier das Recht des Landesherren, über die Konfession souverän bestimmen zu dürfen, förderlich, manchmal sogar entscheidend aus. Die Oberaufsicht über die Kirche als oberster Kirchenfürst bedeutete gewöhnlich für den protestantischen Landesherrn auch die freie Verfügung über den geistlichen Grundbesitz, die Ämtervergabe und damit auch die direkte Einflussnahme auf das, was von der Kanzel herunter verkündet, den Menschen jener Tage als Gottes Wille dargelegt wurde. Und auch der katholische Territorialfürst verfügte als Schutzherr seiner Kirche über ähnliche Möglichkeiten. Er begann seinerseits, die einst autonomen geistlichen Einrichtungen als Staatskirche umzubilden. Dabei beriefen sich alle, katholische wie protestantische Fürsten, auf ihre Verantwortung vor Gott. Sie betonten die göttliche Legitimierung ihrer Herrschaft, straften Kritiker ihrer fürstlichen Willkür wie Ketzer oder Gotteslästerer. Sie glaubten wohl auch rasch, was ihnen nützlich erschien. Nicht wenige bedeutende Herrscher dieser Periode notierten in Tagebüchern und geheimen Notizen Lobpreisungen der eigenen Person, bewunderten sich selbst als Gottes Auserwählte.

Gegenüber deutschen Nachbarstaaten und größeren europäischen Nationalstaaten traten die einzelnen Territorien des Reiches mehr und mehr souverän auf. Sie fragten kaum noch nach kaiserlichem Einverständnis oder Zustimmung durch den Reichstag, die Versammlung der deutschen Reichsstände. Ein Bürgerkrieg der Reichsstände als Neuauflage jener Auseinandersetzungen zwischen Kaiser Karl V. und der fürstlichen Opposition vor 1555 reifte allmählich heran, musste auch in den Kampf der Landesfürstentümer gegeneinander wuchern. Würden anfangs primär konfessionelle Verpflichtungen die Gegner scheiden, mussten die Glaubensunterschiede bald in den Hintergrund rücken, Fragen des territorialen Machtzuwachses bestimmend werden, über konfessionelle Grenzen hinweg. Und es war vorauszusehen, dass ein solcher Krieg in europäische Dimensionen wachsen würde.

Dennoch war es den meisten Landesfürsten wahrscheinlich ernst, diskutierte man Glaubensfragen. Manche von ihnen entschieden sich nur schwer, galt es, Konfessionsbindungen aufzugeben, notwendige gemeinsame Aktionen mit Glaubensgegnern zu vereinbaren. Doch heiligte der Zweck – der Zuwachs an staatlicher Macht – gewöhnlich die Allianz, verband über alle persönlichen Skrupel und Zweifel hinweg. Man blieb sich und seinem Bekenntnis treu, besonders in der heimischen Kapelle. Den Gewinn aus einer nichtkonfessionellen Allianz buchte man dennoch, wenn auch mit Gewissensbissen, manchmal auch als notwendigen Schritt, um später auf dem gewonnenen Territorium die rechte Lehre durchzusetzen.

Schon 1582 deutete sich erstmalig nach Jahrzehnten eine schwere Belastung des Religionsfriedens auf deutschem Boden an. Kölns Erzbischof und Kurfürst Gebhard Truchsess von Waldburg wünschte zu heiraten, eine an und für sich bereits normale Erscheinung auch in dieser Hochburg des Katholizismus. Immerhin waren seit 1546 bereits mehrere Kurfürsten deshalb aus ihrem hohen geistlichen Amt ausgeschieden, hatten gehen müssen. Der Waldburger aber wollte das eine und das andere dennoch nicht lassen. Und so wurde er Weihnachten 1582 evangelisch, verschätzte sich aber gründlich. Die Mehrheit der Kölner Domstiftsherren trieb derartige Gelüste nicht. Ermutigt durch Papst und Kaiser, nahmen sie einen Glaubenswechsel ihres obersten Hirten nicht hin. Papst Gregor XIII. bannte den Ketzer, der Kaiser nahm ihm den Kurhut, wusste sich eins mit den katholischen Kurfürsten. Das Domkapitel wählte einen der Brüder des glaubensstarken Wilhelms V. von Bayern, Ernst von Freising.

Das wiederum war Gebhard Truchsess von Waldburg nicht recht, nahm er nicht kampflos hin, scheiterte dennoch. Eine Kurpfälzer Armee an seiner Seite konnte den Streitkräften Bayerns und den spanischen Truppen Alexanders von Parma nicht Paroli bieten. Die anderen protestantischen Kurfürsten, August I. von Sachsen und Johann Georg von Brandenburg, verweigerten dem neuen Glaubensgenossen jede Hilfe. Beide stellten eigene Interessen über den Konfessionsstreit.

Ein Menschenalter später drohte erneut ein schwerer innerdeutscher Konflikt, der sich rasch zu einem ersten gesamteuropäischen Zusammenstoß auszuweiten schien. Auch das war eine Folge der inzwischen erfolgten Militarisierung der Konfessionsparteien und der Gegensätze zwischen den Habsburgern und ihren europäischen Kontrahenten.

Zwar suchten England und Spanien schon seit geraumer Zeit einen Ausgleich. Auch fanden sich niederländische und spanische Diplomaten gerade zu jenem Waffenstillstand des Jahres 1609 am Verhandlungstisch zusammen. Doch war Frankreich nun entschlossen, erneut zu den Waffen zu greifen. Heinrich IV. wähnte sich inzwischen stark genug, den Habsburgern entgegenzutreten. Der Schlag sollte empfindlich treffen, vor allem aber wollte ihn der agile Franzose nicht alleine führen. Die Gelegenheit schien günstig. Der erwartete künftige Erbfolgestreit am Niederrhein um die Territorien des Herzogs von Kleve-Jülich-Berg garantierte den erhofften großen Krieg, ganz im Sinne Heinrichs IV. Es war vorauszusehen, dass verschiedene Erbnehmer und Möchtegerne aneinander stoßen würden.

Ein kaiserlicher Erlass hatte noch gegen Ende des 16. Jahrhunderts festgeschrieben, dass die Herzogtümer nicht geteilt werden dürften. Erbende Töchter hätten die Herrschaft an ihre männlichen Nachkommen zu delegieren. Nun wollte es das Leben, dass Johann Wilhelm, der regierende Herzog, vier Schwestern, selbst aber keine Kinder hatte. Drei der Damen nominierten ihre Söhne. Die vierte konnte nur einen Schwiegersohn benennen, eine in der Tat würdige Geste, so recht angetan, boshaften Bemerkungen über Schwiegermütter entgegenzuwirken. Von Seiten des Kurfürsten Johann Sigismund von Brandenburg, des glücklich nominierten, konnte jedenfalls wahrlich nichts Böses über die Mutter seiner Gattin angemerkt werden. Umso mehr dagegen durch die anderen, die Schwestern und deren Anhang. Ein rechtes Erbengewühl, noch vergrößert durch den Anspruch des sächsischen Kurfürsten, den trotz seines evangelischen Glaubens der strengkatholische Kaiser Rudolf kräftig unterstützte.

Interessanterweise glaubte die Bevölkerung der Herzogtümer in beiden großen Konfessionen. Das war ein Grund mehr, dass die angrenzenden Generalstaaten, die nördlichen kalvinistischen Niederlande, einen Protestanten wünschten, der Regent der spanischen Niederlande ebenso nachdrücklich für einen Katholiken plädierte. Offiziell ließ auch der Kaiser nach einem solchen suchen. Während man noch diskutierte, verstarb Herzog Johann Wilhelm. Sofort reagierten der Brandenburger und der älteste Sohn der Prinzessin Anna, Pfalzgraf Wolfgang Wilhelm von Pfalz-Neuburg. Und beide konnten starke Bundesgenossen vorweisen. Der lutherische Sigismund wusste die kalvinistische Kurpfalz und die Generalstaaten hinter sich. Der lutherische Neuburger stützte sich auf die Habsburger beider Linien. Geschickt einigten sich beide vorerst auf eine gemeinschaftliche Regierung, garantierten die Freiheit aller drei Bekenntnisse. Sie hatten schnell begriffen, das einer dem anderen nichts Wesentliches voraus hatte, beide aber alles verlieren könnten.

Das wiederum hatte sich Kaiser Rudolf dann doch anders gedacht. Er sandte seinerseits Truppen ins Land, zwang dadurch beide Erbgänger zu neuerlicher Bündnissuche. Und halb Europa glaubte sich verpflichtet, den kaiserlichen Habsburger in seine Schranken zu weisen. England und die nördlichen Niederlande versprachen Hilfe, auch die protestantische Union und das katholische Frankreich erklärten sich für den Brandenburger und seinen Neuburger Partner. Als die

Liga und Spanien dem Kaiser militärischen Schutz zusagten, handelte Heinrich IV. schnell und entschlossen. Er verband sich in einer Angriffsallianz mit Savoyen und der Union, vereinbarte Aggressionshandlungen der beiden in Italien beziehungsweise den Niederlanden. Der europäische Großkonflikt schien unabwendbar, Frankreichs Mächtige frohlockten. Unmittelbar vor dem Auszug aus Paris, schon fast auf dem Wege zum beabsichtigten Kriegsschauplatz am Rhein, stoppte jedoch ein katholischer Fanatiker, der Schreiber und Schulmeister François Ravaillac, durch zwei Dolchstiche Heinrich IV. Der 14. Mai 1610 wurde so noch einmal zum Friedenstag. Der große Einiger Frankreichs starb in jener Stadt, die dem einstigen Hugenotten »eine Messe wert war«, ein Katholik durch einen Katholiken.

Die Königin Maria von Medici trat die Regentschaft an. Und sie wünschte als gläubige Katholikin keinen Kampf gegen die glaubensverwandten Habsburger. Jedenfalls verkündeten sie und ihr Anhang solches und tatsächlich besserte sich vorübergehend auch das französisch-spanische Verhältnis. Der inneren Entwicklung in Frankreich tat es weniger gut, was die neue Herrschaft verordnete. Bald schon glänzte Heinrichs IV. Bild im Glorienschein des guten Königs. Manche fragten denn auch schnell, in den zahllosen französischen Gasthäusern ebenso wie in den Bürgerhäusern und Adelsschlössern – sehr zum Missfallen der Witwe und ihrer Günstlinge – , ob es ein Zufall gewesen sei, dass der Herrscher unmittelbar nach der königlichen Erhöhung Marias sterben musste, nachdem er ihr alle Macht daheim übergeben hatte. Andere sahen hinter Ravaillac »Streng Geheime Institutionen« Madrids. Es lässt sich in der Tat nicht leugnen, dass die Habsburger von der Bluttat unmittelbar profitierten. Doch kann bis heute nicht sicher gesagt werden, ob der katholisch-schwärmerische Schulmeister nicht aus eigener tiefer Überzeugung heraus den König hindern wollte, sein Heer an die Seite der deutschen Ketzer zu führen, gegen die Truppen der katholischen Mächte. War dem so, erreichte Ravaillac sein Ziel. Er starb in der Überzeugung, seinerseits ein gottgefälliges Werk vollbracht zu haben. Auch das ein Beleg, wie ernst mancher damals das Bekenntnis nahm und ein Hinweis für uns Nachgeborene, Geschichte nicht mit heutiger Elle zu messen.

Maria von Medici träumte ihrerseits gelegentlich von einer großen katholischen Allianz gegen die Reformierten und anderen Ketzer. Sie dachte im Übrigen auch in wachem Zustand nicht sonderlich klug, konnte die Gegensätze zwischen Spanien und Frankreich nicht tatsächlich entschärfen. Der große Zusammenstoß war durch Heinrichs IV. Tod nur hinausgeschoben.

Inzwischen taten Brandenburger und Neuburger mit Fleiß alles, um von Parteigängern zu Kontrahenten zu werden, den Erbstreit doch noch einseitig militärisch zu entscheiden. Wolfgang Wilhelm wurde katholisch, Johann Sigismund Kalvinist. Und wieder standen sich die Generalstaaten als Parteigänger Brandenburgs, der Kaiser, Spanien, die südlichen Niederlande und die Liga als Helfer des Neuburgers gegenüber. Im Jahre 1614 lagerte eine holländische kalvinistische Armee unter dem Feldherrn Moritz von Oranien auf deutschem Territorium, ihr gegenüber eine spanische unter dem genialen Ambrogio di Spinola. Nur England und Frankreich konnten den Zusammenprall verhindern. Eine internationale Schiedskommission sprach schließlich in Xanten dem Brandenburger Kleve, Mark und Ravensburg zu, dem Pfalzgrafen Jülich und Berg. Zu Recht werten die Historiker diesen Territorialstreit als eine europäische Auseinandersetzung, als Vorspiel zum künftigen großen europäischen Krieg auf deutschem Boden, als einen politischen Streit im konfessionellen Gewand.

Ein solcher Krieg musste auch den österreichischen Habsburgern zunehmend die einzige Alternative zur Lösung eigener innerer Probleme scheinen, als sich mit dem Frieden von Zsitva-Torok 1606 das Türkenproblem scheinbar auf lange Sicht gelöst hatte. Umso drückender blieb für den Kaiser die Opposition der Stände in den eigenen Staaten, musste ihn und seine Brüder der konfessionell motivierte Widerstand reizen. Die wieder und wieder postulierte Forderung nach Religionsfreiheit stieß sich mit den Rekatholisierungsabsichten der Habsburger. Für deren Rechtfertigung führten diese die entsprechenden Bestimmungen des Augsburger Religionsfriedens an, artikulierten ihren Wunsch, über die Konfession ihrer Territorien souverän entscheiden zu können. Adlige Unabhängigkeit maß sich mit landesherrlichem Streben nach Machterweiterung und Domestizierung des widerspenstigen Adels. Ein Aufstand in Ungarn, beständiges Murren in Böhmen und Mähren, Drohgebärden überall – selbst in den österreichischen Kernlanden – zwangen die dortigen Habsburger zu weitreichenden politischen Zugeständnissen, zur Akzeptanz auch der konfessionellen Forderungen ihrer Stände. Schließlich entzweiten sich die Brüder bis zum offenen Streit. Es folgte die Entmachtung Rudolfs II. und die Einsetzung Matthias' als Regenten. Nach Rudolfs Tod 1612 versuchte der neue Kaiser, durch weiteres Nachgeben die landesherrschaftlichen Positionen wieder zu stabilisieren. Vergeblich! Der Konflikt zwischen dem nach erweiterten Herrschaftsrechten strebenden kaiserlichen Landesfürsten und seinem ebenso entschlossen die althergebrachten Privilegien verteidigenden Adel ließ sich nicht beilegen. Er musste schnell in einer Adelsrevolte kulminieren, sich in einem großen europäischen Machtkampf entladen.

An jenem weltbekannten 23. Mai 1618 war es vollbracht. Drei hochgestellte Herren, kaiserliche Amtsträger, wurden gedemütigt, auf schmerzhaft reale Weise erniedrigt. Sie mussten die Prager Burg auf recht ungewöhnlichen Wegen, viele Meter tief, mehr als hastig verlassen. Die Männer taten das keineswegs freiwillig und erst recht nicht fröhlich, wie jeder weiß. Es war nicht einmal so originell, wie manchmal geglaubt wird, hatten die poltrigen Böhmen doch bereits Kenntnisse im Fensterstürzen. Diesmal war das nun schon »traditionelle« Unternehmen besonders folgenreich. Die Stände, die Herren des opponierenden böhmischen Adels, hatten endlich die lange gesuchte »Revolution« erzwungen. Alle Interessierten am großen Kriege konnten nun berechtigt hoffen.

Und so sah man nicht nur in Wien, auch in Madrid geneigt der weiteren Entwicklung entgegen. Beide Habsburger Familien hatten sich schon längst gesagt, was zu erklären war. Mit dem Tode Philipps III. stürzte sein Minister, der Herzog Francisco de Lerma, der den Status quo in Europa zu sichern suchte. Jetzt vereinte sich die Kriegspartei im Escorial hinter dem Grafen Gaspar de Guzman Olivares unter der Losung, mit neu verspürter Kraft wiederum die Universalherrschaft des Hauses Habsburg in Europa anzugehen. Und auch die Wiener Vettern ließen sich rasch überzeugen. Spaniens Gesandter in der Hofburg, Graf Inigo Velez Onate, entwarf ein Geheimpapier, auf dessen Vereinbarungen sich Wien und Madrid im Sommer 1617 einigen konnten. Die österreichische Linie beglich die Anerkennung der Kaiserwürde, vor allem aber Ferdinands II. Krone in Böhmen und Ungarn, auf die plötzlich auch Philipp IV. Ansprüche zu haben glaubte, mit der Abtretung österreichischer Besitzungen in Italien und dem Elsass an Spanien. Madrids Mächtige verabredeten so eine glückliche territoriale Verbindung ihrer italienischen Besitzungen, der südlichen Grenze des spanischen Imperiums, mit den spanischen Niederlanden, dem nördlichsten Punkt ihrer Einflusssphäre. Das war ein breiter Streifen spanisch-habsburgischen Landes längst der Ostgrenze Frankreichs, recht geeignet, in Bälde erneut sehr fordernd auf die nördlichen Niederlande blicken zu können. Und es wurde gefährlich für die Herren im Haag, schlimmer noch für Paris. Die Einheit der Habsburger schien wieder geknüpft, die Epoche Karls V. drohte zurückzukehren. Krieg war also angesagt, unvermeidlich, unwiderruflich. Eine solche Auseinandersetzung musste alle bisherigen Dimensionen sprengen, konnte nicht auf die traditionellen europäischen Räume beschränkt bleiben. Früher oder später würden auch die Staaten im Norden und Nordosten Europas hineingezogen werden.

Schweden im Zeitalter der Neuordnung Europas – der lange Weg zur europäischen Großmacht

Das ferne Land der Brüder Magnus

Er hatte viel gelitten, der letzte katholische Erzbischof von Uppsala, höchster Kirchenfürst Schwedens, Johannes Magnus. Der Geistliche hatte zwischen 1536 und 1544 wieder und wieder in leidenschaftlichen Worten für eine umfassende Reorganisation der alten Kirche gekämpft, wähnte nur so das Seelenheil der Menschen im fernen Schweden gesichert. Mochte ihm Italien die geistige Heimat geworden sein, die Erinnerung an das Vergangene schmerzte dennoch. Verzweiflung, Erbitterung dominierte, führte die Feder des schreibenden Kirchenmannes. Schwächeanfälle und gefährliche Erkrankungen schüttelten ihn, warfen den Prälaten ständig von neuem aufs Krankenlager. Aufgeben mochte er trotz allem nicht.

Reich war die Kirche Schwedens gewesen. Große Schlösser hatten er und die anderen Bischöfe des Landes besessen. Sie waren gewiss nicht weniger fest, minder prächtig eingerichtet wie die des dänischen Unionskönigs und seiner schwedischen Reichsverweser, der höchsten Stellvertreter der Krone. Er selbst war einst eine der großen Hoffnungen der nördlichen Sphäre gewesen, Kenner des Vatikans, päpstlicher Gesandter Sten Stures des Jüngeren. Dieser nannte sich Reichsverweser nur, residierte in Schweden, war dort aber mächtiger als der König im fernen Kopenhagen. Heimgekehrt nach Schweden hatten die Bischöfe des Reiches Johannes Magnus zum höchsten geistlichen Würdenträger gewählt. Guter Wein, feines Linnen, bestes Backwerk, alles das und vieles mehr war ihm eigen gewesen. Er besaß es noch, als mit Gustav Vasa Eriksson die neue Zeit im Norden begann, die dänisch dominierte Union der drei Königreiche Skandinaviens zerbrach. Der Däne Christian II. wurde davon gejagt, abgesetzt, der »Tyrann«, wie ihn die schwedischen Sieger schmähten, hasserfüllt jeden und alles zerbrachen, was an die »Dänenzeit« erinnerte.

Mancher der Kirchenfürsten hatte allzu sehr und zu lange auf die Macht der »Jüten« gesetzt, musste mit Christians geschlagenen Heeren Schweden verlassen. Andere, auch und vor allem er, Johannes Magnus, der neue Erzbischof, hatten vorsichtig versucht, den jungen Herrscher in alte Bahnen zu lenken. Sie stießen sich schnell an dessen unbeugsamen Machtwillen, ahnten bald, dass König Gustav I. Vasa vor allem Geld, Schlösser, Grund und Boden der Kirche meinte. Der Erzbischof fand schließlich kaum noch gemeinsame Worte mit dem energischen Regenten, dem König von Dalarnas Bauern Gnaden, wie die Gegner spöttisch bemerkten. Sie mussten dennoch hilflos registrieren, dass dieses Bauernvolk in Waffen selbst Söldnerheeren ernsthaft Widerstand leistete. Johannes Magnus ließ sich zwar noch als Brautwerber Gustav Vasas ins katholische Polen senden. Er hoffte wohl noch einige Zeit auf hilfreiche Allianz des rechtgläubigen Polen und eine katholische Königin an der Seite seines Herrschers, umsonst, die Eheverhandlungen scheiterten. So blieb er enttäuscht im freiwillig gewählten Exil, zunächst in Danzig, später im warmen Italien, wirkte nun unermüdlich für eine Gegenreformation. Er begriff früher als mancher Kirchenpolitiker in Rom, dass die schwedische Reformation sonst unwiderruflich würde. Gustav Vasa würde nie wieder zurückgeben, was er der Kirche nehmen konnte. Noch aber schien vor allem jenseits der Ostsee eine Umkehr möglich, Rückkehr zum alleinseligmachenden Glauben. Dort griffen die Bauern, anders als die Deutschlands, mehrfach zu den Waffen. Sie verteidigten, was ihnen heilig erschien, die »gute alte Kirche«, die Religion der Väter. Die Bewaffneten sammelten sich um jene Priester, die festhielten an Rom, Heiligenbildern und Reliquien, vor allem aber den Besitz der römisch-katholischen Kirche verteidigten.

So wirkte der kranke Mann überall für das lange erhoffte, immer wieder von neuem gelobte allgemeine Konzil seiner Kirche, die Diskussion einer Gegenreformation. Diese Versammlung, auf die Johannes Magnus alle Energien konzentrierte, erlebte er nicht mehr, weder in Venedig oder Florenz, noch in Triest oder Rom. Alle Versprechungen blieben nur leere Worte. Die Briefe des Schweden an den Papst, den Kaiser und Europas katholische Fürsten blieben gewöhnlich unbeantwortet. Über den eigenen Problemen mit den Lutheranern verblassten die schwedischen Ängste des Johannes Magnus, schienen unermesslich fern. Und so drohte er schließlich in tief empfundener Verzweiflung, warnte die päpstlichen Legaten vor den Folgen einer neuen Goteninvasion in Kontinentaleuropa. Der Schwede skizzierte das düstere Bild eines künftigen Gotensturms auf die Heilige Stadt, wusste sich stark in einer breiten, historisierenden Diskussion seiner Zeit.

Schon einer seiner Vorgänger im Amt des Erzbischofs von Uppsala, Nikolaus Ragvaldi, hatte 1434 in Basel die Gotenberichte altrömischer Historiker zitiert. Er hatte auf diesem Konzil als schwedischer Nachfahre der »gotischen« Krieger vor Troja – der späteren Eroberer Roms, des angeblich ältesten Kriegervolkes Europas, wie er und viele andere ernsthaft glaubten – einen würdigen Platz in der ersten Reihe der Vertreter der versammelten katholischen Reiche eingeklagt. Und er war keineswegs erfolglos geblieben, da auch die spanischen Repräsentanten das ihrige taten, die Westgotentradition zu Spaniens Vorteil und Begründung eigener Ansprüche zu nutzen. Man nahm sehr ernst, was die Alten berichteten, verschwendete keine Zeit für quellenkritische Überlegungen. Viele deuteten selbst die Bibel in diesem Sinne. Sie zweifelten kaum, dass die Goten der Völkerwanderung im legendären Geschehen der Sintfluttage wurzelten. Die nordischen Völker »gehören zum mächtigen Stamm der Goten, und es besteht ständig die Gefahr, dass sie wie ihre Väter noch einmal eine schreckliche Bedrohung für den Papst, das Kaisertum und Europas andere Nationen werden können«, schrieb Johannes Magnus kurz vor seinem Tode (A: Nordström, 48).

Hier auf dem Krankenbett in Venedig schien es dem Erzbischof die letzte Möglichkeit, mit solchen Drohgebärden die Reorganisation der römisch-katholischen Kirche im Norden zu befördern. Unterschätze man diese Gefahr von jenseits der Ostsee, begreife die historischen Lehren nicht, negiere, dass eines bösen Tages die Glaubensabtrünnigen, die neuen Heiden, Schwedens junge Goten, wieder nach Mittel- und Südeuropa strömten, so werde es ein schreckliches Erwachen für Papst und Kaiser. Die »Goten« würden erneut das kultivierte Europa barbarisieren, alles zerstören, böte man ihnen nicht rechtzeitig Einhalt, unterstütze nicht sein, Johannes Magnus' Reformwerk.

Er glaubte an seine Vision, Angst gebietend, Unheil verkündend, wohl auch gleichzeitig solche Bilder aus tiefstem patriotischen schwedischen Herzen stolz und beglückend empfindend, waren es doch seine Schweden.

Schweden zähle »so viele weitgestreckte und gewaltige Landschaften, die von Lappen, Moskovitern, Svear, Göten, Värmern, Dalkerlen, den Menschen in den Berggebieten und Nordmännern bewohnt sind, ein Land, das in seiner Ausdehnung in Länge und Breite größer als ganz Italien, Spanien und Gallien zusammen ist«, schrieb 1555 Johannes Magnus' Bruder Olaus, auch er katholischer Geistlicher und in der römischen Fremde (Q: Olaus Magnus, 178). Reminiszenzen an die ferne, verlorene Heimat, erste umfangreiche Informationen über das in weiten Teilen Europas noch gänzlich unbekannte Land.

Es entsprach dem Geist dieser Epoche des Umbruchs in Europa, dass der fromme Mann in Rom ein wenig übertrieb, es mit der territorialen Ausdehnung so genau nicht nahm. Möglich, dass viele seiner

Leser selbst nur sehr unvollkommene Raumvorstellungen hatten. Im Übrigen, wer wusste schon in Schweden genau, wo das Reich endete, zu unscharf waren die Grenzen im Norden fixiert. Kaum ein schwedischer Reisender war bisher dorthin vorgedrungen. Dichter Wald und ferne, auch im Sommer eisbedeckte Berge schirmten diesen Raum jenseits des Horizontes von der Welt des mittelalterlichen Schwedens ab.

Begierig griffen viele auf dem Kontinent nach diesem umfangreichen Werk über das Land mit den fürchterlich kalten Winden und langen, hellen Sommernächten. So jedenfalls lebte Schweden in den Erinnerungen des alten Mannes im warmen Süden weiter. Er vermittelte seinen Lesern das Bild des Vaterlandes, der 1554 vom Papst als Nachfolger des Bruders ernannte neue katholische Erzbischof von Uppsala. Olaus Magnus war ein Kirchenfürst nur dem Namen nach, auch er ein überzeugter Gegner des Luthertums und der Reformation in Schweden, ein großer Mann der Feder zweifellos.

Abgesehen von den recht verschwommenen Größendarstellungen und den üblichen zeitgenössischen Berichten über Fabelwesen sind es vor allem die Beschreibungen der Lebensgewohnheiten der Schweden, ihrer Kriegstechniken, des Alltags im hohen Norden, die den Wert dieses Werkes bestimmen. Neben der Schilderung eines höchst barbarisch anmutenden Lebens der Fischer und Jäger in jenem unvorstellbar weiten kalten Land mit Pferderennen auf den zugefrorenen Seen, den verschiedenartigsten Schneeformen und Eiskristallen – Bildern, die das Reich der Mitternachtssonne den Deutschen, Italienern, Spaniern und Franzosen noch fremdartiger erscheinen ließen – finden sich auch einige wenige Bemerkungen über den Reichtum des Landes. »Die Gruben der nordischen Länder sind ziemlich viele, verschiedenartig und reich«, hatte der gelehrte Schwede wissen lassen. Man finde »unerschöpfliche und weitgestreckte Gruben sowohl im oberen Svealand als auch in Götaland und Värmland nahe der norwegischen Grenze«. In der Umgebung des ausgedehnten Mälarensees bei Stockholm betreibe man »unerschöpfliche Silber-, Kupfer- und Eisengruben, unmöglich, deren Wert zu schätzen«. Deshalb sei Schwedens König zu keiner Zeit »den übrigen Fürsten Europas« hinsichtlich seines »Reichtums unterlegen«. Stolze Worte in einer Zeit, in der auch die deutschen Fürsten und großen Handelshäuser einen bedeutenden Teil ihres Reichtums dem Silberbergbau Sachsens und Tirols, den Hütten und Eisenhämmern zahlreicher deutscher Wirtschaftszentren eines frühen Kapitalismus dankten, Ankündigung auch, dass dieses Land im Norden Europas künftig eine größere Rolle spielen würde. So führte Olaus Magnus bereits moderne Verhüttungsverfahren in seiner Heimat an. Schwedisches »Eisenerz lässt sich nicht anders schmelzen als mit Hilfe von Wasserrädern, die Blasebälge antreiben«, erfuhr der interessierte Leser (Q: Olaus Magnus, 266, 107, 276).

Er schrieb aus der Erinnerung. Der Prälat hatte das eigene Land mehr als drei Jahrzehnte nicht mehr betreten dürfen, eine Entwicklung nicht registrieren können, die Schweden Wege in den Kreis der europäischen Mächte öffnete. Vielleicht hätte Olaus Magnus solche Veränderungen auch gar nicht bemerkt. Äußerlich hatte sich nicht viel geändert in den Jahren nach seinem Weggang.

Seit etwa 1350 hatte Schweden seine relativ sicheren Grenzen erkämpft, die es noch zu Olaus Magnus' Zeiten verteidigte. Von der Stadt Kalmar an der Ostseeküste im Süden erstreckte sich das Land bis Lappland im Norden. Es besaß mit dem Hafen Älvsborg an der Mündung des Götaflusses ins Kattegatt einen schmalen Streifen Land zwischen den dänischen Provinzen Südschwedens und Norwegens, damit den freien Zugang zur Nordsee. Im Osten dehnte es sich bis zur Festung Viborg an der russischen Grenze, umfasste weite Teile des heutigen Finnlands.

Weniger sicher sind die Angaben über die Zahl der Einwohner. Olaus Magnus versuchte erst gar nicht, hier Summen zu nennen. Es war ihm vielleicht auch nicht wichtig. Allzu häufig verödeten ganze Landstriche durch Pest und Hungersnöte. Und auch im übrigen Europa zählte man nur die Steuerzahler.

Die moderne schwedische Historiographie rechnet auch in Schweden mit einem Bevölkerungsanstieg gegen Ende des 15. Jahrhunderts, einer Entwicklung, die hier in der zweiten Hälfte des folgenden Jahrhunderts kulminierte. Die wenigen vorhandenen Quellen belegen für diesen Zeitraum eine auffällige Siedlungsnahme in weiten Teilen Schwedens und Finnlands, eine Tendenz, die ab 1620 stagnierte, wahrscheinlich eine Folge der ununterbrochenen Kämpfe Schwedens gegen Dänen, Polen, Russen und des schwedischen Eingreifens in den Dreißigjährigen Krieg.

Während man zwischen 1350 und 1400 nur mit 315 000 Menschen im schwedischen Kernland rechnet, schätzen die Historiker deren Zahl um 1571 aufgrund erhaltener Steuerregister auf 750 000. Zum gleichen Zeitpunkt könnten in Finnland etwa 250 000 Einwohner gelebt haben. Eine größere Bevölkerungsdichte gab es nur in den

Ackerbaugebieten Süd- und Mittelschwedens. Vor allem die nördlichen Waldgebiete waren damals nahezu unbewohnt.

Wenig nur berichtete Olaus Magnus über Städte in Schweden und ihre Gewerbe. Das Reich war ein Bauernland. Wahrscheinlich wohnten nicht einmal fünf Prozent in den wenigen Städten. Um 1500 sollen in der Hauptstadt Stockholm ungefähr 6 000 bis 7 000 Einwohner gelebt haben. Deren Zahl stieg bis 1580 lediglich auf 8 000, bis 1620 auf 10 000. Åbo, das heutige Turku am Finnischen Meerbusen, zählte um 1600 als zweitgrößte Stadt des schwedischen Staates weniger als 4 000 Bewohner. In der Erzbischofsstadt Uppsala werden um 1600 nicht mehr als 2 000 Menschen gelebt haben. Oft dominierte der Ackerbau das Leben in den kleinen Städten. Im 16. und beginnenden 17. Jahrhundert konnten besondere Impulse für eine frühmoderne Entwicklung des Landes kaum von den wenigen Städten ausgehen. Die Zentren der Metallgewinnung und Eisenverarbeitung lagen auf dem Lande.

Wie in allen feudalen Staaten Europas erschütterten Machtkämpfe zwischen der Krone und Hochadelsgeschlechtern das Land, noch verschärft durch Auseinandersetzungen zwischen dänischen und schwedischen Adelsgruppierungen, die um Landübertragungen durch die Krone in diesem Teil des nordischen Unionsreiches stritten.

Der 1364 von einigen Fraktionen des schwedischen Adels ins Land gerufene mecklenburgische Herzog Albrecht war schließlich als schwedischer König nach langen blutigen Kämpfen der Dänin Margarethe I. unterlegen. Sie konnte sich auf die unzufriedenen oppositionellen schwedischen Adelsfamilien stützen, versprach den Schweden großzügige Landschenkungen aus dem Besitz der Krone. Schriftliche Zusagen über erbliche Lehen gab sie jedoch nicht. Ihr Neffe, Erik von Pommern, wurde 1397 in Kalmar zum König der Union der Nordischen Reiche gekrönt. Er vereinigte Dänemark, Norwegen und Schweden, regierte vor allem im Interesse seines dänischen Kernlandes. Erik vergab zahlreiche schwedische Burgen an seine Vertrauten, gewöhnlich Dänen und Deutsche. Bald mehrten sich wieder die Auseinandersetzungen zwischen rivalisierenden schwedischen und dänischen Aristokraten. Die Unionskönige fanden offenen Widerstand. Ihnen erwuchsen besonders in den schwedischen Reichsverwesern gefährliche Konkurrenten um die Macht in Schweden.

Der Kampf Dänemarks gegen die Hanse führte den Reichsverwesern bald das Handelsbürgertum der schwedischen Hafenstädte und vor allem die einflussreiche Schicht der Bergwerksbesitzer, die

Eigentümer der Eisen- und Kupfergewerke zu. Einige schwedische Historiker sehen in der zentralisierten Handelspolitik der Reichsverweser eine wesentliche Ursache für die Zuspitzung der dänischen Konflikte. Sie registrieren unüberwindliche Widersprüche zwischen ökonomischen Interessen der Dänen und einer eigenständigen schwedischen Warenproduktion für die europäische Nachfrage auf dem Eisen- und Kupfermarkt. Manche Fachleute vermerken sogar »Keime kapitalistischer Manufakturen« (A: Kan, 50), eine eigene marktorientierte Getreideproduktion in Süd- und Mittelschweden, vor allem einen schnell wachsenden »Metallexport aus dem Bergbaugebiet«. Damit seien Kräfte in Schweden gewachsen, die »in staatlicher Selbständigkeit mehr Sinn als in einer nordischen Union sahen« (A: Peters, 47).

Sicher, die Forschung steht hier noch immer vor zahlreichen offenen Fragen, unklar scheinen auch die Möglichkeiten der Hanse in diesem Prozess. Auffällig bleibt jedoch die Tatsache, dass der letzte Unionskönig, eben Christian der »Tyrann«, neben zahlreichen schwedischen Aristokraten am 8. November 1520 auch bedeutende Vertreter des schwedisch-deutschen Handelsbürgertums auf dem Stockholmer Großmarkt hinrichten ließ. Dänemarks Wirtschaftspolitik und die offenbar störenden schwedischen Eigeninteressen seien Motive seines Handelns gewesen, könnte man folgern, äußerst scharfe Widersprüche voraussetzen. Zweifellos ein Grund mehr, die Entwicklung Schwedens am Beginn der frühen Neuzeit stärker in ihrer Einbindung in die frühmoderne Entwicklung auf dem europäischen Kontinent zu betrachten, nicht allzu lange bei der geringen Stadtentwicklung zu verweilen.

Als erwiesen kann jedenfalls gelten, dass sich die Kämpfe zwischen den dänischen Unionskönigen und den schwedischen Reichsverwesern Ende des 15. Jahrhunderts und zu Beginn des 16. Jahrhunderts zu verheerenden Kriegszügen der dänischen Truppen in Schweden entwickelt hatten. Die Steuerbelastungen großer Bevölkerungsgruppen wuchsen ständig. So standen sich jetzt vor allem schwedische Hochadelsgeschlechter und dänische Unterdrücker gegenüber. So jedenfalls argumentierten die Reichsverweser und ließen es überall im Lande kundtun. Nationale Stimmungen wuchsen im schwedischen Volk. Sie wurden geschürt von denen, die dabei wohl in erster Linie Dänen und Deutsche aus den Schlössern der Krone vertreiben, sich und ihre Familien hineinsetzen wollten. Und auch die Brüder Johannes und Olaus Magnus konnten sich dieser Bewegung nicht verschließen. Priester, Bauern und Bürger waren es müde, beständig die herumstreifenden Heere unterhalten zu müssen. Die große nationale Erhebung, auch und gerade von manchem Hochadligen erhofft, blieb dennoch zunächst aus. In manchen Landschaften reagierten die arbeitenden Menschen wenig oder gar nicht auf die Appelle des Adels.

Das war anders gewesen gegen Mitte des 15. Jahrhunderts. Der bedeutendste Bauernkrieg Schwedens wurde sowohl unter nationalem als auch sozialem Vorzeichen geführt. Die Ablehnung dänischer Steuerbedrückungen und Proteste gegen gesteigerte Ansprüche ihrer schwedischen Herren einte die Bauernhaufen, in deren Reihen auch Bergknappen kämpften. Dem Hochadel gelang es schließlich, die Bauern ihrer beiden glänzenden Führer zu berauben. Sie lenkten den Kampf teilweise in einen Krieg gegen die dänischen Söldnerheere, erstickten den Aufstand. Doch konnten sie die Bauernhaufen keineswegs wirklich zerschlagen. Sie wollten es möglicherweise mit einem besorgten Seitenblick auf die gefährlichen dänischen Widersacher auch nicht. Das ist vielleicht einer der Gründe, warum es hier weder zur Ausbildung der Leibeigenschaft noch zu jener feudalen Abhängigkeit der Bauern vom Adel kam, wie in weiten Teilen des kontinentalen Europas. Schwedens Bauern blieben stets ein Volk in Waffen, mit dem die Brüder Magnus drohen, auf die sich Schwedens neue »Gotenkönige« später stützen konnten. Und auch das mag eine Folge der dokumentierten Kampfkraft schwedischer Bauern gewesen sein: Seit dem 15. Jahrhundert gab es in Schweden eine Ständeversammlung, die auch Bauern und Bürgern Mitspracherechte einräumte.

Es war wohl ein selbstbewusstes Bauerntum, das in Schweden und Finnland dem Boden das Lebensnotwendige abrang. Um 1500 dominierten dort die freien steuerzahlenden Bauern. Die Steuerregister weisen für das eigentliche Schweden 52 Prozent freie Bauernhöfe aus, 22 Prozent des bebauten Landes bewirtschafteten Adelsbauern, 21 Prozent waren in Kirchenbesitz. Die meisten Adelshöfe waren noch Jahrzehnte später kaum größer als die Vollbaueranwesen. Die Krone gebot nur über fünf Prozent der erschlossenen, landwirtschaftlich genutzten Fläche. In Finnland besaßen Adel und Kirche damals nur zwei beziehungsweise 2,5 Prozent des bewirtschafteten Landes. Die Krone verfügte gar nur über 0,5 Prozent. Alles andere Ackerland wurde von freien steuerpflichtigen Bauern bearbeitet. Das war natürlich Ausdruck der geringen Ergiebigkeit des finnischen Bodens für Ackerbau und Viehzucht in jener Zeit, dennoch auch ein Grund natürlichen Stolzes dieses wehrhaften Bauerntums.

Aber auch in Schweden finden sich auffallende regionale Unterschiede. Überall dort, wo Gewinn bringende Landwirtschaft möglich war, hatten sich die Feudalgewalten einen größeren Anteil an Grund und Boden gesichert. So waren in Südschweden die freien Steuerbauern bereits eine Minderheit, herrschten hier die Pachthöfe des Adels und der Kirche vor. In Östergötland sind um 1520 nur noch elf Prozent der landwirtschaftlichen Nutzfläche im Besitz freier Bauern. Auf 35 Prozent des entsprechenden Landes saßen Adelsbauern, die Kirche eignete 43 Prozent. Die Krone bezog hier die Einkünfte von elf Prozent des bebauten Landes. Dagegen gab es in den nördlichen Regionen, ähnlich wie in Finnland, fast keine Adelshöfe und Kirchenländereien.

Die Reformation nach der Vertreibung der Dänen und Bildung des Vasa-Königtums brachte kaum Veränderungen im Verhältnis der freien Steuerbauern und der abhängigen Pachtbauern. Letztere lieferten ihre Naturalabgaben und Geldzahlungen nun vor allem an die Vögte der Krone oder einzelne Adlige ab, selten belasteten Hofdienste die Bauern.

Anders stellte sich die Lage der Bauern am Ende der Vasa-Periode dar. Nachdem Schwedens Adel die zentraleuropäischen Feudalverhältnisse kennen und schätzen gelernt hatte, wünschte die dortige Nobilität größere Eigenwirtschaften, wollte so der wachsenden Nachfrage auf dem westeuropäischen Markt entsprechen. Damals besaß der Adel 65 Prozent des bebauten Landes in Schweden und 58 Prozent in Finnland. Die Krone, die um 1560 Steuern und Naturalien von fast 80 Prozent aller Höfe des Reiches empfing, war nun auf Leistungen von 35 Prozent der landwirtschaftlich erschlossenen Fläche beschränkt. Diese Tendenz begann in der zweiten Hälfte des 16. Jahrhunderts, als das Königtum adlige Leistungen in Verwaltung und Kriegsdienst mit Landverleihungen honorierte.

Nach 1600 wurde die sogenannte »Donationspolitik« das übliche Zahlungsmittel der Krone an den Adel und verdiente höhere, nichtadlige Beamte. Zunächst wurden die Kronenhöfe vergeben, später häufig auch die Steuer freier Steuerbauern. Dabei unterschieden die adligen Nutznießer nur selten zwischen Höfen, bei denen sie nur Eigentümer der Steuer waren, der Bauer weiterhin den Hof besaß, und Adelshöfen, auf denen der Bauer nur als Pächter saß.

Im Mittelalter waren die Lehen in Schweden in der Regel nicht erblich gewesen, vielmehr an eine bestimmte Funktion als territorialer Sachwalter des Königs gebunden. Nach 1560 wurden umfangreiche Verleihungen mit der Vergabe des Freiherren- oder Grafentitel ausgesprochen. Sie waren nun erblich und schlossen auch bedeutenden Landbesitz in Nordschweden und dem nördlichen Finnland ein. Die sozialökonomische Struktur des Reiches veränderte sich schnell. Doch konnte auch im 17. Jahrhundert ein adliger Pachtbauer nach Zahlung seiner Schulden beim Grundherrn den Hof verlassen und sich andernorts niederlassen. Ebenso war der Adel keine festgeschlossene Gemeinschaft. So sanken verarmte Adlige in den Bauernstand ab, während die Nobilitierungen des 17. Jahrhunderts die Zahl der Adligen erheblich steigerten. Eigentliche Aufgabe des Adels im zeitgenössischen Verständnis war auch in Schweden der »Kriegsdienst«, das militärische Engagement als gepanzerter Reiter an der Seite des Königs.

Johannes Magnus' Warnungen vor der Kampfkraft schwedischer Heere waren so unbegründet nicht. Schon zu Beginn der zwanziger Jahre des 16. Jahrhunderts entwickelte sich eine Heeresorganisation, die auf einer Art Landwehr aufbaute. Kriegserfahrene Adlige wurden für die einzelnen Regionen ausgewählt, hier kampfgeübte ehemalige Soldaten unter den Bauern und Knechten zu sammeln, mit ihnen stets verfügbare Landschaftskontingente, ähnlich der Schweizer und der deutschen Landsknechtsfähnlein, aufzustellen. Jene »Knechte« lebten in Friedenszeiten auf den Bauernhöfen, waren Arbeitskräfte, erhielten aber ein bestimmtes zusätzliches jährliches Entgelt als Sold und wurden nur im Kriegsfall aufgeboten.

1536 wurde eine Verfügung erlassen, auf ähnliche Weise die Reiterei zu organisieren. Adlige, Bürger und vermögende Bauern wurden aufgerufen, Reiter auszurüsten, gegen bestimmte Freiheiten deren Verpflegung und Entlohnung zu übernehmen. Der Reichstag zu Västeras 1544 bekräftigte diese Heeresorganisation.

In den folgenden Jahrzehnten regelten weitere Bestimmungen die Größe der Fähnlein der »Landesknechte« und »Landesreiter«. Die Kampfkraft dieser Truppen war jedoch anfangs relativ gering. In Kriegszeiten wurde das Aufgebot durch geworbene Söldnerverbände ergänzt. Neue Anordnungen zu »Ausschreibungen« in den einzelnen Regionen Schwedens zu Beginn des 17. Jahrhunderts fixierten Zahlen für die einzelnen Kirchspiele. Es wurde festgelegt, dass vor allem Knechte, Häusler und Kleinbauern ausgewählt, die größeren Bauern nicht rekrutiert werden durften. Das war die Basis für beständige Kämpfe um die Machtausweitung Schwedens im 16. und 17. Jahrhundert.

Zwischen Tradition und Neuem – das schwedische Königtum im konfessionellen Zeitalter

Die traditionelle historische deutsche Lesart spart die skandinavischen Staaten ebenso wie Polen und Russland aus den großen kontinentalen Auseinandersetzungen vor Beginn des Dreißigjährigen Krieges aus. In der Tat verlief die Reformation im nordeuropäischen Raum weniger heftig, wurde kaum von größeren konfessionellen Machtkämpfen geprägt. Friedlich waren die Jahre dennoch nicht, auch nicht friedfertig jene, die hier die Reformation durchsetzten. Kämpferisch auch, wer im Namen der römisch-katholischen Kirche für die Beibehaltung des Alten warb, häufig eigene politische Zielsetzungen meinte. Wer in Schweden dem neuen Herrscher Gustav I. Vasa entgegentreten wollte, tat das gewöhnlich – und hier sind die Analogien auch zu Mitteleuropa sehr deutlich – im Namen des Glaubens.

Zu Jahresbeginn 1527 trat in Dalarna ein Mann gegen den König an, der sich als Sohn des gegen die Dänen gefallenen Reichsverwesers Sten Sture ausgab, somit Erbrechte einklagen wollte. Der sogenannte »Daljunker« nutzte Gustav Vasas erste vorsichtige Aktionen gegen die reiche katholische Kirche Schwedens zu wirkungsvoller Agitation. Er versandte Aufrufe an den Adel, die Bürger und Bauern benachbarter Landschaften, behauptete, die Menschen in Dalarna seien entschlossen, sich gegen Vasa zu erheben. Dieser habe Kirchen und Klöster geplündert. Er zwinge das Volk, »unsern alten Glauben wegzuwerfen, in dem uns die Väter und Vorväter und heiligen Männer und die heilige Schrift bestärkt haben« (A: Den svenska historien, IV, 76). Er und seine Hintermänner kannten offensichtlich die Gemütswelt schwedischer Bauern. Sie wussten, wie die Unzufriedenheit geschürt werden konnte.

Schnell war der Anhang des »Daljunkers« besiegt. Der Rebell floh nach Norwegen, später nach Rostock, konnte dem Henker dennoch nicht entkommen. Am 25. September 1528 hörte der Mann, dessen Stand und Herkunft die schwedische Historiographie bis heute nicht bestimmen kann, in der Hansestadt den Todesspruch.

Er wird es zufrieden vermerkt haben, Gustav I. Vasa, dass dieser Gegner vernichtet war. Ruhiger ist er wohl kaum geworden in jenen

Tagen, denn schon zwang ihn ein weiterer Unruheherd zu schneller Reaktion. Eine Kirchenversammlung in Örebro im Februar 1529 schied erneut die Parteien, sammelte eine starke Opposition unter den katholischen Priestern und adligen Herren aus Västgötaland. Auch hier verteidigte man die alten Kirchenstrukturen, meinte vor allem die wirtschaftlichen Probleme, konnte Vasas lübeckfeindliche Politik nicht gutheißen. Die Bürgerschaft von Jönköping, auf den Export ihrer Fleisch- und Butterprodukte nach Lübeck angewiesen, schloss sich den Unzufriedenen, gewaltig Murrenden an. Im April 1529 begann der Aufstand im nördlichen Småland. Die Aufrührer nahmen die aus Deutschland heimkehrende Schwester des Königs, Margareta Vasa, gefangen. Schnell wurden scharfe Anklageschriften gegen die Willkür des Monarchen verbreitet und diskutiert, auch hier manche Analogie zum Machtkampf der ständischen Opposition gegen das frühabsolutistische Streben der Landesherren in anderen Teilen Europas. Gustav Vasa habe ein »unchristliches Regiment« eingeführt (ebd., 78), vertreibe die Bischöfe, Mönche und Priester, setze »Ketzer« ein. Mit Ture Jönsson, dem Reichshofmeister Gustavs I. Vasa, stand einer der einflussreichsten Hocharistokraten an der Spitze, hinter ihm der Bischof von Skara, Magnus Haraldsson, weitere Reichsräte und mächtige Adelsfamilien.

Diesmal entsandte der König Unterhändler in die Aufstandsgebiete. Er ließ seine Repräsentanten versichern, alles bleibe so, wie es »seit alten Zeiten« sei (ebd., 78). Die neuen Steuern würden wieder gesenkt, der Besitz der Kirchen und Klöster solle nicht angetastet werden. Von einer »neuen Lehre« in Schweden könne keine Rede sein, beschwichtigende Versprechen, die schnell wirkten. Auch diesmal konnte ein offener Bürgerkrieg vermieden werden. Die Mehrheit der Aufständischen wanderte zurück in die heimatlichen Kirchspiele. Sie vertraute der königlichen Zusage, die »lutherische Ketzerei« würde unterdrückt, glaubte dem Amnestieversprechen des Herrschers. Der König hatte ausdrücklich verkünden lassen, breche er sein Wort, wolle er als Feind Schwedens behandelt werden.

Als er die Verträge seiner Abgesandten bestätigte, vermied Gustav I. Vasa die schriftliche Verpflichtung zur Amnestie. Er berief sich auf die früher vereinbarten Abkommen des Reichstages zu Västeras 1527, mit dem »die guten alten christlichen Bräuche« festgeschrieben seien. Der Herrscher wusste wohl, dass dies die Interpretation der adligen und klerikalen Opposition war, gerade dort solches aber nicht notiert war. Man kannte kaum die genauen Formulierungen der Dokumente, die unruhigen, um die Reinheit ihres alten Glaubens bangenden Bauern gewiss nicht, und viele vom Adel und der Klerus wohl auch kaum. Und wieder blieb den Führern des Aufruhrs nur die Flucht. Bischof Haraldsson und Ture Jönsson schlossen sich dem gerade wieder aktiv werdenden Dänen Christian II. an, diskreditierten somit ihre Sache auch in den Augen glaubenstreuer Bauern. Andere Empörer wurden auf dem Reichstag zu Strängnäs 1529 verurteilt und bald darauf hingerichtet.

Die Sorgen blieben. Gustav I. Vasa wusste nicht, wie er Schuldforderungen der Lübecker begleichen sollte. Gar zu teuer war ihm die Hilfe der Hansestadt im Kampf gegen den dänischen König seinerzeit geworden, und die Lübecker Kaufleute präsentierten unnachgiebig die Wechsel. Eine Reichsversammlung in Örebro beschloss 1531 auf Drängen des Herrschers, überall im Lande sollten die größten und schönsten Glocken der Kirchen eingeschmolzen oder ihr Wert in Kupfer und Silber an die königliche Kammer entgolten werden. Das war eine Entscheidung, die vor allem in Dalarna und Bergslagen Bauern und Bergleute, gläubige Katholiken, erneut zu den Waffen greifen ließ. Die Empörten sammelten sich auf dem traditionellen Thingfeld, dem uralten Gerichtsplatz, bei Stora Tunas Kirche. Sie sandten Protestbriefe in die umliegenden Landschaften Gästrikland und Hälsingeland, berichteten von bewaffnetem Widerstand gegen die königlichen Vögte, »um Heidentum und Glocken und alle ungesetzlichen Steuern, die auferlegt sind«. Dem König hätten sie mitteilen lassen, sie würden eher bis auf den letzten Mann fallen, als sich dem ketzerischen Frevel zu fügen. Im Übrigen forderten die Aufständischen einen Reichstag in Arboga (ebd., 78).

Einig sind sich die schwedischen Historiker, dass die »Glockensteuer« nur noch die »zündende Lunte zum dritten und letzten Dalarna-Aufruhr« war (ebd., 79). Hunger, ökonomische Probleme mischten sich mit religiöser Unruhe. Die Angst um das Leben im Diesseits paarte sich, geschickt geschürt, mit der Furcht um den Verlust des Jenseits. Dennoch stellte sich die Mehrheit der Stände hinter Gustav I. Vasa. Die Versammelten beschlossen auf einem Reichstag in Uppsala die Einsammlung der Kirchenglocken. Das Wohl des Landes erfordere es, so der nahezu einhellige Tenor der Volksvertreter. Sie verurteilten gleichzeitig auch die Unzufriedenen in Dalarna und Bergslagen. Diese seien von »Ture Jönsson und anderen Verrätern in König Christians Interesse« angestiftet. Es ginge gar nicht um den Glauben, lauteten die Sendbriefe an die einzelnen Landschaften. Das dämpfte auch sofort die Entschlossenheit der Empörer auf dem Thingplatz, zumal Gustav I. Vasa allen Beteiligten »volle Begnadigung« zusicherte (ebd., 79). Die Nachrichten von Christians II. Landung in Norwegen, die Sammlung der schwedischen Adelsopposition um ihn, hatten den schwedischen Herrscher sehr sanft gestimmt. Innere Unruhen konnte und wollte er jetzt nicht auskämpfen.

Nach Christians II. Gefangennahme stellten sich die Dinge dem König anders dar. Mit gewaltiger Kriegsmacht marschierte Vasa nun nach Kopparberget mitten in Dalarna, ins Unruhezentrum. Der Monarch drohte, er wolle »jedem, arm oder reich, Gesetz und Recht« schaffen (ebd., 81). Er ließ trotz des zugesicherten Pardons die Rädelsführer ergreifen, einige sofort hinrichten. Andere schickte Gustav I. zunächst nach Stockholm in den Kerker und später auch aufs Schafott. Und wieder einmal beugten sich die Massen der Empörer. Drohen und mit den Waffen klirren war eine Sache, sie auch zu nutzen, die Schwerter und Spieße gegen den eigenen Landesvater zu richten, war denn doch ein ganz ander Ding! Der dort war der gesalbte König, kein Däne, kein deutscher Söldner, ihm musste man wohl gehorchen.

In den nächsten zehn, fünfzehn Jahren erschloss der König, von deutschen Experten beraten, neue Sondersteuern. Er verkündete, Schwedens Bauern hätten nur ein »erbliches Nutzrecht« an Grund und Boden, »es gehöre Uns und Schwedens Krone«. Er könne daher zahlungssäumige Steuerbauern von Haus und Hof vertreiben (ebd.).

Das mochte den gesetzlichen Rahmen für eine neue Steuerpolitik fügen, Gustavs I. Vasa Schatzkammer ebenso dienlich sein wie die Einziehung kirchlicher Reichtümer. Schwedens Bauern musste es höchst willkürlich scheinen. Sie waren seit alters her im unbeschränkten Besitz ihres Landes, entrichteten Abgaben. Aber der Grund und Boden gehörte ihnen doch, so lange man denken konnte. Gustavs I. Erklärungen mussten schnell neuerlichen Widerstand der Bauern provozieren, und auch diesmal war vorauszusehen, dass sich Empörer im Zeichen des Glaubenskampfes sammeln würden. Gar zu deutlich war in beiden Vorgehensweisen, dem Angriff auf alte kirchliche Rechte und dem Schlag gegen die bäuerlichen Besitzstände, ein fiskalisches Element zu erkennen. Die Handschrift königlicher Gier!

Zu Sommeranfang 1542 erhoben sich die Bauern in Småland. Die königlichen Truppen waren machtlos, konnten nur einen Waffenstillstand mit dem Bauernführer Nils Dacke vereinbaren. Es seien vor allem die erhöhten Steuern, die Eingriffe der Vögte ins bäuerliche Wirtschaftsleben mit den zahlreichen Vorschriften bis hin zu Kleiderordnungen und Regeln für den Hausbau, die ihn und seine Bauern zum Widerstand reizten, erklärte Dacke dem königlichen Befehlshaber. Auch sei er gegen die Verödung der Kirchen durch die neue Lehre. Es sei »bald so lieblich, durch einen öden Wald zu gehen wie in einer Kirche«. Auch sei der Gottesdienst jetzt so farblos, »ein Kind könne bald vom Mistwagen eine Messe pfeifen«. Der König müsse beides, Gottesdienst und die Auflagen nach den alten Gewohnheiten garantieren (ebd., 115–116).

Es war vor allem Gustavs I. Entscheidung 1541, den Vieh- und Butterhandel Västergötlands und Smålands vom dänischen Markt Ronneby in Blekinge auf die schwedischen Häfen Kalmar und Lödölse umzulenken. Zu drückenden Steuerauflagen kamen nun schwindende Einkünfte. Es mangelte an Getreide.

Als das königliche Heer verstärkt wurde, reagierte der Bauernführer prompt. Dacke knüpfte Verbindungen zu deutschen Fürsten an, die ihrerseits Ansprüche auf den schwedischen Thron erhoben, den deutschen Kaiser hinter sich wussten. Karl V. wünschte zeitweilig sogar, durch einen eigenen Sonderbeauftragten direkt mit dem Rebellen zu verhandeln. Der Spanier sah in dem längere Zeit erfolgreich operierenden Schweden eine wesentliche Säule des katholischen Widerstandes. Er reagierte auch auf Kontakte Gustavs I. zu den deutschen Protestanten.

Im Februar 1543 versuchte Dacke, Kalmar zu erobern, hier einen Hafen zu gewinnen, über den seine neuen deutschen Verbündeten Truppen nach Schweden schicken konnten. Der Angriff auf Kalmar misslang, die versprochenen Landsknechte des mecklenburgischen Herzogs und des Pfalzgrafen blieben aus. Gustav I. war es auf einer Adelsversammlung in Örebro 1543 gelungen, den schwedischen Herrenstand hinter sich zu sammeln, ein neues Heer auszurüsten. Auch der dänische Monarch hatte Solidarität versprochen. So unterlagen die Bauern kurze Zeit später. Dacke wurde schwer verwundet, entkam aber, von sympathisierenden katholischen Geistlichen und småländischen Anhängern verborgen. Er konnte jedoch nach seiner Genesung im Frühsommer 1543 nur noch wenige Kämpfer aufbieten. In Nordblekinge fand der charismatische Bauernführer in den letzten blutigen Kämpfen den Tod. Besiegt war Vasas gefährlichster Gegner aus der einheimischen Opposition.

Immer wieder waren die Aufstände beziehungsweise Zusammenrottungen unter der Losung geführt worden, der König achte die gute alte Heilslehre nicht. Er versündige sich an der Kirche. Und jedes

Mal waren auch ökonomische Forderungen der Beteiligten artikuliert worden. Tatsächlich bestand auch für Gustav I. ein unmittelbarer Zusammenhang zwischen beiden Faktoren. Er wünschte eine »Reformation« aus wirtschaftspolitischen Erwägungen, erkannte frühzeitig die Möglichkeiten, die Luthers »Ketzerei« seinem schwedischen Königtum eröffnete. Aber er wusste auch, welche Risiken aus einer gar zu offenkundigen Unterstützung dieser neuen Lehre für ihn und seinen Thron erwuchsen. Es waren andere gesellschaftlichen Bedingungen in Schweden. Bauernheere waren hier für diesen Kampf nicht zu mobilisieren, hielten im Gegenteil an der katholischen Kirche fest.

Schon der Reichsverweser Sten Sture hatte seinerzeit erklärt, in Notzeiten müsse der Staat auch über das Geld der Kirche verfügen dürfen. Das war noch während des Unionskönigtums, lange vor Luthers ersten Thesendiskussionen geschehen. Ein Grundsatz, der vielen in diesem skandinavischen Reich auch recht und billig erschien, besaß doch auch hier die Kirche fast ein Viertel des gesamten schwedischen Landes. Da nahmen sich die seinerzeitigen 5,5 Prozent Anteile der Krone wahrlich bescheiden aus, wohl doch ein überzeugendes Argument für den jungen Herrscher Gustav I. Nicht wenige stimmten zu, als er meinte, er – der Schützer und Wahrer der Reichsinteressen – müsse über die Burgen und festen Schlösser der Kirche zur Verteidigung des Landes verfügen können. Gelegentlich dürfe er auch mal in die Schatztruhen der Bischöfe greifen. Soweit waren wohl auch die Bauern einsichtig. Anfangs stand der König hier auch in der Tradition Sten Stures. Klug begründete er seine Maßnahmen damit, er wolle das Volk nicht zusätzlich belasten. Er tat nichts, was man nicht schließlich auch dem Reichsverweser im Kampf gegen die dänischen Invasoren zugebilligt hatte. Das schien umso begründeter, als viele dänentreuen Bischöfe nach Christians II. erster Niederlage das Land verlassen hatten, Gustav I. nun auch direkt über freie Bischofspfründen verfügte. Nachdem Erzbischof Johannes Magnus nicht mehr von seiner Polenmission nach Schweden zurückgekehrt war, gewann der König weiteren Spielraum.

Gestützt auf die Luther-Schüler Olaus Petri und Laurentius Andreae förderte Gustav I. Mitte der zwanziger Jahre eine vorsichtige Umgestaltung der schwedischen Kirchenorganisation, immer wieder erschreckt durch heftige Gegenreaktionen bäuerlicher und auch adliger Unzufriedener. Erst der Reichstag zu Västerås 1527 brachte eine Entscheidung.

Seit etwa 1524 hatte Laurentius Andreae wieder und wieder erklärt, der Besitz der Kirche sei Eigentum des Volkes. Er – Erzdiakon des Domkapitels von Strängnäs und seit 1523 Sekretär des Königs – forderte zu Jahresbeginn 1526 auch öffentlich von der Kanzel, in diesen schweren Zeiten müsse ein Großteil des Zehnten in die Staatskasse fließen. Und der König ließ ihn gewähren, ermunterte ihn heimlich. Eine Adelsversammlung in Vadstena beschloss in diesem Jahr, es sei besser, die notwendigen Erhebungen aus den Kircheneinkünften zu ziehen, als das Volk damit zu belasten. Die Herren wussten hier wohl die Mehrheit der Bauern hinter sich, meinten vor allem persönliche Vorteile. Auch wurden sich alle einig, das Kloster in Gripsholm aufzulösen. Es sei seinerzeit gegen den Willen seines Vaters der Kirche aus dem Eigentum der Vasa geschenkt worden, argumentierte der König. Er wusste wohl, dass sein 1520 im Stockholmer Blutbad durch Christian II. enthaupteter Vater entsprechende Belege nicht hinterlassen hatte, man seinen Versicherungen Glauben schenken musste.

Wenig nur wissen wir über die Denkweisen schwedischer Adliger jener Jahre. Sie schrieben selten, Briefe kaum, Tagebücher schon gar nicht. Rar sind auch die Dokumente und amtlichen Überlieferungen aus dieser Zeit. Gewiss ist nur, dass die alte nordische Rechtstradition fortlebte, aus vorchristlichen Jahrhunderten hinüber gewachsen. Von der mächtigen mittelalterlichen Kirche Schwedens emsig bekämpft, waren manche Traditionen des Öfteren vergessen, dann wieder lebendiger, blieben umstritten noch in den Tagen Gustav Vasas. Entäußerungen geerbten Landes, Schenkungen, waren an die Zustimmung der Familie gebunden. Kein Großer durfte Grund und Boden einfach anderweitig vergeben. Selbst Könige konnten alteingesessenen Familien das Land nicht als Sühne für schwere Verbrechen einzelner Familienmitglieder entziehen. Das ging nicht einmal dann, wenn das Familienoberhaupt der Bezichtigte war. Der Herrscher musste sich mit Bußgeldern zufrieden geben.

Gut, dass Erinnerungen dieser Art dem König gerade jetzt, wohl doch zur rechten Zeit, wieder eingefallen waren. Noch besser war, das solches einer interessiert aufhorchenden Aristokratie ebenso zu Nutz und Frommen gereichen sollte. Adelsboden dürfe überhaupt nicht mehr in Kirchenbesitz übergehen, eine Forderung Gustavs I., die manchem der Herren von Adel sehr überzeugend klang. Solche Worte ließen einige eifrig grübeln, wer denn von den Vorfahren leichtsinnig und unverständlich kostbaren Familiengrund der Kirche übertragen hatte. In der Tat, das Argument des Königs war einleuchtend. Da akzeptierte man gerne, dass dieser eigentlich wenig oder nichts dafür anführen konnte, dass der eigene Vater damals gegen die Gripsholmschenkung gewesen sei. Mancher der Herren reiste im Juni 1527 zum einberufenen Reichstag nach Västerås, Gustav I. beizupflichten.

Es sind kaum Quellen über den Verlauf der Debatten auf diesem für die Reformation in Schweden so wichtigen Reichstag erhalten geblieben. Das Ergebnis ist allerdings eindeutig. Der Västerås-Rezess vermerkt ausdrücklich die Rückgabe aller Ländereien, die nach 1454 in den Besitz der Kirche gekommen waren. Die Einkünfte der Krone sollten aus kirchlichem Vermögen gestützt werden, Bischöfe künftig keine prächtigere Hofhaltung als der König entfalten dürfen. Alle Schlösser und Burgen des Klerus sollten dem Herrscher, die Klöster der Verwaltung eines adligen Vormundes unterstellt, alle überschüssigen Klostereinnahmen Gustav I. zugeleitet werden. Im Übrigen müsse Gottes Wort »rein« im ganzen schwedischen Reich gepredigt werden (ebd., 47).

Schweden wurde so die erste frühmoderne Staatsnation, die ihre Kirche vollständig aus römischer Abhängigkeit löste. Welch ein Wandel! Einstmals war Schweden das letzte frühfeudale Reich Europas, das sich dem römisch-christlichen Bekenntnis öffnete. Damals gaben Schwedens Wikingerkönige Odin erst auf, als Dänen und Norweger schon länger dem christlichen Gott vertrauten.

Es war in der Tat ein vollständiger Sieg Gustavs I. über die bisherige Machtvollkommenheit der katholischen Kirche in Schweden. Sie war die eigentliche Trägerin der Unionspolitik gewesen, geeint in einem nordischen Internationalismus mit den Bistümern Norwegens und Dänemarks, stark so in der Abwehr der weltlichen feudalen Gewalten. Ein nationalschwedisches Königtum musste solche Macht brechen, sie unterwerfen, in eine Staatskirche umwandeln. Das allerdings provozierte die katholische Geistlichkeit zu langjährigem Widerstand. Es lieferte Argumente für alle jene, die an der Religion der Väter und Vorväter festhalten wollten, vereinigte die Aufständischen von Dalarna bis Småland. Den Wechsel des Kirchenbodens in die Hände des Königs konnten die Erhebungen jedoch nicht verhindern. 1560 verfügte die Krone über mehr als 28 Prozent des schwedischen Landes. Der Besitz des Adels war dagegen nur unbedeutend angestiegen. Die Kirche aber hatte aufgehört, als selbständiger Eigner von Grund und Boden das schwedische Wirtschaftsleben zu dominieren.

Doch auch nach den Beschlüssen von Västerås gab sich Gustav I. weiterhin zurückhaltend in der Fortführung der Reformation. Er hielt seine lutherischen Geistlichen immer wieder zurück, bremste Veränderungen des kirchlichen Zeremoniells, schreckte vor der Trennung von Rom zurück. Wohl wissend, wie stark breite bäuerliche Kreise weiterhin am Althergebrachten festhielten, hemmte der König den Eifer der Reformatoren. So erlaubte er erst 1536, dass die Messe nur noch in schwedischer Sprache zelebriert werden durfte. Andererseits schwor Gustav I. den Königseid zu Neujahr 1528 bereits nicht mehr auf den Schutz der Privilegien der Kirche. Und 1531 ließ er Laurentius Petri, einen Bruder des Reformators, zum neuen Erzbischof wählen, den ersten erklärten Lutheraner auf dem höchsten kirchlichen Stuhl Schwedens. Der Bruch mit dem Papsttum war damit vollzogen. Auf der Kirchenversammlung in Uppsala 1536 siegten die »Lutheraner« und die Kirche wuchs zur schwedischen Nationalkirche. Dieser Prozess war allerdings erst mit der Kirchenversammlung in Uppsala 1593 abgeschlossen. Die Einführung des Psalmgesanges veränderte 1536 den Gottesdienst in den schwedischen Kirchen. Auf dem Reichstag 1544 in Västerås ließ Gustav I. Schweden offiziell als evangelisches Reich erklären. Der Heiligenkult wurde abgeschafft und die Kruzifixe an den Weggabelungen entfernt.

Allmählich wurde Kloster für Kloster zu Hospitälern umgewandelt oder aufgelöst. Als letzte Hochburg des Katholizismus blieb das Kloster in Vadstena erhalten. Obwohl die Mönche hier bereits 1549 verjagt waren, durften die Nonnen in ihrem dortigen Domizil noch bis Ende 1595 bleiben. Dann war überall in Schweden das evangelische Bekenntnis durchgesetzt.

Es war wohl vor allem dem innenpolitischen Geschick und dem staatsmännischen Weitblick Gustavs I. zuzuschreiben, dass sich die Entwicklung langsam und nicht als Bruch vollzog. Noch jahrzehntelang bestanden evangelische und katholische Formen und Rituale nebeneinander. Der König selbst fasste seinen Kampf um Schweden immer auch als ein Ringen mit den »verräterischen katholischen Bischöfen« auf, wollte ihn wenigstens so verstanden wissen (ebd., 159). Er betonte nie vordergründig religiöse Motive. Gustav I. hatte sie möglicherweise auch nicht. Er sah sich vor allem in einem Machtkampf mit inneren und äußeren Feinden, suchte Verbündete auf dem Kontinent, glaubte sie in den evangelischen deutschen Fürsten gefunden.

Seine Feinde innerhalb und außerhalb Schwedens mochten triumphiert haben, als der Schmalkaldische Bund – die Vereinigung der deutschen protestantischen Fürsten – 1538 den Beitritt Gustavs I. Vasa ablehnte. Die Fortsetzung der Reformation und eine Annäherung des schwedischen Herrschers an die schmalkaldische Vereinigung nach 1540 konnten sie nicht verhindern. Andererseits musste sich der alternde Vasa eingestehen, dass ihm manches weniger gut gelungen war. Die Furcht vor einem neuerlichen dänischen Angriff war geblieben. Trotz zeitweiligen gemeinschaftlichen Vorgehens gegen oppositionelle Angriffe in konfessioneller Hülle war kein dauerhaftes Bündnis mit Kopenhagen geknüpft. Wirkliche Verbündete hatte Gustav I. Vasa in Deutschland auch unter den evangelischen Fürsten nicht finden können. Neue Feinde waren an die Stelle Lübecks getreten.

Die Auflösung des deutschen Ordensstaates hatte ein machtpolitisches Vakuum an der Ostsee erzeugt. Polen und Russland, ebenso landhungrig wie Schweden und Dänemark, hatten ihre Interessen nachdrücklich angemeldet. Vor allem der russische Feudalstaat strebte nach besseren Handelsbedingungen, wollte seine Produkte den Engländern und Holländern möglichst gewinnträchtig verkaufen. Reiche russische Kaufleute bedeuteten höhere Zoll- und Steuereinnahmen des Zarenreiches. Mochte Gustav I. zunächst auch beruhigt die Rivalität zwischen Polen und Russland beobachten, mit Zar Ivan IV. – dem Schrecklichen, wie man ihn bald nennen sollte – saß seit 1547 ein energischer Gegenspieler auf dem russischen Thron. Und es war abzusehen, dass die anderen Mächte nicht tatenlos zusehen würden, wie der Vasa seinerseits versuchte, den russischen Warenstrom auf seinen Hafen Viborg und das gerade gegründete Helsingfors – das heutige Helsinki – umzulenken. Auch er war an höheren Zöllen und Abgaben seiner und der Kaufleute und Zwischenhändler anderer Nationen interessiert.

Er war in der Tat ein weitblickender kluger Rechner, Gustav I. Schon damals dachte dieser König an eine Verbindung zwischen den beiden großen Binnenseen Vänern und Vättern. Er wünschte den gesamten Handel der Engländer auf diesem Wege nach Älvsborg am Kattegatt zu leiten, den leidigen dänischen Öresundzoll zu umgehen.

Solchen Plänen stand nicht zuletzt die neue russische Außenpolitik unter Ivan IV. entgegen. Äußerst beunruhigt registrierte Gustav I. den Aufmarsch russischer Truppen an Finnlands Grenze, sah sich seit 1555 im Krieg mit dem ständig wachsenden östlichen Nachbarn. Auch im Frieden zu Moskau 1557 konnte er keine verbindliche Grenzregelung vereinbaren. Der Konflikt schwelte weiter, wurde an den Sohn Erik vererbt, musste von den Nachfolgern ausgefochten werden.

1558 eroberten die Truppen Ivans des Schrecklichen Narva am Finnischen Meerbusen. Zahlreiche Kaufleute nutzten sofort diesen neuen Weg ins Innere Russlands. Die baltischen Handelsstädte aber reagierten erschreckt. Livland und Kurland suchten Schutz vor der neuen Ostseemacht, wollten alte Rechte unter der polnischen und dänischen Krone gegen die russischen Bestrebungen sichern.

Schwedens Herrscher hatte das vorausgesehen. Schon 1558 hatte Gustav I. Vasa den Sohn Erik in einem Brief gefragt, ob es nicht besser sei, schnell zu handeln, »dem Hund zur Zeit das Stück zu nehmen, als von ihm gebissen zu werden?« (A: Grimberg, II, 273). Als in Stockholm verlautete, Reval habe dem alten Dänenkönig Christian III. das Angebot unterbreitet, Schutztruppen des Inselreiches aufzunehmen, wollte auch Erik XIV. beizeiten Reval besetzen. Seit 1560 König in Schweden, konnte er das 1561 auch ohne Zögern tun, da Christian III. auf Reval verzichtete. Der Däne wollte keinen neuen Konflikt mit dem schwedischen Nachbarn. Anders der künftige Nachfolger, Prinz Friedrich, der sich nur verärgert dem Vater beugte. Der Zusammenstoß schien unausweichlich, auch der dänische Reichsrat wünschte Krieg.

Deshalb hatte schon Gustav I. Schwedens Isolierung gefürchtet, erwartete beständig einen neuen Krieg mit Dänemark und Lübeck. Umso erstaunlicher, dass er dem Sohne seinerzeit schließlich zugeraten hatte. War es wirklich nur die Furcht, Dänemark könne sich sonst dort festsetzen, bedrohe Schweden dann auch von dieser Seite? Nicht wenige Historiker glauben hier eine überzeugende Erklärung zu finden. Sie verwerfen den Schluss, es sei nur der Wunsch nach äußerer Machterweiterung der beiden Vasa gewesen, Gustav und Erik hätten den künftigen Zusammenstoß provoziert. So wie es keinen wirklichen Interessenausgleich zwischen Spanien und Frankreich geben konnte in diesem Ringen um europäische Hegemonie, war auch zwischen Dänemark und Schweden in naher Zukunft ein neuerlicher Machtkampf um die Herrschaft im Norden vorgegeben. Tatsächlich begann mit Schwedens Einmarsch in Reval durch Erik XIV. der neuerliche Kampf um das »Dominium maris Baltici«, um die Ostseeherrschaft, wie ihn Gustav I. Vasa immer vorausgesehen hatte. Er war unvermeidlich geworden, auch wenn die Kriegshandlungen erst einige Jahre später eröffnet wurden. Den ersten, Schwedens Wirtschaft schmerzlich belastenden Höhepunkt dieses mehr als 150 Jahre währenden Ringens brachte der Nordische Siebenjährige Krieg.

In dieser Auseinandersetzung stellte sich Kaiser Ferdinand I. hinter Lübeck, gegen die Dominanz der Ostsee durch das aufstrebende Schweden. Auch in Wien, wo gewöhnlich die Blicke sorgenvoll gegen Südosten gingen, ahnte man wohl zeitweilig die Wichtigkeit des Ostseehandels für das Heilige Römische Reich. Der Kaiser wünschte zumindest als Hort und Wahrer der Handelsinteressen der Hansestädte im deutschen Norden zu gelten. Erik XIV. wiederum suchte schon damals, väterlichen Grundsätzen folgend, dauerhafte Verbindungen zu den »Schmalkaldern« zu knüpfen. Wenigstens wollte er aber Sachsen-Gotha, Hessen, Lothringen, Mecklenburg und Braunschweig als zuverlässige Bundesgenossen gewinnen. Und es sollte, Spiegel der Geschichte, wiederum ein Kaiser namens Ferdinand und dessen Ausgreifen nach Norden sein, der Eriks Neffen, Gustav II. Adolf, mehr als ein halbes Jahrhundert später in analogen Bahnen denken lassen sollte. Auch dieser Monarch musste nahezu die gleichen Freundschaften und Verbindungen suchen und finden, Zufall die Namen, die Staaten kaum, die Konstellationen vorher bestimmt.

Anfang August 1563 verlasen die dänischen Herolde vor König Erik XIV. im Stockholmer Schloss König Friedrichs II. Kriegserklärung. Zugleich überbrachten Lübecker Abgesandte den Bürgermeistern auf dem Stockholmer Ratshaus die Kampfansage der Travestadt. Den Krieg wünschten sie alle, Dänemark, Lübeck und Schweden. Erik XIV. erstrebte die Beherrschung der Handelswege von Russland über die Ostsee. Eine Zielstellung, die schließlich, Jahrzehnte später, auch seinen Neffen Gustav Adolf unausweichlich in den allgemeinen europäischen Krieg ziehen sollte. Lübeck erhoffte sich die Bestätigung früherer hansischer Machtpositionen, während Friedrich II. mit seinen kriegerischen Aktivitäten Hoffnungen auf eine Erneuerung dänischer Rechtstitel auf die Krone Schwedens verband. Er beabsichtigte, das einstige Unionskönigtum wieder zu errichten.

Abgesehen von der Besetzung Revals war Erik XIV. keineswegs schuldlos an der Zuspitzung des Konflikts. Schon am 30. Mai 1563 griff eine schwedische Flotte ein dänisches Geschwader bei Bornholm unter nichtigem Vorwand an. Schwedens Herrscher vertraute, dass die intensiven Seerüstungen des Vaters Schweden ein Übergewicht auf der Ostsee sicherten. Die Idee kombinierter See- und Landangriffe auf das dänische Blekinge konnte aber auch während der nächsten Jahre nicht umgesetzt werden. Die hervorragend ausgerüstete Festung Älvsborg fiel schnell. Ein größeres, kriegsgeübtes dänisches Söldnerheer marschierte ein. Unfähige schwedische Heerführer und Auseinandersetzungen Eriks XIV. mit dem Bruder Johan um die Souveränität des Herzogtums Finnland erschwerten die schwedische Kriegsführung. Verheerungsfeldzüge, abwechselnd durch dänische und schwedische Landschaften getragen, verschlechterten die Lebensbedingungen der Bauern, Bürger und kleinen Adligen beider Staaten spürbar.

Nichts belegt, dass Erik XIV. tatsächlich die Überlegungen Machiavellis gelesen habe, wie manche Historiker glauben. Und doch, vieles von dem, was der geniale Italiener dem absolutistischen Herrscher an Rechten zubilligte, der »Staatsraison« unterordnete, schien auch Erik XIV. selbstverständlich. In diesem Geiste verteidigte er in seinen Briefen und Tagebuchnotizen Entscheidungen, formulierte seine Überzeugungen, dass selbst seine Grausamkeiten gegenüber den Feinden und vermeintlichen Gegnern dem Lande nützten.

Schweden aber litt unter dem verheerenden Krieg. Zu Beginn der Kampfhandlungen schöpfte Erik XIV. aus den gefüllten Schatztruhen des Vaters. Gegen Ende seiner Herrschaft war das Land ausgeblutet, klagten Kaufleute und Gewerbetreibende über Münzverschlechterungen und die damit verbundenen Preistreibereien. Ständig ließ der Monarch weitere Münzen prägen, erhöhte die Geldmenge ohne zu fragen, ob eine Warendeckung vorhanden war. Er konnte diese Zusammenhänge wohl auch nicht verstehen. Solche Erkenntnisse wurden erst in diesen Jahren Allgemeingut der Ökonomen. Siebenmal so viel Münzen wie zur Zeit Gustavs I. kursierten nun im Land.

Auch der Adel blieb unzufrieden, hasste den Herrscher sogar. Erik XIV. stützte sich zunehmend auf eine Reihe fähiger nichtadliger Sekretäre, eine Schicht akademisch geschulter Berufsbeamter bildete sich heraus. Mit ihrer Hilfe und eines speziell geschaffenen Obersten Gerichtshofes nach dem Muster der »star chamber« der Tudors unterdrückte der Herrscher jede Opposition. Der Gerichtshof sprach bis 1567 über 300 Todesurteile aus, erstickte jede Kritik bereits im Ansatz, wenngleich sich auch viele Verurteilte mit hohen Geldbußen freikaufen konnten. Freunde gewann Erik XIV. auf diese Weise kaum. Der belesene König kopierte weiter entwickelte europäische Staaten, ohne bereits die ökonomische Basis für solche Strukturen in Schweden vorzufinden. So überrascht es nicht, dass seine Gegner – unter ihnen auch die Brüder, neben Johan, dem Herzog von Finnland, auch Karl von Södermanland, Gustav Vasas jüngster Sohn – im Herbst 1568 triumphierten, Erik XIV. absetzten und inhaftierten.

Mit Eriks XIV. Enthronung wehrte der schwedische Hochadel den ersten ernsthaften Angriff der Krone auf seine ständischen Sonderrechte ab, siegte die feudale Opposition gegen das nach absolutistischer Herrschaft strebende Königtum. Die Umwandlung des schwedischen Wahlreiches in eine Erbmonarchie 1544 durch Gustav I. erschien der Aristokratie Schwedens das kleinere Übel, einsichtig nur deshalb, weil sie solcherart neuerlichen dänischen Ansprüchen wehren wollte. War die Thronfolge gesetzlich geregelt, hatten dänische Prätendenten auf die Krone der Svear und Goten nichts in Stockholm zu gewärtigen. Unsicherheiten, Wirren, Thronkämpfe waren auszuschließen. Es galt nur, den Erbprinzen als Ersten der ihrigen zu bescheiden, rechtzeitig allzu gewaltiger Machtfülle des neuen Königs vorzubeugen.

Zweifellos litt Erik zeitweilig unter Geistesverwirrung, wusste nicht, was er tat. Summiert man die ansonsten bedeutsamen Herrscherqualitäten des ältesten Sohnes Gustavs I., dann wird sich nicht leugnen lassen, dass die damaligen besonderen sozialökonomischen Verhältnisse des Landes der dauerhaften Sicherung und Festigung frühabsolutistischer Strukturen offenbar entgegenstanden. Daran ändern die entsprechenden Vorleistungen des Vaters auf dem Wege zum Erbkönigtum und der Souveränität des schwedischen Herrscheramtes nichts. Selbst die Machtfülle Eriks bei Beginn seines Königtums konnte letztlich der persönlichen Katastrophe des Erstgeborenen Gustavs I. nicht vorbeugen.

Damals war die persönliche Freiheit der Bauern weniger durch adlige Grundbesitzer als vielmehr durch feudale Rentenansprüche der Krone bedroht. Auch in dem noch zahlenmäßig unbedeutenden und ökonomisch schwachen Besitzbürgertum erwuchs dem Souverän keine wirkliche Basis im Kampf mit dem frondierenden Adel. Die militärischen Misserfolge des noch ungefestigten jungen Nationalstaates vertieften die Krise des frühabsolutistischen Königreichs in Schweden. Erik XIV. scheiterte. Verloren schienen die starken Positionen der schwedischen Krone nach 1545, belasteten die Herrschaft der Nachfolger.

Im Januar 1569 wurde Johan zum Nachfolger des abgesetzten Bruders ausgerufen. Wenige Monate später schwur er den Königseid. Der neue Herrscher verpflichtete sich, den Hochadel zu ehren, hohe Reichsämter den »vornehmsten Geschlechtern und dem Reichsrat«

vorzubehalten (A: Den svenska historien, V, 38). Krieg durfte dieser Vasa nur mit Zustimmung »der führenden Stände« und des Reichsrates erklären. Außerdem beschwor Johan III. einen »Privilegienbrief des Adels«. Er musste traditionelle Berufungsrechte des Königtums in die adligen Hände legen, insbesondere der Machterweiterung des Hochadels zustimmen (ebd.).

In der schwedischen Historiographie wird Johans III. Politik der Spaltung des Adels in einen privilegierten Hochadel und eine Mehrheit politisch bedeutungsloser niedriger Adliger, deren Forderungen weniger berücksichtigt wurden, als Erfolg des Königs gewertet. Das überrascht, da analoge Tendenzen beispielsweise im Reich oder in Frankreich als Ausdruck der Schwäche des Zentralstaates verstanden werden. Man kann es wohl nur so begründen, dass der Adel als Stand erfolgreich gespalten wurde. Spätere Herrscher fanden in der Mehrheit der niederen Nobilität einen Partner gegen den Hochadel. Das gilt aber doch erst für die Monarchen nach Gustav II. Adolf. König Johan III. jedenfalls sah sich gezwungen, die Anzahl der Grafschaften erheblich zu erhöhen, zahlreiche neue Freiherrensitze einzurichten. Konnte Erik XIV. die Grafenlehen noch auf 150 Bauernhöfe beschränken, musste Johan III. Grafen und Freiherren die Verfügung über mehr als 2 000 Höfe einräumen. Der neue König stimmte schweren Herzens auch den Forderungen auf erweiterte Mitbestimmung des Reichsrates zu, dessen Mitgliedern ab 1573 eine permanente Regierungsmitverantwortung zugestanden wurde.

Herzog Karl von Södermanland kann wohl als der eigentliche Sieger des Machtkampfes zwischen Hochadel und frühabsolutistischem Königtum in Schweden gelten. Seinerzeit war Bruder Erik so mächtig gewesen, dass er auf einem Reichstag in Arboga das Testament des Vaters aufheben konnte. Gustavs I. Bestimmungen über die weitgehende Souveränität der Herzogtümer der Prinzen Johan, Karl und des schwachsinnigen Magnus waren durch Erik XIV. wenige Monate nach dessen Machtübernahme annulliert worden, ohne dass einer der Brüder Einspruch erheben konnte. Nun musste König Johan III. diese Beschränkungen aufheben. Er tat auch dies mit saurer Miene, wohl wissend, dass er solcherart nun seine Königsmacht selbst beschränkte. Nun verstand er Bruder Erik weitaus besser, wagte jedoch nicht, Bruder Karl zu widersprechen. Der Herzog von Södermanland konnte seinen Besitz »so frei halten wie seine Majestät das Königreich« (ebd., 202). König Johan III. war tatsächlich nicht viel mehr als ein »Wahlkönig«, gegenüber Karl kaum souveräner als der Kaiser in

Wien in seinem Verhältnis zum Bayernherzog. Johan fürchtete auch beständig um den Thron, sah sich in nahezu allen Entscheidungen an den Hochadel gebunden. Er musste Karls Reaktionen berechnen. Das ist wohl kaum ein überzeugendes Argument, von einem Erfolg Johans III. zu sprechen. Einschränkungen des Einflusses des Adels in seiner Gesamtheit standen bedeutende Machterweiterungen des Hochadels entgegen. König Johan III. war kaum mehr als der Erste unter Gleichen.

Zunächst benötigte das Land dringend eine Atempause im Krieg um die »Ostseeherrschaft«. Die vorübergehenden Erfolge Eriks XIV. konnten eine erfolgreiche Beendigung des dänischen Krieges nicht erzwingen. Und Zar Ivan der Schreckliche stand bereit, in Estland, Johans livländischen Besitzungen und in Finnland einzufallen.

König Erik XIV. hatte Ivans Neutralität durch zahlreiche Zugeständnisse im Baltikum erkauft, Engländern und Holländern freien Zugang zum russischen Ostseehafen Narva einräumen müssen. Schließlich musste er sogar zustimmen, dem Zaren Katharina Jagellonica, die Schwester des Polenkönigs und Gemahlin seines Bruders Johan, als Pfand gegen Polen auszuliefern. Eine russische Sondergesandtschaft war bereits angereist, die Polin abzuholen. Nur der Sturz Eriks XIV. verhinderte den beschämenden Handel.

Nun war mit Johan III. eine grundsätzliche außenpolitische Umorientierung Schwedens zu erwarten, sollte ein Bündnis mit dem bisherigen Feind Polen gesucht, Russland folgerichtig zum neuen direkten Gegner werden. Ehemann Johan hatte so gar kein Verständnis für Ivans lebhaftes Interesse an seiner Ehefrau Katharina. Und er wusste, es war keineswegs auszuschließen, dass der Zar kommen würde, die Polin dennoch zu holen. Angesichts der schnell wachsenden Militärpräsenz an Finnlands Grenzen wurde ein Frieden mit Dänemark und Lübeck dringend erforderlich. Noch ehe der Krieg auf schwedischem Boden beendet werden konnte, sich Dänemarks Truppen zurückzogen, griffen die Streitkräfte des Zaren Schwedens estnische Besitzungen an.

Tröstlich war, dass Johan III. und seine Ratgeber auf das Entgegenkommen der Dänen und Lübecker zählen konnten. Beide Seiten waren ausgeblutet, wirtschaftlich geschwächt. Der befähigte dänische Befehlshaber Daniel Rantzau war vor der Festung Varberg gefallen. Der Frieden von Stettin am 13. Oktober 1570 beendete den Krieg ohne entscheidende Vorteile für eine der kämpfenden Seiten. Johan III. verzichtete auf die südlichen Landschaften. Dänemark gab den Anspruch auf die Herrschaft über Schweden auf. Endgültig dahin war die Hoffnung auf ein großes nordisches Königtum unter dem Zepter Friedrichs II. von Dänemark. Schwedens Stellung als bedeutende Ostseemacht wurde bestätigt. Entschieden war jedoch nichts. Einen »ewigen Frieden« (ebd., IV, 202), wie es die Herren in Stettin prophezeiten, würde es mit Sicherheit nicht geben. Das wussten Johan III. und seine Reichsräte nur zu genau.

Dieser Frieden kostete den schwedischen Staat einiges, viel zu viel, wie die schwedischen Mächtigen meinten. Johan III. bestätigte Dänen und Lübeckern den freien Zugang ins russische Narva. Er vereinbarte die Auslösung der Festung Älvsborg gegen eine Zahlung von 150 000 Reichstalern an Dänemark, eine schwere finanzielle Belastung für das verarmte Schweden. Die neuen kriegerischen Verwicklungen Schwedens verschlechterten die Lage der Bauern und kleinen städtischen Gewerbetreibenden weiter. Viele Höfe wurden aufgegeben, ganze Landstriche verödeten. Wohl hatte sich Polens König Sigismund August für Johan erklärt, waren die insgesamt ohnehin nur wenig bedeutsamen Kämpfe zwischen polnischen und schwedischen Truppen in Estland und Livland sofort eingestellt worden. Eine zuverlässige Hilfe gegen Ivan IV. war der polnische Schwager indessen nicht. Versprechungen, vorsichtige Interventionen am russischen Hof erleichterten Johans Lage nur wenig, zu stark blieben die Rivalitäten Schwedens und Polen-Litauens im Ostseeraum. Man verstand in Krakau das schwedische Reval als schmerzende Wunde im Staatskörper der Rzeczpospolita. Im Übrigen erwuchs Johan III. im Heer des Zaren nun eine weitaus größere Gefahr, als es die zögerliche polnische Kriegsführung im Baltikum für Schweden bisher war. Ivan der Schreckliche war auch persönlich entschlossen, den schwedischen Herrscher zu demütigen. Er fühlte sich von Johan III. aufs Äußerste gereizt, reagierte boshaft, schrecklich.

Empörte Anhänger des Herzogs von Finnland hatten Ivans IV. Gesandtschaft im Herbst 1568, unmittelbar nach der Entmachtung König Eriks XIV., übel mitgespielt. Der Zorn über das Ansinnen des Zaren, Katharina Jagellonica an ihn auszuliefern, tobte sich auch in Misshandlungen und Plünderungen der Russen aus. Der listige russische Herrscher bedauerte sofort brieflich das Missverständnis. Ivan versicherte, er habe die polnische Fürstin nur schützen, sie vor Eriks Unberechenbarkeit in ein russisches Asyl retten wollen. Daher schlage er nun seinerseits die Entsendung einer schwedischen Delegation nach Russland zur Vereinbarung freundschaftlicher Beziehungen vor.

Erfreut war Johan auf den Vorschlag eingegangen, hatte eine hochrangige Gesandtschaft ausgerüstet. Als die Schweden hochgestimmt Novgorod erreichten, war von Freundschaft, nicht einmal mehr von Beziehungen die Rede gewesen. Ivan IV. ließ die Gäste plündern und prügeln, als Gefangene nach Moskau bringen, verbannte sie später an die Oka.

Ein äußerst bösartiger Briefwechsel zwischen beiden Herrschern war diesen Ereignissen zwischen 1572 und 1573 gefolgt. Die Forderungen des Zaren, Katharina und zwei Söhne als Geiseln nach Moskau zu senden, erzürnten Johan III. besonders. Gleichzeitig behauptete der Zar, Johan sei von niederer Herkunft. Der Schwede entgegnete 1573 empört, er entnehme dem Zarenschreiben, »welchen unvernünftigen bäurischen Hochmut, Lüge und Verachtung du gegen Uns brauchtest. Wenn wir nicht gehört hätten, dass dein Vater Großfürst in Russland war, hätten Wir wohl Ursache anzunehmen, dass irgendein Mönch oder Bauernkerl dein Vater gewesen sei«. (ebd., 202) Und Johan verstieg sich zu der wenig höflichen Behauptung, Ivan habe einen »höheren Schweineverstand«, sei ein »stinkender Lügner« (ebd.). Eine Ausweitung des Krieges war so nicht mehr zu vermeiden. Der Konflikt wurde auch von beiden Herrschern gewünscht, belastete noch über Generationen das Verhältnis zwischen Schweden und Russen.

Der Krieg zog sich lange hin, gefährdete die Besitzungen Schwedens in Estland. Die vereinbarte polnische Hilfe blieb nach dem Tode Sigismund Augusts 1572 aus. Reval, bereits 1570 viele Monate von einem russischen Heer belagert, wurde im Dezember 1572 erneut eingeschlossen. Die Stadt konnte aber wiederum gehalten werden. Zar Ivan IV. eroberte jedoch nahezu alle Burgen und Schlösser Johans III., verheerte nun auch Livland. Endlich vereinigten sich die polnischen und schwedischen Heere. Der schwedische Feldherr Pontus De la Gardie stürmte 1581 Narva und weitere russische Festungen. Er gewann Estland zurück, eroberte Ingermanland. Da aber schlossen Russland und Polen-Litauen schnell wieder Frieden. Die Herren in Warschau und Krakau fürchteten den beunruhigenden Machtzuwachs Schwedens im Baltikum mehr als die Russen. Gardie stand nun bereits vor Pskov und Novgorod, beides Städte, die auch Polens König Stephan Batory seinem Reich einverleiben wollte. Von weiteren gemeinsamen Aktionen gegen das geschwächte Russland konnte nun am polnischen Hof keine Rede mehr sein. Allein aber konnten und wollten auch die Schweden nicht weiter marschieren.

1583 schlossen die erschöpften Gegner, Russen und Schweden, einen Waffenstillstand. Richtig zufrieden waren beide nicht, auch dieser Krieg würde weitergehen. Für König Johan III. aber stabilisierte sich die Lage im Osten. Am Ziel seiner Wünsche wähnte er sich dennoch keineswegs. Er spürte eigenes Missbehagen auch in den Diskussionen mit seinen Ratgebern, entnahm es den kritischen Bemerkungen des Bruders. Der Hochadel strebte nach weiteren ausgedehnten Ländereien im Osten. Die eigene Kammerverwaltung verlangte die Zollkontrolle über den Seehandel mit dem russischen Staat.

Russlands Handel war jedoch seit dem Fall von Narva auf den Mündungsraum der Nördlichen Dwina verlagert, wo 1584 Archangelsk gegründet wurde. Diesen Seeweg kontrollierte Schweden nicht. Russische Waren wurden auch in die polnischen Häfen gefahren. So hielt die Waffenpause nur bis 1590. Dann verheerten erneut russische und schwedische Armeen die Landschaften im baltischen Raum, konnten aber trotz wechselnder Erfolge wiederum keine Entscheidung erzwingen. Die Union Schwedens und Polen-Litauens – ein erklärtes Ziel Johans und Sigismund Augusts schon in den sechziger Jahren – stand nach wie vor nur auf dem Papier. Und das, obwohl Johans III. Sohn Sigismund inzwischen sogar als König in Warschau residierte.

Im Jahre 1586 war Stephan Batory verstorben. Bereits 1572, beim Tode des Schwagers Sigismund August, hatte sich Johan III. auch um den polnischen Thron beworben. Er hatte gehofft, so eine Personalunion beider Kronen gegen Russland vereinbaren zu können. Trotz seiner Wahlniederlage gab er den Gedanken nie auf. Eifrig bemühte er sich um gute Verbindungen zu den einflussreichen polnischen Magnaten und Stephan Batory, dem erfolgreichen Konkurrenten in der Wahl 1572. Nun, vierzehn Jahre später, schien ihm die Zeit reif, mit dem Sohn Sigismund als Kandidaten die Idee zu verwirklichen. Als enger Verbündeter sollte der Sohn an seiner Seite den Kampf fortsetzen und später als Herrscher auch in Stockholm den Triumph über Russland vollenden, ein in der Tat faszinierender Gedanke.

Sigismund war auf Wunsch Katharina Jagellonicas katholisch erzogen worden. Polens Magnaten sahen so ein wesentliches Hindernis für die Königswahl eines Vasas weggeräumt, im Zeitalter der konfessionellen Auseinandersetzungen zweifellos eine wichtige Voraussetzung. Mehr noch interessierte sie allerdings die Zusicherung der schwedischen Unterhändler, Johan beabsichtige, König Sigismund Estland als »Morgengabe« an die polnische Krone mitzugeben. Johan III. hatte seine Diplomaten angewiesen, in allgemeinen Wendungen unverbindliches Einverständnis vorzutäuschen, verpflichtende Formulierungen aber zu vermeiden. Der Plan war aufgegangen. König Johan III. konnte befriedigt den Sieg seines Sohnes auf dem traditionellen Wahlfeld bei Warschau im Sommer 1587 registrieren. Abgewehrt war die gefährliche Kandidatur des Zaren Fjodor, niedergestimmt auch ein Habsburger Bewerber.

Als die polnischen Gesandten ihren neuen König in Kalmar abholen wollten, lehnte sich Vater Johan jedoch plötzlich auf. Er wollte den Sohn um keinen Preis nach Warschau reisen lassen. Ein kurzes ärgerliches Intermezzo mit den erschreckten Polen, fast ein Aufruhr der Vertrauten und hochadligen Ratgeber in Schweden folgte. Nur mühsam konnte der Monarch überredet werden, das Interesse der schwedischen Krone über väterliche Gefühle zu stellen. König Johan liebte diesen Sohn innig, glaubte, die Trennung nicht verschmerzen zu können.

Unerwartete Probleme solcher Art ließen die polnischen Verärgerungen wachsen. Und Sigismund selbst goss weiteres Öl ins Feuer. Er kündigte unmissverständlich an, keineswegs bereit zu sein, Estland an Polen zu binden. Er wolle eher nach Schweden zurückkehren, wie er in Danzig erklärte, kaum dort gelandet. Bald lehnte eine bedeutende Mehrheit des polnischen Adels den inzwischen gekrönten Sigismund als »unpolitisch« ab. Hinzu kamen ständige Versuche Johans III., den Sohn zu sich zurück nach Schweden zu holen.

Im August 1589 reiste der König von Stockholm gegen den Willen des Reichsrates nach Reval, um dort Sigismund zu treffen. Er war fest entschlossen, den geliebten Sohn zur Heimkehr zu überreden. Jeder seiner opponierenden Ratsmitglieder »sei ihm so willkommen wie jene, die ihm ein Messer . . . in den Körper stoßen wollten, und sollten so abgewiesen werden, dass sie keine Lust haben, öfter wiederzukommen«, ließ Johan III. launig verlauten. Der Monarch hoffte, damit den allgemeinen Widerstand zu brechen (A: Grimberg, II, 400). Er wollte die Argumente nicht gelten lassen, dass eine Flucht des polnischen Monarchen nach Stockholm die Polen verbittern werde. Die derart gedemütigten nationalstolzen Magnaten musste solches zu offener Feindschaft gegen Schweden provozieren, die erwünschte Personalunion Schwedens und Polen-Litauens in das direkte Gegenteil verkehren.

Schwedens Reichsrat erwies sich jedoch als ebenso hartnäckig wie der König. Er konnte Johans III. Drohungen, er werde »souverän« regieren, den Rat entmachten, mit ruhiger Gelassenheit übergehen. Dem Herrscher fehlten die rechtlichen und materiellen Möglichkeiten, seine Warnungen wahr zu machen. Er war nicht Erik XIV., verfügte wahrlich nicht über dessen Machtmittel. Ein wohl auch innerlich gebrochener Monarch musste unverrichteter Dinge aus Reval abreisen. Der Sohn blieb auf dem polnischen Thron, vom Vater viele hundert Meilen getrennt.

Seinen Beratern verzieh Johan III. die »Kränkungen« nie, drohte wieder und wieder, sie einzukerkern. Neujahr 1590 wandte er sich auch an die versammelten Stände mit der Klage, die schon Bruder Erik führte. Der König behauptete, der Hochadel verfolge die Vasa, wolle die Dynastie vernichten. Seine Rachepläne konnte er nicht verwirklichen, eine Entmachtung der hochadligen Opposition schon gar nicht erzwingen. Zwar bekamen einige Herren tatsächlich Schwierigkeiten. Der König verfolgte sie mit ärgerlichen kleinlichen Schikanen. Auch die Stände äußerten formal Verständnis für Johans väterliche Gefühle, den Sohn bekam er dennoch nicht zurück.

Mehr als andere Herrscher ließ sich dieser Vasa-König von Emotionen, vor allem aber von religiösen Gefühlen leiten. Ihn beschäftigten besonders theologische Neigungen. Hier wollte er bleibende Verdienste um die Christenheit erringen, reagierte sonderlich empfindlich auf alle Zurückweisungen.

Es kann als sicher gelten, dass Katharina Jagellonicas tief empfundener Katholizismus schon Johan, den Herzog von Finnland, und später auch den Monarchen Johan III. beeindruckte. Zeitlebens sprachen ihn vor allem die feierlichen Rituale der katholischen Kirche an. Vermutlich war auch das ein Grund für seine Zustimmung, den Sohn katholisch erziehen zu lassen, wenngleich hier machtpolitische Ansprüche und die Hoffnung auf die polnische Krone sicherlich dominierten. Insbesondere beherrschte Johan III. bei seinen Studien der Wunsch, die gefährlichen Zwistigkeiten aus der Spaltung des christlichen Bekenntnisses zu überwinden. Ihm und vielen seiner Zeitgenossen blieben der Schmalkaldische Krieg, die Entwicklung in den Niederlanden und die Morde der Bartholomäus-Nacht in Frankreich vor allem Ausdruck weitgehender religiöser Differenzen. Hier erwuchs ihm die große, selbst gestellte Lebensaufgabe. Im Geiste Eriks des Heiligen, des legendären ersten christlichen Königs in Schweden, wollte Johan III. die christlichen Bekenntnisse zusammenführen. Er träumte davon, als Protestant dem Papst die Aussöhnung anzubieten.

1567 reiste sein Sekretär, Petrus Michael Flecht, einst Schüler Melanchthons, im Auftrag des Monarchen nach Rom. Er sollte dort Verbindungen knüpfen, möglicherweise die päpstliche Bischofsweihe erhalten. Vergebens, denn Flecht kam bei einem Schiffbruch vor der Küste Bornholms ums Leben. Johan III. musste andere Wege zum apostolischen Stuhl suchen.

Der Vatikan sah schon seit geraumer Zeit mit besonderem Wohlwollen nach Stockholm. Die auf Betreiben Johans III. erlassene Neuordnung der schwedischen Kirchenverfassung hatte einige Elemente des Katholizismus aufgenommen. In der Weisung an die Geistlichen, die Kirchenväter zu beachten und die »Streitereien« der Reformatoren weniger ernst zu nehmen (A: Den svenska historien, V, 54), vermuteten einige Protestanten in Schweden die Rückkehr zur »Papisterei«. Ein Jahr später ließ der Monarch eine neue Liturgie drucken, das sogenannte »Rote Buch«. Die rot eingebundene erste Auflage propagierte liturgische Formen, die sich stark an die katholische Messe anlehnten. Das provozierte den offenen Widerstand vieler Geistlicher. Johan III. ließ alle Gegner aus ihren Pfarren vertreiben, erlebte zähneknirrschend, dass sie vor allem beim Bruder Karl, dem Herzog von Södermanland, Zuflucht fanden. Erfreulicher war, dass auch Rom reagierte, ihm entgegenkam, ohne dass er neuerlich einen Vertrauten mit einer so delikaten Mission beauftragen musste, der Tod des Petrus Michael Flecht nun weniger wog.

Der Vatikan entsandte 1577 den Jesuiten Laurentius Nicolai Norvegus mit dem Auftrag, als scheinbar protestantischer Theologe für die Rekatholisierung zu wirken. Kaum zu glauben, dass König Johan III. entging, wie der zum Rektor des Priesterseminars in Stockholm berufene »Klosterlasse«, wie man ihn hier bald allgemein nannte, das Schwergewicht seiner Lehre auf die Kirchenväter legte. Bald wanderten ganze Scharen seiner Schüler zum weiteren Unterricht an Jesuitenschulen des Auslands. Als »Klosterlasse« entlarvt wurde, war vielen bereits aufgefallen, dass Johan III. protestantische Gottesdienste seit längerer Zeit mied. Nun wurde die Überzeugung des Königs heftig angefeindet, ein »großer Teil der Frömmigkeit bestehe in Zeremonien, und Gott solle man nicht nur mit dem Herzen, sondern auch mit Händen und Füßen dienen« (ebd., 58).

Das war ja nun offensichtlich die Aufkündigung prinzipiell protestantischer Glaubenssätze. Es erinnerte die Gläubigen in Schweden an Kniefälle und Bekreuzigungen, unverständliche Gebete und Messgesänge. Beunruhigt nahmen die Geistlichen auch den Gedanken auf, die Abendmahlsmesse nicht mehr als Beköstigung der Gemeindemitglieder mit Christi Leib und Blut zu feiern, sondern sie als Zeremonie zu verstehen, die auch ohne die Gläubigen als Messe des Priesters gehalten werden könnte. Noch 1571 hatte die Kirchenordnung ausdrücklich vermerkt, »die Messe solle auch nicht gehalten werden, wenn nicht jemand da ist, der das Sakrament nehmen will« (ebd.).

Der päpstliche Sondergesandte Antonio Possevino jedenfalls reiste in der Überzeugung zurück nach Rom, Johan III. werde demnächst in den Schoß der römisch-katholischen Kirche zurückfinden. In Schweden sei eine Gegenreformation vorbereitet. Die Tumulte um »Klosterlasses« Entlarvung und die wachsende laut artikulierte Opposition im schwedischen Volk veranlassten den Monarchen, Papst Gregor XIII. einige weit reichende Kompromisse nahe zu legen. Der König bestand auf dem so genannten Laienkelch, der Verabreichung des Abendmahlweines an Laien, der Messe in schwedischer Sprache und der Anerkennung der Enteignung der kirchlichen Besitzungen durch die Reformation. Das waren Forderungen, die der Papst nicht akzeptieren konnte, die wohl kaum für den Realismus Johans III. sprechen. Tatsächlich wurde nun selbst das »Rote Buch« in Rom als Ketzerei abgelehnt.

Die Mehrheit der schwedischen Historiker bezweifelt, dass Johan III. mehr wollte als einen Kompromiss zwischen Protestanten und Katholiken. Vieles spricht dafür, dass der König wünschte, den ihm trist erscheinenden lutherischen Gottesdienst stärker durch äußerliche Momente zu beleben. Andererseits scheint es ebenso sicher, dass sich Johan III. eine Annäherung an die katholischen Mächte auf dem Kontinent versprach, ihm das »eine Messe wert« war. Und es ist wohl auch bei diesem sensiblen Menschen nicht auszuschließen, dass persönliche Eitelkeiten mitschwangen. Er hielt sich wohl für berufen, die Konfessionen zu einigen, vor Gott und den Menschen bleibende Verdienste zu erlangen. Die schroffe Reaktion Johans III. auf die päpstliche Ablehnung seiner Liturgie erlaubt solche Deutung. Im Juli 1579 nahm er demonstrativ am Abendmahl nach lutherischem Ritus teil, distanzierte sich öffentlich von allen Gerüchten, ein Anhänger Roms zu sein. »Klosterlasses« Schriften wurden verboten und eingesammelt, das Priesterseminar geschlossen. Allerdings verfolgte Johan III. auch weiterhin alle Gegner des »Roten Buches«, jagte die oppositionellen Geistlichen aus ihren Pfründen. Eine Gegenreformation war aber undenkbar geworden.

Vor allem zwang Johan auch der wachsende Einfluss Herzog Karls zu dieser Haltung. 1585 hatte der jüngere Bruder in seinem Herzogtum Södermanland einen der entschiedensten geistlichen Gegner des Monarchen zum Bischof von Strängnäs wählen lassen. Auch hatte er das »Rote Buch« für Södermanland, Närke und Wärmland verboten. Früher als Johan III. begriff der Herzog die Bedeutung des Protestantismus für das schwedische Königtum. Er deutete die Gefahren richtig, die einem Bekenntnis zum Katholizismus für das Vasa-Königtum in seinem Land erwuchsen. Die Zeiten hatten sich geändert. Nun standen keine »Daljunker«, Jönssons und Dackes mehr bereit, ihren Kampf auch katholisch zu begründen. Jetzt fanden sich kaum noch katholischgläubige Priester. Inzwischen verfolgten lutherisch-orthodoxe Pfarrer und überzeugte evangelische Bauern jede Andeutung eines katholischen Bekenntnisses mit der auch anderswo praktizierten brutalen Ablehnung. Eine starke Herrschaft musste auf die protestantische Landeskirche und die Masse der Gläubigen bauen. Schnell konnte sonst die Krone verloren, ein neuer König aus einer anderen hochadligen Familie ausgerufen werden. Noch war die Erinnerung frisch an die alte Wahlmonarchie. Sie lebte in der Idee einer »bedingten Erbmonarchie« weiter, wie seinerzeit einer der älteren deutschen Rechtshistoriker treffend bemerkte (B: Westphal, 88). Den Zeitgenossen waren Idee und Wirklichkeit vertraute Einheit. Johan III. wurde doch unter Umgehung von Eriks XIV. Sohn, Gustav Eriksson, durch die Reichsstände als Herrscher bestätigt, aus dem Kreise der Vasa-Anwärter erkoren. Mochten die jüngeren Vasa-Brüder auch vorbringen, Gustav Eriksson sei als Bastard gezeugt und geboren. Rechtens war es kaum, strittig zumindest auch im Verständnis der Stände. Karin Mansdotter, die Mutter, war durch Erik XIV. zur Königin erhoben, der Sohn damit Erbprinz in Schweden.

Die Opposition des Hochadels trieb Johan III. an die Seite Karls. Schließlich verzichtete er, alt und verbraucht, auf die Einführung der Liturgie. Er überließ dem Bruder auch mehr und mehr die Regierungsgeschäfte. Gemeinsam schränkten sie die Macht des Reichsrates ein. Johan tat das vor allem aus Rachedurst für den erzwungenen Verzicht auf eine Rückkehr Sigismunds, Karl aus der Überzeugung heraus, dass der Weg zu souveräner Herrschaft nur über die politische Bedeutungslosigkeit der hohen adligen Geschlechter führte. Konsequent betrieb er deren Unterwerfung sowohl in seinem Herzogtum als auch in Schweden. Ein Teil der Hocharistokratie wurde verjagt. Die Übriggebliebenen beeideten, die Entscheidungen Johans auch dann zu akzeptieren, wenn er ihren Rat missachtete, seinem »höheren, von Gott gegebenen Verstand« folgte (A: Den svenska historien,

V, 44) . Das war wieder das Königtum von Gottes Gnaden, der Legitimitätsanspruch des souverän herrschenden Fürsten. Karl erstrebte nun, worüber Bruder Erik gestürzt war, entmachtet auch durch ihn, den Herzog von Södermanland. Und dieser gab nun vor, alles im Namen Johans zu tun, es auch und vor allem für Sigismund erreichen zu wollen.

Der Reichstag im Frühjahr 1590 nahm ein Gesetz an, das die Erbfolge auch für die weibliche Vasa-Linie garantierte, ein neuer Erfolg Herzog Karls. Zugleich bestätigten die Ständevertreter, dass bei Unmündigkeit des Thronfolgers »der älteste und nächste Angehörige« des jungen Herrschers die Regierung übernehmen sollte, ein für Karl von Södermanland bald sehr wichtiges Dokument.

Am 17. November 1592 verstarb Johan III., nun schon bedeutungslos geworden. An innenpolitischen Fehlleistungen übertraf ihn wohl nur sein Sohn Sigismund. Ohne tatkräftige Unterstützung des jüngeren Bruders hätte Johan III. vermutlich alle Positionen des Erbkönigtums in Schweden an den Hochadel verloren, möglicherweise sogar den Anspruch der Vasa auf die Krone verspielt. Seine hochfliegenden theologischen Träume lösten sich ebenso in Nichts auf wie seine Vorstellungen von einem schwedisch-polnischen Großreich. Dennoch trat sein Sohn Sigismund zunächst das Erbe an. Er wurde König auf Zeit von Herzog Karls Gnaden, entsprach aber so gar nicht den Erwartungen auch des schwedischen Adels. Hier träumte man auch und vor allem nach Pontus De la Gardies Erfolgen im Osten wieder von einem starken König. Man erinnerte sich und andere gerne daran, welch auserwähltes Volk die Schweden doch seien. Hier wusste die Aristokratie sich sogar einig mit Herzog Karl, lobte in diesem Punkt selbst König Erik.

Erik XIV. hatte seinerzeit das Stockholmer Schloss durch Tapeten zieren lassen, die die Landung des biblischen Magog in Schweden dokumentieren sollten, wollte so seinen Anspruch gegen Dänemark verdeutlichen. Später, schon eingekerkert, hatte er Johannes Magnus' Gotengeschichte ins Schwedische übersetzt. Und nicht nur er lebte in dieser Überzeugung jener gottgewollten Überhöhung schwedischer Könige über alle anderen Herrscher in der Welt. Gleich ihm diskutierten viele, die Berater des Herzogs, die Lehrer der aristokratischen Jugend, historisch interessierte Geistliche, selbst Bauern und Bürger im Königreich Schweden, Erbe und Verpflichtung aus solch göttlicher Berufung. Sie alle standen hinter König und Reichsrat, galt es die Rekrutierung der Landesmiliz, stand ein weiterer Krieg zur Verteidigung der neu erworbenen Ostseeprovinzen oder des finnischen Erbes ins Haus. Schweden war ein Volk in Waffen.

Johannes Magnus, aber auch Bruder Olaus, der die »Gotengeschichte« des früh verstorbenen Bruders in Rom publizierte, erlebten die späteren Realitäten des schwedischen Siegeszuges auf deutschem Boden nicht mehr. Sie konnten nicht wissen, dass es gerade auch diese Tradition des »Gotizismus« war, in dessen Geist Gustav II. Adolf ein knappes Jahrhundert danach Papst und Kaiser bedrängte. Johans III. Neffe tat das seinige, die Ahnungen des Johannes Magnus zu erfüllen. Er verstand sich selbst als ein König der Goten in einer endlosen Reihe legendärer Herrschergestalten. Und auch Olaus Magnus' stolze Worte über das mächtige, den anderen europäischen Reichen ebenbürtige Schweden erfüllten sich. Dabei deutete nur wenig bei Gustav Adolfs Geburt darauf, dass er einmal die Krone der »Svear und Goten« tragen sollte. Er war nur der Erbprinz in Södermanland. König Johan hinterließ sogar zwei Söhne.

1 Herzog Karl von Södermanland, der Vater Gustavs II. Adolf, schlug 1598 in der Schlacht von Stångebro seinen Neffen König Sigismund und wurde zwei Jahre später als Karl IX. vom Reichstag zum König ausgerufen. Kupferstich von H. Hondius.

2 Der katholisch erzogene Sigismund Vasa war seit 1587 König von Polen und zwischen 1592 und 1599 auch von Schweden. Gegen seine schwedischen Thronansprüche führte Gustav II. Adolf einen langen Abwehrkampf. Stich von Abraham Hogenberg.

3 Der im Januar 1612 von Gustav II. Adolf zum Reichskanzler ernannte Axel Oxenstierna war der größte Staatsmann der schwedischen Geschichte. Er prägte mehr als vier Jahrzehnte lang die Großmachtpolitik seines Landes. Stich, Matthäus Merian zugeschrieben.

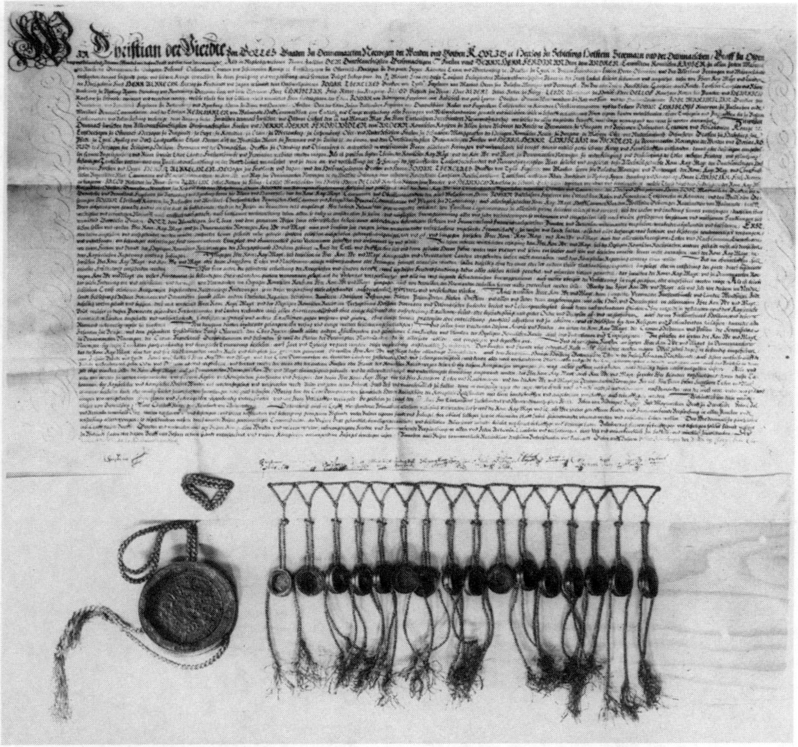

4 Der dänische König Christian IV. ratifizierte am 3. Juni 1629 den Frieden von Lübeck, in dem er für die Rückgabe seines Besitzes auf das Bündnis mit den deutschen Protestanten verzichtete. Gustav II. Adolf hatte zuvor vergeblich versucht, Christian IV. als Juniorpartner für eine Allianz zu gewinnen.

5 Am 26. Juni 1630 landete Gustav II. Adolf mit seiner Armee am Strand von Usedom bei Peenemünde. Sein machtpolitisch motiviertes Eingreifen in den Dreißigjährigen Krieg wurde lange von protestantischer Seite glorifiziert. Holzstich nach Carl Häberlin aus dem Jahr 1900.

Gustav Adolf
auf dem Wege zur Krone.
Vom Prinzen von Södermanland
zum Thronfolger in Schweden

Einiges spricht dafür, dass der Reichsverweser Herzog Karl von Södermanland schon sehr frühzeitig in seinem Sohn den künftigen König von Schweden sah. Da nimmt es sich fast wie ein organisiertes Omen aus, dass Karls Gattin, Christine von Holstein-Gottorp, den Knaben am 9. Dezember 1594 im alten Stockholmer Schloss gebar. Schon die Zeitgenossen dürften registriert haben, dass Karl die Niederkunft nicht im festen Herzogsschloss zu Nyköping erlaubte. Kaum zufällig war die königliche Residenz ausgewählt. Das war ein Zeichen für alle Schweden, die ahnen sollten, begreifen mussten. Ganz sicher verstanden viele, dass es nicht Sehnsucht war, Christine bei sich zu haben, als der Reichsverweser der hochschwangeren Herzogin befahl, ihn nach Stockholm zu begleiten. Wenig später, am 4. Oktober 1595, ließ er die Mutter und das Baby demonstrativ nach Söderköping reisen. Herzog Karl wünschte, den Sohn den versammelten Reichständen zu zeigen, ein Kleinkind, für das am 9. Oktober dieses Jahres noch die Kosten für die Fertigung einer Wiege abgerechnet wurden. Der Reichsverweser wies in der Tat den Männern aus allen Teilen des weiten Schwedens den möglichen künftigen Herrscher. Alles deutet daraufhin, dass dieses Schauspiel seine wohl geplante Funktion erfüllte.

Gustav Adolf erhielt, der Tradition seit den Tagen Gustavs I. folgend, eine hervorragende, vielseitige Ausbildung. Zunächst lernte er bei der Mutter die deutsche Sprache, erst sprechen, später auch schreiben. Er beherrschte sie zeitlebens bis ins Detail. Klug schien das Kind und schon früh furchtlos. Einige entsprechende Anekdoten zeichnete der ältere illegitime Halbbruder, Karl Karlsson Gyllenhielm, auf. So wollte man einmal den Fünfjährigen im feuchtsumpfigen Gelände vor den Wällen des Schlosses in Nyköping hindern, in ein dichtes Gebüsch zu drängen. Dort lebten Schlangen, warnten die Erwachsenen. »Einen Stock her, damit ich sie erschlagen kann«, reagierte der Kleine (A: Grimberg, III, 6).

Manche Historiker spötteln, dass auch um Gustav II. Adolf zahllose Legenden entstanden, die zur Verklärung des großen Königs dienen sollten. Natürlich kann nicht ausgeschlossen werden, dass Gyllenhielm seine persönlichen Aufzeichnungen aus der Jugendzeit in diesem Sinne später auch überarbeitete, bevor er diese Notizen über das Kindheitsverhalten Gustav Adolfs veröffentlichte. Folgt man dem Eindruck, und so Ungewöhnliches wird dort wahrlich nicht berichtet, dann lässt sich dennoch sagen, hier wuchs ein lebhafter, früh zum Herrscher geformter Knabe heran. Gustav Adolf offenbarte manche

Eigenschaft, die ihn später befähigte, Hoffnungen des Vaters zu erfüllen. Kein Biograph vergisst, die berühmten angeblichen Worte Karls IX. zu notieren: »Er wird es machen!« Hoffnungen oder angstvoll verzweifelte Beschwörung des wenige Wochen vor seinem Ableben nahezu Gescheiterten, das ist in der Tat die Frage. Vertraut hat der alte König nahezu niemandem, höchstens ihm, dem jungen Thronfolger. So mag das »Ille faciet« auch mehr sein als nur eine weitere Legende (G: Berner, 94).

Als gesichert gilt, dass Herzog Karl Mutter und Sohn auf eine Seereise nach Estland im Sommer 1600 mitnahm. Der Reichsverweser verbrachte den Winter in Reval gemeinsam mit der Familie. Hier gebar Christine im Frühjahr 1601 den zweiten Sohn, Karl Filipp. Schwedens ungekrönter Herrscher hatte sich diese Tage anders vorgestellt. An der Spitze einer Armee war er im August des vergangenen Jahres in das polnische Livland einmarschiert. Er wollte die reiche Landschaft seinem Neffen Sigismund entreißen, glaubte, leichtes Spiel zu haben. Der energische Reichsverweser und weitsichtige Politiker war jedoch nicht der Feldherr, für den er sich hielt. Die Flucht vor den siegreich vorrückenden polnischen Truppen im Spätherbst 1601, ein Schiffbruch vor der südwestlichen Küste Finnlands bei Ekenäs am 20. November und die wenig komfortable Reise durch das winterliche Finnland und Nordschweden rund um den finnischen Meerbusen im Schlitten prägten die Erfahrungswelt des Kindes Gustav Adolf. Solche dokumentierten Fakten erlauben die allgemein geäußerte Überzeugung der Historiker, dass der künftige Thronfolger spartanisch erzogen wurde. Hier konnten Charaktereigenschaften vorgeprägt werden, die später den König Gustav II. Adolf befähigten, die Strapazen der ständigen Feldlager und Märsche durch weite Teile Europas zu ertragen, seinen Soldaten auch hierin Ansporn und ständiges Vorbild zu sein.

Im März 1602 nach Stockholm zurückgekehrt, beschloss der Vater, dem Sohn einen der besten Gelehrten des Reiches als Erzieher und Lehrer an die Seite zu stellen. Im Mai 1602 wurde der in Deutschland gebildete Johan Schroderus, der Sohn des Nyköpinger Bürgermeisters, mit dieser Aufgabe betraut. Der 1604 als Johan Skytte nobilitierte Akademiker veröffentlichte kurze Zeit nach seiner Berufung Grundsätze, »in welcherlei Künsten und Tugenden eine fürstliche Person, so mit der Zeit Land und Reich glückselig zu regieren gedenkt, sich üben und betätigen muß« (G: Öhqvist, 104). Skytte betrachtete das Herrscheramt als gottverliehen mit dem königlichen

Auftrag, diese Aufgabe als Pflicht vor Gott zu verstehen, den Wohlstand seiner Untertanen zu mehren. Und er sah als eigenes Anliegen, Gustav Adolf in dem Bewusstsein zu bilden, den Thron als legitimer Erbe der Verdienste seines Vaters um Schweden zu übernehmen. Damit entsprach Skytte ganz den Erwartungen Herzogs Karls.

Es scheint nur natürlich, dass der Gelehrte auf das offenkundige Misstrauen Karls IX. – wie der Herzog von Södermanland nach 1603 tituliert wurde – gegenüber adligen Herrschaftsansprüchen mit entsprechenden Erziehungsmaßnahmen beim Thronfolger reagierte. So ließ er den zehnjährigen Prinzen 1605 eine umfangreiche Anklage gegen den hocharistokratischen Gegner des Vaters, Hogenskild Bielke, entwerfen. Dessen Kopf warnte im Übrigen wenig später, auf einen Pfahl gespießt, vor Stockholms südlichem Stadttor die sich der Stadt Nähernden vor jeder Opposition gegen Karl IX. Hochadlige Notizen aus jener Zeit belegen eine auffällige Hassfeindschaft des Knaben für die Opponenten aus dem hohen Adel, deren einflussreichste Vertreter bereits 1600 in Linköping öffentlich hingerichtet worden waren.

Schon seinerzeit vermerkten die Anwesenden in Uppsalas Domkirche während des Krönungszeremoniells König Sigismunds im Februar 1594, dass Herzog Karl den jungen Herrscher zwang, die Schwurhand hoch zu strecken, als der katholische Sigismund sie scheinbar ermattet während des langen Rituals sinken ließ. Damals erfüllte manchen besondere Genugtuung und wohl auch sehr eigensüchtige Hoffnung. In Aristokratenkreisen verstand man auch gut, warum der Herzog von Södermanland den Treueid aufrecht stehend leistete, dem Neffen demonstrativ nur seinen Hut zu Füßen legte. Gesten, die vieles über das Verhältnis der beiden zueinander enthüllten. Insbesondere demonstrierten sie aber auch und vor allem das Souveränitätsverständnis des Herzogs gegenüber dem Monarchen. In den Augen der machtbewussten Reichsräte ließ sich der solcherart offenbarte Familienzwist der Vasa recht hoffnungsvoll an.

Der Reichsrat Erik Sparre, einer der hochadligen Führer, hatte bereits im Spätherbst 1593 die adligen Forderungen formuliert. In Schweden sei es nicht üblich, »dass Erbkönige absolut regieren sollen« (A: Den svenska historien, V, 72). Eine deutliche Reaktion auf die früheren Bestrebungen der Vasa und natürlich auch gegen Herzog Karls Versuche gezielt, der so eigene Machtpositionen in Schweden ausbauen wollte. Sparre und die anderen Herren sahen es denn auch keineswegs erfreut, dass Herzog Karl von Sigismund eine Bestätigung als »Regent und Reichsverweser«, eine Stellvertreterfunktion für sich, während der Abwesenheit des Monarchen forderte (ebd.).

Die offenkundigen Gegensätze zwischen Onkel und Neffen eröffneten dem Hochadel im Reichsrat, der nur widerstrebend jeden Machtzuwachs Herzog Karls in der Regierung hinnahm, neue Möglichkeiten der Opposition und eigener Machtfülle. König Sigismund selbst glaubte sich gut beraten, als er mit einer Regierungsordnung reagierte. Unmittelbar vor seiner plötzlichen Rückreise nach Polen band er jede Entscheidung des Reichsrates an die Einmütigkeit der hochadligen Reichsräte. Der Monarch untersagte die Einberufung eines Reichstages ohne seine Zustimmung. Er benannte ihm gefügige Statthalter, titulierte Herzog Karl lediglich als den »Vornehmsten im Rate nach König Gustavs Testament« (ebd.). Das schien eine salomonische Entscheidung, die alles in der Schwebe halten sollte, jedoch kaum die Zielstrebigkeit und Unnachgiebigkeit des Herzogs berücksichtigte.

Kaum war Sigismund abgesegelt, erzwang Karl von den übrigen Reichsräten die Anerkennung als »Reichsverweser«. Da mochte der Einwand der widerstrebenden Räte, König Sigismund müsse das aber noch bestätigen, manchem den Rücken freihalten, Illusionen wecken. Herzog Karl jedenfalls wartete nicht, handelte schnell. Zunächst beschränkte er Erik Brahes Einfluss, König Sigismunds katholischer Statthalter in Stockholm. Brahe resignierte bald. Anders Klas Fleming, der Vertraute des Königs in Finnland! Dieser erkannte die »Regierungsvereinigung« vom September 1594 nicht an, das den Stockholmer Räten abgepresste Zugeständnis. Er berief sich auf seine Pflicht allein König Sigismund gegenüber, bestärkte weitere Gegner des Herzogs.

Als 1595 ein von Sigismund verbotener Reichstag in Söderköping Herzog Karl als »Reichsverweser mit des Rates Rat« bestätigte (ebd., 76), Karl seinen Sohn Gustav Adolf präsentierte, kriselte es in Schweden. Der Herzog ermutigte rebellische Bauern in Finnland zum sogenannten »Keulenkrieg« gegen die Krone. Während die Aufständischen von Flemings Söldnern massakriert wurden, untersagte aber der Reichsrat einen Heerzug Herzog Karls nach Finnland. Nach anfänglich versteckter Opposition fanden die Herren zum offenen Widerstand gegen den neuen Reichsverweser, der ihnen allen zu mächtig erschien. Sie boykottierten nahezu geschlossen einen neuerlichen Reichstag zu Jahresbeginn 1597 in Arboga. Auch ein vorübergehender Erfolg Herzog Karls in Finnland nach Flemings Tod brachte keine Entscheidung. Die Mehrheit der Ratsaristokratie emigrierte zum König nach Polen. Die Herren wähnten in dem machthungrigen Herzog den eigentlichen Gegner aristokratischer Mitbestimmung. Sie vertrauten, dass Sigismund, in Polen gebunden, sich wenig um seinen schwedischen Besitz kümmern konnte. Der Bürgerkrieg war unvermeidlich geworden. Herzog Karl bereitete die Auseinandersetzung vor, suchte vor allem unter den Bauern Gefolgsleute.

Dalarnas Bauern sandten 1597 einen offenen Brief nach Stockholm. Darin beriefen sie sich auf das alte schwedische Grundgesetz, es dürfe nur einen König für »ganz Schweden« geben. Da Sigismund »selbst nicht im Reich, sein Sohn und sein Bruder aber unmündig« seien, wolle man als Reichsverweser, als Stellverteter, nur »seine fürstlichen Gnaden, den Herzog Karl« anerkennen (G: Berner, 69).

Dieses Schreiben war die Frucht eines unermüdlichen öffentlichen Wirkens des Herzogs um die Jahreswende 1596/97. Auf zahlreichen Wintermärkten trat Karl vor die Bauern, organisierte Treuebekundungen. Er schreckte seine Zuhörer mit Andeutungen katholischer Verschwörungen gegen alle schwedischen Lutheraner, beschwor grausige Zukunftsvisionen eines zukünftigen Terrorregimes König Sigismunds. Auf dem Reichstag in Arboga konnte er durchsetzen, dass die niederen Stände die abwesenden hochadligen Reichsräte verurteilten. Sie erklärten jeden zum Reichsfeind, der das Beschlusspapier der Ständeversammlung nicht binnen sechs Wochen unterzeichnete. Das war die Kriegserklärung der Bauern, Bürger und Priester, ja selbst eines Teils des schwedischen niederen Adels. Herzog Karl hatte seine Schweden da, wo er sie hinwünschte. Nun konnte auch der Monarch dem offenen Kampf nicht mehr ausweichen.

Im Sommer 1598 sammelte Sigismund eine Flotte in Danzig. Der König segelte mit 5 000 Soldaten nach Kalmar. Er eroberte die Feste, zog wenig später in Stockholm ein, das sich gegen Herzog Karl erklärte. Für die Mehrheit der Ratsmitglieder der Hauptstadt blieb Sigismund der rechtmäßige Herrscher.

Nahe Norrköping und Linköping bei dem starken Schloss Stegeborg standen sich Anfang September 1598 beide Heere gegenüber. Am 8. September erlitt Herzog Karl eine Niederlage. Er konnte jedoch im Morgennebel des 28. September die beiden Brücken über den Stångefluß bei Linköping stürmen, die Schlacht bei Stångebro für sich entscheiden. König Sigismund musste Anfang Oktober die oppositionellen Aristokraten dem Sieger ausliefern, der Einberufung eines Reichstages nach Stockholm zustimmen, sich zur Auflösung seines ausländischen Söldnerheeres verpflichten. Karl erzwang das Versprechen des Monarchen, vor den Reichsständen aufzutreten und seinen Feldzug zu rechtfertigen. Ein Abkommen, das der jüngere Vasa nicht erfüllen konnte, zu offenkundig die Absicht des siegreichen Onkels, den Neffen zu demütigen.

Statt nach Stockholm segelte der geschlagene König über Kalmar nach Polen zurück. Er plante nun eine Handelsblockade gegen sein eigenes Land, wollte den verhassten Herzog von Södermanland ökonomisch in die Knie zwingen. Sigismund veranlasste entsprechende Verhandlungen mit Dänemark und den Hansestädten, vertraute auf seine Besatzungen in Stockholm, Kalmar, Älvsborg und den festen finnischen Plätzen.

Wieder handelte Karl entschlossener, schneller als der König. Er eroberte Stockholm und das finnische Åbo, zwang Kalmar im Frühjahr 1599 zur Kapitulation. Das Schicksal des Königtums von Sigismund war entschieden. Ein Reichstag Mitte September erklärte den Herrscher für abgesetzt, folgte bereitwillig und sicher auch zufrieden der klugen Empfehlung des Herzogs und bot Sigismunds vierjährigem Sohn das Erbe an. Man ließ den Vater wissen, dass man allerdings auf einer protestantischen Erziehung des Prinzen in Schweden bestehe. Herzog Karl ahnte, dass Sigismund, der gläubige Katholik, sich nicht so versündigen würde, den eigenen Sohn in Ketzerhand zu geben, niemals einwilligen könne. Der erfolgreiche Reichsverweser wusste im Übrigen, wie man die Schweden gewinnen konnte, war auch hier ganz der Sohn seines großen Vaters. Gustav I. hatte in schwierigen Situationen mehrfach mit dem Thronverzicht gedroht, die Krone als unerträgliche Bürde beklagt. Und die erschrockenen Stände hatten ihn jedes Mal händeringend im »Amt« bestätigt. Und jedes Mal hatte der Herrscher ein wenig mehr Macht erkämpft, schließlich sogar das Erbrecht für seine Söhne und deren Kinder und Kindeskinder bestätigt erhalten. Die kluge Mäßigung im Auftreten des Herzogs von Södermanland, der vorläufige Verzicht auf die angebotene Krone straften scheinbar jene Lügen, die Gustav Vasas jüngstem Sohn eigene Thronintentionen nachredeten, ihm den blutigen Konflikt mit Sigismund anrechneten.

Manche Historiker zweifeln, ob Karl tatsächlich zielbewusst die Inthronisierung vorbereitet habe. Sie glauben, er habe persönliche Skrupel gefühlt, den Neffen und dessen Dynastie zu vertreiben. Das mag zutreffen, sicher ist jedoch ebenso, dass der junge Herzog von Södermanland bereits 1568 gemeinsam mit dem Bruder Johan König

Erik abgesetzt hatte, ihn in offener Revolte gefangen nahm, anschließend einkerkerte. Er akzeptierte dann Johan III. als legitimen Herrscher, organisierte nun aber erneut den Aufruhr. Vielleicht strebte er anfangs wirklich nur nach der Krone für Gustav Adolf, den Sohn. Auch so wähnte sich der Reichsverweser als der eigentliche Herr Schwedens, fürchtete wahrscheinlich die Reaktionen anderer Dynastien auf seine Thronusurpation. Einerlei, schon wenige Jahre später nannte er sich König Karl IX. von Schweden, verteidigte die Rechtmäßigkeit seiner Krone.

Es bleibt befremdlich, dass König Sigismund vor dem Onkel zurückwich, ihm ohne stärkere Gegenwehr die Herrschaft in Schweden überließ. Statt dessen konzentrierte sich der katholische Vasa in der Folgezeit auch aus innerem Antrieb mehr auf die Gegenreformation in seinem Wahlreich. Das ist wohl doch ein Beleg, dass er es aussichtslos wähnte, seine schwedischen Untertanen dem Katholizismus zurückzugewinnen. Er konnte es wohl lange nicht mit seiner eigenen religiösen Bindung vereinbaren, Herrscher über ein evangelisches Schweden zu sein, in der Tat ein interessantes Phänomen königlicher Skrupel. Allerdings verzichtete er nie auf den Thron in Schweden. Sigismund beanspruchte zeitlebens sein Erbreich, bezichtigte Herzog Karl und dessen Sohn Gustav Adolf der Usurpation. Aber er musste sich nun der Verteidigung der baltischen Provinzen Polens zuwenden, Karls ausgreifende Initiativen im Ostseeraum abwehren. Seine Feldherren verdrängten die angreifenden Schweden zwar bald wieder aus Livland, konnten weite Teile Estlands besetzen. Doch lähmte die große Erhebung des polnischen Adels 1606, der sogenannte »Rokosz«, einen neuerlichen, mehr Erfolg versprechenden Versuch Sigismunds, Schweden zurückzugewinnen. Schwedens Krone war verloren für diesen Zweig der Vasa, war das schon, noch ehe der katholische König Sigismund auf schwedischem Boden seinen Anspruch durchsetzen wollte. Nun war es zu spät, erfüllte sich die Voraussage des Johannes Magnus auch in diesem Punkt. Die Reformation war in Schweden unwiderruflich durchgesetzt. Im Übrigen mussten die Pläne einer Personalunion Polens und Schwedens scheitern an der Unvereinbarkeit der ökonomischen und politischen Ziele der Herrschenden in beiden Reichen. Sie blieben auch Illusion aufgrund des tief verwurzelten kompromisslosen Katholizismus König Sigismunds.

Schwedens neues Erbkönigtum gründete seit der Übereinkunft in Uppsala 1593 auf dem Augsburger Bekenntnis, war erblich in der Verteidigung des Luthertums. Nur mit der bedingungslosen Bejahung der »reinen Lehre« in diesem Verständnis erbte der künftige Regent die Krone. Anders als in Deutschland nach 1555 bestimmte nicht der Landesfürst den Glauben, sondern das evangelisch-lutherische Bekenntnis wurde das tragende und treibende Moment schwedischer Herrscherpolitik. Deshalb hatte Sigismund weichen müssen. Fortan ließ sich im Namen Luthers in den Ohren schwedischer Aristokraten, Geistlicher, Bürger und Bauern vieles, nahezu alles begründen.

Begann der Weg des ersten Vasa auf den Thron mit dem »Stockholmer Blutbad«, der Hinrichtung 82 hochadliger schwedischer Herren beziehungsweise zahlreicher einflussreicher Stockholmer Bürger durch den Dänenkönig Christian II., so markierte der Herzog von Södermanland seinen politischen Triumph nach Sigismunds Niederlage bei Stångebro mit dem »Blutbad von Linköping«. Scheinbar historische Parallele, die sich nur dadurch unterschied, dass Gustav I. damals ein Gejagter, vor dem Scharfrichter Fliehender war, der Sohn achtzig Jahre später aber als Jäger und Henker fungierte. Allerdings beschied er sich zunächst mit vier Geköpften. 82 gegen vier, sicher eine mehr als ungleiche Zahl Ermordeter. Doch wirkte auch der erste Vasa später keineswegs zögerlich, ging es um die Vernichtung der Gegner. Unerheblich, ob es rebellische Bauern oder die Freunde und Helfer jener Tage nach dem Blutbad in Stockholm waren, die damals den jungen Vasa vor den dänischen Häschern verbargen. Das war Gustavs I. ganz spezielle Art, Dank zu zeigen, nun selbst als Richter jede Art Opposition zu unterdrücken. Auch so gesehen hatten beide vieles gemein, war der Herzog von Södermanland dem Vater Gustav auch hier am ähnlichsten. Er kämpfte wohl auch denselben Kampf. Er musste da wieder beginnen, wo der Vater erfolgreich endete, der ältere Bruder, König Erik XIV., scheiterte, Gustav Vasas zweiter Sohn, König Johan III., nicht konnte, vielleicht auch nicht wirklich wollte. Dieser grollte nur gelegentlich, drohte dem widerspenstigen Adel. Nun galt es für Herzog Karl, den Widerstand leistenden Hochadel zu ducken, die Macht der Krone auszuweiten.

Mit der Drohung, er lasse durch seine Bauern die emigrierten Reichsräte mit Gewalt aus dem königlichen Lager holen, zwang Herzog Karl seinerzeit den zögernden König Sigismund bei Stångebro zum Nachgeben. Als man die Inhaftierten vor ihn führte, herrschte sie der Sieger an, ob sie »vor Gott und den Menschen« ihre Verbrechen verantworten könnten. Er ließ damit keinen Zweifel, dass er die Unterwerfung des Hochadels erzwingen wollte, sie sich vor allem gegen ihn vergangen hatten (A: Grimberg, II, 461).

Zu Jahresbeginn 1600 wählte der Reichsverweser aus den versammelten Ständevertretern in Linköping 155 aus. Er entband sie zwar ihrer Verpflichtung ihm gegenüber, trat jedoch selbst als Ankläger auf. So verstanden Richter und Ausschussmitglieder bald, dass Herzog Karl keinen Rechtsspruch wollte. Hier war nicht zu entscheiden, ob die zehn Angeklagten Gesetze gebrochen hatten. Es galt den Machtkampf zwischen Krone und aristokratischem Mitspracherecht, stand die adlige Ständeherrschaft zur Diskussion. Und der Reichsverweser deutete unmissverständlich an, was zu verurteilen war. Die Herren vom Reichsrat hätten Zwietracht zwischen den Vasa gesät, Widersprüche zwischen Onkel und Neffen boshaft vertieft. Mehr noch zählte, dass sie ihm selbst, dem eigentlichen Wahrer des schwedischen Reiches, nach dem Leben getrachtet, König Sigismund geraten hätten, mit fremden Söldnern Schweden zu überfallen, sein eigenes Land zu verderben.

In scharfem Wortwechsel mit den keineswegs furchtsamen, adelsstolzen Reichsräten dröhnte der Herzog wieder und wieder, dass er seine Gegner als Hochverräter betrachte. Er wolle nur jenen vergeben, die ihre Schuld eingestanden, sich seinem Gnadenspruch unterwarfen. Einige von ihnen, an der Spitze Erik Sparre, verteidigten sich mit dem Argument, sie hätten dem gekrönten Herrscher gedient, »konnten nicht zwei Herren gleichzeitig« gehorchen (ebd., 461). Umsonst, Herzog Karl setzte das Todesurteil am 17. März 1600 durch, ignorierte die im Schnee vor der Burg auf Knien um die Männer und Väter bittenden Frauen und Kinder. Am 20. März fielen die Köpfe der Opposition.

Schuldig waren sie, weil »sie sich mehr treu dem König als ihrem Vaterland erwiesen«, urteilte einer der bedeutendsten älteren schwedischen Historiker (ebd.). Möglich, dass die Herren Reichsräte sich dem König verpflichtet fühlten. Richtig ist aber wohl auch, dass sie vor allem ihren eigenen aristokratischen Sonderinteressen treu blieben.

Sicher lässt sich kaum leugnen, dass Schweden erst durch Gustav I. von einem Wahlkönigtum in ein Erbreich umgewandelt wurde, mit Zustimmung der Stände zwar, dennoch ein umstrittener Rechtsakt für manche Schweden. Einige im Hochadel empfanden jenen Schritt immer als zweifelhafte staatsrechtliche Veränderung. Manche von ihnen bereisten damals den Kontinent als Studenten, als bildungshungrige Kavaliere, blickten interessiert auf die Entwicklung in den großen Staaten Europas. Sie verstanden schon, dass ein solcher Schritt dort einen Meilenstein auf dem Weg zur »Souveränität« der Landesherren, zur Beherrschung des Adels markierte. In Schweden wähnten die Gegner erweiterter Machtansprüche der Herrscher, Beschränkungen solcher Tendenzen seien durch alte grundgesetzliche Übereinkommen garantiert. Sie sahen in der schließlichen Absetzung König Eriks XIV. dann auch die entsprechende Bestätigung ihrer Empfindungen. Im Reich der Svear und Goten regierte man nur mit Zustimmung der zuständigen Männer des schwedischen Volkes, erbte den Thron nur unter bestimmten Voraussetzungen.

Tatsächlich muss man das sogenannte Königsversprechen, den Eid des Herrschers auf Schwedens Grundgesetze, die Bestätigung der Standesprivilegien, ebenso wie die Mitbestimmungsrechte des Reichsrates und des Reichstages, der Vertretung der vier Stände – des Adels, der Geistlichkeit, der Städtebürgerschaft und der Steuer- und Kronbauern – als bewusste Beschränkung der königlichen Machtfülle deuten. Die schwedischen Stände waren dennoch bereit, sich gelegentlich hinter den Monarchen zu stellen, wenn der Herrscher »seine Sache zu der ihren zu machen verstand, wie dies dem Königshaus ... der Wasa in Schweden gelang« (A: Mann, Weltgeschichte, 135).

Die schwedischen Stände selbst verstanden die Staatsverfassung als »monarchia mixta et conditionala«, als eine »gemischte und bedingte Monarchie« (A: Runeby, 148, 149, 243, 244). Vor allem die hochadligen Sprecher im Reichsrat ermüdeten nie, das allen anderen Ständerepräsentanten so häufig wie möglich darzulegen. Seit Jahrhunderten galt insbesondere der Verfassungsgrundsatz, der König in Schweden herrsche mit »des Rates Rat«. Strittig blieb nur für Gustav I., für Erik XIV. und nun auch für Herzog Karl die Frage, musste der Herrscher den Rat beherzigen? Und hier nun stießen sich Hochadel und Reichsverweser, erwuchs die tödliche Konsequenz des Ringens um das »Ja« oder »Nein« der Richter in Linköping. Einige der Herren glaubten sich im Recht, opferten lieber das Leben für den Anspruch der nächsten Generation. Die anderen entschieden sich für die Unterordnung, wussten, auch Herzog Karl war sterblich. Sein Nachfolger, wer immer es auch sein würde, musste wieder mit ihrem Widerstand rechnen. Und da war es wohl nützlich, dass einige von ihnen den Rechtsanspruch vorerst einmal mit dem Leben bezahlten. Zu gegebener Zeit konnte, würde man dem Herrscher die Rechnung vorlegen.

Herzog Karl gewann den Machtkampf um den Preis zahlreicher Schmähschriften. Am prägnantesten spiegelt »Herzog Karls Schlachtbank«, eines jener Pamphlete, den Blick des Adels auf den nun nahezu unumschränkt herrschenden Regenten. Bauern, auch manche Städtebürger, sahen die Auseinandersetzungen des Reichsverwesers mit dem Hochadel mit anderen Augen. »Bauernkönig« spottete der Adel heimlich, grollte dem Herzog und späteren König zeitlebens für das Bündnis der Krone mit dem waffengeübten Bauernstand. Die Aristokratie vergaß Karl den blutigen Beginn niemals, suchte sein Andenken als tyrannischer Herrscher zu verunglimpfen. Sie hatte wohl auch recht, was die Entschiedenheit betraf, mit der Karl IX. – Gustav Adolfs Vater – politische Gegner bekämpfte, dem Sohn den Weg bahnen wollte.

So lebte auch die Legende vom Unheil verkündenden Traum des Herzogs kurz vor dem Reichstag zu Söderköping 1595 fort bis in unsere Tage. Angeblich träumte Karl damals, er sei Gast eines livländischen Adligen in Reval, saß dort zu Tisch und deckte hungrig die hereingetragenen Schüsseln auf. Da sei in einer Terrine Schwedens Königswappen, die andere mit einem Totenschädel und Gebeinen gefüllt gewesen, soll der entsetzt erwachte Herzog tief beunruhigt seinem Kammerherrn berichtet haben. Ein erschreckendes Omen für diesen Vasa auf dem Weg zur Krone, der Usurpation des Thrones. Der Traum kündigte an, nur über Blut und Tod war das erstrebte Ziel zu erreichen. Karl entschied sich, so ereiferten sich die Gegner, scheinbar unberührt für diesen blutigen Gang.

Sicher kann nicht beurteilt werden, ob Herzog Karl damals wirklich solche Gedanken beherrschten. Er hinterließ keine entsprechenden Tagebuchaufzeichnungen. Schwedens bedeutendster Nationalhistoriker des vorigen Jahrhunderts griff diese Überlieferung auf. Er wertete sie als »innere Zeichen einer großen Unruhe, von der die Herzen angefüllt waren. Seit Schweden gefügt wurde, hatte es schwerlich so in seinen Grundfesten gebebt« (A: Geijer, III, 338, 330, 331). Karl von Södermanland dürfte diese Zeichen gedeutet, selbst gefühlt haben, dass er am Scheideweg stand. Es ist nicht auszuschließen, dass ihn die Entscheidung plagte, Traumvisionen den Fürsten heimsuchten. Die Konsequenzen ahnte er zweifellos, als er sich zum Kampf gegen König Sigismund entschloss. Er würde den Hochadel ausschalten müssen, dem der ferne König näher stand als der machtbewusste Herzog von Södermanland. Viele politisch denkende Zeitgenossen erwarteten diesen Kampf, Traum und Realität vermischten sich.

Schnelle und energische Entschlüsse waren in der Tat nötig, sollte Schwedens Stellung im Ostseeraum gesichert, die Idee des »Dominium maris Baltici« – der Ostseeherrschaft – verwirklicht werden. Mit Karl IX. und seinem Sohn erwuchsen Schweden solche Herrschergestalten. Aber es wurde ein schweres Erbe für den jungen Gustav Adolf. Das Blut des frondierenden Hochadels, der Toten von Linköping und später von Stockholm, war eine gefährliche Belastung für den künftigen Thronfolger.

Tatsächlich hat Gustav II. Adolf das Blutgericht des Vaters niemals verworfen. Auch das mag Johan Skyttes Einfluss in Gustav Adolfs Kindertagen geschuldet sein. Selbst aus dem späteren Wirken Skyttes und ständiger Opposition zu dem adelsstolzen Reichskanzler Axel Oxenstierna – dem bedeutendsten Repräsentanten des schwedischen Hochadels – lässt sich schließen, dass dieser Lehrer seine Herkunft nie vergaß, in steter Distanz zur Hocharistokratie stand. Im Übrigen taten die Reichsräte das ihrige, versuchten beharrlich, Aufsteiger wie Skytte zu isolieren. Der Hochadel betrachtete den einstigen bürgerlichen Gelehrten als Fremden in seiner Mitte. Skyttes Einfluß schwand später hinter Oxenstiernas Möglichkeiten, und Gustav II. Adolf verband sich zunehmend mit seinem Adel. Und doch, manches im Verhältnis des Monarchen zu seinen Untertanen wurde in der Idealwelt des jungen Skytte von einer Einheit zwischen Herrscher und Volk in Gustav Adolfs Schuljahren vorgeformt.

Bei ihm lernte der Prinz Latein durch das Studium antiker Autoren, Mathematik, Mechanik, Optik, Rechtswesen. Die Zeitgenossen berichteten später, dass der König neben den Muttersprachen Deutsch und Schwedisch das Französische, Italienisch und Holländisch beherrschte. Er verstand Spanisch, Englisch, soll auch Grundkenntnisse des Russischen und Polnischen erworben haben. Eine Sprachbegabung, wahrscheinlich, aber auch als Historiker und Politiker bewies er frühzeitig Talent. Besonderes Gewicht legte Skytte auf die Ausbildung der rhetorischen Fähigkeiten des Prinzen. Mehrfach musste der Knabe sorgfältig vorbereitete Festreden halten.

Skytte zur Seite stand mit Johannes Bureus einer der originellsten schwedischen Gelehrten seiner Zeit. Bureus gilt als der Entschlüssler der Runenschrift, Schöpfer einer schwedischen Grammatik. Er schrieb ein schwedisches Wörterbuch und sammelte vorgeschichtliche Zeugnisse des schwedischen Volkes. Der Gelehrte vermittelte Gustav Adolf seine historische Lesart schwedischer Geschichte. Er glaubte wie Johannes Magnus an eine Tradition von den Goten zur zeitgenössischen Geschichte. Bureus diskutierte mit dem Thronfolger Königslisten, die von sagenhaften Gotenherrschern bis zu Karl IX.

reichten. Wie viele andere blieb Gustav II. Adolf zeitlebens überzeugt, die Geschichte des schwedischen Volkes reiche bis zu Magog, dem alttestamentarischen Enkel Noahs, und damit bis in die Tage der biblischen Sintflut zurück.

In diesem Sinne fühlte sich Prinz Gustav Adolf als Erbe gotischer Heldenverehrung, kämpfte auch anlässlich seiner Krönung 1617 als sagenumwobener König Berik auf dem damaligen Turnier. Der junge Herrscher ließ dort einen Fehdebrief verlesen. Darin behauptete Gustav II. Adolf, er, König Berik, der vierzehnte König der Svear und Goten, 836 Jahre nach der Sintflut erwählt, »der siegreiche König der alten und unüberwindlichen Goten«, habe entschieden, dass sein Volk »sich nicht innerhalb der Grenzen des Vaterlandes einketten und einsperren lasse«. Berik-Gustav Adolf versprach, »wir wollen unseren Nachkommen Raum und Gelegenheit geben, sich mit den selben Mitteln wie wir« Ruhm und Gewinn zu erkämpfen (ebd., 140).

Bureus' Schützling verstand früh, welche »suggestive Kraft in Johannes Magnus' Historia lebte«. Gustav Adolf wusste, auf welche Weise er »einen Volksgeist wecken und unterhalten« konnte, »von dem er die Verwirklichung seiner Großmachtpläne« erhoffte, wie einer der bedeutendsten schwedischen Historiker des 19. Jahrhunderts treffend resümierte (ebd.). Ganz in dieser Überzeugung ließ Gustav II. Adolf später das Admiralsschiff »Vasa« mit schreckerregenden Figuren schmücken, die grimmige gotische Krieger darstellen sollten.

Tatsächlich wirkte der Götizismus auch bewusstseinsbildend auf die schwedische Bevölkerung, war zumindest Agitationsmodell auch im Lande. Schwedische Historiker können dokumentieren, dass selbst Steuereintreiber Geld im Geiste einer großgotischen Verpflichtung des schwedischen Volkes einzusammeln suchten. So warb 1625 der Kanzleibeamte Peder Eriksson in einigen Dörfern seines Steuerbezirkes mit Berichten der angeblichen Taten und Eroberungen der alten Goten unter den Bauern. Er ermahnte seine Zuhörer, ihren Vorvätern in Mut und Standhaftigkeit nachzueifern »und dazu gemeinsam mit Seiner Königl. Majest. all unser Vermögen, Leben und Blut einzusetzen« (B: Historia, 11). Eriksson versuchte solcherart, an das nationale Bewusstsein der schwedischen Bauern zu appellieren. Er war selbst offensichtlich überzeugt, das Gefühl historischer Größe lasse diese die letzten Ersparnisse bereitwillig opfern. Vielleicht ein Einzelfall, interessant trotzdem, lässt doch die Breite des Gotenkults auch auf agitatorische Erfolge schließen. Die Menschen Schwedens wuchsen offenbar mit diesen kriegerischen Traditionen auf, empfanden wohl den gewünschten Stolz.

Frühzeitig wurde der Prinz auch in den »ritterlichen« Künsten ausgebildet. Von dem Hofmeister, Bernt Dietrich von Mörner, einem Brandenburger, lernte er Reiten, Fechten, Schießen, wurden ihm frühbarocke höfische Sitten gelehrt. Als Vierzehnjähriger lauschte er begierig Jakob De la Gardie. Dieser Offizier hatte in den Niederlanden unter Moritz von Oranien gedient, einem der berühmtesten Feldherren seiner Zeit, eine Würdigung, die auch Gustav II. Adolf auf dem Höhepunkt eigener Geltung nie in Abrede stellte.

Mit Vollendung des zehnten Lebensjahres ließ der Vater Gustav Adolf an den Reichsratssitzungen teilnehmen. Wie Axel Oxenstierna später berichtete, musste er »allzeit zur Stelle sein beim Anhören von Gesandten; und wurde ihm schließlich vom Herrn Vater aufgetragen, den Gesandten zu antworten und sich so an wichtige Dinge zu gewöhnen und an ihre Behandlung« (G: Berner, 111). Notizen, gedacht, den toten Herrscher zu glorifizieren, dennoch so unwahrscheinlich nicht. Es existieren auch ausländische Mitschriften über den Umfang des Lernpensums und die Forderungen der Erziehenden an den Thronfolger.

Einig sind sich die Historiker, dass Gustav Adolf etwa im Alter von fünfzehn Jahren aus diesem strengen System des verordneten Sollen und Müssen, Dürfen und Nichtdürfen ausbrach, Karten spielte, die Lehrbücher vernachlässigte. Nun wollte er lieber den Frauen nachschauen als den Lektionen der Lehrer folgen, wie der Hofmarschall klagte, später auch Christina, die Tochter, über den Vater berichtete. Er habe die Frauen zu viel geliebt, so das berühmte Credo der alternden Königin in Rom. Sie hat ihn wahrlich kaum gekannt, die sechsjährige Halbwaise, konnte nur erzählen, was ihr berichtet wurde. Sie schrieb ohnehin nur, was ihr nützlich schien in dieser Schilderung ihres Lebens und ihrer Konversion zum Katholizismus. Das Jahr 1609 wurde allerdings die Zäsur zwischen Kindheit und Aufbegehren des Halbwüchsigen. Im Übrigen engte die Realität Gustav Adolf sehr bald in einem neuen Zwangssystem ein. Er musste schnell wirkliche Regierungsverantwortung übernehmen. Nach dem ersten Schlaganfall des Vaters trat der Kronprinz vor die Stände, sprach an Stelle Karls IX. Ende 1610 musste er erneut vor den Repräsentanten des Adels, der Geistlichkeit, Bürgern und Bauern den Herrscher vertreten. Im Frühjahr 1611 während des Kalmarkrieges ernannte ihn der Vater zum regionalen Befehlshaber. Zweifellos eine gefährliche Zeit für die Existenz des schwedischen Staates. Russen, Polen und nun wieder einmal auch die Dänen bedrohten das Land. Eine Situation, in der Mut und Sendungsbewusstsein wichtige Richtlinien für einen Herrscher sein mussten. Nahezu der einzige Halt des Kronprinzen blieb die Überzeugung, als König eines bedeutenden, traditionsreichen Kriegervolkes zu Großem berufen zu sein. Stolz, der künftige König des uralten Gotenreiches zu sein, beherrschte den jungen Gustav Adolf bereits bei seinem ersten selbständigen Kriegsunternehmen im dänischen Blekinge. Der Sechzehnjährige glaubte fest an die europäische Zukunft seines Landes, trotz drohender militärischer Katastrophen an allen schwedischen Fronten ...

Seit 1561 war Estland in schwedischer Hand, konnte in allen Kriegen des letzten Drittels des 16. Jahrhunderts zwischen Schweden, Polen, Dänen und Russen verteidigt werden. Mit der durchsichtigen Behauptung, man müsse einem Angriff König Sigismunds auf das von Polen beanspruchte Land zuvorkommen, landete Herzog Karl im August 1600 etwa 12 000 Soldaten in Reval, war dann in Livland eingefallen. Die geringen polnischen Verbände waren schnell überrannt. Festung auf Festung fiel den Schweden zu. Im Februar 1601 leisteten nur noch Riga und Kockenhusen Widerstand. Wenig später marschierte jedoch ein polnisches Heer gegen die Schweden, hatte der polnische Reichstag seinen Widerstand gegen Sigismunds Estlandpläne aufgegeben. Erst jetzt, als Reaktion auf Karls Angriff, entschieden sich die Polen für den Krieg, erwuchs Schwedens Reichsverweser eine wirkliche Gefahr.

Nach der Niederlage seiner Truppen 1601 landete König Karl IX. 1605 erneut ein Heer in Livland, marschierte wiederum vor Riga. Er suchte am 16. September bei Kirkholm nahe der starken polnischen Festung die Entscheidung, wurde total geschlagen. Der polnische Adelsaufstand verhinderte einen allgemeinen Angriff Polens auf Schwedens baltische Besitzungen und Finnland. Auch reizte das krisengeschüttelte Zarentum die polnische Schlachta mehr als der nordische Staat jenseits der Ostsee.

Als die polnischen Heere in Russland einmarschierten, vereinbarte Karl IX. mit dem Zaren Schuiski im Februar 1609 ein Bündnis. Er sandte eine kleine Armee unter dem Feldherrn Jakob De la Gardie nach Russland. Im März 1610 feierte der Zar in Moskau die Schweden als Helfer in der Not, konnte sich aber nur kurze Zeit freuen. Schon am 24. Juni 1610 unterlag Gardie bei Kluschino dem Heer der Polen und oppositionellen Bojaren, konnte die Enthronung Schuiskis nicht verhindern. Eine polnische Garnison schützte Sigismunds Sohn Wladislaw, den neuen Zaren in Russland. Gardie stürmte Novgorod, der Krieg ging weiter. König Karl IX. blieb wenig Zeit, die Entwicklung in Russland zu bedauern. Eine starke dänische Armee war in Südschweden eingefallen, zwang den Herrscher zur Umorientierung auf den neuen mächtigen Feind.

Schon 1604 hatte der junge dänische Monarch Christian IV. seinen Reichsrat befragt, ob der Einmarsch in Südschweden die Billigung der Herren fände. Und alsbald ließ er verkünden, Schweden habe keinen Anspruch auf das Reichssymbol der drei Kronen. Einig war man sich in Kopenhagen, dass Karls IX. Städtegründung am Götafluß, Göteborg, unweit der Festung Älvsborg, eine ernstzunehmende Konkurrenz für die dänische Hauptstadt sei, notfalls zerstört werden sollte. Schwedens Krieg in Russland schien eine glückliche Fügung. Am 4. April 1611 erklärte Dänemark den Krieg. Im Mai des Jahres lagerten die Dänen vor Kalmar. Hilflos stand Karl IX. kurze Zeit später, erneut geschlagen, in den Trümmern seiner Armee. Er forderte verzweifelt König Christian IV. zum Zweikampf, ein Todkranker, dessen Ansinnen der siegreiche, kraftvolle Däne hohnvoll abwies. Wenige Wochen danach, Anfang Oktober, mussten die Getreuen den sterbenden Schwedenkönig nach Nyköping tragen, heim in die alte Herzogsresidenz. Von hier war er aufgebrochen, hatte den Thron Schwedens erobert, große Pläne gedacht und doch nur wenig verwirklichen können. Am 30. Oktober 1611 starb Karl IX., hinterließ dem Sohn Gustav Adolf nahezu ein Chaos.

Der Monarch war als Feldherr gescheitert, die Idee des »Dominium maris Baltici« nicht verwirklicht. Bei seinem Tode schienen Schwedens Erwerbungen seit 1561 gefährdet, das Land war in drei Kriege verwickelt. Doch hatte der energievolle Herrscher feudale Anarchiebestrebungen des Hochadels zerschlagen, die Souveränität der Krone durchgesetzt. Das war die Basis, auf der sein genialer Sohn den schwedischen Großmachttraum realisieren konnte.

Von Russlands und Polens Schlachtfeldern in den großen europäischen Krieg auf deutschem Boden

Einige Jahre später resümierte der junge König im Dom zu Uppsala treffend vor den versammelten Reichsständen, nun schon auf erste Erfolge als Herrscher verweisend, er sei ein Niemand gewesen, damals, Ende des Jahres 1611. »War ich nicht ein Jüngling von 17 Jahren, der keine Autorität hatte, durch die jemand gezwungen werden konnte?« (Q: Tal, 63). Doch habe er sich niemals auf andere verlassen als auf seine schwedischen Männer und so Erfolge erkämpft. Worte, die stolze schwedische Herzen höher schlagen ließen. Es ließ sich nicht leugnen, Gustav Adolf war vom Thronerben zum König gereift. Das dürfte die Mehrheit der Ständerepräsentanten an diesem Tage zufrieden empfunden haben.

Besonders einverstanden mit dem jungen König war damals der Adel, fast vergessen, was Karl IX., der Vater, den Bedeutendsten unter ihnen angetan hatte. Das dokumentierten die Herren am 12. Oktober 1617 in einem prächtigen Ritterspalier vom Schloss zum Dom. Sie jubelten auf diese Weise dem jungen Herrscher begeistert zu, als er nach einer kurzen Ansprache vor dem mächtigsten Stand Schwedens durch die festlich geschmückten Reihen schritt, den Würdenträgern mit Krone und Reichsinsignien folgend. Der Herrenstand konnte wahrlich jubeln, hatte doch der König bereits mit seinem »Königsversprechen« am Neujahrstag 1612 und der Bestätigung der Adelsprivilegien zehn Tage später der »Alleinherrschaft« des Vaters abgeschworen, den Grafen, Freiherren und Rittern weitgehende Rechte und Mitbestimmung eingeräumt. Und jetzt, an diesem Oktobertag 1617, beschwor er erneut die Freiheiten des Adels in seinem Treuebekenntnis vor den Ständen. Jahrzehnte später nannte Schwedens damals mächtigster Mann, Axel Oxenstierna, den Gustav II. Adolf am 6. Januar 1612 zum Reichskanzler ernannt hatte, seinen Herrscher einen »Adelskönig«. Welch ein Kontrast zum »Bauernkönig« Karl IX. Da allerdings lebte auch der Sohn nur noch verklärt in den Erinnerungen der Mächtigen Schwedens, lag der Leichnam des Helden von Lützen schon einige Zeit in der Riddarholmskirche Stockholms begraben. Und doch, dieser große Mann an der Seite Gustavs II. Adolf – den der Niederländer Hugo Grotius kurze Zeit danach den bedeutendsten europäischen Politiker seines Jahrhunderts nannte – musste es wohl am besten wissen. Er hatte den Text des »Königsversprechens« entworfen, die Rechte des Adels – seines Standes – festgeschrieben.

König Gustav II. Adolf bekräftigte mit dem Treueschwur im Dom zu Uppsala erneut, dass er keine Gesetze ohne Mitwirkung der Stände und des hochadligen Reichsrates erlassen wolle. Er würde Kriegshandlungen und Bündnisverträge nur mit deren Zustimmung beschließen, neue Steuern nicht ohne Konsens der Stände ausschreiben, Rekrutierungen der Knechte, Bauern und Bürger erst nach Diskussion im Reichstag verfügen. Und er bestätigte jetzt sogar dem Adel ein ausschließliches Recht auf höhere Ämter in der Regierungskanzlei und der Kammer, »überhaupt dürfte kein gewöhnlich Gebürtiger dem Adel vorgezogen werden« (Q: Alla Riksdagars, 725–726). Die Pächter und Adelsbauern innerhalb der »Freiheitsmeile« adliger Güter sollten von Extrasteuern und Rekrutierungen ausgenommen sein, frei verfügbar nur für ihre adligen Grundherren.

Die Herren konnten in der Tat zufrieden sein. Am 27. Februar 1617 hatte Schweden mit Russland den Frieden von Stolbovo geschlossen, Gustav II. Adolf diesen Krieg erfolgreich beendet, einen Siegfrieden erzwungen. Russlands neuer Zar, der erste Romanov auf dem Moskauer Thron, von polnischen Truppen hart bedrängt, brauchte diesen Frieden, benötigte ihn mehr denn Schweden. Und so hatten die Unterhändler Gustavs II. Adolf ihren Preis gefordert. Für den schwedischen Verzicht auf die besetzten Gebiete um Novgorod, den Ladoga-See, Starija Russa, Pskov und Schorr hatte der König Ivangorod, Jarma, Nöteborg und Kexholm behalten dürfen. 20 000 Goldrubel mussten die Russen außerdem an Schweden zahlen.

Ein hoher Preis der neuen russischen Dynastie auch für den schwedischen Thronverzicht in Russland. Jakob De la Gardie hatte das Seine getan, dem jungen Gustav II. Adolf glänzende Zukunftsmöglichkeiten zu bahnen. Eine Bojarenversammlung wählte in Novgorod, mitten in den russischen Wirren, den Kämpfen für und gegen die polnischen Interessen, Gardies Ansinnen folgend, Gustav II. Adolf zum neuen Zaren. Als dieser zögerte, keineswegs unwillig, aber doch überrascht, regte Gardie die Inthronisierung Karl Filipps, des jüngeren Bruders Gustavs II. Adolf, an. Ein Gedanke, der zunächst der russischen Adelsfraktion in und um Novgorod durchaus behagte. Es war absehbar, dass ein schwedischer Prinz auf Russlands Zarenstuhl bald in Konflikt mit dem Stockholmer Herrscher und den Interessen des schwedischen Hochadels kommen sollte. Das würde die Wiederholung jener familiären Zwistigkeiten bedeuten, die Erik XIV. trieben und Bruder Johan, damals noch Finnlands Herrscher und ostorientiert, Exponent polnischer Interessen und eigenen Machtwillens. Blutige Auseinandersetzungen, Brudermord wahrscheinlich gar, waren die Folgen gewesen. Doch hatte man auch in Stockholm aus der Geschichte gelernt, wünschten Reichsrat und Regent keine weiteren neuen Gegensätze innerhalb der Vasa. Andererseits, der Gedanke, Karl Filipp könnte im Moskauer Kreml regieren, schien schon deshalb reizvoll, weil man so König Sigismund und Polen einkreisen könnte. Nach langen Diskussionen und vielen Pro und Contra sandte Gustav II. Adolf den Bruder nach Novgorod. Als dieser bei Gardie eintraf, war jedoch alles bereits anders entschieden. Die Mehrheit der Bojaren hatte erneut gewählt. Michail Romanov war als Zar bestimmt und gekrönt, Ärger, aber auch Erleichterung in Schweden. Wenigstens war es nicht mehr Wladislaw, der in Moskau herrschen sollte, und im Übrigen, das wusste man auch in Stockholm, hatten Russland und Schweden kaum zu vereinbarende unterschiedliche Interessen. Da war allen im Reichsrat sicherer, die Russen zurückzudrängen, von der Ostsee fortzujagen, nicht allzu sehr auf Karl Filipps Fähigkeiten vertrauen zu müssen, die unruhigen russischen Bojaren an Schwedens Seite lenken zu können. Außerdem schien es erwiesen, dass Karls IX. jüngerer Sohn kaum ähnlich begabt wie der ältere Bruder war.

Die Repräsentanten der Stände nickten befriedigt, als Gustav II. Adolf am 26. August 1617 den Reichstag mit den Worten eröffnet hatte, der Russe sei nun »durch Seen, Sümpfe und Ströme von uns geschieden, über die er nicht so leicht herankommen wird, um uns Schaden zuzufügen« (Q: Tal, 46–55). Auch den Kaufleuten eröffneten sich nun große Möglichkeiten, versicherte der junge Monarch weiter. Schwedischen Handelshäusern seien Privilegien in Novgorod, Pskov und Moskau zugestanden.

Besondere Aktivitäten erwarte er aber vom Adel, setzte der König fort, sich direkt den Herren zuwendend, auch den wachsenden Neuadel einschließend. »Ihr vom Adel und ihr anderen, die ihr freie Güter begehrt. Was drängt ihr euch hier, reißt und verschleißt euch wegen ein paar armseliger Güter. Zieht hin in diese Länder und rodet euch so große Güter, wie es euch gelüstet und eines jeden Macht zulässt. Ich werde euch mit Privilegien und Freiheiten versorgen, helfen und alle Gunst beweisen. Ist das nicht ein großer Nutzen, den diese Länder dem Vaterland bringen?« (ebd.)

Eine Aufforderung, die kaum wiederholt werden musste, zu deutlich war diese Botschaft. Es konnte den Herren doch wirklich warm ums Herz werden bei so nützlicher vaterländischer Politik des Herrschers. Es war doch ein anderer König, dieser Gustav II. Adolf, der Sohn des »Bauernkönigs«. Er wusste treue Dienste zu lohnen, vergab da neue Lehen, wo sie mühelos zu holen waren, im weiten fruchtbaren östlichen Ostseeraum. Diesem Vasa fühlte man sich zunehmend verbunden!

Als der König am folgenden Tag erneut das Wort nahm, mögen sich auch jene angesprochen gefühlt haben, die in Erinnerung an das »Blutgericht von Linköping« noch zögerten und zweifelten. Wer »sich nicht selbst hilft, obwohl er es vermag«, sei schlimmer »als einer, der Vater und Mutter ermordet hat«, verkündete Gustav II. Adolf ein »Selbsthilfe-Programm« der schwedischen Feudalität (ebd., 49, 52), deutete neue, Gewinn bringende Annexionen an. Seit Gott ihn »als Fürsten hat auf die Welt kommen lassen«, habe er sich »auf Gedeih und Verderb dem Gemeinen Besten verbunden gefühlt« (ebd., 58). Das klang nun wirklich gut in den Ohren aller jener, die längst für sich entschieden hatten, was das »Gemeine Beste« war. Die Wohlfahrt Schwedens, so dachten und fühlten es die Stände, war vor allem auch ihr Gedeih. Zuallererst war es die Wohlfahrt des Adels, an dessen Schwerter der König appellierte, auf dessen Mut und Blut sich das künftige Eroberungsprogramm des Herrschers gründete.

Da ertrug man schon die Drangsale des unglücklichen Friedens mit dem dänischen Nachbarn. Im Vertragspapier von Knäröd 1613 hatte das Land wieder einmal harte Bedingungen des dänischen Erbfeindes akzeptieren müssen. Schweden gab den Anspruch auf Nordnorwegen auf, gestand Dänemark den freien Ostseehandel im Baltikum zu. Am drückendsten empfand man aber die Zahlungen von einer Million Reichstaler bis 1619 an die verfluchten »Jüten«, die bis zur Tilgung dieser Schuld erneut den einzigen Kattegatthafen, Älvsborg, als Pfand behielten.

Sonderlich willig erschienen die Dänen trotzdem nicht, Schweden diesen Frieden zu gewähren. Lange stritt Axel Oxenstierna mit Christians IV. Räten, rang um die Anerkennung seines jungen Monarchen. Als Herzog von Södermanland, ähnlich Sigismund in Warschau, wollten ihn auch die Dänen begreifen. Sie hatten sich schließlich doch fügen müssen, nachgegeben, weil Christian IV. endgültig verstehen musste, einen dänischen König in Stockholm würde es nie wieder geben. Schließlich sah er es wohl ein, weil die mächtigen Generalstaaten es ebenso wünschten wie Gustav II. Adolf.

Lange Zeit hatte Dänemark in allen Kämpfen gegen Schwedens wachsende Wirtschaftskraft mit holländischer Hilfe rechnen können. Handelspolitik der Vasa contra Interessen niederländischer Kaufleute und Kapitäne, so diskutierte man im Haag die Folgen der wiederholten schwedischen Hafenblockaden, beklagte erregt die hohen schwedischen Zölle in Narva und Reval auf den Russlandhandel. Nun nötigten beständiger Geldmangel, die immensen Kosten seines Schwedenabenteuers Christian IV., seinerseits die Licenten hochzutreiben, über das erträgliche Maß hinaus, wie man in den Handelshäusern zwischen Brügge, Amsterdam und Delfzijl bald bemerkte. Man musste dennoch durch den Öresund segeln, wollte man an der livländischen Seefahrt teilhaben. Schon 1611 erhob der Däne bereits fünf Prozent auf den Wert der transportierten Waren, schätzten seine Zöllner eher gut als gering. Ähnlich wie die Holländer stöhnten auch die Lübecker, das verband beide, die sich lange Jahrzehnte als Gegner bekämpft hatten, nun, wo der Stern der Travestadt langsam aber stetig sank.

Als Christian IV. im Streit des Herzogs von Braunschweig mit einigen Hansestädten Partei für den Landesfürsten nahm, schwenkte das niederländische Ratsherrenpatriziat hinter die Hanse. Die Generalstaaten vereinbarten 1613 ein Bündnis mit Lübeck. Schnell lenkte Christian IV. ein. Er wollte Gustav II. Adolf nicht neue, allzu rasch wachsende Freiräume öffnen, gestattete in Knäröd den Friedensschluss. Tatsächlich fand sich der junge Schwede schon 1614 zu einem schwedisch-holländischen Vertrag zur Sicherung freier Schifffahrt auf der Ostsee bereit, schloss einen Schutzbund gegen gemeinsame Feinde. Das war ein deutlicher Wink in Richtung Kopenhagen, den geschwächten Nachbarn nicht allzu sehr an die neue Seemacht des Westens zu drängen, plötzlich zwischen zwei Feuern einsam zu frieren. Im Übrigen beruhigten sich König und Räte in Kopenhagen, dass die Holländer den Schweden ausdrücklich einen Artikel aufnötigten, es solle Friede sein zwischen Kopenhagen und Stockholm. Auch tröstete man sich gerne in Dänemark, dass Schweden wahrlich schwer trug an diesem Abkommen von Knäröd, Christians IV. Triumph über Karl IX. und dessen Sohn.

Das fühlten auch die schwedischen Reichsstände auf ihrer Zusammenkunft in Uppsala 1617 überdeutlich. Andererseits hatte dieser Friede den Erfolg gegen Russland gesichert. Nun konnte man in Polen nach dem Rechten sehen, würde sich die »dänische Frage« irgendwann auch lösen lassen. Niemand leugnete es, dass der junge König 1614 am Ladoga und am Peipussee selbst die Truppen zu Siegen geführt, trotz einiger Misserfolge der nächsten beiden Jahre das Abkommen von Stolbovo gesichert hatte. Er, dessen militärische Talente offenkundig waren, gab wohl doch die Gewähr, den gewaltigen

Nachbarn und östlichen Konkurrenten Polen niederzuringen, den letzten der verbliebenen Gegner Karls IX.

Da nahm man auch in kriegerischen Adelskreisen den Waffenstillstand im November 1618 mit Polen gelassen hin, ein kurzes Verweilen vor neuen, Erfolg versprechenden Waffengängen. Gut Ding brauchte Zeit, die Armee musste gestärkt werden. Im Übrigen versprach der König am 18. Februar 1622 erneut den Ständen, Schweden vor erwarteten polnischen Angriffen zu sichern. Wichtiger war aber wohl noch die Andeutung, wollten die Polen vielleicht von allein doch nicht kommen, würde der König auch »sonst das Reich erweitern und verbessern« (G: Barudio, Gustav, 254). Nein, Sorge musste niemand haben, dass das polnische Feuer ersticken könnte. Der junge Gustav II. Adolf und seine Vertrauten taten alles, dass es weiter glimmte, jederzeit erneut hell auflodern konnte. Und man wärmte sich wahrlich gut an dieser Flamme!

Im Herbst 1621 hatte Schweden Riga erobert, König Sigismund auch diese Festung am wichtigen Düna-Strom entrissen. Zu neuen Erfolgen waren nach kurzem Waffenstillstand Gustavs II. Adolf Truppen um die Jahreswende 1625/26 aufgebrochen. Am 7. Januar 1626 siegte der schwedische König in Kurland bei Wallhof, vollendete der Triumph der schwedischen Kavallerie über die noch immer gefürchtete polnische Reiterei die Eroberung der baltischen Ostseeprovinzen. Endlich vergessen der schmähliche Tag von Kirkholm! Gustav II. Adolf löste sein Versprechen ein. Das Annexionsprogramm, 1617 in allgemeinen Wendungen skizziert, schien erfüllt, von manchem vielleicht anfangs doch nicht ganz ernst genommen, so schnell nicht gedacht. Schwedens Grenzen waren nun neu gesteckt, größer denn je zuvor das Reich gewachsen. Und doch, es trieb ihn fort, eifrig gefolgt von jenen, die ebenfalls mehr wollten, denen der Sinn nach noch größeren Gütern stand.

Im Sommer 1626 marschierte Gustav II. Adolf ins polnische Preußen ein. Er wollte die dortigen Häfen besetzen, auch Danzig kontrollieren. Und immer zog der König an der Spitze seiner angreifenden Truppen ins Feld, teilte auch sichtbar alle Gefahren in den Scharmützeln und Schlachten. Schon in Kurland konnten polnische Schützen während eines Gefechts an der Düna dem Herrscher das Pferd unter dem Leib erschießen. Bei einem nächtlichen Angriff auf der Weichsel Ende Mai traf ihn eine Kugel in den Bauch. Die Ruderer brachten den König nur unter Lebensgefahr mühsam an Land. Erleichtert notierte Axel Oxenstierna damals in seinen persönlichen Aufzeichnungen, dass »das Blei im Fettpolster sitzen geblieben war«. Am 7. August 1627 verwundete eine Musketenkugel den König in der Nähe von Dirschau. Das Projektil schlug dicht neben dem Kehlkopf durch den Hals, blieb in der Schultermuskulatur stecken. Gustav II. Adolf erwartete den Tod, traf bereits Vorkehrungen gegen das befürchtete Chaos nach seinem Ableben. Erneut erwiesen sich die Verletzungen harmloser als befürchtet. Allerdings ließ sich das Geschoss nicht entfernen, zu tief war es in das Gewebe eingedrungen. Bald saß der König wieder im Sattel. Doch konnte er fortan nur noch einen Lederkoller tragen, der schwere, schützende Metallharnisch verursachte unerträgliche Schmerzen. Zwei Finger an der rechten Hand blieben gelähmt, »zur Erinnerung an ein Leben, das nicht in Müßiggang und Weichlichkeit verlief«, wie es der Monarch verkündete (A: Grimberg, III, 63–64). Er achtete wohl darauf, das sich solches herumsprach, auch diesmal wissend, welche Wirkung sein eigener Mut und diese Zuversicht auf Offiziere und Soldaten haben sollte.

Anspornende Beispiele dieser Art schienen umso nötiger, als es zur gleichen Zeit in Schweden zu ersten Unruhen und Erhebungen kam. Bauern und Bürger artikulierten ihren Unmut über Rekrutierungen und Steuernöte auch lauthals. Sie traten den königlichen Beamten immer häufiger mit der Waffe in der Hand entgegen. Es waren nicht ihre Kriege, in die Gustav II. Adolf die Bauernsöhne und Knechte führte. Sie zahlten mit ihrem Blut und Gut die Spesen adliger Landnahme, und das immer unlustiger, je länger die Feldzüge währten. Nicht wenige Herren von Adel meinten nun ebenfalls, es reiche, man solle das Eroberte genießen können. Da war es angebracht, überall im Lande sehr laut von königlichen Leistungen und Opfern zu sprechen. Der Krieg in Polen, das war im Herbst des Jahres schon offenkundig, würde weitergehen. Entscheidungen brachte auch das Jahr 1627 nicht. Zu früh für einen guten Frieden, so dachten denn auch die einflussreichsten unter den Gefolgsleuten des Königs. Als Gustav II. Adolf im Spätherbst nach Stockholm zurückkehrte, blieb daher nicht zufällig mit Axel Oxenstierna Schwedens fähigster Kopf in Preußen zurück. Der Krieg forderte einen hohen Tribut. Dort musste das Heer erneut über den Winter gerettet werden, und aus der Heimat war kaum Hilfe zu erhoffen.

Oxenstierna schaffte das nahezu Unmögliche. Er und der König waren eins in der Gewissheit, dass »die Sachen soweit gekommen, dass alle Kriege, die in Europa geführt werden, miteinander vermischt sind und sich zu einem entwickeln«, zweifellos Ausdruck besonderer staatspolitischer Weitsicht beider (Q: Tal, 99). Man registrierte damals im schwedischen Reichsrat mit Sorge, aber wohl auch ein wenig Zufriedenheit, dass König Sigismund in Polen seit 1627 kaiserliche Hilfe erhielt, der kaiserliche Feldherr Albrecht von Wallenstein den dänischen Rivalen Christian IV. schlug, nach und nach ganz Jütland besetzte. 1629 marschierte ein Hilfskorps unter Wallensteins fähigem Obristen Hans Georg von Arnim in Preußen ein. Gustav II. Adolf unterlag bei Stuhm am 7. Juni in einer Reiterschlacht polnischen und kaiserlichen Völkern. Schwedens Herrscher musste sich in die Festung Marienburg zurückziehen, wurde dort von Arnims Soldaten belagert. Schwere Zeiten für Schweden zweifellos, aber doch auch Grund zur Freude. Der Kaiser war der Angreifer. Bei passender Gelegenheit würde man nicht nach Vorwänden suchen müssen. Außerdem war es Glück im Unglück! Der heftigen Gegnerschaft zwischen den polnischen und kaiserlichen Feldherren war es zu danken, dass dieser Rückzug nur mit dem Verlust von zehn Geschützen und allerlei persönlicher Habe der schwedischen Offiziere und Soldaten bezahlt wurde. Zugegeben, Gustav II. Adolf war sehr heftig fortgeritten, hatte sich auch sehr beeilen müssen. Da war keine Zeit geblieben, die Kleider zu ordnen, gar für den zu Boden fliegenden Hut aus dem Sattel zu springen. Mochte Arnim die königliche Beute auch voller Stolz an Wallenstein senden, der große europäische Krieg begann erst. Der König würde die nächste Auseinandersetzung anders beginnen, das Lehrgeld nicht umsonst gezahlt haben. Gustav II. Adolf wusste schon, warum er anordnete, seine im Sommer 1627 von feindlichen Kugeln durchlöcherten Kleider in Stockholm »zu ewigem Andenken« in der Leibrüstkammer aufzubewahren. Er wünschte ein sichtbares Zeugnis königlichen Einsatzes für das »Wohl und Gedeihen« aller im Reich (G: Berner, 363). Jedermann musste Opfer bringen, es dem König nachtun, und das Schlimmste stand noch bevor.

Für Oxenstierna wurde es der Winter 1628/29. Am 20. Januar 1629 schrieb der erschöpfte Reichskanzler aus Preußen an seinen Bruder, er versichere ihm, »alles, was ich für Seine Majestät und das Vaterland bis jetzt im achtzehnten Jahr getan habe, war ein Kinderspiel, verglichen mit dem, was ich im Herbst und zu Beginn des Winters durchgemacht habe« (B: Ahnlund, Axel, 511).

Es wurde Zeit für Schwedens König, das polnische Feuer auszutreten, den Krieg um neue Provinzen südlich der Ostsee zu führen, jenen entgegenzutreten, die einer schwedischen Großmachtposition wirklich gefährlich werden konnten. Da galt es, sich früherer, wenn auch wenig ernst zu nehmender Angebote zu erinnern. Es sollte nachgefragt werden, ob der Wert schwedischer Hilfe in England und den Generalstaaten nun höher veranschlagt wurde. Immerhin waren der Däne Christian IV. geschlagen, die Unionstruppen der deutschen Protestanten zerstreut. Die Macht der Habsburger schien ins Unermessliche gewachsen. Auch Frankreich sondierte äußerst beunruhigt. Gustav II. Adolf war trotz der Bedenken Oxenstiernas entschlossen, das schwedische Heer nun auf deutschem Boden kämpfen zu lassen.

Damals begannen einige französische Diplomaten zu hoffen, dort in Europas Norden sei mit dem jungen Herrscher ein Feldherr gereift, Frankreichs weitgreifenden Plänen gegen Habsburg zu dienen. Während Richelieu vor La Rochelle den Widerstand der Hugenotten brach, lenkte Hercule de Charnacé, einer der bedeutendsten, Europa bereisenden Sondergesandten Frankreichs, die Aufmerksamkeit des Kardinals auf den schwedischen König, »der mit allen seinen Nachbarn Krieg führt«. Er habe diesen bereits »mehrere Provinzen« entrissen, ein Frankreich ferner Eroberer, interessant für Ludwig XIII. und dessen Ziele (B: Burckhardt, 346). Die Herrschenden in Frankreich ahnten bald, dass Gustavs II. Adolf ausgeprägte territoriale Wünsche französischen Interessen auf deutschem Boden entsprachen. Richelieu verstand. Frankreichs schnell entsandter Botschafter im Feldlager des Schwedenkönigs, Charnacé, vermittelte den Waffenstillstand zu Altmark. Zu mehr konnte sich der eifrige Franzose dennoch nicht entschließen, allzu hoch schien ihm der schwedische Forderungskatalog.

Ganz anders sah das der große Kardinal im fernen Paris. Am 16. September 1629 vereinbarten Schweden und Polen, dass Gustav II. Adolf seine Erwerbungen in Preußen an Brandenburg abtrete. Dafür sollte ihm aber die Ostseeküste zwischen Pillau und Memel verbleiben, die Zolleinnahmen der kurländischen Häfen Libau und Windau beziehungsweise der Hauptanteil des Danziger Zolls an die Schweden fallen. So hatte der König denn auch das »gemacht«. Dieser Krieg war erfolgreich beendet. Die schwedische Krone kontrollierte die Ostseeküste zwischen Reval und Danzig. Vermerkte die Kammer schon 1628 die gewaltige Summe von 329 000 Reichstaler als Zollgewinne, konnte sie ein Jahr später fast 582 000, nach einem Rückgang 1630 noch immer 392 000 und 1631 wieder mehr als 540 000 Reichstaler bilanzieren. Im Jahre 1632 flossen sogar etwa 660 000 Reichstaler in das schwedische Staatssäckel.

Persönliches Intermezzo Gustavs II. Adolf

Reflektiert man die Jahre zwischen 1610 und 1629, so blieb tatsächlich wenig Zeit für pubertäres Aufbegehren des Halbwüchsigen kurz vor dem Tode des strengen Vaters. Und doch, als Königin Christina in ihren römischen Memoiren vermerkte, der Vater sei »zu schwach gegenüber den Frauen« gewesen (Q: Christina, 21), da dachte sie sicher auch an jene romantische erste Liebe des jungen Königs, die immer wieder Schriftsteller und Biographen beschäftigte. Jüngst nun vermeinte einer der deutschen Historiker, die vieldiskutierte Beziehung zu Ebba Brahe sei rein platonisch geblieben, hatte »alle Anzeichen eines ritterlichen Rituals« (G: Barudio, Gustav, 153). Gustavs II. Adolf »Rückfall« in die Zeiten mittelalterlicher Hoher Minne also, neben »Gotenkult« nun auch dieses? Nun ja, schon denkbar, und doch bleiben da Fragen, sind Briefe erhalten, die auch andere Deutungen ermöglichen, sie sogar aufdrängen.

Fest steht jedenfalls, dass die fast gleichaltrige Tochter des Grafen von Visingborg als Hofdame der Mutter dem jungen Monarchen bereits 1612 aufgefallen war. Und eine besorgte, dann höchst verärgerte Königinmutter registrierte offenbar im Verhalten des Sohnes einiges, das wenig mit platonischem Verzicht gemein hatte. Zeitweilig tyrannisierte Christina von Holstein-Gottorp das junge Mädchen so, dass es in den Schutz der noch lebenden letzten Gemahlin Gustavs I. Vasa floh. Der Zorn der Mutter steigerte sich in dem Maße, wie der königliche Sohn auf einer Ehe mit Ebba Brahe bestand. Gustav II. Adolf gewann keinen Geringeren als seinen Kanzler Axel Oxenstierna als Fürsprecher, wohl auch nicht gerade ein überzeugender Beleg für »rituelle« Werbungen. Da ändert wahrscheinlich auch jene Zeile eines Briefes aus dem soeben eroberten Narva wenig, als Gustav II. Adolf am 20. September 1613 Ebba schrieb, er habe die Feinde zu ihrer Ehre überwunden. Mag sein, dass der junge Herrscher sich auch als »Troubadur« fühlte, ernst war es ihm allemal und sein Trachten richtete sich auf mehr als ein freundliches Lächeln seiner »Dame«. Erst 1617 scheint er endgültig auf die gewünschte Verbindung verzichtet zu haben, erhob sogar Ebba Brahes Freier Jakob De la Gardie, seinen geschätzten Feldherrn, im Mai dieses Jahres mit einem unfangreichen Lehen in den Grafenstand. Er sicherte sich so dessen bleibende Zuneigung, erfüllte auch ein Neujahrsversprechen von 1615, alles zu tun, dass seine Liebe Ebba Brahe »nicht zum Unheil gerate« (G: Berner, 305). Der Monarch blieb dennoch demonstrativ den Hochzeitsfeierlichkeiten fern, wohl doch ein weiteres Zeugnis, wie schmerzhaft die Lösung von Ebba Brahe den König traf.

Inzwischen hatte die mitreisende Ehefrau eines Offiziers im schwedischen Heerlager vor Pskov, die Holländerin Margarethe Slots, Gustav II. Adolf am 24. Mai 1616 einen Sohn geboren. Gustav Gustavsson wurde vom König als Graf Vasaborg legitimiert, begleitete später den Vater nach Deutschland, studierte in Wittenberg, blieb dann in Deutschland ... Sicher auch kein Beweis für eine besondere Zurückhaltung des Herrschers. Nein, Gustav II. Adolf war kein Mann, der Liebe nur besang und sich an gefühlvollen Briefen wärmte. Hier, bei der Frau eines anderen, sieht man einmal von Margarethe Slots' zweifelhaftem Ruf ab, wäre Schwärmerei und »Hohe Minne« zweifellos angebrachter gewesen als bei der ungebundenen Ebba. Schließlich fiel deren Mann erst nach diesem folgenreichen Ereignis. Nein, Gustav II. Adolf mochte gelegentlich bei Turnieren an »ritterliche Zeiten« erinnern, im wirklichen Leben wusste er mehr zu beginnen als sich mit unerfüllten Seufzern zu bescheiden.

Während jedoch andere Herrscher seiner Zeit zahlreiche Mätressen hielten, die Aufzählung der Frucht dieser Liebe manchmal mehrere Blätter füllte, nahm Gustav II. Adolf die scharfen Vorwürfe der erhalten gebliebenen Predigt seines Beichtvaters damals im Feldlager vor der russischen Festung offenbar ernster. Mag auch Tochter Christinas merkwürdige Behauptung manches mehr vermuten lassen, weitere entsprechende Liebeshändel entziehen sich Quellendokumentationen, sieht man von ausgelassenen Tanzabenden in einigen deutschen Städten ab. Der Gatte Gustav Adolf nahm die Ehe ernst, fühlte sich offenbar hier an ein einmal gegebenes Wort gebunden. Im Übrigen schrieb er als Freier wieder in bemerkenswerter Weise seine ganz individuelle Geschichte, ließ sich so gar nicht in die zeitgenössischen Bräuche einzwängen. Er wählte selbst die Frau für sich, beugte sich nur sehr bedingt der Staatsraison, folgte der Vasa-Tradition. Der in Ehefragen zweifellos sehr bedächtig entscheidende Onkel, König Erik XIV., hatte ja, abgesehen von seinem außerehelichen Eifer, seinerzeit auch mehrfach nach England reisen wollen. Gegen den Willen des Vaters wünschte er Elisabeth I., prüfte später viele »Angebote« sorgfältig, entschied sich schließlich für eine Frau, Hofdame zwar, aber doch aus den untersten sozialen Schichten Schwedens stammend. Onkel Johan III. folgte auf seine Weise, heiratete gegen den königlichen Willen Eriks die katholische polnische Prinzessin Katharina Jagellonica. Der Neffe, König Gustav II. Adolf, begab sich im Spätfrühling 1620 inkognito auf Brautschau nach Deutschland, verband hier das Angenehme mit dem Nützlichen. Zugegeben, er warf nicht nur Blicke auf die heiratsfähigen Töchter verschiedener deutscher Potentaten im unruhigen Deutschland, sondern sondierte eifrig unter den Fürsten der protestantischen Union, suchte Verbündete für eine Schweden genehme Deutschlandpolitik. Er registrierte die Unfähigkeit des evangelischen Bündnisses, dem habsburgisch-katholischen Lager nennenswerten Widerstand entgegenzusetzen, verstand, dass seine Stunde kommen würde. Konnte er auch damals keine Verbindung knüpfen, die offenbar schönste Kandidatin für den schwedischen Thron jedenfalls gewann er für sich. Dass es eine Brandenburgerin war, mochte auch in Stockholm so ungern nicht gesehen werden, ließ sich doch ganz im Geiste schwedischer Ostseepläne manches denken. Es schien vorstellbar, dass Preußen, Pommern und Brandenburg einmal Teil des schwedischen Imperiums werden könnten. Mancher Historiker neigt heute dazu, deshalb Gustavs II. Adolf Brautfahrt als originelles, dennoch rein dynastisches Heiratsunternehmen zu werten. Er hat, das scheint sicher, auch hier eigene Intentionen mit staatspolitischem Nutzen verweben wollen.

Und auch das zählt schon in allen Biographien des Schwedenkönigs zum Repertoire genüsslich ausgebreiteter Schilderungen. Marie Eleonore von Brandenburg wurde erobert, erklärte bereits entschieden, sie wolle Gustav Adolf und sonst keinen, bevor der attraktive blonde Schwede die zunächst hartnäckig ablehnende Schwiegermutter für sich gewann. Sie und der regierende Bruder Marie Eleonores fürchteten ärgerliche Reaktionen König Sigismunds. Preußen war Lehen der polnischen Krone an den Brandenburger. Vielleicht muss das plötzliche Einverständnis der Kurfürstenwitwe tatsächlich als eine Reaktion auf einen plötzlichen Antrag Prinz Wadislaws, König Sigismunds Sohn, eines Katholiken, gesehen werden, den Marie Eleonores Mutter schon gar nicht als Gatten der Tochter akzeptieren wollte, wie manche Historiker meinen. Der Gesinnungswechsel erwuchs wohl kaum wirklich aufgrund männlicher Reize des Schwedenkönigs, wie es vor allem romantisierende Schilderungen gelegentlich verklären, bereitwillig berichten, die Fürstin habe dreist das notwendige Reisegeld aus der brandenburgischen Schatzkammer gestohlen. Die schwiegermütterliche Hinwendung war jedenfalls für Gustav II. Adolf auf lange Sicht nicht nur eitel Sonnenschein. Als Axel Oxenstierna im September 1620 in Berlin den offiziellen Ehekontrakt aushandelte, Gustav II. Adolf in Stockholm bereits ungeduldig auf die hübsche Braut wartete, war schon entschieden, dass Kurfürstin Anna die Tochter persönlich dem Schwiegersohn zuführen würde. Und sie blieb auf Jahre an der Seite der Tochter, die energische Frau, deren Willen bereits Kurfürst Johann Sigismund kaum zu trotzen wagte. Erst im April 1624 kehrte sie nach Brandenburg zurück. Schwer zu sagen, ob es die alte Kurfürstin war, die so das künftige Verhalten der Tochter an Gustavs II. Adolf Seite nachhaltig prägte, Marie Eleonore ermunterte.

Tatsächlich brachte die Brautschau dem jungen König nur bedingtes Glück. Später sollte er mehrfach den Kanzler Oxenstierna um Vermittlung gegen allzu Drängendes, Beschwerliches seines leidenschaftlichen »Hauskreuzes«, wie Gustav II. Adolf Marie Eleonore heimlich titulierte, bitten müssen. Ihrer Emotionen wenig mächtig, glaubte und wollte die Königin immer dann zerbrechen, wenn sich der Herrscher wieder ins Feldlager begeben musste. Hysterische Anfälle und quälende Vorwürfe der sich vernachlässigt Fühlenden mögen ihn ebenso belastet haben wie verfehlte Hoffnungen auf einen baldigen Thronerben. Fehlgeburten, der frühe Tod der Tochter Christina Augusta belasteten das Privatleben des Königs spürbar.

Hinzu kamen außenpolitische Sorgen. Wohl boten Engländer und Holländer Gustav II. Adolf einen Platz in der großen europäischen antikaiserlichen Allianz Mitte der zwanziger Jahre, doch war es eben nur ein zweiter Rang hinter dem Dänenkönig Christian IV., Folge auch des unglücklichen Friedens von Knäröd. Schwedens Herrscher musste lernen, »dass man ihm, der doch als der Allererste sich und sein Vermögen dem König von England anbot, gegen das Versprechen den König von Dänemark vorgezogen habe«, wie Ludwig Camerarius, ein pfälzischer Beamter und einer der bedeutendsten Diplomaten seiner Zeit, als Beauftragter für das geplante Bündnis seine Eindrücke in Stockholm zusammenfasste. Gustav II. Adolf würde nicht in Deutschland als Helfer Christians IV. einmarschieren, schon gar nicht »dem Dänen einen Teil seines Heeres überlassen« (G: Berner, 305). Er wolle selbst den Oberbefehl führen.

Es war eine bittere Pille für den schwedischen Herrscher, den Repräsentanten uralter »Gotentraditionen«, den meisten europäischen Fürsten für den großen Krieg noch immer nur als ein unbedeutender »Helfer« zu gelten, als »Statist«, auf dessen Mitwirkung im »Theatrum Europaeum« man nur ungern verzichtete, nötigenfalls aber das »Spiel« auch alleine trieb. Vergessen, wohl niemals ernst genommen die Beschwörungen des Johannes Magnus, mochte Gustav II. Adolf auch selbst daran glauben, so viel er wollte. Ihm blieb nur ein neuerlicher Feldzug in Polen. War in Deutschland vorläufig nichts zu gewinnen, konnte ein weiterer Erfolg im Osten künftigem Eingreifen dienlich sein.

Der Erfolg und der Waffenstillstand zu Altmark haben Gustav II. Adolf recht gegeben. Und auch die Einschätzung, dass früher oder später alle Kriege in den großen europäischen Krieg auf deutschem Boden einfließen würden, bewahrheitete sich schnell.

Gustav II. Adolf, ein Helfer der deutschen Protestanten, den keiner rief. Motive des schwedischen Eingreifens

Seit Jahrhunderten beschäftigt die Historiker die Frage, warum Gustav II. Adolf seine Truppen nach Pommern führte, weshalb Schweden im Sommer 1628 in die Kämpfe um Stralsund eingriff. Wolle man Antworten finden, müsse man zwischen drei »Wahrheiten« unterscheiden, resümierte kürzlich ein schwedischer Historiker. In dieser jüngsten gewichtigen Analyse der durch die Jahrhunderte aufgelisteten umfangreichen Literatur zur Rolle Gustavs II. Adolf im Dreißigjährigen Krieg bilanzierte er eine »protestantisch-nordgermanische«, eine »katholische« und eine »Anti-Kriegs-Wahrheit«. Je nach entsprechend artikulierter Überzeugung, fand der Schwede, betonten die Publizisten und Historiker entweder die Dominanz glaubensorientierter Motive oder bestritten Schwedens damals benannte, von der Mehrheit protestantischer Analytiker verteidigte Gründe beziehungsweise verurteilten prinzipiell die schwedischen militärischen Aktivitäten. Nichts, aber auch rein weg nichts, könnte Schwedens Aggression rechtfertigen, argumentieren besonders heute die Kriegsgegner. Die Svenssons und ihresgleichen einschließlich des Königs hätten jenseits der Ostsee nichts zu suchen gehabt. Sie brachten den Menschen in Deutschland nur schreckliches Leid, Feuer und Tod, taten das ihrige, die deutsche Nation zu spalten.

Noch immer scheiden scharfe Wertungen des schwedischen Eingreifens Sympathisanten und Gegner. Manche Historiker versuchen, ein möglichst objektives Persönlichkeitsbild zu zeichnen. Ausgewogener als jene frühen Apologeten des schwedischen Eingreifens urteilend, resümieren sie nun das Für und Wider schwedischer Heere in deutschen Landen und erörtern Gustavs II. Adolf Rolle im europäischen Hegemoniekampf betont sachlich. Andere höhnen eher, bezweifeln jede prinzipielle Glaubensmission. Vor einigen Jahrzehnten nannte einer der bekanntesten deutschen Historiker unserer Tage Gustav II. Adolf gar einen »Don Quichotte«, durchdrungen von einer Großmachtidee als einem gottgefälligen Werk, und doch zum Scheitern verurteilt, ein Feldherr der »verbrannten Erde« (W: Mann, Wallenstein, II, 232, 205). Eine Kritik, die in der Tat gläubige evangelische Christen verärgert, provoziert, zu empörten Entgegnungen reizt. Sie trifft besonders jene, die sich an jedem 6. November in der kleinen Kapelle unweit Lützens zusammenfinden, Gustavs II. Adolf als Retter des europäischen Protestantismus gedenken. Die Deutschen, Finnen und Schweden, die hier zusammensitzen, eint jene Überzeugung, die damals auch manchen schwedischen Musketier bewegte.

Einst hätten die schwedischen Historiker ähnlich vieler deutscher protestantisch orientierter Kollegen geurteilt, Gustav II. Adolf glorifiziert. Heute würden sie nicht mehr – so diese aktuelle schwedische Botschaft – behaupten, Gustav II. Adolf habe den evangelischen Glauben gerettet. Für die schwedische Historiographie sei die »Heldenzeit Gustav Adolfs vorbei« (A: Oredsson, 240).

Das mag man zu Recht so werten, mit Nachdruck verkünden, die Jahrhunderte währende Glorifizierung dieses Kriegerkönigs in Schweden und Deutschland habe die Sicht verengt. Tatsächlich hat die fast völlige Beschränkung auf den König die wirklichen historischen Prozesse eher verstellt. Folglich gilt es, Defizite vergangener Historiographie aufzudecken. Es bleibt festzustellen, dass mit Gustavs II. Adolf Landung und seinen militärischen und politischen Erfolgen auf deutschem Boden die schwedische Beherrschung weiter Regionen rund um die Ostsee gesichert, deutsche und schwedische Geschichte für fast zweihundert Jahre eng verknüpft wurde. Die Großmacht Schweden diktierte für kurze Zeit europäische Geschichte. Schon deshalb musste der 400. Geburtstag des schwedischen Herrschers – auch in zahlreichen deutschen Publikationen gewürdigt – die Historiker bewegen, erneut seinen Platz in unserer deutschen Geschichte zu überdenken. Wieder oder gerade jetzt sollte neuerlich versucht werden, der eigentlichen »Wahrheit« näher zu kommen. Das allerdings ist in Deutschland und Österreich noch immer ein schwieriges Unterfangen, auch und vor allem, weil konfessionelle Unterschiede und Überzeugungen, wenigstens unterschwellig, weiter wirken.

Ein Großfeuer 1697 zerstörte das berühmte alte Königsschloss »Tre Kronor« in Stockholms Altstadt. Wertvolle Papiere der Sammlung Gustavs II. Adolf verbrannten. Manches aus seiner Feder, wichtige Reden, politische Äußerungen sind nur in Kopien und Mitschriften anderer erhalten. Gewichtige eigene Entwürfe und Notizen des Herrschers fehlen völlig. Dem Historiker verbleibt überreichliche Materialfülle dennoch. Die kaum noch zu überblickende Menge an Quellenpublikationen zum Zeitalter dieses Schwedenkönigs, seine Reden, Briefe, die dokumentierten Äußerungen seiner nächsten Umgebung – um nur einiges anzuführen – bleiben vieldeutig und widersprüchlich. Will man so objektiv wie möglich urteilen, gewinnen auch eindeutig scheinende Zitate erst im Kontext des gesamten damaligen Zeitgeschehens einschließlich der dominierenden Ideen und Vorstellungen ihre Beweiskraft. Hier wird eben auch weiterhin Raum bleiben für eigene und manchmal auch eigentümlich scheinende Interpretationen, für viele Wahrheiten.

So knüpfte vor einige Zeit noch einmal ein deutscher Publizist an die Traditionslinie evangelischer Gustav-Adolf-Biographien in der These an, nur »als cleverer Politiker, mit dem lutherischen Glauben als Deckmantel, hat der König von Schweden seinen Einsatz nicht gewagt und sein Leben nicht in die Waagschale geworfen. Starkes religiöses Sendungsbewusstsein und politische Erwägungen zu Nutz und Frommen seines Reiches und seiner jungen Dynastie waren in seinen Entscheidungen und Aktionen auf das innigste miteinander verflochten« (G: Schwede, Vorwort, 2).

In einer weiteren bemerkenswerten neueren Biographie zu diesem Schwedenkönig wurde etwa zur gleichen Zeit eine solche Auffassung relativiert. Der Autor betonte, es sei nicht allein »die Sorge um Schwedens Wohlfahrt und Sicherheit, die zu dem einstimmig gefassten Entschluss führte, den als Verteidigung entstandenen Feldzug offensiv zu führen, sondern auch die Lage der deutschen Protestanten« gewesen (G: Berner, 395), zweifellos eine weniger starke Gewichtung religiöser Motive. Ein bekannter deutscher Militärhistoriker nannte dieser Tage vor allem sicherheitspolitische Aspekte der baltischen Machtstellung Schwedens, näherte sich damit einer schwedischen neueren Geschichtstradition.

Einer der bedeutendsten deutschen Kenner schwedischer Geschichte, Jan Peters, ist schon 1981 noch einen Schritt weiter gegangen. Er betonte ausdrücklich, dass der Gedanke der Religion bei den Reichsratsdiskussionen nur eine sehr untergeordnete Rolle spielte. Doch wollte auch dieser Historiker nicht ausschließen, dass möglicherweise religiöses Sendungsbewusstsein bei Gustav II. Adolf stärker ausgeprägt war als bei der Mehrheit seiner Generäle und Reichsräte.

Ein neueres deutsches Standardwerk zur europäischen Geschichte dieser Periode vermerkt in einer breiteren Passage zu Gustavs II. Adolf Motivierungen, ein religiös-konfessioneller »Einschlag« sei unverkennbar. Doch sei es ebenso fraglich, ob Schwedens König ohne die Hoffnung auf Steuer- und territoriale Gewinne »sein konfessionelles Rettungswerk« überhaupt begonnen hätte. Man habe ihn zu einer legendären Figur hochstilisiert, indem man seine wahren Absichten verschwieg, zumindest bagatellisierte. »So kam es, dass der Eroberungszug eines Machtpolitikers den Glorienschein eines Kreuzzuges zur Rettung des Evangeliums erhielt« (A: Zeeden, 270).

Auch in der 1980 erschienenen Geschichte Österreichs wird kategorisch vermerkt, bereits zu Beginn des Dreißigjährigen Krieges »war das religiöse, das ideologische Motiv eher vordergründig. Weltliche Machtinteressen der Herrscherhäuser« vor allem prägten das Geschehen (A: Vajda, 284–286). Diese Wertung schließt wohl auch Gustavs II. Adolf Absichten ein. Schade, dass der Autor vieles über Wallenstein, nichts zu dem Schwedenkönig notiert.

Gewichtig ein drittes, 1989 publiziertes Werk, das Urteil eines Briten, der in seiner »Geschichte Europas« bemerkte, selbst in Frankreich hätten während der blutigen Glaubenskriege »die großen Herren jener Zeit« doch »wenig Interesse für Religion« bekundet. Sie waren gewöhnlich »nachlässig in ihren religiösen Übungen«, ergriffen »Partei in erster Linie aus Gründen des persönlichen Nutzens«. Ähnlich ist ihm der Dreißigjährige Krieg eine Auseinandersetzung, in der »die Konfessionen den Machtkampf ... bemäntelten und verschärften«. Die Schweden sind folglich Eroberer auf deutschem Boden, bestrebt, »sich möglichst viel von seinen Gebieten anzueignen«. Andererseits bleiben sie auch Streiter, die sich selbst im Kampf »für ein protestantisches Christentum gegen die katholische Gegenreformation« begriffen (A: Bowle, 364, 430, 452). Dem ist kaum zu widersprechen, da dieser Historiker nicht versucht, Prioritäten zu bestimmen. Man kann in der Tat als Eroberer in der Überzeugung marschieren, gleichfalls etwas Gutes für den rechten Glauben zu tun, täte aber gegebenenfalls das Gute auch ohne Glauben. Im Übrigen steht nicht zur Diskussion, was die schwedischen und finnischen Bauernsöhne und kleinen Adligen bewegte.

Manchem mag vor allem die deutsche Analyse übertrieben, zu abwertend formuliert, die welthistorische Bedeutung des schwedischen Monarchen verzerrt reflektiert erscheinen. Doch sollte eine moderne Bewertung der Ziele Gustavs II. Adolf frei von Beschönigungen, konfessionellen Überzeugungen sein, ohne Moralisierungen urteilen. Es steht ja gewöhnlich auch nicht zur Debatte zu entscheiden, ob der König als gläubiger, ehrlich überzeugter Protestant, als Eiferer oder gar Heuchler zu gelten hat. Wohl sehen viele Kenner schwedischer Geschichte in seinem Vorgehen gegen einige Katholiken und Jesuiten Anfang der zwanziger Jahre in Schweden, in den damaligen Todesurteilen und Hinrichtungen schwedischer Gegner der dortigen Staatskirche, vorrangig politische Zwänge. Sie betonen eine Stoßrichtung gegen die polnischen Vasa. Manchmal heben sie sogar als Ausdruck relativ freien religiösen Denkens die Überzeugung Gustavs II. Adolf hervor, man könne Bekenntnisse nicht erzwingen. Sicher bleibt wohl, der schwedische Monarch fühlte sich wahrscheinlich ebenso überzeugt seinem Glauben verbunden, wie Maximilian I. von Bayern den Katholizismus als einzig wahre Heilslehre verstand. Bedauerlich bleibt dennoch, dass religionspropagandistische Überhöhungen, einseitige Wertungen, Entschuldigungen selbst offenkundigen Fehlverhaltens den König nach Lützen auf ein Podest hoben, ihn mit einem Heiligenschein, gar mit einem Feuer umgaben, dass jeder Schattenriss als Verunglimpfung gilt. So wird der Blick auf die realen deutschen Ziele des Königs verstellt.

Tatsächlich billigte auch der König die Meinungen im Reichsrat, »allein der Nutzen und die Sicherheit des Vaterlandes« sei das Motiv für das Eingreifen in Deutschland. Wie die Protokolle der Reichsratsdiskussionen belegen, betonten die Räte zwei Ziele, »die Verteidigung Schwedens, die Besetzung Deutschlands«. Später erklärte Gustav II. Adolf sogar, wäre die Religion der Kriegsgrund gewesen, »so müssen wir auch dem Papst, den Franzosen und allen Papisten den Krieg ankündigen«. Nach seinem Tode vermerkt das Reichsratsprotokoll, nicht die Verteidigung der Protestanten »ist . . . unser Hauptziel. Sondern Ihre seel. Kgl. Maj. hatte andere Gründe für den Krieg« (Q: Svenska riksradets protokoll, I, 228, 221, II, 158, VII, 53).

Einer jener vielen überzeugten preußischen Bewunderer evangelischer Glorie des Schwedenherrschers formulierte vor 160 Jahren als sein Fazit der Lektüre der Reichsratdebatten eine prinzipielle Bemerkung Axel Oxenstiernas. Dieser habe noch 1644 argumentiert, Pommern und die deutsche Ostseeküste seien eine Bastion für Schweden, darin bestünde »unsre Sicherheit gegen den Kaiser«, fürchte auch Polen deshalb die schwedische Macht. Ausdrücklich hätte der Kanzler versichert, ob »dieses Land oder noch andere deutsche Ostseeländer wirklich Schweden zufallen sollten«, habe Gustav Adolf der Vorsehung überlassen. »Als man ihn einst in Frankfurt am Main mit Alexander dem Großen verglich, antwortete er in seiner Weise, den Mund leise zum Lächeln verziehend: ›So ehrsüchtig bin ich nicht! Ich werde mich vielmehr mit dem Landstriche begnügen, welcher zwischen der Ostsee und dem Rheine liegt!‹ Keiner wußte, ob diese Äeußerung Scherz oder Ernst sei.« Doch solle man, so jener Historiker, darüber wie die Geschichte selbst besser schweigen, »lieber dankbar die wirklichen Wohlthaten« Gustavs II. Adolf aufrechnen, als »argwöhnisch seine möglichen Fehler« ahnden (G: Böttcher, W., 176). Natürlich verschwieg der wackre Preuße in diesem Geiste, dass 1645 im Reichsrat, nun schon mit besonderer Distanz zum

Kriegseintritt und vermutlich auch zu Gustavs II. Adolf Überlegungen, betont wurde, der Kampf um die protestantische Freiheit sei »bloßer Vorwand« und nur zweckdienlich gewesen (Q: Svenska riksradets protokoll, XI, 223).

Mag sein, dass die Jahrzehnte des blutigen Ringens auf deutschem Boden allmählich jede religiöse Verklärung verdrängten. Allzu deutlich dominierte der machtpolitische Faktor in den Bilanzen aller Krieg führenden Parteien. Auch jene propagierten jetzt nur noch den »Nutzen und die Sicherheit des Vaterlandes«, die zwischen 1628 und 1638 geglaubt haben mögen, auch ihrem Glaubensbekenntnis verpflichtet sein zu sollen (ebd.). Uns Heutigen scheint es schwer begreiflich, dass man damals von Geld und Gütern reden und religiöse Überzeugungen gleichermaßen meinen konnte. Bekenntnisse beeinflussten zumindest unterschwellig das Denken und Handeln. Primär allerdings zählten wohl doch die Hoffnungen auf Vergrößerung Schwedens und neue Einkunftsquellen für die Krone, den Adel und das besitzende Handelsbürgertum. In seiner programmatischen Rede vor den Ständen 1617 hatte der junge König die Eroberungskonzeption keineswegs an religiöse Überzeugungen gebunden, im russischen Krieg auch dort sein Leben gewagt. So gesehen blieb Gustav II. Adolf auch in dieser Hinsicht der König der Schweden, die im Krieg materielle Gewinne suchten. Er war eher »Berik« denn ein »Ansgar«, Schwedens frühmittelalterlicher Missionar.

In der Tat waren der Herrscher und seine engsten Vertrauten nicht so einfältig, der protestantischen Feste Stralsund im Kampf gegen Wallensteins Belagerungstruppen im Sommer 1628 uneigennützige Hilfe zu senden. Damals standen bereits etwa 1 300 Dänen unter dem fähigen, zupackenden, wenig fragenden Heinrich Holk, dem späteren Feldherrn Wallensteins, in Stralsund, benötigt, aber wenig gern gelitten. Schweden musste folglich seinerseits eingreifen, sollte nicht wiederum eine Möglichkeit vertan werden, unter plausiblem Grund in den Krieg eintreten zu können. Und kein Geringerer als Wallenstein selbst leitete seit dem 23. Juni 1628 die Vorbereitungen zum Sturm auf die Stadt. Mit dem Fall dieser »letzten Bastion« eines kämpferischen evangelischen Widerstandes musste die Wahrscheinlichkeit schwinden, von den Protestanten als Helfer gerufen zu werden. Wahrlich Grund genug für die kriegsentschlossenen Schweden, schnell zu handeln. Sie konnten doch kaum wissen, dass der weitsichtige Friedländer bereits für sich entschieden hatte, den deutschen Hansestädten zu demonstrieren, er wolle nicht gegen sie, sondern mit ihnen kaiserliche

Ostseepläne, eigene mecklenburgische handelspolitische Anliegen verwirklichen, sei an einer Katastrophe Stralsunds nicht mehr interessiert. Der berüchtigte »Kettenschwur« ist mit großer Sicherheit eine fromme stolze protestantische Legende von der »Heldenstadt« Stralsund.

Vielleicht hat Gustav II. Adolf das durchaus verstanden, schon deshalb keine sonderliche Eile gesehen. Seit dem 19. Juni ankerten acht schwedische Schiffe untätig im Neuen Tief vor Stralsund, warteten die Kommandeure auf das Resultat der Verhandlungen zwischen König Gustavs II. Adolf Unterhändler Philipp Sadler und dem Rat der Stadt. Erst nach der Unterschrift der Bürgermeister auf dem Vertragspapier am 23. Juni waren die Schweden eingerückt, band die Nachricht von Wallensteins Ankunft Bürgermeister und Ratsverwandte an eine Allianz auf zwanzig Jahre mit der schwedischen Krone. Stralsund hatte sich verpflichten müssen, das Bündnis einzuhalten, »sich in keine Tractate mit dem Feinde einzulassen, außer mit Bewilligung Schwedens und Einschluß Schwedens in die Tractate« (G: Berner, 357).

Gustav II. Adolf hatte, wie seinerzeit der bedeutende deutsche Historiker Gustav Droysen vermerkte, »eine Schlinge« geknüpft, »sicher genestelt und sicher ausgeworfen«, die Stralsund zur ersten Beute schwedischer Kriegspolitik in Deutschland werden ließ. Als Mitte Juli 1628 weitere schwedische Truppenkontingente in der Stadt am Sund eintrafen, war alles entschieden. Schweden hatte den Fuß in der deutschen Tür, war diese weit geöffnet. Nun lag es beim König, dem Reichsrat und den Ständen Schwedens zu bestimmen, wann die Armee auf dem Hauptkriegsschauplatz des »einzigen großen europäischen Krieges« aufmarschieren würde. Schwedens König konnte nun ernsthaft daran denken, die Idee des »Dominium maris Baltici« zu verwirklichen, dem Reich einen festen Platz unter den europäischen Großmächten zu erobern, den alten Gotentraum der Jugendjahre wahr zu machen.

Zunächst bemühte sich Gustav II. Adolf noch, die hart bedrängten Dänen in eine Allianz zu zwingen, unter schwedischer Führung selbstredend! So trafen sich beide Herrscher am 22. Februar 1629 in Ulvsbäck, dem Pfarrhof des småländischen Kirchspiels Makaryd, zu entsprechenden Verhandlungen. Welch eine veränderte Situation! Sechzehn Jahre vorher debattierten die Dänen an gleicher Stelle lange, ob Gustav II. Adolf überhaupt als Verhandlungspartner Christians IV. anerkannt werden sollte. Axel Oxenstierna musste geraume Zeit feilschen, um die dänischen Friedensbedingungen auf ein erträgliches Maß herunterzuhandeln. Jetzt aber war der alte »Jüte« nur noch Herr über die dänische Inselwelt. In Jütland schanzten Wallensteins Heere. Nun diktierte Gustav II. Adolf die Bedingungen, bot dem Besiegten die helfende Hand. Vergebens, der Däne war ebenso wenig wie seinerzeit der schwedische Monarch bereit, in dem angebotenen Bündnis den Nebenpart zu übernehmen. Außerdem traute er dem Schweden ebenso wenig wie dieser ihm. Christian IV. verstand natürlich, dass Gustav II. Adolf ihn vor allem in eine Allianz binden wollte, um sicher zu sein, nicht plötzlich in Schweden ungebetenen Gästen zu unpassender Zeit begegnen zu müssen, Reminiszenz an die Ereignisse seiner Kronprinzenzeit.

Ein enttäuschter Gustav II. Adolf schrieb anschließend verärgert an seinen Kanzler, Christian »muss betrunken gewesen sein«. Zu überraschend war Dänemarks ablehnende Haltung gewesen, um so befremdlicher, als der alte Herr schließlich die Gespräche gewünscht hatte. Nur Senilität und Trunkenheit schienen dem Schweden eine überzeugende Erklärung. Hier allerdings irrte Gustav II. Adolf gewaltig. Christian IV. – während der Gespräche merkwürdig abwesend und desinteressiert wirkend – wusste wohl, was er wollte. Er war noch immer der alte Fuchs, den man in Stockholm zu recht fürchtete. Und er konnte höchstwahrscheinlich noch immer mehr vertragen als mancher seiner Gegner an der Tafel. Zwar war der Wein durch die knirschende Februarkälte gefroren in Ulvsbäck eingetroffen, musste aufgetaut werden, aber auch das war es nicht. Der Däne wusste schon, warum er Schwedens Monarchen scheinbar ein Bündnis anbot, dann bei den Verhandlungen seiner Sinne so wenig mächtig schien.

Wien reagierte sofort, schloss am 5. Juni 1629 in Lübeck mit Dänemark Frieden, der Christian IV. äußerst vorteilhafte Bedingungen bot, die schwedischen Pläne bedenklich gefährdete. Bald schon deutete sich sogar ein eventueller Vertrag zwischen dem Kaiser und Kopenhagen an. Nach der Niederlage Gustavs II. Adolf bei Stuhm schien im Sommer 1629 wieder vieles offen. Selbst das Stralsunder Abkommen war möglicherweise nun nur noch ein lästiges Papier, belastete Schweden gefährlich. Allerdings blieb Hoffnung, das fast ausgetretene deutsche Feuer könne zu gegebener Zeit erneut hell auflodern. Am 6. März dieses Jahres hatte Kaiser Ferdinand II. nämlich das berüchtigte Restitutionsedikt im Gefühl des vollständigen Sieges erlassen. Der seit 1552 säkularisierte Kirchenbesitz sollte den katholischen Würdenträgern wieder zurückgegeben werden. Das musste die deutschen protestantischen Fürsten und Reichsstädte in die weit geöffneten Arme des kriegsinteressierten schwedischen Herrschers treiben, mochten sie sich auch zieren und winden. Früher oder später, eher bald, würde er ihre Hoffnung werden müssen. Und da war natürlich auch noch Frankreich, dessen Gesandter nicht nachließ, Gustav II. Adolf in den deutschen Krieg zu locken. Allerdings schien Schwedens Herrscher ebenso entschlossen, nur gegen gewichtige Münze loszuschlagen. Schwedens Teilnahme am Krieg hatte trotz eigener Lust auch weiterhin seinen angemessenen Preis. Und der König verfügte über hervorragende Diplomaten.

Scheinbar bahnten sich neue Koalitionen an. Angekündigte und kurzfristig anberaumte Verhandlungen mit einem Sonderbeauftragten des Kaisers in Danzig, von Dänemark mitinitiiert, kamen zwar nicht zustande, erfüllten jedoch ihren Zweck. Sie waren von Gustav II. Adolf offenbar nur als Druckmittel auf Frankreich und gleichzeitig besonders gegen den unruhigen Dänenkönig gedacht. Christian IV. verfolgte Schwedens Kriegsvorbereitungen mit Sorge, wissend, dass jeder schwedische Erfolg in Deutschland sich gegen Dänemark kehren würde. Er wünschte deshalb einen Ausgleich kaiserlicher und schwedischer Interessen. Diesmal sah sich aber der Däne getäuscht. In Paris jedenfalls atmete man erleichtert auf, als Gustav II. Adolf am 19. Mai in Stockholm eine bemerkenswerte Abschiedsrede vor dem Reichstag hielt, während in Danzig Graf Hannibal von Dohna und die Dänen noch auf die schwedischen Gesprächspartner warteten.

Der Monarch wusste um den Ernst der Stunde, als er damals vor die versammelten Reichsvertreter trat. Intensive Diskussionen waren diesem Tag vorausgegangen, Entscheidungen gefallen. Die Herren im Reichsrat hatten einer Landung auf deutschem Boden zugestimmt, wohl wissend, was inzwischen in den Schlössern, Häusern und Hütten Schwedens gegen die lang währenden Kriege gedacht und geredet wurde. Die Menschen sehnten sich nach Frieden in diesem scheinbar endlosen Ringen mit Dänen, Russen und Polen. Es währte nun bereits jahrzehntelang, nur unterbrochen durch gelegentliche kurze Verhandlungspausen, das Ausscheiden des einen Gegners aus der Front der Feinde, oder des anderen, eine Atempause nur, von neuen blutigen Kampfhandlungen der verbliebenen Gegner gefolgt. Da fragte niemand mehr, ob der derzeitige Feind dänisch, deutsch oder polnisch sprach. Die Reichsräte waren dennoch keineswegs zögerlich gewesen, drängten in den »deutschen Krieg«.

Seine knapp vierjährige Tochter Christina im Arm, wandte sich der Herrscher an die aufmerksam lauschenden Bürger, Geistlichen, die Herren vom Adel, wenige nur, ausgesuchte Repräsentanten der drei höheren Stände und einige Bauern. Er kalkulierte klug, dass die Geste des treusorgenden Vaters vielen der Zuhörer auch und vor allem das Bild vom Landesvater suggerierte. Das sollte jenen entgegenwirken, die ob der schier erdrückenden Kriegskosten, der ständig wachsenden Steuerlasten und Verödungen des Landes – immer spürbarer wurde der Mangel an arbeitsfähigen Knechten, selbst Bauern fehlten mancherorts bereits – heimlich murrten, manchmal auch und wieder besonders in Dalarna von Widerstand redeten. Viele äußerten damals immer lauter Sorgen über die Zukunft Schwedens. Einige bedeuteten oft auch schon, der Monarch liebe offenbar Pulver und Schwerterklirren mehr als Frieden und Wohlfahrt des Landes.

Solche Reden waren gefährlich in einem Land, wo seit alters Bauern und Bürger wieder und wieder in Waffen trotzten. Das konnte nicht nur in Dalarna offenen Aufruhr auslösen. Dem galt es auch nach Überzeugung Gustavs II. Adolf und seiner engsten Vertrauten energisch entgegenzutreten, war das feierliche Zeremoniell mit der Rede des Königs zugedacht.

Mit der ihm eigenen mitreißenden Rhetorik, mit klug bedachtem Gestus und anschwellender Stimmhöhe, benannte der Landesherr Gott als Zeugen, er führe »diesen Krieg nicht aus eigenem Antrieb oder Lust am Kriege«, dränge nicht grundlos auf deutschen Boden. Ihn zwinge die internationale Lage, das Bündnis des Kaisers mit dem gefährlichen polnischen Feind, auch die Bitten der »schwer bedrängten Nachbarn, Verwandten und Schwäger« zu neuem Kampf. Schweden müsse im eigenen Überlebensinteresse »die bedrückten Glaubensbrüder von dem päpstlichen Joch« befreien.

Das klang überzeugend, gewann an Kraft in dem Maße, wie sich der König steigerte, mitgerissen von den eigenen Worten, ein echter Vasa! Gustav II. Adolf verstand sich zweifellos als Opfer bringender Landesvater, konnte so auch die Mehrheit der Ständevertreter gewinnen. Und wer sollte denn auch nicht zustimmend nicken, als der Herrscher schließlich ausbrach, ein Krug gehe gewöhnlich so lange zu Wasser, bis er breche. Auch ihm könne es »zum Schlusse beschieden sein, dass, nachdem ich in so vielen Gefahren für die Wohlfahrt des Reiches Schweden mein Blut vergießen musste – doch immer durch Gottes gnädigen Schutz am Leben verschont – ich dies zuletzt doch werde lassen müssen« (Q: Tal, 114–118). Wer da noch gezögert hatte, musste jetzt zustimmen. Er durfte nicht fragen, wer eigentlich in Deutschland gerufen hatte, wessen Bitten Gustav II. Adolf nachkam. Es hätte wohl mehr als sonderlicher Redekraft bedeutet, konkrete Namen anzuführen. Trotz gewiss sehr eifriger schwedischer Bemühungen bat auch jetzt niemand den König zu kommen.

Ein Meister der Propaganda – Gustav II. Adolf, ein echter Vasa

Schon Karl IX. hatte seinerzeit die Entmachtung Sigismunds sorgfältig und zielgerichtet vorbereitet, insbesondere unter den Bauern agitiert. Er hatte wohl vom Vater Gustav I. gelernt, der solches Vorgehen meisterhaft beherrschte, und die Fähigkeit, Freund und Gegner zu überzeugen, an den Sohn vererbte. Gustav II. Adolf hatte bald dort angeknüpft, wo sein Vater, nicht der Feldherr so weit greifender Pläne, nahezu niedergeworfen, enden musste. Insbesondere reifte bereits im jugendlichen Herrscher die Erkenntnis, welche gewaltige agitatorische Waffe aus der religiösen Fundierung seiner Regentschaft erwuchs. Er lernte diese Lektion des Vaters aus der Abwehr des katholischen Königtums der polnischen Vasa virtuos handhaben.

Bereits 1614 war der Probst Elaus Terserus im Auftrage des Monarchen und seines Reichskanzlers in der Dalarnastadt Mora aufgetreten, bäuerliche Klagen und Unruhen schmähend. Der König benötige hinter sich eine vereinte Bauernschaft, wolle man Russen und Polen von Einfällen in das Reich abschrecken. Jedes Gerücht über »Kriegsverdruß und Zwietracht mindere den Friedenswillen der Feinde« (B: Historia, 19).

Zwölf Jahre später, vor seinem neuerlichen Aufbruch in den polnischen Krieg, instruierte Gustav II. Adolf den Reichsrat über Verfahrensweisen bei möglichen Unruhen. Die Räte sollten argumentieren, Rekrutenaushebungen und drückende Auflagen seien in der augenblicklichen Notlage unvermeidlich. Nur ein Schweden in Waffen zwinge die Gegner an den Verhandlungstisch, eine sehr modern klingende Version, so recht geeignet, das Genie Gustavs II. Adolf auch als Propagandist zu illustrieren. Sollten die Unzufriedenen daheim unwillig sein, die Lasten zu tragen, müsse man darlegen, welche Folgen dieses habe. Sie sollten wissen, was sie erleiden würden, so »der Feind uns selbst daheim überfällt, das übrig gebliebene uns wegnehmen«, davon tragen werde. Täten jedoch alle ihr Bestes, ließe der Friede nicht lange auf sich warten (ebd., 20).

Was 1626 noch als eine Art Durchhalte-Parole für die Kämpfe gegen Sigismund formuliert war, floss schnell in die Vorbereitung des deutschen Krieges ein. Hier baute und vertraute Gustav II. Adolf besonders auf die Kirche, seine Pastoren. Seit 1623 waren die Verfügungen über jährliche besondere Gebetstage verschärft. Überall im Lande hatten die Prediger auf höchsten Wunsch die Verfolgungen der deutschen Protestanten, eine ständig wachsende Gefahr für die evangelische Glaubensgemeinschaft in Schweden zu beklagen. In den Jahren 1626 und 1627 mussten alle Geistlichen an diesen Bettagen die

Einheit aller schwedischen Gläubigen gegen die rasant wachsende Ausbreitung der katholischen Gegenreformation beschwören. Besonders wichtig erschien dem König, dass man auf diese Weise bis in die letzte kleine Hütte, in die entlegensten Regionen des Landes wirkte.

In diesem Geiste hatte Erzbischof Petrus Kenicius allen Predigern ein besonderes Papier zugesandt. Ausdrücklich erklärte er dort, jene, die diese Gebetstage versäumten, seien »nicht nur gottlos, sondern auch untreu sich, ihrem Vaterlande und Seiner Königlichen Majestät«. So dokumentierter »Unglaube müsse bestraft werden« (ebd., 21–22). Ein deutlicher Wink, nicht zu überhören, nachdem gerade einige Katholiken hingerichtet waren. Man flüsterte in gut unterrichteten Kreisen, der König selbst sei bei der peinlichen Befragung der Unseligen zugegen gewesen, kannte keine Gnade.

So verstanden denn alle die erzbischöflichen Mahnworte als Weisung und Richtlinie künftigen Handelns für alle Pastoren überall im Reich. Demnächst hatten sie in ihren Kirchspielen sorgfältig zu registrieren, wer den Gottesdienst versäumte. Die Geistlichen mussten jene ermitteln, der Obrigkeit bekannt geben, eine Bestrafung der Müßigen oder Ablehnenden ermöglichen. Wer nicht für den rechten Glauben beten wollte, die Not der Glaubensbrüder in anderen Ländern, die Verpflichtung der Schweden und ihres Königs zur Hilfeleistung missachtete, sollte als Feind des evangelischen Bekenntnisses gebrandmarkt werden.

Wie einer der besten Kenner der schwedischen Quellen zum Alltag, dem Denken und Fühlen der damaligen Bevölkerung zwischen Kalmar und Nordschweden vermerkte, dominierte im Lande die festgefügte Überzeugung, durch eifriges Bitten und Beten sei Gottvater an diesen Gebetstagen sonderlich beeinflussbar, empfänglich für schwedische Wünsche.

Daher hatte Gustav II. Adolf bereits am 29. April 1612 Rundschreiben kursieren lassen, der Bettag im Januar dieses Jahres zeitige schon gute Früchte. Die Feinde seien bereits zurückgeworfen, Gott habe das inbrünstige Flehen seiner schwedischen Kinder erhört. Ausdrücklich hatte der Monarch hier versichern lassen, man könne durch frommes Heilighalten der aufs neue noch im gleichen Jahr verordneten Gebetstage Gottes Beistand für die bevorstehenden Kampagnen gleichermaßen erbitten. Im Jahre 1614 ließen König und Priesterschaft verlauten, die zwei anstehenden Bettage würden Gott bewegen, entweder Frieden zu schenken oder die schwedischen Waffen im Felde zu segnen. Fromme Wünsche wahrlich, schwer zu beurteilen, ob Gustav II. Adolf tatsächlich so einfältig dachte, wie er kundtat, die Pastoren es fleißig wiederholten, eigentlich unvorstellbar. Die einfachen Menschen, noch immer gering gebildet, mochten es vielleicht glauben, wähnen, die Gegner würden vergessen, ebenfalls Gottes Beistand anzurufen, sich auch dessen Hilfe zu versichern. Die Losungen der schwedischen Soldaten in den Kriegen Karls XII., ihre Briefe vor allem nahezu hundert Jahre später, lassen solches wahrscheinlich scheinen. Sie belegen eine Überzeugung, die Schweden seien Gottes liebstes Volk. Berechtigt bekräftigt die moderne schwedische Historiographie, die »politisch-religiöse Verkündung« von der Kanzel habe offensichtlich die Menschen angesprochen. Das gesamte schwedische Volk habe gemeinsam die Not des Luthertums erlebt, Erfolge der »Papisten« als schreckliche Drohung wahrgenommen. Jahr für Jahr habe man hier anhören müssen, wie der Schrecken beständig näher rückte. Noch ehe Reichsrat und Reichstag einen Feldzug auf deutschem Boden debattierten, galt vielen Schweden der Krieg gegen den teuflischen Kaiser als unausweichlich. Die Verordnungen der Gebetstage, die Gebete und Predigten selbst, hätten diese Überzeugung den Menschen eingebrannt. Hass gegen Ferdinand II. und seine bösartigen Absichten waren tief verwurzelt, als erstmalig 1627 schwedische und kaiserliche Truppen in Polen aufeinander trafen.

Dabei vergaß man gewöhnlich in Schweden, wollte es wohl auch in Kreisen der Mächtigen, der Prediger und Lehrer nicht wahrhaben, dass Gustav II. Adolf es war, der seine Truppen weiter und weiter geführt hatte. Schwedens Einflusssphäre stieß nun an die des Heiligen Römischen Reiches. Niemand erwähnte im Übrigen, zumindest nicht sonderlich laut, dass Christian IV. und die dänischen Glaubensbrüder vor ihrer Niederlage in Norddeutschland dort ebenso einmarschiert waren, erst dann zurückgeworfen wurden. Für die Mehrheit schwedischer Bauern und Bürger zählte nur, dass Wallenstein, des Kaisers General, plötzlich in Jütland und an der deutschen Ostseeküste befehligte, kaiserliche Truppen auch in Preußen standen. Und ganz sicherlich dachten die meisten Prediger und Adligen ähnlich.

Im Januar 1627 benannte die königliche Proposition zum Reichstag als ernsthaftes Risiko für Schweden, »dass die Päpstlichen an der Ostsee zu herrschen begannen«. Gustav II. Adolf erwartete Vorschläge der Stände, wie das Land reagieren solle. Nur die Ablehnung der Bürgerschaft Wismars und Rostocks, schwedische Garnisonen gegen eine mögliche kaiserliche Invasion Mecklenburgs aufzunehmen, verhinderte entsprechende Maßnahmen des Königs. Sein damaliges Angebot an die Herzöge von Mecklenburg war zweifellos ernst gemeint. Immerhin bot Gustav II. Adolf bereits im Herbst 1627 Christian IV. militärischen Beistand an. Schwedens Herrscher erklärte selbst im Reichsrat, »dass wir diesen Krieg schwerlich vermeiden können wegen des großen Interesses, dass wir daraus gewinnen, dass der dänische Staat erhalten bleibe«, eine ungewöhnliche Sympathieerklärung für Kopenhagen für manchen der Reichsräte. Sie war verständlich dennoch, weil auch diese Herren – lange schon auf den kommenden Zusammenprall mit dem Kaiser orientiert – ein von Schweden gerettetes Dänemark in die Pflicht zu nehmen gedachten. Jetzt sei die Stunde gekommen, so eine moderne schwedische Wertung, »die religiös gefärbte, antikatholische Propaganda gegen eine rein politische, antikaiserliche« auszuwechseln (B: Historia, 100).

Ähnliches folgerten vor einigen Jahrzehnten auch deutsche Historiker, analysierten hier insbesondere die schwedische Agitation in Norddeutschland. Der König habe schon 1618 in Deutschland eingreifen wollen, »seitdem ... sein Volk psychologisch auf den neuen Feldzug« eingestimmt, »an die religiöse Solidarität mit den verfolgten Brüdern« im Römischen Reich appelliert. Ab 1627 wurde die Kriegspropaganda deutlich intensiviert, jetzt die »unmittelbare Bedrohung der schwedischen Sicherheit« auch in Norddeutschland verkündet (A: Der Dreißigjährige Krieg, Perspektiven, 341).

Während später pommersche Bauern den schwedischen Beteuerungen willig folgten und kaiserliche Söldner als Glaubensfeinde töteten, reagierten die Protestanten in Mittel- und Oberdeutschland ablehnender. Sie »sahen in den Glaubens- und Freiheitsparolen ... Lügen«, mit denen die Schweden »ihre Eroberungssucht bemänteln« wollten, Erkenntnisse eines deutschen Historikers unserer Tage, der diese Quellen auswertete (ebd.).

Man kann sich fragen, wie die schwedischen, die pommerschen Bauern und Bürger reagiert hätten, wäre ihnen bekannt geworden, dass Schwedens König und seine engsten Vertrauten offenbar zu gleicher Stunde auch eine vollständige Alternative überdachten, schwer nachvollziehbar, dennoch nicht auszuschließen. Gustav II. Adolf schien denkbar, im Bündnis mit dem Kaiser Dänemark niederzuwerfen, die dänischen Provinzen zwischen Ostsee und Öresund zu erobern.

Am 21. November 1627 schrieb Wallenstein seinem General Arnim, er ersehe aus dessen Brief, »daß der König von Schweden damit umgehet, ein Bündniß mit dem Kaiser zu machen«. Das sei ja auch schon im letzten Jahr durch den Oberst Fahrenbach angeregt worden. Ihm sei klar, so Wallenstein, der »Schwede will Dänemark auf der andern Seite angreifen, und die zu Dänemarck gehörigen Oerter, so an Schweden stoßen, einnehmen wie auch Norwegen«. Der Generalissimus deutete dennoch Zurückhaltung an, da Gustav II. Adolf »unsere Freundschaft nicht aus redlicher Absicht« suche (Q: Hallwich, Bücher, III, 339, 335). Wallenstein wünschte offensichtlich eine solche Allianz nicht. Er verstand wohl, dass Schwedens Ziele den kaiserlichen Ostseeplänen, vor allem seinen, des Herzogs von Mecklenburg, entgegenstanden. Daher wandte der Feldherr bei Arnim ein, Gustav II. Adolf suche in Polen nur einen kaiserlichen Rückhalt. Er wolle Frieden mit Sigismund vereinbaren, um sich dann gegen Dänemark zu wenden. Glück für jene, denen Gustav II. Adolf als Glaubensstreiter gilt. Sie könnten wohl schwerlich ein Bündnis der kaiserlichen Armee und Schwedens gegen das protestantische Dänemark, den Einmarsch in Blekinge, Skåne und Halland mit den gleichen Argumenten verteidigen, die ihnen für die Landung und den Feldzug in Deutschland überzeugend scheinen. Jene verdrängen noch heute ein Primat eroberungspolitischer Ziele Gustavs II. Adolf. Sie möchten Torstenssons überraschenden Einmarsch in Jütland 1643 gewöhnlich als Präventivreaktion auf einen erwarteten dänischen Angriff verteidigen.

Manche Historiker argumentieren, damals, 1627 und im folgenden Jahr, hätten der König und Axel Oxenstierna diese Allianzgedanken nur vorgetäuscht, um Dänemark in ein Bündnis mit Schweden zu drängen. Gustav II. Adolf habe doch in einem Brief vom 21. Oktober 1627 König Christian IV. das kaiserliche Angebot enthüllt, Dänemark einen Verbund vorgeschlagen.

Es ist tatsächlich schwer zu entscheiden, wen der schwedische Herrscher betrügen wollte. Er diskutierte ja auch im Reichsrat in jener Zeit einen Angriff auf Dänemark. In Wien jedenfalls glaubte man ernsthaft an das schwedische Angebot. Fürst Eggenberg informierte in Prag im Dezember 1627 sogar die bayrischen Gesandten, »der Schwede habe dem Kaiser Hilfe gegen den Dänen angeboten, wenn er entgegen Polen in seinen Angelegenheiten gesichert und ihm das Stück Dänemark überlassen werde, das er okkupieren« könnte (Q: Hallwich, Bücher, III, 335). Im Übrigen entschieden nur einige Jahrzehnte später König Karl X. Gustav und Schwedens Reichsräte, als Polen 1655 kein Bündnis mit Schweden gegen Russland vereinbaren wollte, sofort in Polen einzumarschieren. Wollte Polen nicht Partner sein, musste man es stattdessen bekriegen, wurde Russland dann eben als Freund verstanden. Unwichtig offenbar, wer die territorialen Expansionswünsche Schwedens beglich, wesentlich für das schwedische Imperium nur, dass Schweden weiter wuchs. Und wenig später marschierten erneut auch schwedische Truppen durch Dänemark. Schnell standen sie vor Kopenhagen, stritten wiederum auch um jene Ziele, die Gustav II. Adolf bereits 1627 möglicherweise eine Allianz mit dem katholischen Deutschland wert gewesen wären.

Offensichtlich war es vor allem Wallenstein, der aus eigensüchtigen Überlegungen eine mögliche Antwort Gustavs II. Adolf auf den Schmachfrieden von Knäröd verhinderte, den König wieder in gewohnten Bahnen denken ließ. Im Dezember 1627 legte Gustav II. Adolf den versammelten Ständen die Erklärung vor, so »wie die eine der anderen Meereswoge folge, kommt uns auch die päpstliche Liga näher, sie hat sich gewalttätig einen großen Teil Dänemarks unterworfen, so dass wir demnächst befürchten müssen, dass sie sich weiter bis an unsere Grenze bewegen werde, so fern wir nicht zur rechten Zeit uns ihnen entgegenstemmen«. Sei das kein Grund, fragte der König in der Proposition, kräftige Rüstungen zu beginnen? Höchst verschreckte Stände bewilligten dann neue Aushebungen von Rekruten und Steuern. Sie rieten selbst in ihrer Antwort, »das Pferd besser an einen anderen Zaun denn den eigenen zu binden und den Krieg soweit von der Grenze des Reiches zu verlegen wie möglich« (B: Historia, 24). Setze man sich auf der anderen Seite der Ostsee fest, werde Schweden nicht im eigenen Land gefährdet werden. Erinnerungen an Gustavs II. Adolf programmatische Rede über Stolbovos Erfolgskonzept schwangen sicherlich mit. Zehn Jahre vorher hatte man doch eben gerade dieses Argument des Königs begeistert begrüßt, maß den zwischen Russland und Schwedens baltischen Provinzen liegenden Sümpfen und Seen entsprechende Bedeutung bei. Halte der Herrscher einen Krieg mit Österreich für nötig, würden die Stände die Bürden und Beschwernisse geduldig ertragen.

Gustavs II. Adolf Agitationseifer erwuchs ganz sicher auch aus innerer Überzeugung, dem Krieg mit dem Kaiser nicht ausweichen zu können. So war er auch nicht bereit, Stralsunds schwedische Garnison nach der aufgehobenen Belagerung, dem Abzug der Hauptarmee Wallensteins, zurückzurufen. Ein Brief vom 3. Juni 1628 an den Schwager, den Pfalzgrafen Johann Casimir, einen engen Vertrauten, belegt ernsthafte Sorgen des Königs wegen der wachsenden kaiserlichen Flotte in Wismar und Rostock. Gustav II. Adolf beunruhigte ebenso das Bündnis zwischen Wien und Warschau, offene Unruhen im Sommer in Västergötland und Småland, Reaktionen der ländlichen Bevölkerung auf die neuerlichen Belastungen. Der Herrscher beschloss, die Kriegspropaganda im Lande zu intensivieren. Er hoffte wohl auch auf den Pfalzgrafen, nicht vergebens, wie sich bald zeigte.

In Stockholm wurde – wahrscheinlich wenig später – eine Schrift gedruckt, die einen angeblichen Brief des kaiserlichen Beichtvaters an einen Jesuiten in Hildesheim wiedergab, in deutscher und schwedischer Übersetzung. Die Dinge hatten sich vortrefflich gefügt. Schwedische Spione, so erfuhren die Misstrauischen, Zögerlichen in Schweden, konnten diese bedeutsame Botschaft abfangen. Sie überraschten einen Mönch, der offenbar mehr als unvorsichtig, vielleicht auch ein wenig nachlässig längs der Straße nach Hildesheim wandelte, als kaiserlicher Briefträger auffallen musste. Gustavs II. Adolf deutscher Diplomat Christoph Ludwig Rasche, einer der eifrigsten und einfallsreichsten Verfechter schwedischer Politik auf deutschem Boden, hatte das Papier spornstreichs, so wollte es die Legende wissen, an Johann Casimir weiter geleitet. Den nachdenklichen Leser überraschte der anonyme Stockholmer Publizist mit schlagenden Nachrichten, listig-jesuitisch in der Tat, just so, wie es das Stockholmer Publikum gewöhnlich als verabscheuungswerte Methode jesuitischer Umtriebe zu wissen glaubte. Pater Wilhelm Lamormain hätte solcherart und ohne Umschweife den ungenannten Empfänger seines Briefes anweisen wollen, einen demnächst anreisenden kaiserlichen Gesandten zum anberaumten Friedenskongress mit Dänemark in Lübeck zu begleiten und zu kontrollieren. Es habe folglich einiger grundsätzlicher Instruktionen bedurft. Der kaiserliche Bösling hatte, wie erfreulich, zunächst eingangs seinem offensichtlich höchst unerfahrenen Kollegen – warum wandte er sich eigentlich mit so diffiziler Kunde gerade an einen solchen? – umständlich erläutert, gegenüber Ketzern sei der Katholik nicht an Eide und Versprechungen gebunden. Erstaunlich umso mehr, als dieses bereits jeder evangelische Schwede zu wissen glaubte. Sei es, wie es sei, der schwedische Leser, bereits tief erschreckt und verbittert, in seinen schlimmsten Ahnungen bestätigt, erfuhr nun weiter, der Kaiser wolle alles beherrschen. Polen solle weiterhin im Kampf gegen Gustav II. Adolf bestärkt, Schweden und Dänemarks Misstrauen eingeschläfert, heimlich eine Flotte aufgerüstet werden. Dann wolle man in Schweden landen. Vorerst solle man die Gespräche mit Christian IV. so lange verzögern, bis der Kaiser Lübeck und Hamburg besitze. Der nächste Schritt sei dann die Kontrolle des Öresunds durch kaiserliche Truppen. Schon besteche man eifrig die dänischen Reichsräte. In der Tat, der Beichtvater Ferdinands II. hatte in schöner nützlicher Einfältigkeit alles das bestätigt, was im Lande der Mitternachtssonne seit Jahr und Tag von den Kanzeln herunter verkündet wurde, hier grimmige Wut auslösen musste. Zufällig predigten gerade in diesen Tagen wieder überall in Schweden die Pastoren das Leid der deutschen Protestanten, leitete Gustav II. Adolf im Reichsrat die Schlussphase der ideologischen Kriegsvorbereitungen ein.

Im Dezember 1628 ließ sich der König im obersten Gremium zunächst die Besetzung Stralsunds bestätigen, debattierte dann den kommenden Krieg. Er argumentierte, Schweden sei schuldlos, man habe in Stralsund nicht gegen den Kaiser gekämpft, lediglich Anmaßungen seiner Generäle bestraft. Schuldig sei der Kaiser selbst geworden, weil er gegen eine Einmischung Schwedens protestierte, Gustav II. Adolf und Schweden solcherart beleidigte. Auch habe Wien durch die Hilfe für Sigismund einen Frieden zwischen Schweden und Polen verhindert, einen schwedischen Siegfrieden offenbar nach dem Muster Stolbovos, den Reichsräten wahrscheinlich einleuchtend. Das Argument, die Papisten wollten des Weiteren überall die Evangelischen vernichten, Schweden sei deshalb ebenso wie die anderen protestantischen Mächte durch den Kaiser provoziert worden, scheint da weniger gewichtig für die Herren Reichsräte gewesen. Es wurde dennoch ganz im Geiste der Gebetstagsplakate auch hier benannt. Es schwand dennoch hinter der Sorge, durch seine Flotte bedrohe der Kaiser Schwedens Stellung in der Ostsee. Er behindere die schwedische Schifffahrt und den zukünftigen Handel, die »uralte Beherrschung der Ostsee durch Schweden«. Schweden sei so berechtigt, dem Kaiser mit Krieg zu begegnen (B: Historia, 24).

Den »Ratschlag« des Reichsrates Ende 1628, der König solle sich nicht in Verhandlungen mit Ferdinand II. einlassen, »Deutschland angreifen«, wird Gustav II. Adolf als deutlichen Beleg erfolgreicher langjähriger Argumentation gewertet, die einmütige Solidarität der Räte als Ermunterung verstanden haben. Er dürfe »nicht warten, bis Schweden überfallen werde«, hatten die Herren ausdrücklich bedeutet (ebd., 28).

Im Januar 1629 intensivierte der König nun die Kriegsvorbereitungen, wünschte demnächst in die Kämpfe in Deutschland einzugreifen. Allen Regionen ließ er das Gebot der Ausschreibung zusenden, weil »die Papisten ... im vergangenen Jahr nicht nur sich die vornehmsten evangelischen Fürsten, Länder und Städte unterworfen, sondern sich auch des größten und besten Teils Dänemarks bemächtigt«, Schiffe an der jütländischen und deutschen Küste ausrüsten, »uns alle, die wir bauen und wohnen innerhalb Schwedens Grenzen, sowohl um Leib und Leben und allen leiblichen Bedürfnissen wie auch unser ewigen Seele Seligkeit bringen wollen«. So sei er gezwungen, zur rechten Zeit »solche Mittel zu bedenken, durch die deren gefährliches Vorhaben ... abgewehrt werden könne, was es auch kosten möge« (ebd., 29). Und es war schon vorauszusehen, es sollte viel, wenn nicht nahezu alles kosten, was die Bauern und Bürger erwirtschaftet hatten.

In dem Erlass zum Bettag am 17. Mai 1629 wurde wieder wie in den letzten Jahren auf die Bedrückung der evangelischen Glaubensbrüder verwiesen, zu ihrem Schutz Gottes Hilfe erbeten. Und es sollte, so wollte es Gustav II. Adolf, nicht nur bei dessen Leistung bleiben, schwedische Truppen gehörig mithelfen. Nicht vorgesehen, vielleicht Ausdruck ungenügender Gebete, war die Niederlage des Herrschers gegen die polnisch-kaiserlichen Heere in Preußen. Die vorgedachte Landung im Mai 1629 auf deutschem Boden unterblieb, vorerst jedenfalls.

Immerhin waren in Schweden bereits Gerüchte verbreitet, kaiserliche Schiffe seien vor der Küste Schwedens gesichtet worden, kreuzten dreist auf der Ostsee. Demonstrativ ließ Gustav II. Adolf Maßnahmen einleiten, einen angeblichen Verrat in Kalmar, der wichtigen südlichen Grenzfestung, zu unterbinden. Der König bestärkte so alle in der Furcht, die kaiserliche Invasion stünde unmittelbar bevor.

Es fällt schwer, darin anderes als Versuche zu sehen, die Menschen im Lande zu verunsichern, ihnen den sofortigen Präventivschlag als notwendige Reaktion Gustavs II. Adolf zu suggerieren, die Opferbereitschaft der Daheimbleibenden ebenso zu steigern wie den Kampfesmut der Soldaten. Dem König und seinen Spionen konnte kaum entgangen sein, dass die wenigen Schiffe Wallensteins nicht einmal einen Angriff auf die dänischen Inseln wagen konnten.

Wünschte Gustav II. Adolf, die Menschen solcherart zu beeinflussen, dann ging seine Rechnung auf, erfüllten sich alle Erwartungen. Der Reichsrat berief in Abwesenheit des Herrschers zum 1. Juni 1629 die Reichsstände, diskutierte die Kriegsfrage erneut mit den Delegierten. Man verlas eine Proposition, die deutlich die Handschrift des Königs trug. »Ein ehrliches Herz, das Gott, seiner Religion und der

Freiheit seines Landes zugetan« sei, müsse blutenden Herzens hören von solchem »Jammer und Elend bei seinen Freunden und Glaubensverwandten«. Jeder habe gewissenhaft zu überdenken, »was ihm selbst in solchem Falle bevorstehe« (ebd., 29, 105). Mit dem Bild der katholischen Inquisition wurden die Stände erschreckt, ihnen wiederum gesagt, die Gefahr des Katholizismus rücke nun immer näher. Sie war tatsächlich greifbar schon für die schwedischen Soldaten in Stralsund und jene um den König in Preußen, das ließ sich nicht leugnen. Doch sollte auch diesmal niemand der Ständerepräsentanten unberechtigt fragen können, ob beides zusammenhänge, die Nähe der Schweden auf dem Kontinent zu den Kaiserlichen und die daherrührenden Gefahren für das Land. Daher zählte das Arbeitspapier des Reichsrates alles auf, was König und Räte kühn als Kriegsgrund rechneten. Die Autoren betonten gleichzeitig, Gustav II. Adolf habe trotz aller bisherigen Zustimmungen durch Reichsrat und Reichstag den Krieg nicht begonnen. Auch das Gipfel der Demagogie, es erinnert an den großzügigen Verzicht des Herzogs von Södermanland 1599 auf die angebotene Krone. Die Besetzung Stralsunds sei »keine gegen den Kaiser feindliche Handlung gewesen«. Im Gegenteil habe der König erneut versucht, den kaiserlichen Generälen Sicherheitsgarantien abzuhandeln, im Guten den Feind zur Aufgabe der Küstenregion zu veranlassen. Doch sei das leider resultatlos geblieben, der Kaiser habe sogar erneut ein starkes Heer nach Polen gesandt. Nun habe man nicht mehr zu diskutieren, »ob Krieg geführt werden müsse, sondern eher, wie man ihn führen, wie man sich verteidigen könne«. Die Stände müssten die größten Opfer erbringen, »ohne Rücksicht auf Leib und Geld« (ebd., 31–35).

Zu größter Überraschung der Reichsräte stimmten nur Adel, Priesterstand und Bauern zu. Sie dankten dem Herrscher für seine bisherige Politik. Die Sprecher baten, er solle weiterhin in Verhandlungen mit dem Kaiser versuchen, den Frieden zu retten. Sie sicherten ihm aber Treue und Hilfe zu, falls sich der Krieg nicht vermeiden ließe. Gustav II. Adolf solle in diesem Fall einen Präventivschlag außerhalb Schwedens wagen. Steuern und Musterung neuer Rekruten wurden in gewünschter Höhe und Stärke verabschiedet.

Lediglich der Bürgerstand erhob Einwände. Die Herren erklärten sich auch patriotisch, meinten dennoch, das Menschenmögliche bereits getan zu haben. Ihre Repräsentanten fürchteten durch die neuerlichen Belastungen den »vollständigen Ruin«, verweigerten die neuen Steuern.

Die Reichsräte reagierten verärgert und schnell. Gustav II. Adolf hatte vor seiner Einschiffung nach Polen ausdrücklich gemahnt, jede Opposition, jeder Hinweis auf Kriegsmüdigkeit in Schweden müsse rigoros unterbunden werden. So wies der Rat die Klagen des Bürgerstandes scharf zurück. Er hielt deren Vertretern vor, die Bürger hätten sich teilweise durch Leichtsinn und Verschwendung selbst in Probleme gestürzt. Man müsse daher fragen, wer die unbegreifliche Haltung des Standes verursachte, die Willigen unter ihnen von den Nein-Stimmen trennen. In einer neuen Äußerung sollten die Bürger vom »Opferwillen der Priester und Bauern« lernen, sich wie die anderen Stände entschlossen zeigen (ebd., 35). Auf eine feine, dennoch deutliche Weise deutete der Reichsrat an, die Opposition riskiere Nachforschungen, so eine treffende Wertung, kürzlich in Schweden publiziert. Überflüssig zu vermerken, dass sich einzelne Bürgersprecher sofort distanzierten, eine neue Antwort des Standes die Entscheidung der drei anderen billigte.

Dieser Erfolg gründe sich vor allem auf die lange Tradition der Agitation durch Predigten und Gebetstagsplakate, bemerken schwedische Arbeiten der modernen Historiographie des Landes. Seit Karls IX. Tagen verurteilten die Reichstage den »Papismus«, versicherten Solidarität mit den Glaubensverwandten anderer Ländern, »1629 war dieses Gefühl wohl verwurzelt und eingetränkt in Schwedens Volk« (ebd.). Auch die Drohung des Reichsrates, man sondere die Unwilligen aus, wurzelte in noch sehr lebendigen Erinnerungen an Karls IX. Reichstagsabschiede und das »Blutbad von Linköping«. Unter Gustav II. Adolf waren 1617 die Strafbestimmungen gegen Andersdenkende verschärft worden. 1624 konnte der König durchsetzen, dass die Stände gelobten, »Verderber« Schwedens unnachgiebig zu verfolgen.

Entscheidend für die Einmütigkeit der Stände war aber doch die Furcht, es könne zum Kampf auf schwedischem Boden kommen, die Gräuel des Kalmarkrieges sich wiederholen. Solche Angstgefühle hatte Gustav II. Adolf schon 1621 im Hinblick auf den polnischen Krieg kalkuliert, schickte entsprechende Rundschreiben nach dem Einmarsch in Livland an die einzelnen Kreise des schwedischen Reiches. Im Übrigen betonte auch Axel Oxenstierna auf dem Reichstag 1624, es sei besser, den einheimischen Vogt oder jeden anderen Beamten »als Teil Gottes, der sie gegeben habe« zu begreifen. Ihm sei das lieber, »als dass ein fremdes Kriegsheer einfallen würde, das Land verheerte und ihnen allesamt das Leben nehme« (ebd.). Dann, 1629, war allen schnell klar geworden, es gehe nur noch um die Frage, Krieg in Schweden oder Deutschland. So jedenfalls glaubten sie es nach der langen, beständigen königlichen Agitation, verstanden Wallensteins Flotte als überzeugenden Beweis.

Nachdem jahrzehntelang von den Kanzeln tönte, der Kaiser habe bösartige Pläne gegen Schweden, wirkte der Bau der Schiffe als erste Maßnahme der ewig angekündigten drohenden Invasion. »Die Kaiserlichen in Pommern und Mecklenburg und deren Flotte im Hafen Wismars bekamen für den schwedischen Reichstag 1629 dieselbe Bedeutung wie die Deutschen in Belgien für das englische Parlament 1914« (ebd.). Man mag diese schwedische Sicht ablehnen oder stimmig finden, auf die eigentlichen Ziele Großbritanniens verweisen. Ein interessanter Vergleich ist es in der Tat.

Die schwedischen Mächtigen und die Vertreter der Stände waren 1629 zum Krieg bereit. Sie bewilligten die notwendigen Gelder. Doch konnte Gustav II. Adolf erst im September den Waffenstillstand von Altmark vereinbaren, die unerlässliche Voraussetzung für das große Wagnis, in Deutschland zu landen. So musste das Unternehmen verschoben werden, Frist, im Geiste des Vaters neuerliche Bestätigungen der Reichsräte und der Stände einzuholen, das Spiel Karls, des Herzogs von Södermanland, erfolgreich zu wiederholen. Sorge, die Herren könnte ihm die Gefolgschaft verweigern, war es wohl kaum. Aber Gustav II. Adolf hatte die Geschichte der Thronerhebung des Vaters gründlich studiert. In seinem Fragment der Nationalgeschichte Schwedens über den Kampf gegen den katholischen Sigismund dokumentierte er, dass er verstanden hatte, wie wichtig es für die Einheit und Geschlossenheit der Stände an der Seite Karls IX. war, dass dieser wieder und wieder die Stände einberief. Der Vater nahm immer erneut die Herren Aristokraten in die Pflicht, erlaubte keinem, sich abseits zu halten. Im Übrigen, so wird Gustav II. Adolf gewusst haben, stärkte das scheinbar demokratische Spiel das Selbstbewusstsein aller »Volksvertreter«. Es steigerte das Gefühl, die Politik Schwedens mitbestimmt, das Land, sich selbst und alle entschieden vor der Gefahr bewahrt zu haben. Und angesichts der Stimmung im Lande, der Klagen und Auflehnungen der Bürger und Bauern gegen die unerträglichen Belastungen, war es gewiss klug, deren Repräsentanten wieder und wieder auf den Kriegskurs einzuschwören.

Am 27. Oktober versammelte der König den Reichsrat erneut zur Diskussion der Kriegsproblematik. Klug beteuerte er diesmal, niemand solle behaupten dürfen, er beginne den »Krieg aus eigenem

Antrieb« (ebd.). Ein Argument, dem die meisten Reichsräte wahrscheinlich aus innerer Überzeugung beipflichten konnten, trieb sie doch offensichtlich das gleiche Interesse, der eigene Wunsch. Erstaunlich, das manche Historiker glauben wollen, der Monarch habe die Aggressionen alleine verantwortet, der Adel, auch die Hocharistokratie, das Interesse verloren. Es sei nur sein Krieg gewesen! Nein, dumm waren sie wirklich nicht, die europaerfahrenen Reichsräte. Die meisten von ihnen waren hochgebildet, einige an Deutschlands akademischen Lehranstalten qualifiziert, herumgereist, in ständigem Kontakt mit bedeutenden europäischen Politikern. Sie mochten der Suggestion Gustavs II. Adolf erliegen, selbst Gedachtes bereitwillig durch ihn formulieren lassen. Gegen ihren Willen aber waren sie kaum zu gewinnen, wenigstens hätten sie Bedenken geäußert. Das Protokoll jedoch, so wissen wir, vermerkt die einmütige Zustimmung zum Angriff in Pommern.

Da sollte sich auch niemand täuschen lassen, dass der König – ganz wie Großvater Gustav I. auf dem Schicksalsreichstag in Västerås 1527 – die Diskussion klagend begonnen hatte. Er selber sei des Krieges müde, »hätte nichts anderes als Undank, Ungemach, Tod, Nachrede, alle Beschwernisse zu erwarten« (ebd., 37). Worte, die wohl dazu gehörten, den Räten den Herrscher als einen der ihren ausweisen sollten. Möglich, dass Gustav II. Adolf die Interessengleichheit auch tatsächlich so empfand, sich hier als der Erste unter Gleichdenkenden verstand. Und vielleicht war er sich auch bewusst, dass nun auch einige Furcht empfanden, die Kräfte des Landes könnten überspannt, der Siegeszug plötzlich beendet, so glücklich Erworbenes leicht verloren werden. Da war es angezeigt, auch den Ängstlichen unter den Räten anzudeuten, es sollte die letzte Anstrengung sein, ein guter Frieden das schließlich greifbare Ziel. An diesem 3. November bedeutete er den Herren, es sei die letzte Diskussion gewesen, sie hätten sich entschieden, könnten nicht mehr zurück, müssten nun solidarisch hinter ihm stehen. Doch ließ der König am 10. November erneut debattieren, wiederum alles bekräftigen.

Es waren natürlich besonders diese geheimen Debatten, die Historiker fesseln, nach schlüssigen Antworten suchen lassen. Solcher Wahrheitsfindung diente denn auch immer wieder das Fazit einer Argumentation Johan Skyttes in einer der Ratsdiskussionen. Kaum einer der Kenner vergisst, dieses Bedenken des alten Lehrers zu zitieren. Sollte Gustav II. Adolf in Deutschland siegen, würden ihn die deutschen Fürsten bekämpfen. Unterliege er jedoch dem Kaiser, ließen ihn auch seine dortigen Bundesgenossen fallen. Ein an und für sich belangloser Einwand, geeignet, jedes Für und Wider zu illustrieren, gewichtig aber, interessant dennoch in der Reaktion Gustavs II. Adolf. »Si Rex victor, illi praeda erunt«, siegt der König, werden jene Beute sein, steht es im Protokoll, so die schnelle treffende Antwort, »sechs Worte, an denen alles Deuteln derjenigen zerbricht, die nicht *Wort* haben wollen, dass der König mit Eroberungsgedanken gekommen sei«, so ein deutscher Historiker 1932, im Jubeljahr bedeutender Gustav-Adolf-Ehrungen auf deutschem Boden. Treffender kann man es kaum zusammenfassen (B: Westphal, 114).

Er war damals nicht anwesend, konnte an den Stockholmer Beratungen nicht teilhaben, Axel Oxenstierna, der in Preußen das Überleben des schwedischen Heeres sicherte. Er hatte trotzdem auch hier sein Bedenken geäußert, ein Briefwechsel zwischen zwei der Großen schwedischer Geschichte, erhalten im Archiv des Kanzlers. Bedenke er die Schwäche »unserer Hilfsmittel«, die »Stärke unserer Feinde«, könne er »unmöglich einen Angriffskrieg billigen«, bekundete Oxenstierna seine Sicht. Er wünschte, Gustav II. Adolf solle warten, »bis wir vom Kaiser angegriffen werden. Wir sind zur See mächtig genug, und haben für Schweden nichts zu befürchten, und unsere Landmacht ist zur Verteidigung Preußens hinreichend« (G: Gfrörer, II, 667). Eine Haltung, die der König nicht teilen konnte, wohl vor allem nicht wollte. Anders als sein Kanzler, dessen Blicke sich auf Polen richteten, vermeinte Gustav II. Adolf, eine ernsthafte Gefährdung Schwedens aus dem kaiserlichen Machtzuwachs deuten zu müssen. So hatte sich Axel Oxenstierna schließlich zu beugen. Schwer zu beurteilen, ob Gustav II. Adolf richtig sah. Angreifer in Schweden mussten mit hartem Widerstand, schwierigstem Gelände rechnen, unberücksichtigt der Fakt, dass mit Gustav II. Adolf und zahlreichen Generälen hervorragende Heerführer verfügbar waren. Der König wollte wohl glauben lassen, dass nur ein Präventivschlag Schwedens vorgeschobene Grenzen sichern könne. Vor allem aber wünschte er doch, das eigene Territorium weiter auszudehnen. Er fürchtete vielleicht, wie Sigismund könne auch der Kaiser vergessen zu kommen. Der Krieg des Königs also, wie einer der bedeutendsten englischsprachigen Kenner der Vasa-Periode unermüdlich folgert, auch jüngst noch einmal vehement betonte, er könne keinen Krieg im Interesse des Adels sehen. Nun ja, auch da mag man streiten. Sache des Herrschers allein war es kaum. Schließlich führte Axel Oxenstierna den ungeliebten Kampf gemeinsam mit seinen Ratskollegen um Schwedens Lohn noch volle 16 Jahre nach Gustavs II. Adolf Tod. Er bedauerte wohl immer die Orientierung des Königs auf Deutschland. Der Kanzler hätte besser in den östlichen Weiten Schwedens Größe, sein und seiner Standesgenossen Wohl verfolgt, dort den eigenen Landbesitz wie auch die Güterareale der anderen Räte vergrößert. Frieden hatte er jedenfalls 1629 nicht gewünscht. Es blieb ihm damals ebenso ein fremdes Wort wie später, ungelenk noch für seine Zunge, als Königin Christina den alten Mann Ende 1648 mit allerlei Finessen endlich zwang, den Osnabrücker Vertragsentwurf zu billigen. Ein Dokument, das nach Oxenstiernas Überzeugung Gustavs II. Adolf Hoffnungen nur ungenügend einlöste, sich letztlich nur auf jene minimale Variante schwedischer Beute beschränkte, die man ganz zum Anfang des großen Abenteuers diskutiert hatte.

Das war aber 1629 höchstens eine ferne Vision für allzu große Optimisten unter den Reichsräten. Der Winter des Jahres 1629/30 war eine schwere Zeit in Schweden. Er quälte mit Hunger, Pest, Verödungen weiter Landschaften die Menschen im Norden unerträglich, steigerte Verzweiflung und Resignation. Er äußerte sich aber auch und immer wieder in Auflehnung, Desertionen der ausgeschriebenen Rekruten, in Selbstverstümmlungen kriegsfähiger Männer gar. So glaubte Gustav II. Adolf sich gut beraten, die Ausschussversammlung der höheren Stände für den Mai 1630 aufzubieten, auch hier einhellige Zustimmung zu dokumentieren. Er wünschte vor die Männer zu jener programmatischen Abschiedsrede zu treten, den hier auch als Feldzug zur Rettung der deutschen Protestanten verstandenen Krieg abschließend mit dem Gesang aller zu beginnen, siegesverheißende Psalmen aus dem Buche König Davids. Die zeitgenössischen Berichte belegen, sie waren tief beeindruckt abgereist, die auserwählten Ständevertreter. Der König konnte zufrieden sein, alles war wohl vorbereitet, das Mögliche getan, den Erfolg zu sichern.

So dürften es auch jene befriedigt registriert haben, die diesen Krieg wollten. Der König hatte nahezu alle gewonnen. Wenigstens wagte niemand Widerspruch, konnte es wohl auch nicht, nachdem Gustav II. Adolf seine Tochter dem Schutz der Stände anvertraute. Wer so sichtbar das ihm Teuerste zurückließ, der bewies doch überzeugend, dass er auch in diesem neuen Krieg alle persönlichen Interessen zurückstellte, nur dem Wohle Schwedens dienen wollte. Wer konnte da zweifeln? Der Landesvater kämpfte für die eigene Tochter, für die Kinder der Abgesandten, für alle. So jedenfalls sollten es die Anwesenden verstehen, wollte Gustav II. Adolf gesehen werden an diesem bedeutsamen Tag schwedischer, deutscher und europäischer Geschichte. Und vielleicht glaubte er es auch selber, vieles spricht dafür. Schwedens König brach auf in die Entscheidungen um das Schicksal Europas, wollte nunmehr direkt in das große Ringen auf deutschem Boden eingreifen, gegen den Hegemonieanspruch der beiden Häuser Habsburg über die europäischen Staaten. Er trat an die Seite Frankreichs und der Generalstaaten, wünschte die deutschen Partikulargewalten gestärkt, dachte, träumte, glaubte an die Ostsee als schwedisches Binnenmeer. Und er war alles andere als ein unbedarfter Träumer, brachte militärische und politische Erfahrungen ein wie kaum ein anderer der beteiligten Souveräne. Gustav II. Adolf konnte sich auf hervorragende Generäle stützen, gewachsen in zahlreichen offenen Feldschlachten, erfahren in ebenso häufigen Belagerungen, verfügte aber auch über eine effektive einheimische Verwaltung.

Innere Reformen als eine spezifische Basis der schwedischen Machtentfaltung

Bereits kurze Zeit nach Gustavs II. Adolf Regierungsantritt war begonnen worden, die Verwaltung Schwedens neu zu organisieren. Axel Oxenstierna verwirklichte in steter Absprache mit dem jungen Herrscher die seit langem in Schweden gewachsene Überzeugung, die traditionellen fünf höchsten Reichsämter sollten als eine Art spezieller ministerieller Fachorgane fungieren. Der Reichsdrost, der Reichsmarschall, Reichsadmiral, Reichskanzler und Reichsschatzmeister sollten jeder für sich verantwortlich die entsprechenden Ressorts leiten.

Als höchster Beamter der Regierungskanzlei schuf Axel Oxenstierna bis 1626 verschiedene Fachabteilungen für die innen- und außenpolitische Leitung der schwedischen Staatsaffären. Akademisch gebildete Sekretäre verwalteten die unterschiedlichen diplomatischen, länderspezifischen Aufgabenbereiche beziehungsweise erfüllten Sachbearbeiterfunktionen bei der Organisation des inneren schwedischen Verwaltungsaufbaus. Ein Reichsarchiv für die Sammlung und Ordnung aller »alter und neuer Acta und Handlungen des Reiches« wurde eingerichtet (G: Gfrörer, II, 667). Dem Reichskanzler standen zwei Räte, gleichzeitig Mitglieder des Reichsrates, als Berater und Vertreter zur Seite.

Eine 1618 beschlossene Kammerordnung, ebenfalls durch Axel Oxenstierna entworfen, ordnete die Finanzverwaltung des Reiches. Die bisherige Kammer wurde in eine Rentkammer und eine Rechnungskammer geteilt. Im Jahre 1621 legte die Rechnungskammer die erste gesamtschwedische Jahresbilanz vor, wurde in Schweden ab 1624 die doppelte Buchführung angeordnet. Es entstand die »modernste Finanzverwaltung Europas«, so wenigstens sieht es ein modernes schwedisches Resümee (B: Böhme, 44). Und dem ist wohl kaum etwas entgegenzuhalten, sollte nicht mit preußisch-deutschen Klischees begegnet werden. Der Reichsschatzmeister, Gustavs II. Adolf Schwager, Pfalzgraf Johann Casimir, und mehrere beigeordnete Kammerräte verwalteten nahezu unabhängig von Reichsrats- und Ständegremien eigenverantwortlich den Staatshaushalt. Sie kontrollierten die Eingänge der Steuererhebungen und Abrechnungen der Kronvögte. Die neue Ordnung vermerkte als wichtige Aufgabe der Kammer, neue Einnahmequellen zu erschließen, Ständen und Reichsrat den Staatsetat vorzurechnen.

Die beiden militärischen Ämter zeichneten für die Organisation des Heeres und der Flotte verantwortlich, der beiden wichtigsten Stützen der schwedischen Großmachtpolitik. Sie erhielten jedoch erst nach Gustavs II. Adolf Tod endgültige neue Strukturen.

Obwohl der König gelegentlich äußerte, Handel und Schifffahrt seien die Garanten für den Wohlstand jedes Reiches, betonte er doch beständig, Schwedens Schicksal hänge »einzig und alleine« von einer wohldisziplinierten Armee ab. Zahlreiche seiner wirtschaftspolitischen Reformen sollten folglich in erster Linie der Entwicklung des einheimischen Militärwesens dienen.

Nicht wenige Historiker nennen den Staat Gustavs II. Adolf einen »Militärstaat«. Sie heben die Unterordnung der gesamtgesellschaftlichen Strukturen unter den militärischen Aspekt hervor. Es entstand ein »Militarismus ganz besonderer Art«, eine »Eigengesetzlichkeit des Militärischen«, eine »Gesellschaft, die gänzlich den Bedürfnissen des ›Militärstaates‹ untergeordnet wurde«, eine besondere frühe Form des Militarismus (A: Zernack, 222). Er unterschied sich aber von jener, später Europa erschreckenden Form der preußisch-deutschen Ausprägung, war keine Gesellschaft, wo der »Mensch erst beim Leutnant begann«. Gewisse bäuerliche besitzende Schichten, profitorientiert, rüsteten freiwillig Reiter aus. Manchmal ritt der Hofbesitzer selbst in den deutschen Krieg, entsandte einen Sohn. Offenbar rekrutierten auch Witwen gar nicht so selten ihre Kinder als Reiter, hofften auf Beute in Deutschland. In der Regel wehrte sich die bäuerliche Gemeinschaft aber erfolgreich gegen die Dominanz der Militärwirtschaft und Rekrutierung. Dieser Unwille konnte trotz aller staatlichen Verordnungen und religiösen Verbrämungen nie wirklich aufgehoben werden. Dennoch errang der König gewisse Erfolge auf diesem Wege, schuf ein System der materiellen und ideellen Voraussetzungen für jene jahrzehntelange Kriegsführung.

Während er sich selbst besonders der Organisation der Kriegsverwaltung und dem Auf- und Ausbau des Feldheeres widmete, gewannen er und sein Halbbruder, der Reichsadmiral Karl Karlsson Gyllenhielm, in Klas Fleming einen fähigen Kopf für die Reorganisation der schwedischen Kriegsflotte. Die Einführung der »Seekriegsartikel« mit der Fixierung der Dienstbestimmungen, der Rangordnung und der Definition der Verantwortlichkeiten der einzelnen Flottenoffiziere erscheinen ebenso wichtig wie der Versuch Flemings, die Vielfalt der Schiffstypen zu reduzieren.

Eine Rechtsreform aus dem Jahre 1614 regelte das Justizwesen neu. Sie schrieb den Rechtsweg von niederen Gerichtsorganen auf lokaler Ebene bis zum Hofgericht in Stockholm vor, dem der Reichsdrost als oberster Jurist des Landes vorstand. Mehrere Reichsräte, weitere Adelsrepräsentanten und einige nichtadlige juristische Beamte standen dem Drosten in der höchsten Gerichtsinstanz zur Seite, bewältigten die Prozessflut dennoch nicht. Bald wurden in Åbo und Dorpat für Finnland und die baltischen Provinzen, später auch im südschwedischen Jönköping für Götaland weitere eigene Oberste Gerichte geschaffen, der Weg von lokalen Gerichten über Bezirksgerichte zum jeweiligen Hofgericht, dem Obersten Tribunal, beziehungsweise dem König als letzter juristischer Alternative fixiert. In der Regel fungierten Monarch und Reichsrat gemeinsam als höchste Instanz bei allen wichtigen Rechtsentscheidungen.

Neue lokale Verwaltungsorgane mit Landeshauptleuten an der Spitze wurden eingerichtet. Ihre Befugnisse konnten endgültig durch die Statuten 1635 definiert werden. Deren Tätigkeit zeitigte aber bereits während Gustavs II. Adolf Regierung spürbare Auswirkungen auf die Steigerung der regionalen Steuereinnahmen. Schweden wurde neben der selbständigen Verwaltungseinheit Stockholm in elf regionale Bezirke eingeteilt, Finnland in vier, den sogenannten »län« organisiert. Ein jeder Bezirk wurde wiederum in zahlreiche »härad« gegliedert, Kreise, mit einem adligen Kreishauptmann an der Spitze.

Sowohl dem Landeshauptmann als auch den Kreishauptleuten standen jeweils Kammern mit einem »Landeskämmerer« und »Landessekretär« beziehungsweise lokale Finanzbehörden zur Seite. Besondere Ämter wie die des »Kronenvogts« und des »Landespolizisten« wurden geschaffen, Behörden, die sich auf weitere lokale Beamte stützen konnten, deren Bezeichnungen bis heute fortleben.

Der Reichsrat, vor Gustavs II. Adolf Königtum beständiges Oppositionsorgan zur Krone, von Karl IX. zerschlagen, schließlich nur als beratendes Organ des Königs neu eingerichtet, übernahm zentrale Entscheidungsbefugnisse. Scheinbar höchster Triumph des schwedischen Hochadels, vorläufiger Sieg über alle Alleinherrschaftsansprüche der Krone seit König Eriks XIV. Tagen, wandelte sich der Rat vom zeitweilig einberufenen Beratungs- und Mitbestimmungsgremium des Hochadels zur permanenten Regierung. Deren Mitglieder richteten sich Wohnsitze in Stockholm oder der nächsten Umgebung ein. Während der häufigen Kriegszüge Gustavs II. Adolf herrschte der Reichsrat als »Interimsregierung« im Auftrag des Königs.

Anfangs mag mancher Aristokrat diese Entwicklung als Vermächtnis der geköpften Reichsräte, der Opfer des »Blutbades von Linköping«, befriedigt gewürdigt haben. Die Unterschiede in den Regierungsformen Karls IX. und Gustavs II. Adolf waren in der Tat unübersehbar. Der neue König hatte zu Beginn seiner Herrschaft nahezu allen väterlichen Traditionen im Kampf gegen den Hochadel feierlich abschwören, dem Adel und insbesondere den Reichsräten mehr noch bewilligen müssen als seinerzeit König Johan III. König Gustav II. Adolf war offensichtlich, so musste es den Räten scheinen, vom Saulus zum Paulus gewandelt. Aus dem »skyttegelenkten« kindlichen Ankläger hochadliger Rädelsführer einer permanenten Opposition gegen die absolutistische Monarchie war ein verständiger Vorsitzender einer »Adelsrepublik« gewachsen. Er tat auch zunächst alles, solche Eindrücke zu bestärken und schläferte allmählich begreifliches Misstrauen auch der überzeugtesten Skeptiker ein. Sein Verhalten zwingt dennoch den Historiker zu zweifelnder Suche und Fragen nach Motiven, der Ernsthaftigkeit solcher Gesinnungsänderungen.

Der naheliegende Schluss, der jugendliche Herrscher habe in der Katastrophensituation zum Jahreswechsel 1611/12 nur so beginnen können, hat vieles für sich. Gustav II. Adolf konnte den widerstrebenden Adel nicht ohne entsprechenden Kurswechsel hinter sich sammeln. Dennoch werden so Motivationen des Königs nur bedingt reflektiert. Im Jahre 1627 notierte Gustav II. Adolf seine ureigene Sicht auf Schwedens Geschichte seit den Tagen Gustavs I. Vasa. Hier hat der König dokumentiert, dass er den Kampf des Vaters gegen Hogenskild Bielke und andere Reichsräte bejahte. Werde ein »Untertan zu mächtig . . ., dass er sich gegen die Herrschaft verteidigen kann, lässt er sich von dieser meistens wenig sagen« (Q: Tal, 126). Insbesondere belege das Geschehene zwischen König Sigismund und König Karl die Richtigkeit solcher Schlüsse. Der Reichsrat habe in Söderköping noch geschlossen hinter Karl gestanden, den Herzog und damaligen Reichsverweser in seiner Abwehr eines jesuitisch-katholischen Anschlages durch König Sigismund, dieses Werkzeuges der Papisterei, zum Widerstand ermuntert. Sein Vater habe jedoch bald verstehen müssen, dass er den Reichsräten »diese Larve abreißen« musste. Er hatte durchzusetzen, dass die Anhänger König Sigismunds im Reichsrat »aus dem Amt gejagt . . . als Reichsverräter bestraft« wurden. Die Räte hätten nach dem Beispiel der deutschen Kurfürsten eine eigene Herrschaft in Schweden errichten wollen, »da der König meistens abwesend war«, so Herzog Karl zu isolieren beabsichtigt. Als sein Vater, damals kränklich, erschöpft, resignierend, in sein Herzogtum zurückkehren wollte, »behagte dieses dem Reichsrat. Man meinte dort, sie hätten gefunden, was sie gesucht hatten. Sie antworteten . . . wenn König Karl solches tun wolle, stände es ihm frei, sie wollten sich ohne ihn um das Reich kümmern«. Als sein Vater beabsichtigte, den Reichstag nach Arboga einzuberufen, um die Stände gegen Sigismund und dessen Anhänger hinter sich zu vereinen, »standen die Reichsräte mit Händen und Füßen dagegen, gaben vor, das sei gegen das Gebot des Königs«. Sie fürchteten, Karl könne weitere Vollmachten durch die Gesamtheit der Stände gewinnen (ebd., 156, 167–168).

Leider schließt hier das Fragment. So bleibt offen, ob und mit welchen Wendungen Gustav II. Adolf die abschließenden Hinrichtungen der Reichsräte durch den Vater verteidigen wollte. Unzweifelhaft ist aber wohl, dass sich der Sohn auch jetzt noch hinter die Maßnahmen Karls IX. stellte, ein Dokument, das manchem der Herren Räte wenig Freude, Sorge bereitet haben sollte.

Sie konnten das Papier nicht kennen. Es war offensichtlich auch nicht zur baldigen Publikation gedacht, wenigstens nicht in jenen Tagen, als Gustav II. Adolf schrieb, seine Gedanken offen legte. Vielleicht hätte er diese »Zeitgeschichte Schwedens« für eine Veröffentlichung auch weiter überarbeitet. Die vorangestellten allgemeinen Überlegungen zu Formen eines erfolgreichen »Regiments« lesen sich jedenfalls als Rechtfertigung der väterlichen Maßnahmen. Sie erlauben das Fazit, Gustav II. Adolf habe ähnlich gedacht. Er sei nur durch die Situation 1611 zur Machterhöhung des Reichsrates gezwungen worden, rechtfertige hier bereits künftige Veränderungen. Dem kann so sein, muss es aber nicht.

Von vielen Historikern wird immer wieder darauf verwiesen, der König habe in seiner Regierungspraxis bewusst zwischen den Privilegien und der jeweiligen Situation unterschieden. Gegebenenfalls setzte er sich bedenkenlos über die verbrieften Rechte des Adels hinweg, konnte dafür sogar deren oberste Repräsentanten im Reichsrat gewinnen. So habe er den Adel genötigt, seinen Anteil bei der Aufbringung des ungewöhnlich belastenden Älvsborg-Lösegeldes zu leisten. Dabei lehnte Gustav II. Adolf die Forderung des Adels ab, den Ausnahmecharakter einer solchen Besteuerung des Herrenstandes ausdrücklich schriftlich zu fixieren. Der König erklärte lakonisch, in Notzeiten müsse auch der Adel Pflichten nachkommen. Und 1627, in jener Zeit, als der König über dem Manuskript der schwedischen Geschichte grübelte, verletzte er erneut wesentliche Adelsrechte. Die Herren mussten steuern, die Situation erfordere das. Sie hatten des Weiteren zu verstehen, dass auch die Adelsbauern Rekruten stellen müssten, nach dem Schlüssel, der für Steuerbauern und Kronbauern gelte. Der Krieg sei sonst nicht zu gewinnen. Und wiederum verweigerte Gustav II. Adolf seinem Adel eine Erklärung, es handele sich um die Ausnahme von der Regel. Erneut fiel das königliche Wort: Pflicht! Das aber hielt im Übrigen den Adel keineswegs von einer Festschreibung »Ausnahme« im Reichstagsprotokoll ab.

Natürlich hatten sich die Zeiten geändert. Jetzt regierte nicht mehr ein halbwüchsiger Monarch. Noch immer währte der Krieg, gefährdete jetzt aber Errungenes, bedeutende Gewinne der Mehrheit des Adels, besonders der Mächtigen im Rat. Schon jetzt waren einige, Axel Oxenstierna an der Spitze, zu Herren riesiger Ländereien im Baltikum geworden. Sie ahnten, wussten, dass neue Hoffnungen auf Gebiete längst der deutschen Ostseeküste keimten. Der siegreiche König hatte ihr Vertrauen gewonnen, galt als der beste Garant neuer Erfolge. Zahlreiche Adlige dienten in der Armee, empfingen dort entsprechende Entlohnungen. Das geschah nicht immer regelmäßig, war manchmal auch geringer als gedacht. Aber sie hofften auf bessere Zeiten. Andere organisierten als hohe Beamte die neuen Provinzen, errechneten sich ebenfalls künftige bedeutende Gewinne. Langsam wuchs der Adel in den Dienstadel des Königs hinüber. Auch die adlige Oberschicht im Reichsrat verstand sich nun als verlängerter Arm eines starken schwedischen Königtums, organisierte den Rahmen für neue Eroberungen. Sie verteidigte diese Maßnahmen auch gegen Unzufriedene, Benachteiligte im eigenen Stand.

Gustav II. Adolf tat alles, die Reichsräte für seine Gedanken, Vorhaben, die Festigung seiner Dynastie einzunehmen. Seit den zwanziger Jahren besuchte er die Ratssitzungen, wann immer er konnte. Er beherrschte sie bald aufgrund seiner außergewöhnlichen rhetorischen Talente. Der Herrscher setzte seine Vorstellungen gewöhnlich widerstandslos durch, wusste immer auch Axel Oxenstierna hinter sich. Wichtige Maßnahmen beriet der Monarch mit seinem Reichskanzler vorab, verabredete die Vorgehensweise. Er konnte sicher sein, dass die Mehrheit der Ratsmitglieder Axel Oxenstierna vertraute, überzeugt blieb, dass dieser selbstbewusste Repräsentant eines mächtigen Adelsstandes seine und ihre Interessen zu wahren wusste. So akzeptierten sie auch ohne lautes Murren gelegentliche selbstherrliche königliche Entscheidungen wie beispielsweise den Angriff auf Polen 1621, dem die Reichsräte nur nachträglich beipflichten konnten. Der Krieg überraschte sie im Übrigen dennoch nicht, war von vielen gewünscht, wurde heiß erwartet. Als Axel Oxenstierna 1626 in Preußen verblieb, Gustav II. Adolf die meiste

Zeit ebenfalls abwesend war, funktionierte der Reichsrat reibungslos als zuverlässige Regierung ganz im Sinne Gustavs II. Adolf. So war gewonnen, was die früheren Vasa nicht verwirklichen, selbst der energische Vater keineswegs durchsetzen konnte: ein festes Zweckbündnis zwischen Monarchie und Aristokratie in Schweden. Jüngst verglich ein deutscher Historiker Gustavs II. Adolf Auftreten im Reichsrat mit dem Prinzipat Kaiser Augustus. Dieser habe eine Alleinherrschaft durchgesetzt, »ohne die Formen und Mechanismen des republikanischen Staatswesens zu verletzen« (G: Junkelmann, 131). Ähnlich habe auch jener regiert, in der Tat ein interessanter Vergleich! Später haben übrigens auch einige der mächtigsten Adelsherren den toten König dafür getadelt. Jakob De la Gardie und Per Brahe äußerten beispielsweise, Gustav II. Adolf »habe die Privilegien des Adels wenig geachtet« (G: Ahnlund, Gustav Adolf [1963], 147).

Auch der Reichstag erhielt 1617 eine neue Ordnung, die den Ablauf der Ständeversammlungen regelte, die Plätze der einzelnen Stände fixierte, das Zeremonielle festschrieb. Damals hatte Axel Oxenstierna öffentlich geklagt, die Verhältnisse im Reichstag seien unerträglich, da »höhere und niedrige Stände zusammenliefen wie ein Haufen Vieh oder betrunkener Bauern« (B: Hadenius, 55), eine sicher unzutreffende Übertreibung. Sie erwuchs wohl auch aus verletztem Selbstgefühl des adelsstolzen Axel Oxenstiernas, dessen »Ordnungssinn« einen geschlossenen Einmarsch der »höheren Stände« vor den Bauern, auch deutlich abgehobene Platzierungen im ständehierarchischen Verständnis voraussetzte. Er lehnte es ab, Seite an Seite mit einfachen Bauern zu sitzen, distanzierte sich zeitlebens von den Bauern. Ein recht plastisches Bild, angetan, manchen zu verletzen, zu provozieren. Dennoch erfüllten solche Worte ihren Zweck.

Bisher reisten Delegierte aus allen Teilen des Landes an, einige schon bekannte Gesichter, die neuen oftmals fremd. Unsicher die einen, selbstbewusst die anderen, suchten alle die freien Plätze im Sitzungssaal. Sie wurden gewöhnlich nicht einmal registriert, konnten es zumindest gegebenenfalls vermeiden. Eine ideale Möglichkeit für jene, die im fernen Kopenhagen oder in Warschau wissen wollten, was verhandelt wurde, die Herrschenden in Stockholm planten und vorbereiteten. So diente die neue feste Sitzordnung, wenigstens wurde es so begründet, auch als Kontrolle der Mandatsträger. Im Übrigen sicherte sie den Vornehmsten in der Ständeversammlung den sichtbaren gebührenden Platz.

Gleichzeitig definierte man in allgemeinen Formulierungen, welche Kriterien dem jeweiligen Stand zugeordnet waren. So konnte Repräsentant des Bürgerstandes nur sein, wer ein städtisches Gewerbe betrieb oder Amt innehatte, in seiner Heimatstadt Steuern erlegte. Bauer wiederum war nur, wer auf Land und Vieh steuerte. Die übrigen ländlichen Schichten hatten kein Stimmrecht. Die Pachtbauern des Adels repräsentierte der adlige Grundherr.

Dem Klerus wurden in diesen Jahren neue Aufgaben zugewiesen. Galt bisher an den Domschulen vor allem die Ausbildung des klerikalen Nachwuchses als wesentliches Ziel, wünschte Gustav II. Adolf bereits 1611 mit einer neuen Schulgesetzgebung den Aufbau weltlicher Gymnasien zu fördern. Die neue Gymnasialordnung 1620 orientierte ausdrücklich auf die Ausbildung des Beamtentums. Außerdem regte der Monarch, dies sicher vor allem von Johan Skytte gelenkt, den Aufbau besonderer Schulen für die Randgebiete Schwedens und die dort lebenden Minoritäten an. Die Lappen – die Samen, wie sie sich stolz in Nordeuropa nennen, andere Bezeichnungen als Diffamierungen ablehnen – erhielten eine erste eigene Ausbildungsstätte.

Bis zu Gustavs II. Adolf Königtum waren die Grenzen zwischen dem Ritterstand und den Bauern noch relativ unscharf. Vermögende Bauern konnten mit der Übernahme der »Rüstdienstpflichten« auch die adligen Rechte erwerben. Nun beendete die Ritterhausordnung 1626 diesen verhältnismäßig leichten Standeswechsel. Die gleichzeitig erfolgte Dreiklasseneinteilung des Adels privilegierte den Hochadel, übereignete ihm die wirkliche politische Macht.

Zunächst billigte man jeder adligen Familie nur eine Stimme zu. Es war unwesentlich, wie viele verschiedene Adelszweige aus einem Geschlecht erwachsen waren, welche Söhne eigene Familien über Generationen gegründet, selbst Güterkomplexe bewirtschafteten. Solcherart begrenzten der Hochadel und Gustav II. Adolf bereits die Möglichkeiten des zahlenmäßig dominierenden Niedrigadels, der dritten Klasse. Gleichzeitig beherrschte die kleine Schar Grafen und Freiherren der ersten Gruppe die Abstimmungen durch die Festlegung, jede Klasse erhalte eine Stimme zur Entscheidung. Sie konnte sich gewöhnlich mit den Repräsentanten der ebenfalls quantitativ beschränkten zweiten Klasse schneller einigen.

In der Reichstagsordnung war des Weiteren bestimmt worden, dass königliche Anfragen und Vorschläge den Ständen schriftlich zugestellt, danach von jeder Vertretung unabhängig diskutiert und entschieden werden sollten. Die Beschlüsse bedurften der einmütigen Zustimmung aller vier Stände, scheinbar die weitestgehende politische Gleichsetzung aller Stände. Dem Monarchen stand allerdings das Recht zu, bei unvereinbaren Gegensätzen und Auffassungen zwischen Adel, Priestern, Bürgern und Bauern souverän nach »bestem« Urteil zu entscheiden.

So sicherten Gustav II. Adolf und Axel Oxenstierna in diesen Jahren die Festschreibung solcher Steuern wie die des »kleinen Zolls« auf alle bäuerlichen Erzeugnisse, die auf den städtischen Märkten feilgeboten wurden. Sie zwangen durch »Viehzoll« und »Mühlenzoll« vor allem die Bauern zur Zahlung weiterer erheblicher Summen. Die 1620 erlassene Viehsteuer wurde bis 1627 bereits auf das Dreifache gesteigert. Die Kammerschreiber konnten beispielsweise 1632 Einnahmen von etwa 500 000 Taler vermerken.

Schon 1621 war der König mit dem Vorschlag vor die Stände getreten, die Steuern an vermögende Steuerpächter zu vergeben. Er wünschte der Krone schnell bedeutende finanzielle Mittel für die Kriegsführung zu erschließen. Gustav II. Adolf argumentierte, diese Pächter könnten sich später bei der Eintreibung der Gelder und Naturalien unter Aufsicht der königlichen Behörden einen mäßigen Gewinn sichern. Das sei schließlich in vielen anderen Reichen auf dem Kontinent üblich.

Es wurde so und doch wiederum nicht. Der Versuch wollte in Schweden nicht so glücken wie in Frankreich in jener Zeit, auch das zweifellos dem Widerstand dieses wehrhaften Bauernstandes geschuldet.

Daher glaubte sich Gustav II. Adolf verpflichtet, als Reaktion auf bewaffneten Widerstand, auch hier dem Volksgeist seiner Schweden entsprechen zu sollen. Anders als in den meisten zeitgenössischen Reichen Europas legten er und der Kanzler die Rechenschaftspflicht der Krone vor speziellen Reichstagsorganen über die Verwendung der so eingenommenen Finanzen fest, »auf dass alle Stände wissen sollten, wohin ihr Schweiß und Blut den Weg nahm«. Der König habe sich erboten, »den Vornehmsten des Reichstages gewisse Vorschläge über Einnahmen und Ausgaben zugänglich zu machen«. So solle »kein ehrlicher Mann mit Wahrheit Seine königliche Majestät beschuldigen können, er verwende die Einnahmen des Reiches zu Wollust, Pracht oder anderer Eitelkeit, wie es bei Königen und Potentaten oft geschieht, sondern zu hohen Bedürfnissen und Notdürften des Reiches« (G: Ahnlund, Gustav Adolf [1963], 126, [1932], 184).

Das mochte in den Ohren einiger sehr überzeugend klingen, war zweifellos auch im Interesse des Adels, einiger begünstigter Repräsentanten der Geistlichkeit und des Bürgerstandes formuliert. Viele von ihnen zahlten die Ausgaben des Königs ohnehin nicht, wenigstens nicht mit Fleiß und Blut. Sie würden nun in Geheimen Ausschüssen bestimmen dürfen, mussten sich kaum oder gar nicht bäuerlicher Kritik erwehren. Nicht unklug, solche Entscheidungen – Beschränkungen der Ständedemokratie – zu begründen! Mancher Bauernsprecher pflichtete überzeugt bei. Andere protestierten trotzdem. Sie klagten, zum »Reichstag gerufen zu werden« sei ihnen »ein wertvolles Recht«. Der Bauernstand sicherte so, dass seit 1627 auch einige wenige Bauern, wohl ausgewählt, dem König treu ergeben, in den Geheimen Ausschuss berufen wurden. Die Mehrheit der Bauernvertreter aber fehlte nun des Öfteren. Die weiten Reisewege, die hohen Kosten für den Deputierten in Stockholm oder anderswo, der Ausfall der bäuerlichen Arbeitskraft während der gewöhnlich monatelangen Sitzungsperiode, alles das wollte man ihnen ersparen. Der Reichsrat lud deshalb immer öfter nur einzelne Repräsentanten nahe gelegener Landschaften, manchmal überhaupt keine Bauern ein. Er entschied 1627 und 1632 ohnehin nur in Ausschüssen über wichtige Reichsangelegenheiten. Der »Reichstag während der Vasazeit – ein königliches Werkzeug«, so definiert die jüngste, kürzlich veröffentlichte Selbstdarstellung des schwedischen Reichstages die Funktion dieses Organs auch in den Jahren der Herrschaft Gustavs II. Adolf. Schweden sei eines der wenigen Länder gewesen, das damals »ein Parlament mit eigener Machtgrundlage behalten konnte, ohne dass die Macht des Königs ernsthaft geschwächt wurde« (B: Hadenius, 41, 53).

Mit solchen Erklärungen, Gesetzen und dem königlichen Entscheidungsrecht bei Standeszwietracht lenkten der Monarch und die einflussreichsten Räte einvernehmlich die Ständeversammlung gegebenenfalls in ihrem Sinne, konnten so bei Bedarf auch eine Kriegserklärung durchsetzen. Im Sommer 1630 allerdings waren sich König, Reichsrat und Reichstag einig: Schwedens Interessen mussten in Deutschland verteidigt werden!

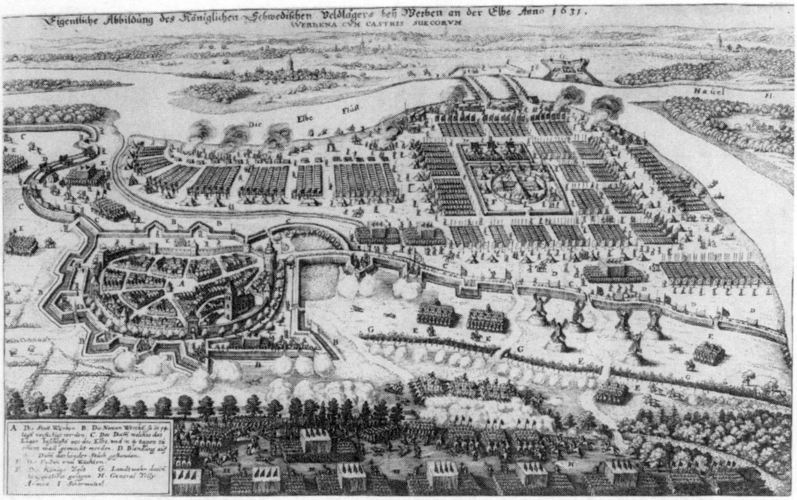

6 *Das defensiv ausgerichtete schwedische Stützpunktsystem bewährte sich im ersten Jahr der Invasion. Das befestigte schwedische Lager von Werben wurde im Sommer 1631 erfolglos von der kaiserlichen Armee unter Tilly angegriffen. Zeitgenössischer Stich.*

© Bildarchiv ÖNB

7 *Der Kardinal und Leiter der französischen Politik Armand Jean du Plessis de Richelieu sicherte Gustav II. Adolf Anfang 1631 im Vertrag von Bärwalde eine Million Livres im Jahr für die Fortsetzung des Kampfes gegen den Kaiser zu. Stich von Pierre Adrien Le Beau.* *© Bildarchiv ÖNB*

8 *Nur der Zwang der Verhältnisse bewogen Brandenburg und Sachsen 1631 zum Anschluss an Schweden. Allegorie auf das Bündnis zwischen Gustav II. Adolf und den Kurfürsten Johann Georg I. von Sachsen und Georg Wilhelm von Brandenburg. Zeitgenössischer Kupferstich.*

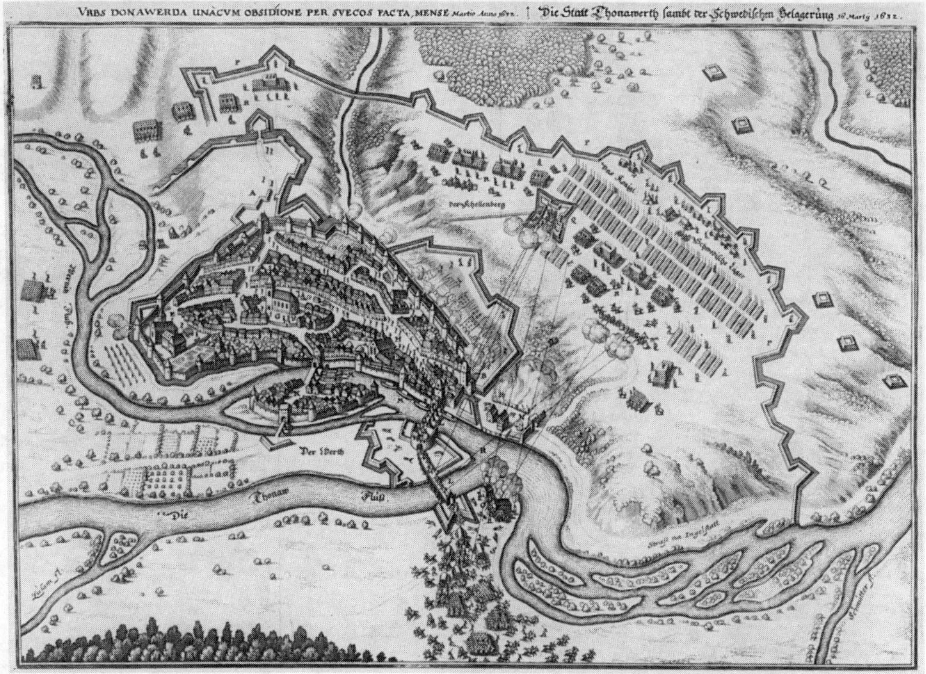

9 *Im März 1632 erstürmten schwedische Truppen die Stadt Donauwörth. Der Konflikt um die einstige protestantische Reichsstadt, die 1608 vom bayerischen Herzog Maximilian besetzt wurde, führte zur Gründung der protestantischen »Union«, der sich die katholische »Liga« entgegenstellte. Stich.*

10 *Bei Rain versuchte Graf Tilly im April 1632 vergeblich, den Übergang der Schweden über den Lech zu verhinden. Während der Feldherr der Liga seinen dort erlittenen Verletzungen erlag, konnte sich Gustav II. Adolf vorerst in Bayern festsetzen. Kupferstich.*

© Bildarchiv ÖNB

11 *Am 10. April 1632 zog Gustav II. Adolf unter dem Jubel der Bevölkerung in Augsburg ein, der Symbolstadt der reinen lutherischen Lehre. Sein dortiges Versprechen, auch die katholische Minderheit zu schützen, war ein Akt politischer Klugheit. Zeitgenössischer Kupferstich von Raphael Custos.*

© akg images

Erste Schritte auf deutschem Boden

Wenige Tage nach Gustavs II. Adolf Abschiedsrede war die schwedische Armee eingeschifft, wurden die Segel gesetzt, steuerte der schwedische König Usedom an. Am 26. Juni erreichte die Flotte Peenemünde, stießen die ersten Schaluppen mit dem Monarchen und schwedischen Soldaten auf den Strand, der Schritt in den deutschen Krieg war getan. Johannes Magnus hätte bitter frohlocken können, seine »Goten« kamen, wehe Papst und Kaiser.

Nichts spricht dagegen, dass sich Gustav II. Adolf der Größe seines Wagnisses bewusst war in jenen Moment, als er in den Sand der Peenemünder Erde sprang, hinter sich nur wenige Ruderboote, weiter entfernt die stolzen Schiffe seiner kleinen Armada. Einem tiefen innerlichen Bedürfnis folgend, so berichteten es die Zeitgenossen, kniete er nieder, bat Gott, seinen Gott, um Hilfe gegen die anderen. Schwedens König wusste natürlich, wie inbrünstig Tilly, Maximilian und Ferdinand II. Gleiches taten, denselben himmlischen Herrn anriefen. Merkwürdigerweise formulierte Gustav II. Adolf seine Hoffnungen laut, so dass selbst heutige Historiker mühelos den Wortlaut diskutieren können. Schon damals sorgte er dafür, es möchten bald alle wissen, was er Gott zu sagen hatte. Auch jene sollten seine Seufzer kennen, denen es wenig bedeutete, die ihn besser in Schweden beten wünschten.

Ja, es war ein Vortrag, eine Rede für alle, die an der schwedischen Glaubensmission zweifeln konnten. Das lässt allerdings Fragen, Zweifel am Adressaten zu. Galt die Botschaft Gott oder vor allem Deutschen und Schweden, sah der König auch hier eine untrennbare Einheit?

Wenn das der Schlüssel wäre, muss der Historiker Bedenken äußern. Der König war in die Versicherung ausgebrochen, der Herr wisse, »dass ich diesen Zug nicht zu meiner, sondern einzig und allein zu Deiner Ehre und zum Trost und Beistand Deiner bedrängten Kirche unternommen habe« (G: Böttcher, W., 183) . Wenigstens Gott musste wissen, dass dieses so nicht zutraf, sollte doch wohl die Diskussionen und Protokolle des Reichsrates auch in diesem Augenblick gewärtig haben. Vielleicht erinnerte sich Gustav II. Adolf selbst nicht an jede Formulierung. Nicht auszuschließen, dass er in diesen Minuten solches selber glauben wollte. Vielleicht beabsichtigte er, sich und Gott von eigener Selbstlosigkeit zu überzeugen? Tat er es auch in der Hoffnung, ein starkes Gebet möchte den Herrn gnädig stimmen, Verfehlungen des Herrschers, auch in dieser Kriegsfrage vergessen lassen? Wahrscheinlicher ist aber doch, dass diese Worte mehr für die Menschen denn Gott gedacht waren. Sie wurden so rasch bekannt, dass mancher Zeitgenosse im weiten deutschen Land an göttliche Fügung glauben mochte, der heutige Historiker den deutschen Propagandisten Gustavs II. Adolf ehrliche Bewunderung nicht verwehren kann. Sie wirkten emsig, taten ihr Bestes und mehr. Sie waren schon damals so etwas wie Meister deutscher Gründlichkeit, beförderten das bekannte Klischee vom Gottesstreiter Gustav Adolf.

Und deutlich wurde wiederum, für alle jene jedenfalls, die Schweden kannten, groß geworden waren mit Verfügungen und Texten der Gebetsplakate, solche Worte verinnerlicht hatten: Der Herrscher blieb auch hier der wohl überlegende Propagandist eigener Zielsetzungen, nutzte den wichtigen Moment. Eine zeitgenössische Quelle berichtet, er habe alle wohlgefällig gemustert. Den tief Gerührten, auch jenen, die es so nur bezeugten, es zeigen zu müssen glaubten, soll Gustav II. Adolf abschließend zufrieden zugerufen haben, man solle nun überall fleißig mit ihm beten. »Je mehr Betens, desto mehr Siegens! Denn fleißig gebetet ist halb gefochten und gesiegt« (ebd., 183). Niemand wird leugnen können, dass Gustav II. Adolf selbst sein bester Kriegspsychologe war. Andererseits gewann er wohl auch eigene Energie und Siegeszuversicht aus solcher Überzeugung, aus gelebter Religiosität.

Interessanterweise betonten die schwedischen Propagandisten in ihren ersten Erklärungen zur Landung nur, man reagiere auf die kaiserliche Ostseepolitik. Dieser könne »aber der König zu Schweden wegen seiner selbst und seiner von Gott anvertrauten Reiche Heil, Wohlfahrt und an der Ostsee habende Interesse, nicht nachsehen« (A: Oredsson, Beilage 2, 286–287). Verärgert lasen Holländer und Dänen die Behauptung, auf ausdrückliche Weisung Gustavs II. Adolf im Manifest des Königs ausgewiesen, »dass die rechtmäßige Verteidigung der Ostsee seit alters den Königen in Schweden zukomme« (Q: Chemnitz, 38). Eine Feststellung, die sowohl im Haag als auch in Kopenhagen überraschte. Religiöse Argumente, noch in Stockholm vor dem Reichstag aufgelistet, daheim in Schweden und Finnland von jeder Kanzel verkündet, waren ausgespart. Kein Geringerer als Preußens berühmter König Friedrich II. – erfahrener Rechtsverdreher auch er, denkt man an seine Begründungen 1740 beim Überfall auf Schlesien – nannte dieses Manifest ein »Meisterstück königlicher Sophisterei, darauf berechnet, den Ehrgeiz und die Launen eines rohen Eroberers zu verbergen« (B: Der Dreißigjährige Krieg. Perspektiven, 21).

Wenig Eifer zeigten auch die protestantischen Fürsten, die »Glaubensstreiter« aus Schweden willkommen zu heißen. Selbst die vertriebenen Mecklenburger Herzöge blickten unruhig nach Sachsen, Dänemark und zum Kurfürstentag in Regensburg. Obwohl im Lübecker Asyl relativ sicher vor kaiserlichen Bedrückungen, wollten sie sich nicht deutlich für Gustav II. Adolf erklären. Andere norddeutsche evangelische Fürsten antworteten ausweichend auf schwedische Bündnisangebote. Die noch immer bedeutenden Hansestädte Bremen, Hamburg und Lübeck betonten unerschütterlich ihre Neutralität. Als Dänemark drohte, Hamburg anzugreifen, wurde deutlich, dass Christian IV. versuchte, eigene machtpolitische Zielsetzungen gegen die Hanse mit Wallensteins Duldung, ja Zustimmung durchzusetzen. So musste sich Hamburg befleißigen, gegebenenfalls schwedische Hilfe zu sichern. Aber auch jetzt konnte Johan Adler Salvius, Gustavs II. Adolf Gesandter und einer der fähigsten schwedischen Politiker seiner Zeit, nur ein Handelsabkommen vereinbaren, gegen versprochene Getreidelieferungen 45 000 Reichstaler von der Elbestadt erhalten.

Pommerns Herzog Bogislaw XIV. musste am 10. Juli durch eine militärische Demonstration vor Stettin überzeugt, an die Seite Schwedens gezwungen werden. Er fügte sich nur grollend dem neuen Herrn. Gustav II. Adolf hatte keinen Zweifel gelassen, dass er den Glaubensbruder gegebenenfalls auch gegen dessen Willen schützen werde. Vor den Stettiner Bürgern allerdings erläuterte der Schwede in mehreren kurzen Ansprachen sogleich, »er wäre als ein Freund, keineswegs als ein Feind in diese Länder gekommen, die heilige reine Religion augsburgischer Konfession erhalten zu helfen« (A: Generalstaben, III, 184). Den pommerschen Ständen erklärte der König am 22. August, nach Kriegsrecht sei Pommern sein Eigentum, er aber suche ein Bündnis mit ihnen.

Er hatte in der Tat recht eigene Bündnisvorstellungen. Kurzerhand zwang Gustav II. Adolf Herzog Bogislaw XIV. in eine Allianz »auf ewige Zeiten« (ebd.). Das war eine kaum verdeckte Absichtserklärung des Schweden, nur spärlich verhüllt durch die bedeutungslose Klausel, der Vertrag berühre Pommerns Verpflichtungen gegenüber dem Kaiser, dem Reich und dem Obersächsischen Kreis nicht. Es sei eine Verteidigungsallianz.

Das mochte sich recht beruhigend lesen lassen, sogar freundlich anhören, änderte jedoch nichts daran, dass keine der vertragsschließenden Seiten ohne Zustimmung der anderen aus dem Verbund entlassen werde. Es band die unwilligen Pommern auf unbestimmte Zeit an Willen und Wollen Schwedens, nahezu offener Hohn für jene. Das feierlich besiegelte Papier verhinderte keineswegs, dass eine schwedische Garnison unter Johan Banér in die Stadt Stettin einrückte, fortan Bündnis mit Schweden als Feindschaft mit dem Kaiser buchstabiert werden sollte. Schöne Worte des schwedischen Königs nur, wenig tröstlich für Bogislaw. Kanzler Axel Oxenstierna begründete später das schwedische Entgegenkommen mit dem Ziel, Gustav II. Adolf habe so die anderen protestantischen Fürsten und Städte für eine breite antikaiserliche Koalition gewinnen wollen. Das wird zutreffen, bedenklich bleibt dennoch die Überzeugung des schwedischen Monarchen, alle kriegerischen Erwerbungen als rechtmäßiges Eigentum zu betrachten. Nicht unbegründet haben manche seiner Biographen ihn einen »modernen Wikinger« genannt, ihm selbst mag der sagenhafte König Berik auch hier als Vorbild erschienen sein.

Die Bürger Stettins jedenfalls hatten wenig Grund zum Jubeln. Sie freuten sich dennoch, wussten nicht, was sie taten. Sie waren doch wie die Menschen in Stralsund, die Einwohner anderer kleinerer pommerscher Städte, viele um schwedische Besatzungen bei Gustav II. Adolf einkommend, dem König nur Bürgen schwedischer Sicherheit auf deutschem Boden. Er benötigte die festen Mauern und Wälle beider Seestädte, den Flankenschutz der umliegenden Ortschaften. Schon am 17. September 1629 hatte Gustav II. Adolf in einem Brief an Axel Oxenstierna im preußischen Elbing keinen Zweifel an seinen Zielen gelassen. Dort schrieb er seinem Reichskanzler, er fürchte, die Stralsunder könnten sich mit den Kaiserlichen einigen. Doch wolle er »eher die Bürger aus Stralsund vertreiben als die Stadt aufgeben« (Q: AOSB II:1, 588–596). Gut, dass weder Stralsunder noch Stettiner oder andere brave protestantische Pommeraner diese Zeilen lesen konnten. Dem Eifer des einen oder anderen unter ihnen wäre solche Kenntnis kaum sonderlich fördernd gewesen. Schwedens Herrscher war ein Schutzherr, der seine Pflichten so ganz anders sah, als die Schutzsuchenden es wünschten.

Damals kannte auch niemand hier die Überlegungen der Reichsräte vom 3. November 1629. Da hatte man in Stockholm diskutiert, könne sich Schweden Rügens bemächtigen und »etwas ins Land vordringen (wozu keine geringe Aussicht ist), so wäre man auch umso mehr sowohl des polnischen Stillhaltens als auch der Zölle von Danzig und Pillau versichert«. In einer besonderen Instruktion zum angeregten Treffen in Danzig mit dem kaiserlichen Vertreter hatte

Gustav II. Adolf auch ausdrücklich vermerkt, die schwedischen Unterhändler sollten fordern, Schweden müsse »bis auf weiteres Stralsund und andere eventuelle Okkupationen behalten dürfen«. So glaubten dann auch die schwedischen Militärhistoriker Mitte der dreißiger Jahre des vergangenen Jahrhunderts nicht anders folgern zu können, dass »es nicht zweifelhaft sein könne, dass Gustav Adolf sich vorgenommen hatte, einen beständigen schwedischen Einfluss über die deutsche ›Küste‹ an der Ostsee durchzusetzen. Mit ausschließlich eigenen Kräften wollte der König Norddeutschland von der Beherrschung durch den Kaiser und die katholische Kirche befreien sowie die Sicherheit der norddeutschen Protestanten und Schwedens auf dessen verstärkter Machtstellung im Ostseeraum begründen« (A: Generalstaben, III, 191, 200). Ja, das erstere wird man zweifellos grundsätzlich so konstatieren dürfen. Man kann aber darüber streiten, ob Gustav II. Adolf dabei wirklich auch die Sicherheit der deutschen Protestanten so wesentlich war. Blieb sie ihm nicht vor allem wichtige Staffage für die Installation schwedischer Garnisonen, fester Stützpunkte des schwedischen Imperiums in Norddeutschland, wurden protestantische deutsche Interessen nur als schwedische Machtinteressen gewichtig?

Die führenden deutschen Protestanten an der Ostseeküste jedenfalls scheinen mehr gezweifelt zu haben als die schwedischen Experten dreihundert Jahre später. Und diese wussten ebenso wie jene, dass sich Gustav II. Adolf sofort eine »Defensionsabgabe« von 3,5 Prozent des Handels auf Pommerns Flüssen sicherte. Schließlich beschränkte er seine weiteren Geldforderungen auf 200 000 Reichstaler. Auch das war wahrlich keine Kleinigkeit für Pommerns Bürger und Bauern. Im Übrigen standen detaillierte Bestimmungen für den Unterhalt der schwedischen Truppen in den Festungen und Häfen Pommerns zu Buch. Das Land musste Kriegsvolk und Pferde frei einquartieren, »Licht für die Soldaten, Futter und Stroh für die Pferde« geben (ebd., 423). Nur zögernd, erst am 21. April 1631, hatten die pommerschen Stände den Allianzvertrag ratifiziert.

Natürlich war dieser Herrscher viel zu klug, um solche Gedanken zu Beginn seines deutschen Feldzuges zu äußern. Er brauchte Alliierte, wusste er doch nur zu wohl, wie gefährlich Wallensteins Armee werden konnte, mit und ohne den großen Gegner.

In diesem Geiste verkündete der König dem brandenburgischen Gesandten noch in Stettin die Botschaft für Georg Wilhelm, den Kurfürsten und Schwager in Berlin. Auch hier bedeutete Gustav II. Adolf, er sei nicht als Feind gelandet, »sondern wie ein Freund des Reiches, die Räuber und Verderber des Reiches zu vertilgen ... nicht etwas im Reich zu verändern, sondern es zu konservieren« (G: Berner, 414; Q: AOB, II:1, 588–596).

Wenigstens zu Beginn des Feldzugs war der schwedische Herrscher vom Gesagten möglicherweise selbst überzeugt, rechnete eigene Territorialforderungen gering, Nebensächlichkeiten, die nicht der Rede wert seien. Vielleicht dachte er des Öfteren auch in entsprechenden Geldleistungen der Besiegten, wünschte die Stabilisierung der traditionellen deutschen Strukturen, Garanten der europäischen Schwäche des Reiches. Ganz sicher wollte Gustav II. Adolf deshalb verhindern, »dass der Stände Freiheit in Deutschland nicht in eine Knechtschaft und in des Hauses Österreich absolutes Dominat verwandelt werde«. Er appellierte auch sofort an den Berliner Schwager, »nicht länger nur ein Statthalter des Kaisers« zu bleiben. Auf Französisch bedeutete der Schwede Georg Wilhelms Gesandten Geheimrat Peter Bergmann, »wer sich wie ein Schaf benimmt, den frisst der Wolf« (A: Generalstaben, III, 191, 200, 423; G: Berner, 414). Abgesehen von dem wenig schmeichelhaften Vergleich war dabei auch offen geblieben, wer der fressgierige Wolf sein sollte. Der Brandenburger jedenfalls hatte da so eigene Gedanken, zögerte lange. Zu gefährlich schien ihm die pommersche Vereinbarung, die dem kleinen Land gewaltige finanzielle Belastungen auferlegte, die Konföderation erschreckend offen als »ewig« verkündete. Die, die niemand rief, würde möglicherweise auch niemand wieder wegschicken können! Gustav II. Adolf war bisher nirgendwo gelandet, ohne nicht schließlich gewinnträchtigen Frieden oder Waffenstillstand zu vereinbaren. Auch den Russen hatte Schweden helfen wollen. Am Ende bezahlte Moskau wahrlich keinen Freundschaftspreis. Und da galt es doch vor allem Gustavs II. Adolf gefährlichsten Feind, musste Sigismunds Kronanspruch abgewehrt werden. Kaum glaubhaft für den Märker, dass der energische Schwager diesmal nahezu selbstlos helfen würde. Da schien Vorsicht geboten.

Im Übrigen blieb Georg Wilhelm als »Preuße« weiterhin Vasall des Königs von Polen. Das mochte derzeit nicht sonderlich problematisch scheinen. Sigismund war kaum mächtig genug, das Lehen einzuziehen, anderweitig zu vergeben. Aber die Zeiten konnten sich ändern. Die Wege zwischen Warschau und Wien waren so weit denn auch wieder nicht, Sigismund durch seine Gattin mit den Habsburgern nahe verbunden. Bedeutsamer noch, bedenklich denn, schienen dem Kurfürsten jüngste eigene Erfahrungen mit dem Stockholmer Schwager.

Ihm klangen derbe Erklärungen noch im Ohr, galten den jüngsten schwedischen Waffengängen in seinen östlichen Provinzen, sehr gegenwärtig die Schröpfungen seiner preußischen Landschaften durch Axel Oxenstierna. So hielt er sich denn zurück, verwies auf Lehnverpflichtungen gegenüber König Sigismund, Treuegelöbnisse. Vorsichtig bemerkte Georg Wilhelm, er wolle und könne nicht Spielball im Ringen Polens und Schwedens sein.

Für den Schwedenkönig bedeutete diese Zurückhaltung eine gefährliche Belastung seines Landes. In Vorbereitung des Krieges hatte er im Spätherbst 1629 errechnen lassen, dass ein erfolgreicher Vorstoß auf deutschem Boden längs der Flüsse Oder, Elbe und Weser mehr als 75 000 Reiter und Infanteristen unter Waffen erfordere, allein fast 23 000 Soldaten Schweden und Finnland schützen müssten.

Der gründlich kalkulierende Herrscher fürchtete hier vor allem einen plötzlichen dänischen Einmarsch. Er hatte daher auch sehr lange und ausführlich einen Präventivschlag gegen die Dänen diskutiert, dann doch an jenem bedeutsamen 10. November 1629 im Reichsrat abschließend betont, ein solcher Angriff wäre »doch unvereinbar mit dem ganzen Geist in einer protestantischen Politik«. Auch hätten vor allem die Niederländer das nicht akzeptieren können, ein »gesundes Gefühl«, das den König zurückhielt, wie die schwedischen Militärhistoriker treffend urteilten (A: Generalstaben, III, 161). Wie hätte man aber vor allem den einheimischen Bürgern und Bauern, denen man wieder und wieder die notwendige Verteidigung der evangelischen Lehre verkündet hatte, solche Veränderung bekannt geben sollen, wie es den Pastoren erklären können. Sicher, jedermann wusste in Schweden, die »Jüten« waren hinterhältig, gefährlich. Aber sie waren doch evangelisch. Mit Religion und Glauben hatte folglich der Krieg dann weniger zu tun. Warum sollten die Dänen sonst Schwedens Einsatz für das wahre Bekenntnis zu so böser Tat nutzen? Ging es dem König am Ende doch um anderes, waren die Opfer in Preußen, vorher in den baltischen Ländern, im fernen Russland doch nur die Begleitmusik königlicher Siegesmärsche, Paukenschläge auf dem Wege neuer Eroberungen? Fragen dieser Art hatten die königlichen Horcher in den weiten schwedischen Landen des Öfteren gehört, und die Belastungen für das Reich blieben hoch.

Auch in Preußen schienen mehr als 14 000 Mann zur Abschreckung König Sigismunds nötig. Gustav II. Adolf und die Reichsräte vertrauten nicht allzu sehr auf die polnischen Unterschriften des Altmarker Friedenspapiers. Frankreich war fern. Seine Vermittler hatten wenig

Bereitschaft gezeigt, Schwedens Geldforderungen nachzukommen. Hier in Stockholm war man sich nicht einmal sicher, ob Richelieu bei einer Landung der Schweden nicht sofort versuchen werde, den wenig glücklichen Krieg in Oberitalien gegen den Kaiser zu beenden, Gustav II. Adolf allein zu lassen. Sie waren sich einig, die Reichsräte und ihr König: Paris konnte man ebenfalls nicht sonderlich trauen. Schweden stationierte aber dennoch nur 5 700 Mann in den Ostseeprovinzen des Baltikums, glaubte wenigstens neuerliche Moskauer Aktivitäten ausschließen zu dürfen.

Da die schwedische Führung den deutschen Feldzug vor allem mit geworbenem Kriegsvolk führen wollte, hatte die Kammer für ein Kriegsjahr auf deutschem Boden mindestens 1,7 Millionen Reichstaler summiert. Eine zweite Rechnung erschreckte gar durch Kosten von über 1,9 Millionen. Dabei hatte der König kühl kalkuliert, dass er den Feldzug ohne Bundesgenossen zu führen hatte, nicht einen Taler aus französischen Geldbeuteln empfangen würde. Wahrlich eine große Geste, glaubt man religiöse Überzeugungen als wichtiges Motiv. Gustav II. Adolf war auch dann zu einem Angriff fest entschlossen, wollte sich keiner der evangelischen Fürsten anschließen, Frankreich tatsächlich keine Subsidien zahlen. In dem »Ratschlag« des Reichsrates als Konsequenz der Beratungen Ende Oktober und Anfang November in Stockholm 1629, der offiziellen Zusammenfassung des Für und Wider, findet sich auch die Passage, gewönne man Boden in Deutschland, »würde man erhöhte Mittel zur Kriegsführung bekommen« (ebd., 440).

Natürlich blieb es das Ziel der schwedischen Kriegsführung, so viele wie möglich als Bundesgenossen zu werben, alles zu tun, unter den deutschen Fürsten und Reichsstädten Alliierte zu finden.

Magdeburg schloss sich am 1. August bereitwillig Schweden an. Am 11. November vereinbarte Hessen-Kassel ein Offensivbündnis mit dem König, unterstellte seine Festungen und Truppen dessen Oberbefehl. Und doch, zufrieden konnte Gustav II. Adolf zunächst wirklich nicht sein. Es geschah wenig, die Gegner sammelten inzwischen ihre Kräfte. Die Verbündeten standen einsam, weit entfernt von den schwedisch kontrollierten Räumen, drohten schnell eine leichte Beute des Feindes zu werden. Zwar war der gefährliche Wallenstein entmachtet, im kampferfahrenen Johann Tserclaes Tilly stand Schweden ein kaum weniger ernst zu nehmender Gegner gegenüber.

Besondere Sorgen bereiteten Gustav II. Adolf in diesen Tagen wieder einmal die Finanzen. Ganze 35 000 Reichstaler Reisekasse war alles, was der König bei der Landung mit sich führte. Das reichte gerade zur Auszahlung der fälligen Löhnungen am 10. Juli. Nun war gähnende Leere in allen Geldbeuteln der schwedischen Zahlmeister. Im Juli und August stiegen die Ausgaben auf 372 000 Reichstaler. Es konnten aber nur 478 000 eingetrieben werden, ein schmales Plus von wenig mehr als 100 000 Reichstalern. Unbefriedigend, bedachte der Monarch die Kosten für dringend erforderliche Söldnerwerbungen, summierte er die neuerlich fälligen Soldzahlungen für das kleine schwedische Heer in Pommern. Bis auf weiteres, zumindest so lange, wie sich Herzog Bogislaw noch wand und weigerte, die Allianz zu vereinbaren, musste bar bezahlt werden. Die Schweden konnten sich in »Freundesland« nicht als Eroberer aufführen.

Tatsächlich befolgten die Truppen Gustavs II. Adolf in den ersten Wochen offenbar eisern die königlichen Weisungen. Die alte Herzoginwitwe Sofie war denn auch voll des Lobes in einem Brief an den Bruder, den skeptischen Herzog von Sachsen, Kurfürst Johann Georg. Die Kaiserlichen seien »mit Stank . . . geschieden«, Schwedens König ein »frommer Mann«, »halte gute Zucht«. Andere Quellen bestätigen insbesondere die Zahlungsmoral der schwedischen Soldaten, heben hervor, dass jene, die »nichts hatten, die nahmen vorlieb mit dem, was ihnen gegeben wurde« (A: Arma Trecia, 1631, 28, zit. Generalstaben, III, 440). Nun ja, auch das sicher nicht immer und überall! Schließlich hatten die schwedischen Truppen doch in Russland, Polen und Preußen gelernt, auch dann bei Kräften zu bleiben, wenn ihnen die Bauern und Bürger das ihrige nicht freiwillig geben konnten und wollten. Sie mögen dennoch manchem Pommern im Vergleich zu den Aktionen der Wallensteiner fast wie gutwillige Tröpfe, wie Heilige, erschienen sein. Es war aber abzusehen, dass sich solche »Zucht« schnell verlieren würde, wenn Hunger und Not drückten. Einem so erfahrenen Heerführer wie Gustav II. Adolf war solches Erleben nur zu vertraut. Und schon im Sommer des Jahres berichtete dessen Sekretär Lars Grubbe an Axel Oxenstierna über erste Exzesse und Unregelmäßigkeiten gegenüber der pommerschen Bevölkerung. Glücklich, der schwedischen Sache förderlich, erwies sich die Raffgier und Plünderungssucht des kaiserlichen Unterbefehlshabers Heinrich Savelli, der seine Vorstöße aus Mecklenburg nach Pommern als Möglichkeiten eigener Bereicherung verstand, weniger denn als Auftrag, die Schweden zurückzuwerfen.

Anleihen, immer wieder neue Kreditsuche mit dem Versprechen, später gewiss zurückzuzahlen, blieben der einzige Ausweg, beunruhigten Gustav II. Adolf dennoch in wachsendem Maße. Stralsunds Rat zahlte, legte mit saurer Miene einem Abgesandten des Königs erneut 10 000 Taler hin, verweigerte aber die gewünschten 40 000. Die Herren wandten ein, man hätte die bis dato geliehenen 70 000 Reichstaler noch nicht entgolten. Auch evangelische Stralsunder Kaufherren rechneten offenbar, waren keineswegs so einfach willig, den selbst ernannten Retter des deutschen Protestantismus, von ihnen sogar herbeigefleht, selbstlos zu retten.

Gustav II. Adolf fand bald auch hier eine sehr eigenwillige Lösung. Als er Ende September in Stralsund weilte, seinen ersten Einfall ins Mecklenburgische vorbereitete, beschwor er den Magistrat mit der ihm eigenen Beredsamkeit, »ihm unter die Arme zu greifen«. Als solcher Appell nicht fruchtete, niemand seine Kasse öffnen wollte, verkaufte Schwedens Herrscher kurzerhand für 100 000 Reichstaler der Stadt »gewisse pommersche Güter«. Das war ein sehr »eigenmächtiges Umgehen mit den Besitztümern des pommerschen Herzogs«, wie auch schwedische Historiker einräumten (ebd., 466). Die echte Art, Bundesfreundschaft, Achtung für den Partner zu zeigen, handelte es sich auch um einen recht verstockten, mehr als unwilligen, war dieses Verhalten wohl kaum. Das dürfte auch Stralsunds Rat und Besitzbürgerschaft nicht entgangen sein, ein eindeutiger Beleg, wie sich Gustav II. Adolf Allianzen dachte, Warnung wohl auch für die derzeitigen Nutznießer des eigenartigen Handels. Hier riss ein Wolf ein wehrloses Schaf, und andere mussten zusehen, ihr »Fell« darbieten, das ihrige leisten, wohl wissend, wie groß der Appetit des Schweden war. In der Tat, Stralsund war gefangen in einem Bündnis mit einem, der wenig nach Recht und Vereinbarungen fragte, wenn andere Lösungen unmöglich schienen. Er konnte es wohl auch nicht. Und auch das war klar, lange reichen würden die hunderttausend nicht.

Gut, dass Salvius in Lübeck und Hamburg größere Geldsummen borgen konnte, aus Holland einiges Geld einkam. So wurde wenigstens das Gröbste vermieden, Soldaten und Offiziere weiterhin bei »gutem Humor«, bei Laune gehalten. Aus der Heimat aber kam trotz scharfer Ermahnung des Herrschers nichts. Die Sendung von 10 000 Talern Kupferpfenninge und lächerlichen 500 Schiffspfund Eisen Mitte Oktober war wie der Tropfen auf den heißen Stein. Und heiß wurde es Gustav II. Adolf schon.

Wollte er gefährliche Flankenschläge vermeiden, sich nicht plötzlich als Maus in einer Falle der Kaiserlichen auf dem engen Raum zwischen Stralsund, Usedom, Odermündung und Stettin gefangen sehen, mussten die schwedischen Truppen raumgreifend vorrücken. Nur so konnte auch deren Versorgung gesichert werden. Die Besetzung Pasewalks, durch die dortige Einwohnerschaft auch freudig herbeigesehnt, als Schutz vor streunenden kaiserlichen Reitern gewünscht, endete in einer Katastrophe. Nur wenige Soldaten, keine 150 Reiter, glaubte Gustav II. Adolf entbehren zu können, zu gering deuchte ihn die eigene Stärke im Raum Stettin. Der Feuerschein des brennenden, nur mit einer mittelalterlichen Befestigung geschützten Pasewalks leuchtete bis Stettin, wurde dort auch von Feldmarschall Gustav Horn erregt beobachtet.

3 000 Kaiserliche hatten die Stadt geplündert, restlos niedergebrannt, wie bald darauf zahlreiche Flugschriften überall in Deutschland publik machten. Gustav II. Adolf verteidigte sich schnell, er habe davon ausgehen können, dass die etwa 800 männlichen Bewohner Pasewalks ihre Musketen gebrauchen könnten, an der Seite seiner erfahrenen Soldaten fechten würden. Den Überlebenden des grausigen Pasewalker Geschehens mag wenig tröstlich erschienen sein, dass die schwedischen Soldaten tapfer gefallen waren. Gustav Horn resümierte kurze Zeit später, man habe versäumt, den Ort ausreichend »zu rekognizieren, bevor eine Garnison hineingelegt wurde«, die schwedischen Truppen seien viel zu schwach gewesen, »um einen so weitläufigen und unbefestigten Ort zu besetzen« (ebd., 429). Ja, geräumig war nun nur noch die verkohlte Fläche dessen, was einmal eine kleine, dennoch bedeutende Stadt in dieser Region gewesen war. Wer wollte, konnte dieses als Fanal, als Omen künftiger Schrecknisse werten. Friedlicher, sicherer würde es nicht werden, auch wenn Ende 1630 die ersten mehr als 8 000 Mann Verstärkungen in Pommern eintrafen, Gustavs II. Adolf Armee auch zahlenmäßig wuchs.

Glücklich für die Schweden in jenen ersten gefährlichen Monaten blieb dennoch, dass der kaiserliche Oberbefehlshaber in diesem Teil Norddeutschlands, Feldmarschall Torquato Conti, schlecht verpflegt, ohne Lohngelder für seine Heere, mit hohen Krankenständen, nicht fähig und willens war, einen wirksamen Gegenschlag zu wagen. Selbst für einen Angriff auf Stettin fühlte er sich zu schwach. Er war nur entschlossen, bei der Festung Garz Truppen zu konzentrieren. Damit entsprach Conti im Übrigen auch gemeinsamen Überlegungen mit Wallenstein, Maßnahmen, die beide seinerzeit in Erwartung des Kommenden, der voraussehbaren Landung Gustavs II. Adolf festgelegt hatten. Sie hatten wohl doch mit einer größeren Armee des Schwedenkönigs gerechnet, konnten sich kaum vorstellen, der

Schwede würde den Krieg auf deutschem Boden mit weniger als 14 000 Mann riskieren. Vielleicht vergab Conti tatsächlich die Chance, den Schweden schnell wieder zurückzuschicken.

Erst mit der Eroberung des festen Schlosses in Wolgast nach längerer Belagerung und heftigen Artillerieduellen, ungeduldig, verärgert von Gustav II. Adolf erwartet, konnte der König am 17. August 1630 Axel Oxenstierna versichern, pikanterweise in deutscher Sprache, »dass Wir nunmehr ein sicher Fundament Unser pommerischen Expedition haben können« (Q: AOSB III:t, 634).

Obwohl der Monarch zunächst dennoch nicht wagte, das gut gesicherte Greifswald zu belagern, richteten sich seine Gedanken bereits auf Mecklenburg. Er plante nun den Einmarsch in Wallensteins Herzogtum, wünschte, seiner Armee diese bisher weitestgehend vom Krieg verschonte Landschaft zu erschließen. Der Gedanke, der Krieg müsse seine Männer ernähren, zwang Gustav II. Adolf zu immer umfangreicheren Aktionen. Um Schweden überhaupt erst größere Kampfhandlungen zu ermöglichen, ernsthafte Vorstöße ins Innere des »Heiligen Reiches« zu »finanzieren«, musste der Schwedenkönig immer weitere deutsche Gebiete überziehen, hineinreißen in den Krieg. Bald würde er sich auch nicht mehr mit den Küstenregionen bescheiden können.

Vor allem hatten längere Verhandlungen einiger Vertreter Gustavs II. Adolf mit den beiden Mecklenburger Herzögen, Adolf Friedrich und Johann Albrecht, erwiesen, dass selbst diese, Verbannte, von Wallenstein Entmachtete, dem mächtigen evangelischen Glaubensverwandten wenig vertrauten. Lieber mühten sich Adolf Friedrich und der Bruder, unter den alteingesessenen Fürsten, katholischen wie evangelischen, in Regensburg Helfer gegen den verhassten Friedländer zu gewinnen, aus der Hand des Kaisers das Verlorene zurückzuerhalten. Gustav II. Adolf verstand, dass er auch sie, ähnlich wie den Pommernherzog, an seine Seite zwingen, Mecklenburg besetzen musste.

Erste Einfälle in Mecklenburg wurden mit zu geringen Streitkräften begonnen, wie der Schwedenkönig ärgerlich bedauerte. Es war nicht seine Schuld. Gustav II. Adolf hatte immer wieder gedrängt, Axel Oxenstierna gemahnt, notwendige Verstärkungen aus Preußen zu senden. Nach dem erfolglosen vorsichtigen Ausgreifen nach Westen rückte die schwedische Armee gegen Jahresende entlang der Oder nach Süden vor. Sie siegte über ein kaiserliches Kontingent bei Greifenberg. Erste schwedische Einheiten erreichten Küstrin, die starke brandenburgische Festung an der Mündung der Warthe in die Oder, trieben die kaiserliche Nordarmee bis Frankfurt zurück. Immerhin, der Marsch nach Mecklenburg, die Einnahme von Ribnitz, die Sicherung des Passes über die Recknitz nach Westen hatte sich gut angelassen. Die mecklenburgischen Fürsten ließen sofort mitteilen, sie dächten, nun des Königs Bündniswünsche über alle Bedenken zu setzen.

Zu einem förmlichen Verbund war es dann doch nicht gekommen. Ein erfolgreicher Gegenschlag der Ligatruppen und der Rückzug Gustavs II. Adolf nach Pommern hielt alles in der Schwebe. Der Kaiser und andere hatten jedoch verärgert die Bereitschaft der Mecklenburger, sich dem Schweden anzuschließen, zur Kenntnis nehmen müssen. Versuche der Herzöge, die kaiserlichen Truppen im Lande zu entmachten, dilettantisch vorbereitet zwar, empörend dennoch in den Augen der Ligafürsten, waren bekannt geworden.

Der Feldzug längs der Oder, weitere Erfolge Gustavs II. Adolf intensivierten die neuen Verhandlungen mit Frankreich. Am 13. Januar 1631 unterschrieb Charnacé in Bärwalde in der Neumark eine Vereinbarung, dass Schweden in den folgenden sechs Jahren jährlich mit 400 000 Reichstalern unterstützt werde. Es sollte dafür 30 000 Mann Fußvolk und 6 000 Reiter gegen den Kaiser führen, die »Libertät« der deutschen Regionalgewalten schützen. Beide, Frankreich und Schweden, wünschten die territoriale Souveränität der deutschen Fürsten zu erhalten.

Das einte beide und entzweite sie gleichermaßen, da die Reichsstände, in verschiedenen Lagern organisiert, einander wahrlich nicht in herzlicher Freundschaft begegneten. Charnacé glaubte sich trotzdem schmeicheln zu dürfen, er habe auch hier den sperrigen Schweden schließlich zum glücklichen Kompromiss gelenkt. »Mit dem Herzog von Bayern und der katholischen Liga soll Freundschaft, oder doch Neutralität gehalten werden, sofern dieselben ein gleiches zu thun sich erbieten«, eine salomonische Formulierung, so schien es dem hoffnungsvollen Franzosen (G: Gfrörer, II, 771, 770; A: Generalstaben, III, 549). Offen blieb nur, Bayerns Entgegenkommen gleichermaßen zu erhandeln.

Bald zeigte sich, zuletzt lachte man doch noch immer am besten, wenigstens am lautesten. Doch war es kaum Charnacé, der Grund zu solcher Fröhlichkeit fand. Gustav II. Adolf war auch als Politiker groß, wusste, warum auch ihm der Artikel »Wiederherstellung der teutschen Angelegenheiten . . . vor Ausbruch des gegenwärtigen teutschen Krieges« zusagte, sich Frankreich und Schweden gerade hier als Hüter des deutschen Partikularismus so glücklich trafen (ebd.). Das schloss die Aufhebung des Restitutionsedikts ein, zweifellos auch für Richelieu kein sonderlicher Streitfall. Was berührten den großen Kardinal die Zwistigkeiten der Bischöfe und Äbte mit den protestantischen deutschen Landeskirchen. Die Kirche in Deutschland würde Opfer bringen müssen für das große, Frankreich so wichtige Ziel. Problematischer blieb da schon die Frage der »Restitution« der beiden Pfalzen an den »Winterkönig«. Dem Schweden schien sonnenklar, dass Maximilian dieses Opfer nicht bringen würde, nicht Frankreich zuliebe, nicht für französisches Geld, nicht Gustav II. Adolf ohne Kampf. Vergebens wäre sonst alles, was der energische Bayer so zielstrebig seit 1609 angegangen war, wofür er 1619 an die Seite Ferdinands II. aufschloss, der Wittelsbacher, von Hause aus keineswegs ein lieber Nachbar der Habsburger.

Charnacé und Richelieu sollten es eigentlich wissen, verstanden es jedenfalls schnell. Sie hofften wohl trotzdem, Bayern ebenso wie die ruppigen Schweden schließlich doch an einer langen Pariser Leine gängeln zu können. Die Franzosen lächelten, lachten vorerst zufrieden gemeinsam, konnten es in gewisser Weise auch. In der Einigung Frankreichs und Schwedens in Bärwalde erwuchs dem universalherrschaftlichen Streben der Habsburger eine gefährliche Gegenbewegung.

Schon Kaiser Karl V. musste doch vor einer Einheit seiner Fürsten mit Frankreich zurückweichen. Für ihn, einen Gescheiterten, zählte schließlich nur noch das Kloster, Resignation. In der Allianz der deutschen Fürsten – wie zerstritten sie untereinander auch immer waren – mit den beiden feindlichen Nationalstaaten erstand dem deutschen Kaisertum, beiden Habsburger Linien, eine tödliche Gefahr. Schnell erwies sich für Kaiser Ferdinand II. – bittere Erkenntnis für den Wiener Hof – , das »Bauernopfer« Wallenstein tatsächlich als ein »Damenverlust«. Der Kaiser hatte dennoch nichts gewonnen.

Paris zahlte sofort noch rückwirkend für 1630 weitere 120 000 Reichstaler in die schwedische Kriegskasse. Ein Zusätzliches bewirkte schließlich die Verheerung Magdeburgs.

Vielleicht war Gustav II. Adolf tatsächlich schwer erschüttert, als ihn die Nachricht von der Katastrophe der Stadt im Lager zu Potsdam erreichte. Immer wieder hat er die Schuld von sich gewiesen, die Unentschlossenheit der Kurfürsten von Sachsen und Brandenburg als Hauptursache seines zögerlichen Vormarsches zur Entlastung

Magdeburgs angeführt. Dem ist wenig entgegenzusetzen und doch, Gustav II. Adolf versprach den protestantischen Gruppierungen der Stadt mehr, als er erfüllen konnte. Der Schwede weckte Hoffnungen, die das reale Kräfteverhältnis um die Elbmetropole in jenen April- und Maitagen 1631 nicht berücksichtigten.

Immerhin hatte der König am 14. August 1630 dem Administrator Christian Wilhelm, einem entschlossenen Protestanten und willigen Bündnispartner Schwedens, vollmundig versichert, er komme ihm zur Hilfe. Zwei Tage später erklärte er in einem weiteren Schreiben sogar, Magdeburg könne »mit erstem ... Unsern realen Entsaz« erwarten (A: Generalstaben, III, 454). Auch später beschwor der König immer wieder den Kampfgeist und die Standhaftigkeit der Magdeburger. Der Schwede gelobte ein über das andere Mal schnelle Hilfe, kündigte an, er selber werde die Armee heranführen. Er wusste als erfahrener Militär, dass sein Optimismus unbegründet war, unmöglich für ihn, in nächster Zeit direkt auf Magdeburg vorzurücken. So gesehen wurde er schuldig, klagten die überlebenden Magdeburger zu Recht über getäuschtes Vertrauen. Sie erlebten, was seinerzeit bereits Pasewalks Menschen erschütterte. Die Einäscherung dieser starken Feste, wer immer auch das Feuer legte, schadete Gustavs II. Adolf Ruf als verlässlicher Partner in Deutschland schwer und führte keineswegs sofort die protestantischen Kernländer rückhaltlos hinter die Schweden.

Seinem Reichsrat klagte der König in einem Brief vom 2. Juli 1631, kurze Zeit nach dieser Tragödie ganz im Sinne Skyttescher Replik, er begreife, die evangelischen Fürsten hier seien den Schweden kaum geneigt. Sie wünschen nur, »sich mit unserer Hilfe gegen den Kaiser halten« zu können. Als Lohn fürchte er, dass sie »nachher uns mit Macht und Undank von hinnen ... jagen« (A: Geijer, III, 549), eine sehr treffende Analyse fürstlicher deutscher Erwartungen.

Befremdlich wirkt die Kritik dennoch, bedenkt man die hehren Erklärungen Gustavs II. Adolf zu Beginn seines Deutschland-Feldzuges. War er nicht gekommen, die deutschen Fürsten vor kaiserlicher Willkür zu schützen, wollte nichts anderes als deren »Libertät« sichern, auch sehr eigene Strittigkeiten mit dem Habsburger regeln? Warum dann der ärgerliche Ruf nach Dank? Er hatte doch bei seiner Landung nichts verlauten lassen von späterem Lohn, keine Andeutungen darüber, dass sie ihn behalten sollten, weder davon bitten noch wegjagen dürften. Nichts wollte er für sich, wirklich triebe ihn kein Eigennutz, gelobte Gustav II. Adolf noch am Strande auf Usedom feierlich sogar Gott. Das sollten möglichst viele Deutsche glauben, es wenigstens heimlich hoffen. Der »Glaubenstreiter«, so mochte das Volk sagen, der Kämpfer gegen kaiserliche Machtfülle im eigenen schwedischen Interesse, so konnten es ja die Fürsten und ihre Beamten äußern, würde nach angedienter Hilfeleistung wieder zurücksegeln, zufrieden, weil er Schweden gesichert habe. Eine offenbar irrige Annahme, wenn es denn jemals außer Enthusiasten einer der deutschen Politiker vermutete. So galten denn auch wenig Gründe, sich nun über den rauchenden Trümmern Magdeburgs jenem anzuvertrauen, der soeben erst die Bürger dieser wehrhaften Trutzstadt allein gelassen, die Katastrophe so oder so mit verursacht hatte. Schon gar nicht wollte der Kurfürst von Brandenburg ähnliche Verpflichtungen siegeln, wie sie der Schwede dem ältlichen Pommern aufgenötigt hatte.

Fast vier Wochen nach der Tragödie um Magdeburg musste der Schwedenkönig mit seinem Heer erneut nach Berlin marschieren, die Kanonen auf die Stadt richten lassen, um Georg Wilhelm endlich zu einer eindeutigen Bündniserklärung zu zwingen. Und dieser Vertrag sicherte Gustav II. Adolf keineswegs die Verfügungsgewalt über die Brandenburger Festungen und Truppen. Die Schweden erhielten Quartierrechte, Zahlungen zum Unterhalt ihrer Armee, die Festung Spandau. Eine formale »Allianz« wurde nicht festgeschrieben an diesem 10. Juni 1631. Zur gleichen Zeit unterwarfen sich die protestantischen Städte Südwestdeutschlands, die eben noch den Widerstand propagierten, nahezu kampflos den kaiserlichen Truppen nach dem Fall Magdeburgs. Nur ein überraschender Erfolg Gustavs II. Adolf bei Tangermünde gegen Tillys Unterfeldherrn Gottfried Heinrich Graf zu Pappenheim zwang den kaiserlichen Oberbefehlshaber, den geplanten Einmarsch in Hessen aufzuschieben.

Es spricht für den Realismus des alten Grafen Tilly, dass er nach Wallensteins Entlassung nur nach längerem Zögern den Befehl über das kaiserliche Aufgebot übernahm. Erhalten sind seine Bedenken, der Schwedenkönig sei »ein Feind von ebenso großer Klugheit wie Tapferkeit, abgehärtet vom Krieg, in der besten Blüte seiner Jahre«. Er verfüge über eine hervorragende Armee, »ein Spieler, gegen welchen nicht verloren zu haben schon überaus viel gewonnen ist« (G: Berner, 409). Prophetische Worte des alten Kriegsmannes! Als er im November 1630 schließlich doch das Kommando übernahm, ahnte er zweifellos, dass es kein leichtes »Spiel« würde, ihm jetzt ein ebenbürtiger Gegner entgegentrat, der hervorragende »Karten« hatte. Das war kein Christian IV. oder Ernst von Mansfeld mit unzuverlässigen Söldnerhaufen.

Immer wieder haben Historikergenerationen Gustavs II. Adolf militärische Begabungen hinterfragt, zählte auch Carl von Clausewitz den Schwedenkönig zu den bedeutendsten Heerführern seit der Antike. In der Tat studierte schon der junge Prinz mit großem Interesse die antiken Feldzüge, diskutierte mit seinen Lehrern die Taktiken eines Alexanders, Hannibals ebenso wie die zeitgenössischen Auffassungen der Spanier und Niederländer. Selbst auf seiner Deutschlandreise 1620, der Brautfahrt, befragte er in Heidelberg Johann von Nassau-Siegen über dessen niederländische Erfahrungen. Er debattierte Methoden des Kampfes gegen die dichtgefügten Blöcke der gefürchteten spanischen Fußtruppen, wusste, auf welche Weise der »Spanier« Tilly seine Truppen gegen die Schweden formieren, nach welchen Prinzipien kaiserliche Armeen kämpfen würden. Und er gab sich nicht zufrieden mit den niederländischen Auffassungen, suchte immer wieder nach eigenen, dem schwedischen Heer entsprechenden Kampfesweisen.

In den Jahren der Auseinandersetzungen mit Russen und Polen reformierte der junge Herrscher seine Armee, schuf kleinere bewegliche Einheiten. Zur Schlacht marschierten die schwedischen Truppen in zwei Treffen auf. Infanteriebrigaden als kleinste selbstständig operierende taktische Einheiten wurden gebildet. Im Verhältnis dreizehn zu acht dominierten schließlich die Musketiere über die Pikeniere. Während der Kampfes feuerten jeweils drei Reihen Musketiere, die erste kniend, die zweite hockend, die dritte stehend, erschütterte anreitende feindliche Kavallerie durch einen »Feuerschock«. Mussten die Musketiere laden, griffen die Pikeniere an, zogen sich anschließend geordnet wieder zurück, wenn die Musketiere wieder feuern konnten.

Noch stark an die niederländische Taktik angelehnt, orientierte sich Gustav II. Adolf in seiner Kampfesführung zunächst auf die Abwehr gegnerischer Attacken. Er ließ seine Soldaten erst angreifen, wenn der Feind zurückgeworfen war. Allerdings entwickelte der schwedische König schon früh eine neue Form des Kavallerieschlages. Musketiere unterstützten den Angriff der schweren Reiterei, die nur noch selten zum üblichen Anritt mit der Pistole, dem sogenannten »Karakoll« geführt wurde, statt dessen nach der Musketensalve mit dem blanken Degen auf die gelichteten Haufen der Gegner einhieb.

Obwohl die legendären »Lederkanonen«, leichte Geschütze, deren Rohre zusätzlich mit einer Lederhaut überspannt waren, sich kaum bewährten, geht der Einsatz von Feldgeschützen in den Schlachten des Dreißigjährigen Krieges vor allem auf die schwedischen Erfahrungen zurück. Gustav II. Adolf teilte jedem Regiment mehrere Geschütze zu, die »Regimentsstücke«, leichte Dreipfünder. Die schnell feuernden Kanonen unterstützten die agierenden Infanterieeinheiten wirkungsvoll, schossen Breschen in die dichtgefügten Gevierte des Feindes.

Auch der Schwedenkönig suchte in großen Schlachten die Entscheidung, hatte andererseits eine Feldzugsstrategie entwickelt, die von der modernen Historiographie als »Territorialstrategie« charakterisiert wird. Gustav II. Adolf ließ in den besetzten Regionen gesicherte Vorratslager anlegen, erschloss die lokalen Geldquellen zur Finanzierung seiner Kriegsführung.

Ursprünglich kontrollierte die schwedische Armee auf deutschem Boden nur einen schmalen Küstenstreifen zwischen Oder und Peene, erweiterte in den nächsten Monaten dieses Gebiet auf ein Territorium zwischen Oder, Spree, Havel und Elbe. Innerhalb dieses Raumes, durch die Flüsse geschützt, schufen die Schweden ein Stützpunktsystem mit Garnisonen, gesicherten Magazinen und Werbeplätzen für neue Soldaten. Sondersteuern erschlossen die notwendigen Finanzen. Keineswegs originell, aber neu in der Kombination mit der Territorialstrategie war die sogenannte »Ermattungsstrategie«. Dabei versuchte die schwedische Armee, die kaiserlichen Truppen von ihren Versorgungsgebieten abzuschneiden, deren Räume durch systematische Verheerungen einzuengen. Ein solcherart geschwächter Gegner sollte dann in der Entscheidungsschlacht vernichtet werden.

Nach diesem Konzept stießen die Schweden aus dem gesicherten nordöstlichen Raum nach Sachsen, später dann auch in die Regionen zwischen Alpen, Lech und Donau, versuchten Analoges zwischen Rhein und Main. Im Sommer 1631 zeigte die erfolglose Kanonade der kaiserlichen Armee auf das befestigte Basislager Werben in Brandenburg, dass selbst die Hauptarmee unter Graf Tilly dieser Strategie des Schwedenkönigs nichts Entscheidendes entgegensetzen konnte. Mit Tillys Rückzug Ende Juli eröffneten sich Gustav II. Adolf neue Möglichkeiten, den Kurfürsten von Sachsen und dessen auf fast 20 000 Soldaten angewachsene Armee als Bündnispartner zu gewinnen.

Grundsätzlich hatte sich die Lage weiter zugunsten der schwedischen Invasoren verändert. In Pommern waren 6 000 Schotten und Engländer gelandet, reihten sich in das stetig wachsende schwedische Heer ein. Graf Tilly wollte seinerseits den sächsischen Kurfürsten Johann Georg in barschen Wendungen zur Allianz zwingen. Die kaiserliche Armee marschierte bedrohlich an dessen Grenzen auf. Ihr Oberbefehlshaber, der »eiserne Mönch«, untersagte am 14. August 1631 ultimativ jede weitere sächsische Truppenwerbung. Gleichzeitig forderte er die säkularisierten katholischen Enklaven zurück, wollte Sachsen so oder so – als Verbündeten oder Feindesland – als Basis für seine ausgehungerten Truppen gewinnen. Erst da wandte sich Johann Georg an den wartenden schwedischen König. Gustav II. Adolf handelte schnell. Seine Truppen rückten nach Coswig an die sächsische Grenze vor. Befriedigt registrierten die Schweden Pappenheims Einmarsch in Kursachsen und die Eroberung Merseburgs. Die Entscheidung war gefallen. Sachsens Kurfürst hatte keine andere Wahl, er musste sich an die Schweden binden.

Als Tilly am 5. September Leipzig besetzte, vereinigten sich Sachsen und Schweden bei Düben, war der Allianzvertrag bereits drei Tage alt. Nun endlich konnte Gustav II. Adolf den etwa 35 000 Kaiserlichen 42 000 Schweden und Sachsen entgegenwerfen, eine Entscheidungsschlacht wagen, dem Manne trotzen, der bisher als unbesiegbar galt. Tilly, der stärkste Degen der Liga, war alt geworden und dennoch weiter gefährlich.

Breitenfeld und die Folgen

Es war zweifellos eine wohlberechnete Geste des schwedischen Monarchen, während des gemeinsamen Kriegsrates mit Johann Georg von Sachsen und Georg Wilhelm von Brandenburg beiden Kurfürsten die Entscheidung über die mögliche Schlacht anzubieten. Die Herren sollten bedenken, es stehe »nicht weniger als eine Krone und zwei Kurhüte auf dem Spiele«, so es übel abliefe. Er selbst, so bedeutete der König, fürchte die Schlacht nicht, ließ damit dem Sachsen wenig Freiheit, ängstlich abzulehnen. Er kalkulierte richtig, »Bierjörge«, der sächsische Herrscher, soll entschlossen erwidert haben, dann wolle er auch fest bleiben, als Soldat in offener Feldschlacht »Alles wagen«, dem »gefürchteten Tilly« widerstehen (G: Böttcher, W., 219, 220). Am 7. September rückten bei Breitenfeld in der Nähe Leipzigs beide Heere gegeneinander vor.

Die meisten schwedischen Kriegshistoriker unterstreichen, dass Gustav II. Adolf mit seinem Sieg bei Breitenfeld als Feldherr Weltgeltung gewann. Seine zahlenmäßig überlegene Armee musste gegen die auf einer Anhöhe klug aufgestellten »Terzios« des kaiserlichen Feldherrn geführt werden. Während der schwedische König neben dem Oberbefehl die Truppen auf dem rechten Flügel kommandierte, befehligte Johann Georg seine sächsischen Regimenter auf dem linken Flügel.

Zur Mittagszeit marschierten die Alliierten auf. Gegen 14.00 Uhr erteilte Tilly seinen Kanonieren, die traditionell ihre Geschütze vor dem Zentrum aufgestellt hatten, den Feuerbefehl. Mehrere Stunden währte die Kanonade, deutlich wurde bald die Überlegenheit der schwedischen Artillerie. Gustavs II. Adolf leichte Feldgeschütze schossen dreimal so schnell und ihre Kugeln rissen sichtbare Lücken in die dichtgeschlossenen kaiserlichen Gevierte. Dagegen waren die weit auseinandergezogenen schwedischen Brigaden nur schwer zu treffen. Hinter den wahrscheinlich t-förmig aufgestellten Kontingenten standen Reserveeinheiten, Kavalleristen und Musketiere, die schnell jede Lücke stopfen konnten, deren Kanonen beweglich hin und her geführt wurden.

Immer wieder ist Breitenfeld mit der klassischen Umgehungsschlacht des Hannibals bei Cannäe 216 v. d. Ztr. verglichen worden. Wenn Gustav II. Adolf eine solche Einkreisung und Vernichtung Tillys tatsächlich plante, dann ist dieses Konzept nicht umgesetzt worden. Das Manöver des Schwedenkönigs zur Umgehung der linken Flanke der Kaiserlichen verhinderte Pappenheim mit einem Gegenstoß in den Rücken der vorreitenden Schweden. Nur der kombinierte Einsatz der Musketiere und Reiter zwang Pappenheims Kürassiere nach sieben vergeblichen Attacken schließlich zum Rückzug. Hier entschied sich die Schlacht, denn der sächsische Flügel zerbrach im ersten Anrennen der kaiserlichen Truppen. Das Gros der sächsischen Armee, hervorragend gekleidet, gut gerüstet, ein Musterheer, floh mit Johann Georg nach Eilenburg.

Aber selbst in dieser kritischen Phase der Schlacht bewährte sich die flexible Kampfesweise der schwedischen Armee. Sie schwenkte sofort, baute eine neue Front auf, ermöglichte es Gustav II. Adolf, Reserven heranzuführen. Der schottische Befehlshaber Robert Monro berichtete nach dem Treffen, die langsam vorrückenden kaiserlichen Truppen hätten ihrerseits versucht, gegen die neuen Linien der Schweden und ihrer Hilfsvölker zu schwenken, sich vorbereitet, »uns mit Geschütz- und Musketensalven zu empfangen. Nachdem aber unsere leichten Geschütze gegen sie abgefeuert waren und vor dem Antreten auch die Musketen eine Salve abgegeben hatten, die erwidert wurde, ging unsere Brigade unaufhaltsam mit der Pike gegen sie vor . . . begann, sie zu vernichten« (A: Den svenska historien, V, 168–169).

In diesem Augenblick führte Gustav II. Adolf selbst seine Kavalleriereserve gegen den linken Flügel Tillys. Er stürmte mit seinen Reitern die Kanonenstellung, ließ die eroberten Geschütze drehen und in die noch immer Widerstand leistenden Karrees des Feindes feuern, die psychologische Wirkung einer solchen Entscheidung wohl berechnend. Als der verwundete Liga-Feldherr vom Schlachtfeld geführt werden musste, wandte sich die Mehrheit der geschlagenen kaiserlichen Söldner zur Flucht. Gegen 19.00 Uhr endete die für beide Seiten sehr blutige Schlacht mit einem vollständigen Erfolg der protestantischen Allianz.

Einem Bericht der Feldkanzlei der Schweden an Kanzler Oxenstierna kann man entnehmen, dass Gustav II. Adolf etwa 2 100 Infanteristen und 1 450 Reiter verlor. Allerdings nahmen die Sieger fast 6 000 kaiserliche Soldaten gefangen, die bald darauf in die schwedische Armee eingegliedert wurden. Stolz vermerkte der Herrscher: »Wir haben so viele Gefangene gemacht, dass wir sowohl unsere alten Regimenter auffüllen als auch ganz neue aufstellen können« (Q: Tal, 133). Tilly hatte außerdem noch 7 600 Tote zu beklagen. In Halberstadt konnten er und Pappenheim etwa 8 000 Infanteristen und 5 000 Kavalleristen sammeln.

Es war tatsächlich ein »überwältigender Sieg«, der den »Schlusspunkt des schwedischen Eingreifens« bringen konnte, wie einer der deutschen Historiker unlängst bilanzierte. Das »protestantische Deutschland war ›befreit‹, die ›Sicherheit Schwedens‹ hergestellt«. Man wird wohl kaum widersprechen können, dass es Gustav II. Adolf »darum eben nicht ging« (A: Peters, 124).

Es scheint, auch Papst Urban VIII. sah wenig Grund, Breitenfeld als Sieg des Protestantismus zu beklagen. Katholische Kreise am Wiener und anderen deutschen Höfen klagten verärgert über angebliche Freudenbekundungen des Pontifex. Man informierte sich, scheinbar bestürzt, über unverständliche Äußerungen Urbans, er freue sich »über die Niederlage, welche das übermächtige Haus Oesterreich erlitten hatte«. Der Papst soll das so unverhohlen befriedigt ausgedrückt haben, »dass die italienischen Cardinäle« schon murrten, »man in Spanien davon sprach, sich der Oberherrschaft des Papstes« entziehen zu wollen (G: Böttcher, W., 227). Urban VIII. habe durch größere Geldzahlungen an den Kaiser gefährlichen Zuspitzungen zwischen Rom, Madrid und Wien vorbeugen müssen. Er blieb dennoch zurückhaltend, widerstand dem Druck der Front der Kardinäle seiner Habsburg-Phalanx. Der Papst vergaß auch in den folgenden Monaten nie, die Zerstörungen Italiens als Folgen der kaiserlichen und spanischen Märsche durch Italien zu beklagen. Er wehrte die beständigen Geldforderungen mit dem ebenso lapidaren wie ermüdend oft wiederkehrenden Argument ab, der Kaiser hätte die Kosten des Mantuakrieges für seinen Kampf gegen den Schweden sparen sollen. Im Übrigen sei es lächerlich, von neuen Einfällen der Goten in Italien zu schwätzen, Erinnerungen an frühe Verheerungen Roms wachzurufen. Das verflossene Jahrhundert habe doch »viel gräulichere Verwüstungen« des Kirchenstaates und Eroberungen »durch Spanier und Teutsche« gebracht (ebd.).

Er muss es nicht wirklich so formuliert haben. Manchen Quellenbearbeitungen vergangener Jahrhunderte wird der Historiker zu Recht skeptisch begegnen. Die päpstliche Haltung aber treffen solche Behauptungen zweifellos. Der Vatikan hat wiederholt bemerkt, dass man dort den Krieg als Machtkampf der Habsburger gegen deren Gegner erlebte. Man bezweifelte ausdrücklich, es handele sich um einen Konfessionskrieg. Roms Zurückhaltung provozierte dann auch viele im Lager der Habsburger. Auch Wallenstein vergaß sich eines Tages so, launig zu drohen, Rom habe schon gar zu lange keine Plünderung mehr erlebt, Reminiszenz an jenen fürchterlichen »Sacco di Roma« 1527 durch die deutschen Landsknechte Georgs von Frundsberg in der ersten bedeutenden Auseinandersetzung zwischen Habsburg und Frankreich.

Es lässt sich kaum bestreiten, Breitenfeld war in erster Linie ein Triumph Schwedens über die Wiener Habsburger, wirkte natürlich auch zugunsten der verängstigten deutschen Protestanten. An diesem Abend »waren die Verhältnisse im Heiligen Römischen Reich Deutscher Nation vollkommen umgestürzt«, hatte sich Schweden »zur führenden Militärmacht in Europa aufgeschwungen«, so seinerzeit die treffende Wertung eines deutschen Experten (G: Junkelmann, 352). In der jüngsten evangelisch-publizistischen Biographie wird daher auch sehr interessant – aber nicht unbedingt überzeugend – resümiert, man könne »von einem Schwedenkönig vor und nach Breitenfeld reden« (G: Schwede, 171). Möglicherweise habe der Stockholmer jetzt erstmalig an die deutsche Kaiserkrone gedacht. Jedenfalls soll der auf die Siegesnachricht ängstlich nach Halle gerittene sächsische Kurfürst, ob weinselig oder nicht, Gustav II. Adolf zugetrunken und versichert haben, er wolle nun mithelfen, »dass ihm die römische Krone auf das Haupt gesetzt werde«. So notierte es Johan Adler Salvius, schilderte es genüsslich auch dem Kurfürsten von Brandenburg (B: Öhquist, 171).

Eine folgenschwere Äußerung, gewiss! Vielleicht nur dahergeschwatzt, möglicherweise auch als ängstliche Frage von dem Sachsen gedacht. Er war zweifellos kein genialer Militär, erfasste dennoch klug wertend sofort die politischen Folgen dieses großen Sieges. Und er blieb nicht der Einzige in diesen Tagen. Überall in Deutschland bewegte die Politiker die Frage, ob Gustav II. Adolf sofort in die ungeschützten Erblande marschieren, den Kaiser demütigen, vielleicht selbst die Herrschaft an sich reißen werde. Vielen schien auffällig, dass der schwedische Monarch nun alle Bündniswilligen zwang, sich von Kaiser und Reich zu distanzieren. Überlegungen, ob Gustav II. Adolf zeitweilig statt des kaiserlichen »dominium absolutum« eine entsprechende schwedische Machtfülle anstrebte, beherrscht seither die Diskussionen der Historiker.

Jene, die dieses verneinen, führten immer wieder an, der König habe Johann Georgs Bemerkung mit einer ärgerlichen Replik abgewiesen. Später in Nürnberg, als die Ratsherren dort es anboten, habe er sich nicht einmal die hier aufbewahrten Reichsinsignien angesehen, wohl doch eine politisch motivierte Zurückhaltung. Historiker, die Gustavs II. Adolf Streben nach so dokumentierter Erhöhung bejahen, führen gewöhnlich Johan Adler Salvius' energisches Wirken für ein Kaisertum seines Monarchen an. Sie reihen entsprechende Äußerungen dieses, Gustav II. Adolf zweifellos nahestehenden Diplomaten aneinander. Ähnliches erklärte auch Philipp Sadler in Nürnberg vor dem Magistrat, behauptete Hofmarschall Bernholf von Crailsheim gelegentlich. Wunschvorstellungen letztlich doch unbedeutender Hofchargen, so wiegeln die Gegner ab.

Bedeutsamer als solche Behauptungen mag Axel Oxenstiernas Schweigen wiegen. Aufmerksame Beobachter glaubten sich schon damals dadurch bestärkt, dass der Kanzler beharrlich jeden Kommentar verweigerte. Er ließ auch nichts verlauten, als Gustav II. Adolf längst nicht mehr »kandidieren« konnte. Einig sind sich jedenfalls alle Kenner, dass mit den Erfolgen des schwedischen Herrschers dessen Pläne und Ziele wuchsen. Kurz nach Gustavs II. Adolf Tode bemerkte Axel Oxenstierna, anfangs habe der Herrscher »so weit zu kommen nicht vermeinet«, sich dann aber von augenblicklichen Triumphen immer weiter treiben lassen (Q: Irmer, II, 26).

Ganz sicher kann eine solche Äußerung als vorsichtige Bestätigung allmählich gereifter Ideen und Überlegungen eines evangelischen Kaisertums in der Gedankenwelt des schwedischen Königs gelesen werden. Die ältere schwedische Historiographie betonte übrigens, dass sich solche Konzepte »in seiner unablässig arbeitenden Phantasie überschlugen«. Zeitweilig dürfte auch dieser Gedanke den König bewegt haben, kann man dort lesen. Flugblätter wiesen ihn als »Löwen aus Mitternacht« aus, der die geknechteten evangelischen Fürstentümer und Reichsstädte einigen werde. Auch lassen sich gelegentliche Bemerkungen Gustavs II. Adolf anführen, wie er »das römischteutsche Kaisertum« verstünde, so er die Krone trüge (G: Öhquist, 189, 184; A: Vitense, 210). Im Januar 1632 drohte er jedenfalls dem Herzog Adolf Friedrich von Mecklenburg, sollte er »Kaiser werden, so sind Euer Liebden mein Fürst« (B: Ahnlund, Oxenstierna, 342). Ein Scherz, so meinen vor allem die Wortführer protestantischer Glorifizierungen des schwedischen Eingreifens. Eine merkwürdige Form königlichen Humors in einer insgesamt ärgerlichen Äußerung! Ganz sicher verband Adolf Friedrich seine eigenen Gedanken mit der Macht eines deutschen Kaisers, lag Mecklenburg gleichermaßen weit entfernt von Stockholm wie von Wien. Doch dokumentierte dieser Ausbruch des zornigen Monarchen, dass Gustav II. Adolf mit dieser Möglichkeit diplomatisch spielte.

Schwerer wog da aber schon, dass der schwedische Herrscher den Herzögen Adolf Friedrich und Hans Albrecht um die Jahreswende

1631/32 brieflich aus Frankfurt eröffnete, er besitze das »Kriegsrecht über Mecklenburg«. Er habe das Herzogtum dem Feinde abgewonnen, »es sei also sein eigen«. Gustav II. Adolf deutete an, er wünsche Mecklenburgs Lösung vom Römischen Reich. Die Herzöge könnten das Land als schwedisches Lehen aus seiner Hand empfangen. Eine kürzlich wieder aufgelegte Geschichte Mecklenburgs brandmarkte schon 1920, in einer Zeit gesteigerter Gustav-Adolf-Verehrung in Kernländern der evangelisch-lutherischen Konfession, die »wahren Absichten« des Königs. Gustav Adolf brachte Mecklenburg durch den Bündnisvertrag vom 13. März 1632 »in volle Abhängigkeit von Schweden«. Er habe dem Lande Wismar und Warnemünde genommen, den »ertragreichen Ostseezoll« kassiert und jährliche Zahlungen von 120 000 Reichstaler auferlegt (A: Vitense, 209–210).

Einige deutsche Historiker unterstreichen, Gustav II. Adolf beabsichtigte schon in Würzburg, später die geistlichen Kurfürstentümer zu säkularisieren, um die Herzöge von Mecklenburg und Pommern für die schwedische Annexion der Küstenregionen an der Ostsee entschädigen zu können. Ist das auch nur eine Folgerung, bestimmten Maßnahmen des Königs entnommen, so ist doch die Überlegung Gustavs II. Adolf belegt, Herzog Bogislaw XIV. mit einer Pension und einigen Gütern abzufinden. Er gedachte bedeutende Teile Pommerns dem Kurfürsten Georg Wilhelm von Brandenburg schon 1630 für den schnellen Wechsel an die Seite Schwedens anzubieten. Auch das ist möglicherweise nur eine Trumpfkarte in einem Spiel, in dem Gustav II. Adolf die Karten mischte, selbst souverän entschied, welches Ass stechen sollte. Er war doch »jure belli«, nach Kriegsrecht, und de facto der neue Eigentümer.

So gesehen entzieht die beständige Hervorhebung eines kriegsrechtlich sanktionierten Eigentums an deutschen Territorien aus dem Munde und der Feder des Schwedenkönigs auch jenen die Basis, die in Gustav II. Adolf den Retter landesfürstlicher »Libertät« betonen, ihm eine nahezu modern anmutende Verfassungsbindung zugestehen, die tief verwurzelte Abneigung absolutistischer Herrschaftsformen glauben wollen. Deutschlands protestantische Reichsstände hätten unter einem siegreichen Gustav Adolf möglicherweise eine Entwicklung erlebt, die in Schweden im Absolutismus Karls XI. und seines Sohnes gipfelte, kaiserlich-habsburgische Tendenzen um 1632 weit übertraf. Alles das war nach Breitenfeld möglich geworden.

Ähnlich wie mit den Mecklenburgern verfuhr der schwedische Monarch auch mit Friedrich Ulrich von Braunschweig-Wolfenbüttel zu

Jahresbeginn 1632. Vor einer Belehnung mit dem Bistum Hildesheim wünschte Gustav II. Adolf seine Anerkennung als neuer Lehnsherr, ratifizierte den schließlich mühselig ausgehandelten, diesen Forderungen widersprechenden Kompromiss seiner und der Braunschweiger Räte nicht.

Weitere Beispiele wären aufzurechnen. Immerhin maßte sich der »Befreier« und Helfer der bedrängten deutsche Reichsstände die großzügige Vergabe eroberter Landstriche auch in Süddeutschland an. Er lohnte Verdienste seiner Paladine mit geistlichem Territorialbesitz. Gustav II. Adolf vergab so Mergentheim, den Sitz des Hochmeisters des Deutschen Ordens, an Feldmarschall Gustav Horn, die Bistümer Paderborn und Münster in Norddeutschland, die über bedeutenden Landbesitz verfügenden Abteien Fulda und Corvey an Wilhelm von Hessen-Kassel. Er tat dies im Übrigen mit dem Zusatz, sie sollten nach Erlöschen des Fürstenhauses an die schwedische Krone zurückfallen, in der Tat bis dato kaiserliche Befugnis, Recht der Römischen Majestät. Selbstverständlich bedachte ein treusorgender Vater, Gustav II. Adolf, auch seinen Sohn. Das Bistum Osnabrück sollte dem jungen Mann künftig darüber hinweg helfen, dass nicht er, der Erstgeborene, der männliche Spross, die Krone erben konnte. Großzügige Schenkung für einen Bastard, lobenswert nur, dass sich Gustav II. Adolf nicht aus der Verantwortung für Margarethe Slots' Sohn stahl. Oh ja, er hatte in der Tat liebenswerte Seiten, der König, auch und vor allem dann, wenn er das Eigentum anderer verteilte. Das konnten schon Russlands Zar, Polens Herrscher und eben auch deutsche Fürsten bezeugen, weniger zufrieden als die Beglückten. Da mag sich Axel Oxenstiernas Belehnung mit der Abtei Eberbach relativ bescheiden ausgenommen, der Reichskanzler sich dennoch getröstet haben, dass sein Monarch für ihn wahrscheinlich die Vergabe des Mainzer Erzbistums bedachte. Er richtete sich häuslich ein, der neue Herr auf deutschem Boden, Gustav II. Adolf von Schweden. Im Übrigen musste das keineswegs bedeuten, dass dieses bedauerlich für die deutsche Geschichte, die Entwicklung der deutschen Nation gewesen wäre. Diesbezüglichen Klagen könnte manches entgegnet werden.

Tatsächlich hatte der schwedische Kriegsheld bereits sehr zeitig auf seinem Zug durch Thüringen, längs der »Pfaffenstraße« zum Rhein unter anderem in Erfurt, Würzburg, Mainz, später in Magdeburg und Augsburg Erbhuldigungen erzwungen. Auch ließ er die Festung Mainz als einen längerfristigen, eine Art »ewigen« Stützpunkt schwedischer Macht ausbauen. Nicht ausgeschlossen, dass mancher Magistrat das mehr oder weniger bereitwillig akzeptierte. Es blieb trotzdem belastend für alle Städte und Landschaften, dass sich Gustav II. Adolf überall auf das Kriegsrecht berief. Er verstand die eroberten Territorien, große Teile des Römischen Reiches, als sein souveränes Eigentum. Damit räumte sich der Schwede kaiserliche Machtbefugnisse ein. Er beanspruchte mit der Kraft des Siegers Rechte, die selbst dem Habsburger in Wien abenteuerlich erschienen wären, bisher verweigert werden konnten. Von der versprochenen »Konservierung« des Bestehenden konnte unter solchen Umständen allerdings kaum noch geredet werden. Das mussten wohl auch alle jene einräumen, die Schwedens Eingreifen begrüßten, sich anfangs möglicherweise wirklich Rückhalt, massive Hilfe gegen absolutistische Tendenzen des Kaisers erhofften.

Und auch das Problem eines allgemeinen schwedischen »Dominats« bestimmte bald Politikerdebatten in manchem deutschem Territorialstaat. Am 9. Juli 1632 hatte sich Gustav II. Adolf an die Nürnberger Ratsherren gewandt, noch immer eine Macht für sich im Reich. Der Herrscher fragte an, ob man sich dort einen neuen evangelischen Schutzbund denken könne, erbat sich deren Meinung über die Existenz eines »corpus Evangelicorum« auch für die Zeit nach dem Kriege. Unter seinem Kommando sollte, ließ der König wissen, eine Bundesarmee geworben werden. Im Übrigen versäumte er nicht, auch hier seinen Anspruch auf Pommern darzustellen. Gustav II. Adolf wusste sich einig mit dem eigenen Reichsrat in Stockholm, der im März des Jahres seinerseits unmissverständlich für den Verbleib Pommerns bei Schweden votiert hatte, ein künftiges protestantisches Bündnis unter schwedischer Führung guthieß. Tatsächlich beauftragte der Herrscher noch einmal im Oktober 1632 seinen Reichskanzler, der inzwischen auch in Deutschland weilte, mit dieser Aufgabe. Er instruierte ihn, den evangelischen Staatenbund in Ulm mit den protestantischen Reichsständen der Reichskreise Kur-Rhein, Ober-Rhein, Schwaben und Franken zu gründen. Der Reichskanzler sollte sich als »Bundes-Direktor« bestimmen lassen, durchsetzen, dass die Bundesmitglieder offiziell vom Kaiser abfallen, sich Schweden unterordnen.

Die Veranstaltungen und Publikationen zum 350. Jahrestag der Schlacht bei Lützen belebten neuerlich höchst widersprüchliche Diskussionen über Schwedens Rolle im Dreißigjährigen Krieg. Man kann jener Wertung eines schwedischen Historikers wohl ohne Zögern beipflichten, dass ein »Corpus Evangelicorum unter schwedischer Führung und ein habsburgisches Kaisertum« nicht »miteinander zu vereinbaren« waren. Solches habe »zur Auflösung des Reiches oder zur Einsetzung eines schwedischen Kaisers« führen müssen (A: Lundkvist, 223).

Allerdings scheidet eine solche Konsequenz selbstverständlich nicht aus, dass Gustav II. Adolf es selbst anders sah, die Kaiserkrone nicht wünschte, sich der Unwägbarkeiten eines nord-mitteleuropäischen Staatengebildes bewusst blieb. Phantast zu sein, romantischen Träumen eines gotischen Riesenreiches nachzuhängen, dennoch Realist zu sein, das Machbare kühl zu denken, schließt einander nicht aus, könnte auch für diesen bedeutenden Feldherrn und Politiker gelten. Seinerzeit hatte er schließlich auch das Angebot der Zarenkrone verworfen. Sein schwedisches Königtum aber, das scheint unbestritten, dehnte sich bereits 1632 in seinen realen Plänen weit über die einstigen Grenzen aus, umfasste auch größere deutsche Länderkomplexe selbst in der Mitte der Römischen Reiches. Vermutungen, er habe bewusst eine Auflösung der bisherigen Reichsstrukturen erstrebt, sind solcherart keineswegs übertrieben, grundlos geäußert.

Tatsächlich diskutierte man auch im Reichsrat in Stockholm 1632 beunruhigt, welche Folgen für Schweden aus einer eventuellen »Universalherrschaft« des Königs in Mitteleuropa erwüchsen.

Ja, es ließe sich einiges auflisten. Die neuere schwedische Forschung verzichtet auf derartige Spekulationen. Viele Historiker dort verneinen, dass Gustav II. Adolf jemals ernsthaft an die Kaiserkrone im traditionellen Verständnis dachte. Sie unterstreichen sicher nicht grundlos, der König sei als Staatsmann und Politiker »realistisch« gewesen. Das ist eine Wertung, die dann wohl jegliche ernsthaften Bestrebungen nach Universalherrschaft ausschließt. Gut und schön, aber man muss sie ja nicht teilen. Immerhin erwähnen auch diese Biographen, dass Gustav II. Adolf 1632 bestimmt auf ein »Corpus Evangelicorum« orientierte, diesen Bund der deutschen protestantischen Fürstentümer unter seiner Führung schaffen wollte. Was unterschied den schwedischen König als »Direktor« eines solchen Bundes mit dem Anspruch auf das »absolute directorium« eigentlich von einem Beherrscher der Allianz, einem Kaiser oder einer Art Oberkönig, das wird man sich fragen dürfen.

Realistischer war dagegen wohl eine andere »Vision«. Mitte März 1632 notierte Gustav II. Adolf Gedanken über ein Eheprojekt, sandte Oxenstierna seine diesbezüglichen Überlegungen. Der Brandenburger Erbprinz Friedrich Wilhelm sollte mit Prinzessin Christina von Schweden verheiratet werden. Der König erteilte seinem Kanzler Weisungen, ein Papier zu entwerfen, wie entsprechende Verhandlungen mit Brandenburg geführt werden sollten. Vielleicht auch wieder nur einer jener plötzlichen phantastischen Einfälle des Herrschers, nicht unbedingt ein ausschließender Beleg für andere zeitweilige Absichten. Und es bedeutete auch nicht, dass die Person des Königs nicht immer das eine und die Sicherung des Erbes der Tochter das andere blieb. Auch ein »Kaiser« Gustav II. Adolf hatte die Zukunft Christinas zu planen. Was er vorübergehend durch das Schwert schuf, musste nicht beständig sein. Das Hauptziel schwedischer Politik blieb die Ostseeherrschaft, und eine enge Union Brandenburgs und Schwedens konnte ein wichtiger Schritt auf diesem Wege sein. Realität wurde auch dieses nicht, obwohl dieser Ehegedanke schon früher den König beherrscht hatte. Schon die Entscheidungen des Herbstes 1631 bewirkten anderes. Auch zeigte sich Georg Wilhelm selbst zunächst wenig bereitwillig, eine so unsichere Bindung mit dem Verlust Pommerns bezahlen zu dürfen. Ihm schien die einstmals vereinbarte »Erb-Vereinigung« der Brandenburger mit dem Fürstenhaus Pommern eine zuverlässigere, sichere Garantie. Niemand erwartete mehr von dem alten, kränklichen Bogislaw XIV. einen Erben. Später blockierte Axel Oxenstierna diesbezügliche brandenburgische Vorstöße und Hoffnungen.

Im Zenit des Ruhms
Gustav II. Adolf,
König der Großmacht Schweden

Fast so alt wie die Geschichte ist auch der Streit der Historiker, warum Gustav II. Adolf nach seinem großen Sieg nicht auf Wien vorrückte, den Kaiser – Schwedens bestgehassten Feind – nicht vernichtete, endgültig und für alle Zeiten die katholische Gefahr für seine Staaten bannte. Heftig stoßen sich die Opponenten auch heute noch an der Behauptung, nach Wallensteins Entlassung, Tillys katastrophaler Niederlage hätte Österreich nahezu offen, verteidigungslos vor den Heeren des schwedischen Königs gelegen. Nicht wenige Kenner schwedischer und europäischer Geschichte des 17. Jahrhunderts berufen sich auf Axel Oxenstierna, dessen Hoffen und Wünschen in dieser Phase auf Wien zielte. Er habe seinen König nach dessen Tode vorsichtig kritisiert, angemerkt, Gustav II. Adolf hätte damals nach Wien marschieren, einen guten Frieden für Schweden vereinbaren sollen.

Natürlich bleibt offen, ob der geniale Reichskanzler solche Vorwürfe tatsächlich gezielt angedeutet hat. Möglicherweise wurden sie aus manchmal geseufzten Friedenshoffnungen herausgehört, in den schweren Krisenjahren der schwedischen Invasion nach Nördlingen – der furchtbaren Niederlage 1634 – laut gedacht. Er war wohl kaum ein Feldherr. Oxenstierna konnte ein Heer über den Winter und drückende Not verwalten, später sogar Rebellionen wegen ausbleibender Löhnung und Soldgelder beschwichtigen, aber die nahezu unlösbaren Schwierigkeiten eines Sofortmarsches auf Wien möglicherweise nicht wirklich erfassen. Im Übrigen klagte auch Christina später des Öfteren, ihr Kanzler habe immer und überall etwas auszusetzen, sei ein Nörgler.

Unter Gustavs II. Adolf Kommando kämpften bei Breitenfeld keine 25 000 Reiter, Fußknechte und Kanoniere, rechnet man Johann Georgs Sachsen ab. Wohl reihte er anschließend Tausende Liga-Söldner in seine Regimenter, hatte kühn das große Wagnis an Pommerns Küste sogar mit weniger als der Hälfte seiner jetzigen Feldarmee begonnen. Der Vorstoß in die kaiserlichen Erblande war aber doch ein anderer Gang, ein nicht mehr ruhigen Gewissens kalkulierbares Risiko. Auch die sächsischen 20 000 Soldaten, so man wirklich gemeinsam marschierte, hätte die Situation nur unwesentlich verändert, weite Landschaften rechts und links des Weges aber dem Gegner überlassen.

Sicher, die Herren in Pommern, wie fast überall in Norddeutschland, waren ihm keineswegs freudetrunken, trotzdem nicht feindselig, entgegengetreten. Der gemeine Mann aber, die Menschen in den

Städten, Flecken und Dörfern, hatten ihm gewöhnlich als Helfer, Hort gegen kaiserliche Bedrückung, zugejubelt, wie einfältig das immer sein mochte, schnell vergänglich auch das. Nun aber, jenseits der evangelischen Länder, würde das jedenfalls anders werden Selbst in Böhmen und Mähren, einst Hochburgen der konfessionellen Opposition, waren jene vertrieben, die evangelisch glaubten. Und die es noch leise dachten, blieben in der Minderheit. Sie wussten im Übrigen, dass die Heere Gustavs II. Adolf wenig unterschieden, ging es um Brot, Fleisch, Wein und Bier, die Töchter und Frauen. Gaben schon Protestanten nur ungern das Letzte aus Keller und Scheunen für die vorgeblichen evangelischen Streiter, Katholiken würden es verbergen, die Furiere erschlagen wollen.

Den Winter vor Augen, so wäre Gustav II. Adolf in Landschaften gezogen, deren Wege in jener Jahreszeit schon für begüterte Reisende kaum als paradiesisch galten. Er hätte eine Armee mit gewaltigem Tross – schwerbeladenen Packwagen und klobigen Geschützlafetten – auf herbstlich aufgeweichten, winterlich-glitschigen Wegen geführt, in Feindesland, über bergige Höhen, durch gefährliche Schluchten, fernab gesicherter Basislager. Unerträglich ein solcher Gedanke für Gustav II. Adolf, einen Heerführer, dessen Stärke auch und besonders auf einer sprichwörtlichen Basisstrategie beruhte, der selbst in Pommern anfangs nur zögernd vorrückte. Weit hinter sich auch die Verbündeten, wie unsicher der eine oder andere auch immer zu seinen Bündnispflichten stehen mochte, dazu eine wesentlich dünnere Besiedlung der vor ihm liegenden Regionen. Wo keine großen Höfe, wohlhabende Bauern erwartet wurden, da mussten auch die Kessel und Töpfe seiner Köche, die Futtersäcke der Pferde des Öfteren nur halbgefüllt bleiben.

Und schnell wären die Kolonnen ausgedünnt, der Zug der Marschierenden spärlicher, kürzer geworden. So viele strategische Plätze, Pässe, Brücken galt es zu sichern, Rückzugslinien, die befestigt, verteidigt werden mussten, Garnisonen, deren sanfter, bestimmter, poltrigrauer, waffenklirrender Nachdruck die Kontributionen eintrieb, Zahlungssäumige beschleunigte.

Er hatte schon Recht, der Wallensteiner, als er seinerzeit, fast ein Jahrzehnt zurück, den Kaiser wissen ließ, ein kleines Heer könne er nicht unterhalten, nur eine Riesenarmee garantiere die Versorgung im Lande. Gustavs II. Adolf Heer würde bald nur noch als Vorhut gelten, eine Wachtparade, die sich Wien näherte, wenn überhaupt. Und die Kasse des Schweden wären wohl kaum gefüllter als die des

Kaisers. Werbungen in großem Umfang, lebensnotwendig, würden so unmöglich sein.

Und da war auch noch Bayern. Die Schnelle, mit der Graf Tilly wenige Wochen nach Breitenfeld wieder eine beachtliche Streitmacht gesammelt hatte, mochte zusätzliche Warnung sein. Der alte Mann war noch immer keineswegs zu unterschätzen. Er konnte rückwärtige Linien zwischen Sachsen und den Habsburger Staaten empfindlich stören, ja, zu einer tödlichen Gefahr auch für die schwedische Hauptarmee wachsen.

So lenkte Gustav II. Adolf seine Kolonnen nicht nach Wien. Der König plante zunächst eine energische Verfolgung des geschlagenen Feindes. Er sandte die Reiterei hinter Tillys und Pappenheims flüchtende Scharen, marschierte selbst vor Leipzig. Hier wartete er zunächst auf Johann Georg, ritt bald weiter nach Halle, beließ nur sein Fußvolk vor den Mauern der Stadt. Der König wünschte aber die sächsische Metropole durch die Sachsen gestürmt, ahnte Ärger mit dem Dresdener, sollte Leipzig geplündert werden. Es blieb unbestreitbares Recht der Eroberer, eine Stadt, die durch das Schwert gefallen war, drei Stunden ungehindert besitzen zu dürfen. Das konnten die Offiziere nicht unterbinden, nicht einmal ein solcher König verhindern.

Auch in Frankfurt an der Oder hatte Gustav II. Adolf seinerzeit erst nach blutigen Exzessen eingegriffen, seine Soldaten gestoppt. Da aber lagen schon Dutzende gläubige Protestanten tot in den Gassen, ausgeraubt, geschändet, bezahlten den Preis für kaiserlichen Widerstand. Und auch jetzt wollten Tillys Soldaten die Waffen nicht einfach strecken, wenigstens drohte so deren Kommandant.

Erfreulich die dann doch erfolgte Kapitulation der Kaiserlichen, sehr gut auch die neuerliche, fast freundschaftliche Begegnung mit dem Sachsen in Halles Moritzburg! Das eifrige Bechern und Zutrinken beider, »Bierjörge« und Gustav Adolf, schienen Meilensteine auf dem Weg, Johann Georg, den noch immer zögerlichen, zurückhaltenden Bundesverwandten, fester an die schwedische Sache zu ketten. So war gut Diskutieren über den Fortgang des Feldzuges, eine Gelegenheit, die Gustav II. Adolf suchte, bevor er für sich entschied, wohin sich seine Armeen wenden würden.

Als der sächsische Kurfürst am 14. September in Halle eingetroffen war, galt schon als gewiss, dass Tilly schnell, sein Vorsprung zu gewaltig war, aus der Verfolgung ein neuer Feldzug werden würde. So war nur noch zu entscheiden, wohin sich Sachsen, Schweden, die anderen alten und neuen Alliierten künftig zu wenden hätten, wer in die kaiserlichen Lande einfallen sollte. Ein Marsch auf Wien jedenfalls stand niemals ernsthaft zur Disposition.

Leider existiert kein Protokoll der Beratungen Gustavs II. Adolf mit Johann Georg. Die Historiker müssen sich mit Anekdoten und Berichten einiger Ausgesandter des Monarchen an protestantische Höfe, Briefe der beiden an Politiker und Vertraute bescheiden. So viel scheint gewiss: Ein langes persönliches Gespräch der »Sieger« überbrückte die Distanz. Ein wohlmeinender Gustav II. Adolf dankte dem Sachsen überschwänglich für den Mut, die Schlacht zu wagen. Er erwähnte den mehr als hastigen Fortritt Johann Georgs von der Walstatt mit keinem Wort, auch das nur gefolgert von jenen, die später dazu stießen, »Bierjörge« heftig fröhlich vorfanden. Es ist nicht einmal sicher, wie viele der Räte dann an den Beratungen teilnahmen. Johan Adler Salvius berichtete kurze Zeit danach ausführlich Kurfürst Georg Wilhelm in Berlin, Johann Georg sei »gaar lang ... und ganz allein beim König gewezen« (G: Gfrörer, II, 785). Später habe der Sachse dem König empfohlen, über Schlesien direkt gegen die kaiserlichen Erbländer vorzustoßen. Gustav II. Adolf habe doch Krieg mit dem Kaiser, nicht mit dem Reich, könne ja auch längs der Oder vorrücken. Da aber hatte Schwedens Monarch schon längst bestimmt, wie er es weiterhaben wollte.

In einem Brief an Axel Oxenstierna stellte Gustav II. Adolf am 17. September dar, er wolle mit der Armee in Winterquartiere nach Thüringen ziehen. Mit Gottes Gnade beabsichtige er, »einige Bistümer in Franken« zu bedrohen, sie zu Kontributionen zu nötigen. Auch gedenke er neue Truppen zu werben, im Frühling größere Aufgaben gestärkt anzugehen (A: Generalstaben, V, 12).

Aus anderen Quellen lässt sich schließen, dass der Schwede bereits vor der Beratung in Halle entschieden hatte, über den Thüringer Wald nach Franken zu schwenken, »die Pfaffengasse« aufwärts zu marschieren. Johann Georg verstand rasch, der König war auch hier ein Gewiegter, ein Ausgebuffter, wie der Sachse enttäuscht bemerkte. Ihm schwebte solches ebenfalls vor, dämmerte »Bierjörge« doch, welche Schätze in seine Kriegskassen fließen würden. Er hätte Gustav II. Adolf gerne gehindert, durch diesen Zug ins Reich Türen zu den süddeutschen Protestanten aufzustoßen, Einfluss, Bundesgenossen auch dort zu gewinnen, die sächsische Dominanz in Franken, Schwaben, am Rhein zu schwächen. Gustav II. Adolf aber bremste den sächsischen biervollen Redefluss. Er gab freundlich-gutwillig zu bedenken, die sächsische Armee sei noch zu unerfahren. Sie treffe dort auf die Liga-Reserven, müsse mit Tilly, sieggewohnten Generälen Wallensteins rechnen, könnte besser zunächst wichtige Aufgaben in Schlesien wahrnehmen, dort den Kaiser beunruhigen.

Das war es, was der Sachse liebend gerne vermieden hätte. Immer ehrlich bemüht, den offenen Bruch mit Wien zu vermeiden, hatte er nur auf Tillys Einfall reagiert, verärgert, entschlossen sogar. Aber der Kurfürst hoffte dennoch heimlich weiterhin auf eine kaiserliche Eingebung, Erleuchtung, Ferdinands II. deutliche Distanz von jenem betrüblichen Restitutionsedikt, das auch manche seiner Erwerbungen bedrohte. Johann Georg glaubte sich besser beraten, den Kaiser nicht weiter zu provozieren, wusste aber, Gustav II. Adolf war der Sieger, bestimmte die künftige Marschrichtung so lange, wie Wien nicht lernen wollte.

Er hatte sein Möglichstes getan, dem Kaiser Brücken zu bauen, Johann Georg, der manches vermögende sächsische Kurfürst. Er hatte befriedigt verstanden, dass auch der Katholik Richelieu seinen Einsatz würdigte. Der Sachse wusste wohl, dass es dem Franzosen um die antikaiserliche Stoßrichtung ging. Er begriff sich selbst aber auch als Hort »fürstlicher Libertät«, durchaus bereit, gegebenenfalls mit Bayerns Maximilian zu paktieren, konnte man so die ausländischen Nutznießer der deutschen Zwistigkeiten verdrängen. Johann Georg sah seine Aufgabe selbst in der Bildung eines dritten Lagers auf deutschem Boden. Er wollte, auch das Reflexion eigener Wertschätzung, um sich die protestantischen Reichsstände sammeln. Der Sachse hatte dennoch erleben müssen, dass die Zusammenkunft der protestantischen Mächte im Februar 1631 scheiterte, misslingen musste auch deshalb, weil er selber nicht willens war, mehr als Demonstrationen der Stärke, Drohgebärden gegen den unvernünftigen Kaiser zuzulassen. Die in Leipzig, auf dem Konvent der Protestanten, diskutierte Bundesarmee war nicht geschaffen worden. Jeder, auch er, rüstete für sich allein. Gustavs II. Adolf Vormarsch, das Treffen bei Breitenfeld, war durch so halbherzige Aktivitäten kaum zu verhindern. Und nun nahm ihm der Schwede auch noch die Möglichkeit, wenigstens weiterhin als Sachwalter der deutschen Protestanten vor dem Kaiser zu brillieren, in Wien auf seine Weise präsent zu sein, der unabhängige neutrale Dritte zu bleiben. Der Kaiser lasse ihm keine Wahl, so mag er sich getröstet, betrübten Herzens Gustavs II. Adolf Vorschlag und Wunsch entsprochen haben, freundlich, verbindlich geäußert, Befehl dennoch. So dirigierte der Sachse seine Armee in südöstlicher

Richtung, gab dem König den Weg frei zu weiterer Macht, eine Bahn, die er nicht verstellen konnte.

Wichtiger als Wien waren Augsburg, Nürnberg, Ulm, auch München und andere reiche und feste Plätze Süddeutschlands, Würzburg beispielsweise. Der Weg in die Kaiserstadt führte über Südwestdeutschland und Bayern. Der Sieger von Breitenfeld stand am 22. September 1631 auf dem Erfurter Markt. Er eroberte Anfang Oktober Würzburgs Festung Marienberg, auch diesmal durch Hunderte massakrierte Soldaten und ängstliche katholische Bürger der Bischofsstadt bezahlt. Erfreulich für Uppsalas Universitätsbibliothek, dass Bücherladungen, kostbare Handschriften als königliche Schenkung, als Beutegut deklariert, auf den langen Weg ins ferne Schweden gingen. Ende Oktober erklärte der Sieger den Beamten des geflohenen Fürstbischofs, er habe eine Vereinigung mit der katholischen Liga erwartet, wollte gemeinsam mit ihren Fürsten die absolutistischen Vorhaben des Kaisers zunichte machen. Er habe sich auch gegenüber Frankreich in Bärwalde verpflichtet, der Liga Neutralität zuzugestehen. Doch sei sein guter Wille nicht beachtet, die Liga ihm feindlich entgegengetreten. Auch der Fürstbischof von Würzburg habe alle entsprechenden Angebote abgelehnt. So musste er Stadt und Festung erobern, das Stift besetzen, wolle jetzo eine eigene Regierung für die Dauer der Okkupation benennen.

Die Zeitgenossen mochten die bald auch als Flugschrift und Manifest Gustavs II. Adolf verbreitete Rede glauben oder anzweifeln, die »ausschweifende Gewalt und unbarmherzige Tyranney des Hauses Oesterreich« eingeschränkt wissen oder bejahen (G: Gfrörer, II, 890). Sie waren sich jedenfalls nahezu alle einig, dass der schwedische König »mehr eine Lustreise als einen Heerzug that«, sich so schnell »des ganzen Frankenlandes und der angränzenden Gegenden bemächtigte«, dass die Nachricht seiner Siege »mehr Zeit brauchte, seinen Fortgang bekannt zu machen, als er nöthig hatte, Provinzen zu erobern«, eine treffliche Skizze der Ereignisse des Spätherbstes 1631 (G: Harte, II, 101). Er konnte mit dem Erreichten zufrieden sein, Gustav II. Adolf, den Jahreswechsel fröhlich beginnen.

So war nun auch das geschafft, Schweden an diesem wichtigen Flussübergang gesichert, die Vorwärtsverteidigung seines Landes an der Mainlinie organisiert. Ein gut gelaunter König rückte anschließend auf Frankfurt vor. Am 22. Januar 1632 traf ihn Axel Oxenstierna dort, soll hier kühl geäußert haben, lieber hätte er dem König in Wien zu dem großen Erfolg bei Breitenfeld gratuliert. Einige Jahre später erläuterte der Kanzler den Reichsräten, er wünschte bereits in Frankfurt, nach Breitenfeld Frieden zu schließen, »die deutschen Stände ihre Angelegenheiten unter sich« regeln zu lassen (G: Öhquist, 172).

Allgemeine Friedenssehnsucht war es dennoch schwerlich. Noch am 17. Januar 1631 hatte der Kanzler seinem Herrscher geschrieben, Schwedens Sicherheit baue auf Polens Furcht vor Moskau. Komme es im Osten zum Krieg zwischen beiden, »stünden alle unsere Sachen gut« (A: Generalstaben, V, 227). Axel Oxenstierna war immer überzeugt geblieben, Schwedens wahre Interessen lägen im Osten. Dort sollten schwedische Heere kämpfen, nicht auf deutschem Boden. Der im Sommer 1632 auslaufende Waffenstillstand zwischen Russen und Polen eröffne Schweden neue günstige Möglichkeiten, Sigismund und Polen zu schwächen. Gustav II. Adolf hatte auch, trotz seiner Bindungen in den deutschen Krieg, des Altmarker Waffenstillstandes mit König Sigismund, Sondergesandte Schwedens nach Moskau geschickt. Schwedens Monarch bot an, er wolle in Deutschland Truppen werben, die bei einem russischen Angriff gleichzeitig in Großpolen einfallen könnten. Der Reichskanzler allerdings hatte dieses Vorhaben missbilligt, befürchtet, so könnte Schweden mitten in den deutschen Kriegswirren auch noch in eine russisch-polnische Auseinandersetzung hineingezogen werden. Er hatte aber auch hier seinen Herrscher nicht überzeugen können.

Als man Gustavs II. Adolf Leichnam auf dem Schlachtfeld bei Lützen barg, war eine russische Delegation bereits nahe, wollte die königliche Unterschrift unter das entsprechende Vertragspapier einholen. So blieb den Schweden möglicherweise ein neuer Kriegsherd erspart, war dem Kanzler wenigstens diese Sorge genommen. Der deutsche Krieg aber, er würde fortgesetzt, keineswegs einfacher, nicht geringer werden, nicht nach Lützen und schon gar nicht ohne den gekrönten Feldherrn. Beklagenswert für Axel Oxenstierna war, dass er dieses Erbe, das ungeliebte, antreten musste.

Damals, zu Jahresbeginn 1632, war der Kanzler auch deshalb nach Frankfurt gereist. Er wollte den Monarchen für einen gewinnträchtigen Frieden mit dem Kaiser einnehmen, die für Schweden so glückliche Lage nutzen, wenn schon nicht in Wien, dann doch in der Krönungsstadt der Habsburger.

In diesen Tagen hatten die Schweden allerdings schon weitere Mainfestungen besetzt. Sie waren am 7. Dezember 1631 bei Mainz über den Rhein gesetzt. Gustav II. Adolf konnte nach kurzer Belagerung am 14. Dezember als Sieger in die alte Bischofsstadt einmarschieren. Während die schwedischen Regimenter in diesem, bisher nahezu kriegsfreien Raum hervorragende Winterquartiere fanden, residierte der Monarch ein Vierteljahr abwechselnd in Frankfurt und Mainz, dominierte die europäische Politik. Hier empfing er Frankreichs Gesandten, musste befremdet erneut Richelieus Wunsch anhören, Bayern baldmöglichst als neutrale Macht zu betrachten.

Verärgert hatte der Kardinal begreifen müssen, jene klug gedachte große Intrige war durchkreuzt. Es war misslungen, die deutschen Fürsten – Protestanten wie Katholiken – gegen den Kaiser zu lenken, Schwedens Heere für Frankreichs Interessen gegen die Habsburger zu bezahlen. Da tröstete wenig, dass dieser Preis im Übrigen eher gering denn sonderlich hoch veranschlagt werden konnte. Die Ereignisse 1631 hatten jedenfalls einen anderen Verlauf genommen als gewünscht. Die kühn kalkulierte Auflage, Schweden im Vertrag von Bärwalde aufgezwungen, die künftige Neutralität der Liga zu akzeptieren, beengte Schwedens Zielsetzungen nicht weiter. Von Gustav II. Adolf nie ernsthaft erwogen, für unrealistisch empfunden, wurde Richelieus Plan durch Maximilians Vorgehen in Norddeutschland, die Zerstörung Magdeburgs, Pappenheims blitzartige Überfallmanöver in Westfalen und Niedersachsen rasch papierne Geste nur.

Blaugelbe Fahnen an Main und Rhein, schwedische Laute auch an der Mosel, Frankreichs Mächtige reagierten entsetzt, fieberhaft auf die veränderte Lage. Man musste Schweden zuvorkommen, die Rheinlandschaften besetzen, bevor Gustavs II. Adolf Heere die dortigen Festungen eroberten. Beunruhigend der Gedanke, sie könnten den Kaiser auch hier und im Elsass schlagen wollen, möglicherweise noch dem Kurfürsten von Trier, Philipp von Södern – Frankreichs Schutzbefohlenem – zur Hilfe kommen, spanische Truppen – des Kaisers Alliierte – aus Trier vertreiben. Zu viele unerwünschte Siege!

Und so reisten französische Diplomaten nach Sachsen und Bayern, warben dort für Frankreichs Intentionen. Vor Maximilian deuteten sie sogar an, sollte Schweden ein neutrales Bayern nicht akzeptieren wollen, könnten französische Truppen Schweden zwingen. Verheißungen, die so unübel in bayrischen Ohren nun auch nicht klangen. Am 14. Dezember, angesichts der zahlreichen Hiobsbotschaften aus den Rhein-Main-Regionen, den Erfolgen Gustavs II. Adolf, willigte Maximilian ein. Der Bayer formulierte seine Forderungen, nicht geringe, wie die französischen Vermittler verstehen mussten.

Gustav II. Adolf habe alles zurückzugeben, was er den Ligastaaten genommen habe. Er müsse Bayerns Kurhut anerkennen, Maximilian den Besitz der Pfalz nicht länger neiden. Bedingungen eines Siegers, nur einem erschöpften, kriegsmüden Gegner anzubieten, aufzuzwingen! Wohl nicht erstaunlich, kaum verwunderlich, dass sich Köln, Mainz, Würzburg und Osnabrück noch am letzten Tage des Jahres 1631 bereitwillig anschlossen. Ein offenbar zufriedener Fürstbischof von Würzburg hastete nach Frankreich, Richelieu und Ludwig XIII. die frohe Mär mitzuteilen, generös zu versichern, die Liga sei bereit, diesen Sieg gemeinsam mit Frankreich zu feiern.

In der Tat bemühte sich der Prälat in Fontainebleau sehr eifrig, Frankreichs Monarchen einzugeben, der schreckliche Schwede wolle die »römische Religion ganz und gar auswurzeln«. Er strebe nach dem Besitz auch Frankreichs und der anderen katholischen Staaten Europas. Man sehe das doch deutlich daran, dass er sich nicht gegen den Kaiser gewandt habe, sondern am Oberrhein Krieg führe (G: Harte, II, 107–108).

Das war nun, abgesehen von dem Widerspruch, dass auch der Wiener Habsburger allen doch als römisch gläubig galt, keineswegs unglücklich formuliert, traf auch französische Nerven. Ein huldvoller Ludwig XIII. bat den Würzburger, das Haupt doch bitte zu bedecken, nahm gnädig den Arm des Hoffenden. Richtig glücklich wurde der deutsche Kleriker dennoch nicht, redete Richelieu doch auch hier sofort von dem notwendigen Bund deutscher katholischer und protestantischer Reichsstände gegen den Kaiser. Eine Forderung, die nach den schwedischen Siegen kaum einfacher durchzusetzen war, wie das wohl auch der emsige Botschafter der Liga wusste, wie optimistisch er sich geben, wie überzeugt Richelieus Sekretäre immer auch versichern konnten, die schwedische Politik zu leiten. Man hob in der Vorfreude auf einen künftigen glücklichen Frieden trotzdem vollmundig die vollen Gläser.

Es wurde eine Feier ohne den Wirt, den erhofften Gastgeber künftiger Würzburger, Mainzer, Osnabrücker Festtage. Als Melchior de l' Isle, einer der vielen französischen Gesandten, am 22. Dezember von Schwedens König empfangen wurde, stellten sich die Dinge anders da. Frankreichs »Junior« rechnete katholische Vergehen auf. Er erklärte sich von der Liga angegriffen, hart bedrängt. Gustav II. Adolf glaubte eigene Sicherheit nur durch die vollständige Abrüstung der Liga, die Überstellung ihrer Truppen an die französische Krone gewährleistet. Und Gipfel schwedischer Dreistigkeit, Gustav II. Adolf entsandte Gustav Horn nach Frankreich. Der Schwede forderte neben der Kapitulation der Liga, Frankreich solle drei Armeen aufstellen, müsse Spanien in Burgund, Luxemburg, Flandern angreifen, erneut in Italien einrücken. Ansonsten sehe sich Schweden zu einem Separatfrieden geneigt. Und einen kleinen Scherz hatte sich Gustav II. Adolf auch noch einfallen lassen. Wie zufällig, ganz nebenbei, ließ Horn auftragsgemäß verlauten, sein Monarch könne sich Ludwig XIII. als Kaiser denken, sehe Richelieu bereits als Papst in Rom. Ja, Spaß musste sein, nur konnten die beiden Franzosen nicht herzlich lachen, höchstens über Gustavs II. Adolf Ansinnen, Frankreich solle zwischen Maximilian und dem vertriebenen Pfälzer, dem »Winterkönig«, vermitteln.

Gut war vielleicht nur, dass Charnacé, der den vollen Text der bayrischen Wünsche mit sich trug, erst am 30. Dezember Gustav II. Adolf informieren konnte. Er rief verständlichen Ärger hervor. Schwedens König dürfte sich verhöhnt gefühlt haben, als der Franzose auch noch Maximilians Bedingung anführte, Schweden solle die kaiserlichen Truppen unbehelligt in die habsburgischen Staaten ziehen lassen. Er reagierte verärgert, drohte, dass Schweden Sonderverhandlungen mit dem Kaiser und Spanien bedenke. War es Arroganz oder Unfähigkeit der französischen Vermittler, dass der Marquis de Brézé, ein neuer Sonderbotschafter Richelieus, am 8. Januar 1632 Bayerns Forderungen Gustav II. Adolf erneut vortragen wollte.

Er war »mehr ein glücklicher Mann als ein geschickter Unterhändler«, schilderte vor einigen hundert Jahren einer der ersten bedeutenden Biographen Gustavs II. Adolf den Franzosen. Er sei »glücklich« vor allem, weil er Richelieus Schwester ehelichen durfte. Selbstverständlich offenbar, dass Brézé und andere dieses selbst als Glück deuteten, förderlich jedenfalls, wie die biographischen Daten belegen. Der Kardinal zeigte sich nicht unkenntlich. Ihn leiteten offensichtlich sehr eigene Vorstellungen geschwisterlicher Zuneigung und Liebe. Zunächst fundierte er das schwesterliche Glück mit der Kommandantenstelle im königlichen Garderegiment für de Brézé. Der Kardinal entdeckte bald weitere lohnende Ehrenposten für den Schwager. Dieser konnte Staatsrat, Gouverneur und schließlich auch Sonderbotschafter bei Gustav II. Adolf werden. Freilich, das eheliche Glück der beiden interessierte weniger, auch nicht diesen ansonsten sehr mitteilsamen Publizisten um die Mitte des 18. Jahrhunderts. Gustavs II. Adolf Biograph beschränkte sich auf die solcherart schlagende Feststellung, an diesem frostigen Wintertag zu Jahresbeginn 1632 seien de Brézé, der große Kardinal, Frankreich, aber vor allem Bayerns Maximilian jedenfalls gerade deshalb glücklos bei dem Schwedenkönig gewesen, weil hier einer in Frankfurt angereist war, dessen diplomatische Talente offenbar weder glücklich noch durchschnittlich ausgereift waren (G: Harte, II, 107).

Sowohl der französische Bericht als auch das schwedische Protokoll verzeichnen nicht, ob Gustav II. Adolf den französischen Vermittler ausreden ließ. Bekannt wurde nur die kurze Entgegnung: »Das wird nicht sein!« Kaum verständlich, dass de Brézé dann auch noch Frankreichs Wünsche artikulierte, Schweden möge das Rheingebiet verlassen. Der unglückliche Diplomat erwähnte gar 40 000 französische Soldaten unter Ludwig XIII., die offenbar entschlossen heranstampften, den unbesiegten Schweden das Fürchten zu lehren.

Es zählt schon zu den Bonmots aller Historiker, die bereits von den Zeitgenossen freudig genossene Zurückweisung Richelieus lebhaft auszuschmücken. Kaum eine Biographie ohne das berühmte wörtliche Zitat, das eine damalige Flugschrift, wohl nicht ohne schwedische Zustimmung, flugs verbreitete. Gustav II. Adolf soll spöttisch entgegnet haben, der Franzose brauche so viele Soldaten nicht. Wäre es eine Frage der Menge gewesen, hätte der Kaiser ihn schlagen müssen, nicht er den Kaiser. Frankreichs König könne gehen, wohin er wolle, müsse aber aufpassen, »dass er meiner Armee nicht zu nahe kommt, oder er muss ein recontre mit mir halten« (G: Berner, 491–492). Abgesehen davon, dass Gustav II. Adolf gemeinsam mit Johann Georg bei Breitenfeld Tilly auch zahlenmäßig überlegen war, wurde solcherart doch klar, der Schwede wusste seinen Sieg einzuordnen, scheute einen Affront Frankreichs nicht.

Kardinal Richelieu jedenfalls ließ nicht marschieren. Die 40 000 kamen nicht und schon gar nicht Ludwig XIII. Am 9. Januar nahmen Frankreichs Gesandte den schwedischen Gegenvorschlag entgegen. Sie mussten nun ihrerseits lesen, die Liga habe alle protestantischen Gebiete, selbst die oberdeutschen, wieder an die früheren Landesherrschaften zurückzugeben. Entgegengekommen war Gustav II. Adolf Frankreich nur insoweit, als er die Liga-Truppen auf 10–12 000 Mann begrenzen wollte. Gesammelt wünschte er sie dennoch nicht, bestand darauf, sie müssten auf die einzelnen katholischen Territorien verteilt werden. Im Übrigen bot Schweden die Rückgabe von Trier und Köln an die jeweiligen katholischen Würdenträger an, Regionen, die Gustav II. Adolf ohnehin nicht wünschte. Mainz und Speyer, Festungen am Rhein, so ließ er mitteilen, sollten dagegen in schwedischer Hand verbleiben, über andere, schwedisch besetzte Landschaften könne bei einem Friedensschluss nachgedacht werden. Der Bischof von Bamberg dürfe auf keinen Fall berücksichtigt sein, ihm verweigere Schweden jeden Neutralitätsschutz, verlange das Bistum als Pfand.

Der schwedische Monarch ahnte sicher, dass sich Maximilian darauf kaum festlegen lassen konnte. Immerhin betonte Gustav II. Adolf ausdrücklich, alle evangelischen Herrschaften stünden ausnahmslos unter schwedischem Schild, wenn sie darum ersuchten. Frankreich solle die Neutralität der deutschen katholischen Mächte garantieren. Es müsse sich verbinden, Schweden bewaffnet zu helfen, sollte ein Liga-Mitglied seinen Verpflichtungen nicht nachkommen.

Gustav II. Adolf verstand sich zu keiner Zeit als Vollstrecker französischer Politik und der Wünsche Richelieus. Das Geld aus Paris empfanden die Schweden als rechtmäßige Entschädigung für ihren Einsatz gegen Habsburg. Sie wähnten sich niemals als bezahlte Soldtruppen des Königs von Frankreich, verweigerten Weisungen aus Paris den Gehorsam. Der Kaiser war der gemeinsame Gegner. Mehr verband beide Mächte nicht. Und Schweden war nun zur europäischen Großmacht gewachsen, war vielleicht, wahrscheinlich, ganz sicher in dieser Phase dominierend in Europa. So sah sich Schwedens König und entsprechend formulierte er seine Bedingungen. Distanzierung vom Kaiser, so lautete das einzige Gebot Gustavs II. Adolf, das Richelieu vermutlich unbenommen unterschrieben hätte.

Maximilians interne Vereinbarungen mit dem Kaiser, als »Entgelt« für Hilfeleistungen die Kurwürde des verjagten Pfälzers zu empfangen, beeindruckten den Schweden ebenso wenig wie Friedrichs V. demonstrierte schwedische Sympathien. Als Gustav II. Adolf dennoch eine Internationalisierung des Streites der beiden unter französisch-englischer Vermittlung empfahl, den Vorschlag in seine Überlegungen aufnahm, war ihm die Beilegung relativ gleichgültig. Für den König zählte Schwedens Machtzuwachs, mit oder ohne Frankreichs Beifall. Maximilians Nicken, Friedrichs Ja oder Protest, galt auch hier nicht »katholisch oder protestantisch«. Der »Winterkönig« hörte die erhofften Zusagen aus Gustavs II. Adolf Mund nicht, niemals.

Die schließlich erfolgte Unterschrift des französischen Bevollmächtigten unter dieses Papier dokumentiert einen Höhepunkt schwedischer Macht in Deutschland und Europa. Nicht Frankreich diktierte Schweden die Bedingungen für die geplanten Friedensgespräche, Gustav II. Adolf bestimmte das Geschehen.

Andererseits hatte Maximilians Feldherr Tilly bereits im Oktober

1631 erneut eine Armee von etwa 40 000 Soldaten gesammelt. Er beunruhigte, ja verwirrte Gustav II. Adolf bei der fränkischen Ortschaft Ochsenfurt zwischen dem 26. und 31. Oktober so sehr, dass der seinen König begleitende Schotte Monro die sichtbare Bewegung seines Feldherrn, das Erschrecken – die Furcht vor einer totalen Niederlage – tief beeindruckt notierte. Zu schwach dünkten Gustav II. Adolf die verfügbaren schwedischen Streitkräfte in Franken.

In diesen Tagen vergab der bayrische Feldherr wahrscheinlich die letzte große Möglichkeit seines Kriegerdaseins, die »Scharte« von Breitenfeld auszuwetzen, die Schmach zu tilgen, die er empfand – der einst viel gerühmte Unbezwingliche – , den alten Ruf, sein Selbstwertgefühl zurückzugewinnen. Er sei zutiefst verunsichert gewesen, habe alles Selbstbewusstsein eingebüßt, ein ängstlicher Greis, so die Historiker, die Tillys Verhalten untersuchten, die Quellen analysierten. Damals verfügte er wieder über eine Streitmacht, die nicht allein zur Verteidigung Bayerns bereit stand, sondern auch Nürnberg, die freie protestantische Reichsstadt, bedrohte.

Man wusste in München, dass Richelieu kaum interessiert sein konnte, Gustavs II. Adolf Einfluss in Deutschland weiter zu stärken. Da blieben auch Maximilian Möglichkeiten, das ohnehin brüchige Einvernehmen zwischen Frankreich und Schweden zu stören. Der Bayernherzog erteilte Pappenheim die Weisung, trotz der französisch-schwedischen Absprachen in Niedersachsen weiter zu operieren. Der Feldherr solle die vereinbarte Waffenruhe brechen, ein Brief, der den Schweden in die Hände fiel, vielleicht auch fallen sollte. Im Übrigen zögerten auch die Schweden, ihre Aktionen in Süddeutschland einzustellen. Zufrieden notierte Axel Oxenstierna am 22. März 1632, »Bayern habe den König in Frankreich betrogen« (A: Generalstaben, V, 241). Schweden forderte nun wieder die völlige Demilitarisierung.

Die parallel zu den Waffenstillstandsverhandlungen und dem Versuch, Bayern zu neutralisieren, betriebenen allgemeinen Friedenssondierungen in Frankfurt am Main versandeten ebenfalls.

Auch im Haag hatte man beunruhigt über die schnell wachsende Machtfülle Schwedens debattiert. Die Herren Generalstaaten zahlten zwar Gustav II. Adolf seit Mai 1631 auch Subsidien, wünschten schwedische Erfolge, solche jedoch nicht. Vorübergehend hatte man sich hier über Christian IV. geärgert, dessen Zollzwistigkeiten mit den niederländischen Kaufleuten und Kapitänen bedauert, die Bedrohung Hamburgs durch Dänemark nicht hinnehmen wollen, mit Drohgebärden reagiert. Nebenbei brüskierte man Kopenhagen auch leicht belustigt durch Lobpreisungen Gustavs II. Adolf, wohl wissend, wie sehr solches den dänischen Hof verärgerte. Inzwischen war man sich jedoch wieder bewusst geworden, dass ein Gleichgewicht im Norden auch in diesen schweren Zeiten Ziel niederländischer Politik bleiben müsse. Solchen Erkenntnissen war sehr förderlich, dass sich auch der spanische Druck vorübergehend minderte. Im Haag diskutierte man nun nüchtern, ein schwedisches Ostsee-Binnenmeer sei den Bilanzen holländischer Kaufleute wenig nützlich. Ein Ausgreifen Schwedens auf die Nordsee, die Kontrolle des Rheins gar, musste für die Handelspolitik der Generalstaaten katastrophale Folgen auslösen ...

Hatte man auch am 1. Dezember noch einmal weitere 100 000 Gulden für Schweden vereinbart, war doch schon damals laut und deutlich bekundet worden, die Generalstaaten verstünden Schwedens Aktivitäten nicht als Religionskrieg, sondern als politische Aktion. Man erwartete dort auch ein enges Zusammenwirken mit dem katholischen Frankreich. Insbesondere solle sich Gustav II. Adolf auf den Kampf gegen das Haus Habsburg orientieren, die Besitzstände der deutschen Territorialgewalten am Rhein, in Norddeutschland achten. Auch Holland wünschte keinen mächtigen Nachbarn Schweden.

Da ließen sich scheinbar Verhandlungen Gustavs II. Adolf mit Karl I. von England besser an. Der sich sehr souverän gebende Stuart auf Schloss Windsor wünschte für seinen Schwager, Friedrich V. von der Pfalz, massive Unterstützung bei dessen Bemühungen um die Wiederherstellung des Kurfürstentums. Englands Monarch hoffte auf den siegreichen Schweden, appellierte, sehr zum Verdruss der Holländer und Franzosen, an Gustavs II. Adolf evangelisches Bekenntnis, glaubte es dabei bewendet. Karl I. schreckte zurück, als der Vasa ihn wissen ließ, Schweden könne sich ohne Gegenleistungen in der Pfälzer Frage nicht engagieren. Der stolze Retter des europäischen Protestantismus wollte wissen, was England biete. Er zuckte unberührt die Schultern, als sich Karls I. Sondergesandter Henry Vane konsterniert zurückzog.

Englands Versuche, Spanien und den Kaiser für diese Frage zu erwärmen, einen Bruch Wiens mit München zu wagen, scheiterten schnell. Gustav II. Adolf traf Vane bald, schon am 11. Februar 1632, wieder. Mit dem Engländer kam auch Friedrich V., der König der Böhmen und Kurfürst von der Pfalz, ein Herrscher, der beides nicht mehr war, den Schweden drängte, alles zu tun, dass er es wieder würde. Vielleicht, ja sicher wäre Schwedens König bereitwilliger, hilfreicher gewesen, hätte der Pfälzer zählbare Argumente mit sich getragen, eigene Soldaten, volle Kassen wenigstens. Stattdessen erhoffte er Regimenter des Königs, erheischte die holländischen Subsidien für sich, war ebenso mittellos wie Englands Gesandter. Auch König Karl I. verfügte nicht über gefüllte Kassen.

Man verhandelte dennoch, die einen hoffend, ihre Lage so lange wie möglich zu verschleiern, der andere wohl dankbar, mit der Anwesenheit Friedrichs V. in seinem Hauptquartier den Kaiser und Maximilian ängstigen, Frankreich drücken zu können. Gustav II. Adolf wünschte, England an sich zu binden. Karl I. hatte gerade in einem Friedensabkommen den offenen Krieg mit Spanien beendet, konnte dennoch nicht richtig froh werden. Seine begüterten Handelsbürger forderten vor allem im Parlament durch ihre Sprecher unüberhörbar neue energische Maßnahmen gegen die iberische Macht, drückten den König. Schon aus diesem Grunde hoffte die englische Krone auf schwedisches Entgegenkommen. Der Stuart wusste, dass Gustav II. Adolf eine Allianz unter schwedischer Führung mit »absolutem directorium in allen, Krieg und Frieden berührenden Fragen« suchte, wie der Monarch Vane unterrichtete. Englische Subsidien für zwei Regimenter Reiterei und acht Regimenter Fußvolk, englische Hilfe, falls die spanische Flotte die schwedische angreife, im Übrigen Bekenntnisfreiheit für die Lutheraner in der kalvinistischen Pfalz, durch Friedrich V. zu beurkunden. Wünsche, die Vane nicht, auch Karl I. nicht erfüllen konnte. Gut für England, dass der Pfälzer sich stolz weigerte, die schwedische Oberhoheit über sein Fürstentum anzuerkennen, ihm die lutherische Religion noch immer als Ketzerei erschien. Erstaunlich, dass er seinerzeit, als es die böhmische Krone galt, hier großzügiger verfahren war.

Alles, was Vane wirklich zu bieten hatte, jedenfalls meinte Karl I. dafür einstehen zu wollen, sollten 480 000 Reichstaler jährliche Subsidien durch den englischen Staat sein. Das war immerhin mehr, als Richelieu schickte, und dieser zögerte gerade jetzt, zahlte nicht mehr. Gerne hätte Gustav II. Adolf einwilligen mögen, sich nur das Geld und den Oberbefehl ausbedungen, die Religionsfrage vertagt oder vergessen. Axel Oxenstierna aber weigerte sich. Er verstand rasch, dass England jegliche gegen Spanien gerichtete wechselseitige Verpflichtungen ablehnte. Karl I. wollte die Spanier durch Schweden angegriffen sehen, sich selbst aber nicht an Schweden binden. Gustav II. Adolf würde nicht mit militärischer Hilfe Englands rechnen können.

Auch das ein neuer Krieg, den der Kanzler nicht wünschte, schon gar nicht als Präsent für den Stuart oder den Pfälzer. Im Übrigen war mehr als ungewiss, ob Karl I. zahlen konnte.

So blieb Friedrich V. Gast im schwedischen Lager, als König von Böhmen geehrt, machtlos dennoch. Der entthronte begleitete den schwedischen Monarchen, Europas König der Könige in diesen Monaten, fast ein Symbol der europäischen Gewichtung des 1618 mit Friedrichs Krönung ausgelösten Krieges, Folge des berühmten Fenstersturzes zu Prag. Der eine war eine Voraussetzung, Bedingung der Anwesenheit des anderen, des schwedischen Vasa tief im Innern des Römischen Reiches.

Schwedens Großmachtstellung im Winter 1631–1632 blendete, verwirrte unübersehbar alle politischen Kräfte im europäischen Spiel. Das Gedrängel der Diplomaten in Gustavs II. Adolf Hauptquartier, die beständigen Unterhandlungen, Bankette, Vertragsabschlüsse, die Versuche, Schweden in die jeweils gewünschte Richtung zu drängen, ließen keinen Zweifel aufkommen, Schweden bestimmte für den Augenblick die europäische Entwicklung. Gustav II. Adolf genoss höchste Autorität, erreicht hatte er weniger. Frankreich war zurückgewichen, wagte den Zusammenstoß nicht, noch nicht. Richelieu versuchte aber weiterhin vieles, Schwedens Macht zu beschränken, wusste sich hier einig mit England, den Niederlanden und Dänemark. Das Neutralitätsabkommen Frankreichs und Schwedens mit dem Kurfürstentum Trier, die Ratifizierung durch beide Mächte im Mai 1632, die Eroberung der erzbischöflichen Metropole an der Mosel durch schwedische Truppen wie auch die Einnahme von Koblenz durch Gustav Horn, deren Übergabe an eine französische Garnison bei freien Durchzugsrechten, der unbehinderten Rhein- und Moselpassagen ließen Gustav II. Adolf noch einmal triumphieren. Der Ende des Jahres erfolgte Beitritt des Kurfürsten von Köln zum Neutralitätspakt und Kölns eingegangene Verpflichtung, Truppen des Kaisers und der Liga nicht mehr zu unterstützen, bestätigten die europäische Geltung Schwedens. Doch deutete sich schon im Frühjahr 1632 an, das Gustav II. Adolf den Zenit der Macht überschritten hatte.

Hier in Frankfurt fand der Schwede die Zustimmung, ja fast bedingungslose Unterwerfung der meisten anwesenden protestantischen Fürsten. Doch wurde schnell bekannt, dass Sachsen und der Kaiser über einen Separatfrieden debattierten, eine Wende, die Schweden nicht akzeptieren konnte. Gustav II. Adolf war wohl doch noch nicht Herr in Deutschland! Eine schmerzliche Erkenntnis, die den schwedischen König am 25. Februar 1632 während eines Festessens in der alten Kaiserstadt zu der Äußerung bewegte, er wolle gern Frieden schließen, doch scheine die Zeit nicht reif. Er selbst sei »also gesonnen, dass so nur Gott ferner die Gnade geben möchte«, er alle Katholiken »wohl aus der Welt, so es möglich, jagen wolle« (G: Berner, 497). Damit war auch das entschieden! Der Krieg würde fortdauern. Schweden war bereit, die Satelliten an der Frankfurter Tafel wurden ohnehin nur angehört, entscheiden würden Gustav II. Adolf, Axel Oxenstierna und die Herren Reichsräte im fernen Stockholm. Und dennoch, ungewöhnlich blieb die scharfe generelle Verurteilung der Katholiken aus dem Munde des Herrschers. Das erinnerte an erste frühe Entscheidungen Gustavs II. Adolf wenige Jahre nach seiner Machtübernahme, an die Hinrichtungen einiger Katholiken in Stockholm, denen man Verbindungen zu den polnischen Vasa nachsagte. Damals bekämpfte er unnachgiebig jesuitische Aktionen in Schweden. Nein, tolerant war er in jenen Tagen keineswegs gewesen, wähnte er doch ernste Gefahren für sein junges Königtum, zielte vor allem auf die katholischen Vasa in Warschau. Das änderte sich erst spürbar während der süddeutschen Feldzüge. Umso befremdlicher nun jene Äußerungen hier in Frankfurt. Es galt wohl nun in erster Linie Frankreichs Versuch, die schwedischen Siege zu schmälern, drückte unverhohlenen Ärger über die kaiserlich-sächsische Intrige aus. Das lässt ahnen, dass sich Gustav II. Adolf gestört, ernsthaft in seinen Plänen gefährdet wähnte. So blieb nur die entschiedene Drohgebärde, der Griff nach dem Schwert. Es musste erneut an religiöse Angstgefühle appelliert werden. Der Ausbruch wirkte dennoch wenig überzeugend, war keine Demonstration der Stärke.

Zu Jahresbeginn 1632 verfügte Schweden über acht Feldarmeen mit etwa 90 000 Soldaten, verstärkte seine Kriegsmacht bis zum Frühjahr durch intensive Werbungen auf mehr als 120 000 Mann. Sächsische Truppen sicherten die Oderlinie. Die schwedischen Generäle Johan Banér und Åke Tott verteidigten die Elbe, ermöglichten Gustav II. Adolf den Einmarsch in Bayern. Eine Niederlage Gustav Horns bei Bamberg gegen den alten Tilly zwang die Schweden allerdings zum Abbruch der Rheinoffensive. Gustav II. Adolf führte selbst die Hauptarmee in das Gebiet zwischen Lech und Donau.

Die Karwoche wurde den Einwohnern Donauwörths zur ganz persönlichen Klagezeit. Schwedische Truppen stürmten die einst protestantische Stadt. Sie plünderten gründlich, fragten wenig nach katholischem oder evangelischem Bekenntnis, bereiteten Anfang April den Übergang über den Lech vor.

Als die Kunde von der Eroberung Donauwörths Tilly erreichte, folgerte der bayrische Feldherr sofort, dass Gustav II. Adolf in Bayern einfallen wollte. Er ließ die Brücke über den Lech zwischen Neuburg und Rain abbrechen, zerstörte eine zweite bei Rain, sammelte seine Truppen im Raum zwischen dem Lech und dem Flüsschen Aicha, besetzte alle Schanzen und Befestigungen bis Augsburg. Tilly sah dennoch dem erwarteten schwedischen Angriff mit gemischten Gefühlen entgegen, hoffte auf die starken Befestigungen seines Lagers.

Hier bei der Festung Rain am rechten Ufer warteten die Bayern seit dem 1. April in einer vorteilhaften Stellung hinter dem angeschwollenen, reißendes Wasser führenden Fluss. In das steil ansteigende Ufer hatte Tilly Artillerie eingraben lassen, Schanzen angelegt. Alle Brücken und Boote wurden zerstört. Beruhigend für die bayrische Führung war außerdem, dass der Uferrand vor ihren gesicherten Anhöhen morastig war, Angreifer nur mühsam durch den Schlamm waten, erschöpft auf die Bergkuppen anrennen würden. Ein erfolgversprechender Angriff schien unmöglich. So dachten auch die schwedischen Befehlshaber, nicht so ihr König!

Gegen den Rat seiner Generäle entschied sich Gustav II. Adolf für den Übergang. Nach gründlicher eigener Geländeerkundung ließ er eine Schiffsbrücke anfertigen. Der König befahl verschiedene Ablenkungsmanöver, hieß die Soldaten nasses Stroh abbrennen, hinter dichten Rauchschleiern die Brücke über den Lech schlagen. Der bayrische Gegenstoß scheiterte an einer finnischen Eliteeinheit, die den Brückenkopf standhaft verteidigte. So konnten die Schweden nahezu ungehindert Verstärkungen über die Pontons führen, die Kavallerie den herbeieilenden Bayern in die Flanken fallen. Als Tilly mit zerschmettertem rechten Bein aus dem Getümmel getragen wurde, brach Herzog Maximilian den aussichtslosen Kampf ab. Er folgte dem Rat seines sterbenden Oberbefehlshabers und führte die Reste der bayrischen Armee nach Ingolstadt.

Und wieder sprach man erschrocken in Wien, Rom, Madrid und Paris über den scheinbar Unbesiegbaren, fürchtete die Verheerung Bayerns, erwartete bereits einen Marsch auf Rom. Niemals schien die Realisierung der »Gotenprophezeiungen« des Johannes Magnus greifbarer.

Damals äußerten manche Militärs Zweifel, ob es wirklich Tillys Empfehlungen waren, wollten nicht verstehen, dass der Kurfürst die

Befestigungen aufgegeben hatte. Sie kritisierten sogar die verlustreichen Gegenangriffe Aldringens und Tillys. Einige wandten ein, die Bayern hätten das schwedische Heer in die Niederungen locken, in ihren Stellungen das sinnlose Anrennen der Schweden abwarten, mit ihren Kanonen Gustavs II. Adolf Sturmtruppen zusammenschießen müssen, dann einen Gegenschlag wagen dürfen. Bald ging die Mär, auch diesmal habe sich Tilly von jugendlichen Heißspornen drängen lassen, gegen bessere Einsicht selber angegriffen, höhnische Bemerkungen gefürchtet, er sei alt und zögerlich.

Er wusste wohl, der schwedische König, warum er am 6. April, bei einer Besichtigung der Schanzen verwundert anmerkte, er verstehe Maximilian nicht, ein solches Lager aufzugeben. Er äußerte es so laut, dass es rasch bekannt wurde. So schnell, dass die damaligen bayrischen Chronisten sich ihrerseits zu versichern beeilten, der Kurfürst habe das Lager nur auf einhelligen Rat aller seiner Obristen verlassen. Vielleicht hatte Maximilian hier wirklich eine Möglichkeit vertan, den Schweden zu bremsen, dort zu wagen, wozu Gustav II. Adolf wenig später der geniale Wallenstein bei Nürnberg zwingen sollte. Tilly hätte es wissen müssen. Ihm hätte die Erinnerung an den eigenen Sturm auf das befestigte schwedische Lager im brandenburgischen Werben, die hohen Verluste seiner Truppen dort, doch eine Lehre sein sollen. Nun jedenfalls waren die Schweden im Hauptland der Liga.

Die »neuen Goten«, zerstörungswillig, Barbaren gleich, verwüsteten Bayern. Unwichtig, dass die meisten von ihnen deutsch sprachen, auch Schotten dabei waren, Katholiken ebenso wie Protestanten aller Bekenntnisse, Soldaten der Armee Gustavs II. Adolf, die in Maximilians Herzogtum gemäß der schwedischen »Verödungsstrategie« hausten. Sie verheerten das Land kaum weniger gründlich, als Russen und Schweden einst die baltische Erde zerstörten.

Die Chroniken dieser Tage zeichnen ein schauerliches Bild. Eingeäscherte Bauernhöfe überall, leere Dörfer, niedergebrannte kleine Städte, schwarzverkohlte junge Saat auf den Feldern. Seinem Bruder, dem Kölner Erzbischof, in Regensburg warm und sicher sitzend, schrieb Kurfürst Maximilian, unglücklich, voll des Mitleids, und doch seine Bauern, katholisch, tiefgläubig wie er, zum Widerstand reizend, er würde »das arme Bayernland nicht mehr kennen; dergleichen Crudelität ist in diesem Kriege nicht erhört worden« (G: Berner, 515). Stimmen mochte dieses, fraglich nur, ob nicht auch der eine oder andere protestantische Fürst Ähnliches auflisten konnte, als die Liga-

Furie über seinen Staat gekommen war? Was hätten Magdeburgs Überlebende Maximilian über Tillys und Pappenheims Soldateska entgegnet? Ungewiss, wer diesen schaurigen »Wettbewerb« gewonnen hätte, sicher nur, dass dergleichen noch zu steigern war, durch die Schweden, aber auch spätere kaiserliche, durch bayrische Heere. Schrecklich, unmenschlich war es allemal, was hier geschah, was Maximilian berichtet wurde. Es war barbarisch, angeordnet von jenem, der bis in unsere Tage manchem Historiker als der »Große« gilt, angeblich Grausamkeiten ahndete, die Schrecken des Krieges milderte, wo er nur konnte. Hier hätte er gekonnt, war er doch seinen Soldaten eine fast göttliche Autorität, vor allem auch nach dem meisterlichen Lechübergang bei Rain. Aber er hatte solches Zerstörungswerk ausdrücklich befohlen.

Man mag ihn loben, Gustav II. Adolf, dass er dem auf den Tod niederliegenden Tilly einen berühmten Arzt sandte. Das sei erwähnenswert, groß, menschlich, wie manche Biographen meinen. Analogien zu Saladin und Richard Löwenherz, Erinnerungen an ritterliches Kreuzzugsgepräge vielleicht, die Wirklichkeit draußen, auch vor den Mauern von Ingolstadt, sah anders aus. Achtung für den Andersdenkenden, den Feind, auch den unschuldigen Bauern oder Bürger, davon konnte wenig oder nicht gesprochen werden. Anerkennung, Lob sogar, das wollte Schwedens König hier nur dem feindlichen Feldherrn zollen. Oberst Monro berichtet, Gustav II. Adolf habe rührende, zu Herzen gehende Worte für den Verstorbenen gefunden, »den ehrenwerten alten Tilly, dessen Taten zu seinen Lebzeiten so ruhmvoll gewesen seien, dass sie nach seinem Tode zu unvergänglichen Monumenten seines Ruhms würden und ihm ein ewiges Gedenken sicherten, so dass die Zeit seinen Namen nicht verblassen lasse werde«. Der König bemerkte, so Monro weiter, »es sei sein Wunsch, ebenso tapfer nach dem Gottesreich zu streben. Dann sei sein Tod ohne Bitternis für seine Freunde und er würde einen unsterblichen Namen gewinnen« (G: Harte, II, 265).

War es das, sollte eigener künftiger Ruhm an der Person des Besiegten vergoldet werden, so das eigene Bild noch strahlender gemalt werden? Sprach hier ein Kriegsmann die letzten Worte für einen anderen, eine Art internationaler, überkonfessioneller Kriegersolidarität? Solches passt so recht in die Traumwelt ritterlicher Ideale, seit den Tagen von Akkon, der merkwürdigen Verbrüderung des christlichen englischen königlichen Berufskriegers und seines sarazenischen Gegners, des Moslems, gefeiert. Auch hier der großzügig gesandte Arzt, wie es tief gerührt die damaligen Chronisten aufzeichneten. War es vielleicht immer nur Arroganz fürstlicher Gegner, die wenig oder nichts empfanden, schlachteten sich die ihrigen ab, stöhnten, starben die Opfer in beiden Heeren? Ritterlichkeit, Achtung gehörte offenbar nur den ihnen gleichgestellten Feinden. Zu Gustavs II. Adolf Zeiten wechselte man gewöhnlich rasch die obersten Kriegsherren, diente ein Herzog Franz Albrecht von Sachsen-Lauenburg im steten Wechsel allen. Andere taten es ihm gleich. Morgen konnte man vielleicht schon Kamerad des verletzten gegnerischen Generals sein. Noch zu Zeiten Prinz Eugens und Karls XII. trafen sich die höchsten Chargen der einander gegenüberstehenden Heere gelegentlich zum Kaffeeschmaus, bekundeten solcherart eine Kriegsführung ganz ohne persönlichen Hass, einen Beruf. Sprach mit Gustav II. Adolf hier ein Berufssoldat dem anderen, Tilly, das Mitgefühl aus, ein königlicher zwar, aber doch einer, der nicht lassen konnte vom Kriege ? Ja, er liebte den schnellen Gewinn, der seinen Preis hatte, erhob ihn im Namen seines Staates, meinte vor allem aber auch sich, seine Dynastie. War er auch hier der rechte Erbe und Enkel Gustavs I. Vasa, seinerzeit selbst der reichste unter seinen Kaufleuten und Gutsbesitzern? War es das Bewusstsein, selbst als Feldherr jederzeit sterblich zu sein, ehrliches Mitleid mit dem geschlagenen, tapferen Gegner? Viele Fragen, ebenso viele Antworten . . .

Der Tod Tillys hatte die militärische Lage wenig geändert. Es war Gustav II. Adolf trotz des glänzenden schnellen Übergangs über den Lech nicht gelungen, die erstrebte Vernichtungsschlacht gegen die Bayern zu erzwingen. Maximilian, wenngleich weniger Feldherr als Tilly, hatte seine Truppen nach Ingolstadt retten können, eine erneut besiegte Armee, wieder bedrückte Offiziere und Soldaten, Vertriebene aus einer fast uneinnehmbaren Stellung. Gebrochen waren sie dennoch nicht, auch nicht Maximilian.

Gustav II. Adolf wandte sich gegen Augsburg. Man wird streiten können, was ihn vor allem trieb. So man in dem Schweden den frommen Glaubenshelden wähnt, kann die Bedeutung dieser Reichsstadt für das orthodoxe Luthertum aufgerechnet werden. Es war Gustav Adolfs Vater gewesen, Karl IX., damals noch der Herzog von Södermanland, der im Januar 1593 die Pastoren und Bischöfe des Landes nach Uppsala gerufen hatte, vorgeblich, um eine einheitliche Lehre, gleiche Zeremonien in allen schwedischen Kirchen zu vereinbaren. Auch habe man gemeinsam die Liturgieanweisungen des »Roten Buchs« des toten Königs Johans III. verwerfen müssen, so eine weitere Begründung. Wirklich ging es Johans Bruder wohl um eine geschlossene Abwehrfront gegen die erwartete katholische gegenreformatorische Offensive des künftigen Herrschers. Herzog und Priesterstand wollten Sigismund vor vollendete Tatsachen stellen.

Als am 23. Februar im Dom zu Uppsala die Kirchenversammlung eröffnet wurde, waren 306 Geistliche in der Erzbischofstadt versammelt, konnte Reichsdrost Nils Gyllenstierna in der Eröffnungsansprache auch Herzog Karls Programm umreißen. Gebe es keine Eintracht in religiösen Fragen, finde sich auch keine in weltlichen Fragen. Er selbst empfehle Schweden das Augsburger Bekenntnis, Luthers reine Lehre, wünsche diese zur allgemein festgeschriebenen Glaubensordnung erhoben.

Herzog Karl dachte gelegentlich in den Debatten toleranter, erhoffte ein Zusammenwirken aller evangelischer Richtungen. Er sei ein heimlicher Kalvinist, vermuteten damals und später manche orthodoxe Gegner. Er war jedoch eher ein gewiegter Politiker, der dem katholischen Neffen mit einer ungebrochenen protestantischen Front begegnen wollte. Hier in Uppsala aber setzte sich schließlich einmütig die Augsburger Formel als Basis der schwedischen Staatskirche durch, das echte Luthertum, wie alle meinten. Alle Versammelten verbanden sich, »die Herren des Reiches, die Bischöfe und gemeinen Prediger wollten es belassen bei all dem, was im Augsburgischen Bekenntnis verfasst ist, für alle ihre irdischen Tage und sollten sie bedrängt werden, verschworen sie sich, dass sie es verteidigen wollten mit Leben und Blut bis zum Tode« (B: Den svenska historien, V, 70).

Herzog Karl hatte also gesiegt, das Fundament für die künftige Dynastie gesetzt. So gesehen ist es unwichtig, ob er es schon damals bewusst erstrebte oder nicht, als Kalvinist oder mit dem Ja zum Augsburger Bekenntnis. Sigismund konnte kommen. Er würde, sollte er sich nicht beugen, nicht lange bleiben dürfen. Und der Sohn, Gustav II. Adolf, führte den späteren Abwehrkampf gegen den alternden König von Polen und Schweden immer im Zeichen eines durch den einmütigen Beschluss von Uppsala geheiligten Krieges für die Einheit der lutherischen Kirche Schwedens, im Namen der Confessio Augustana. Er wollte, musste das, die Namen und 47 Siegel der höchsten Repräsentanten des schwedischen Adels und der Geistlichkeit banden ihn, verpflichteten auch seine Reichsräte. So führte wohl tatsächlich keine Straße an dieser bedeutenden süddeutschen Stadt vorbei, nicht für den gläubigen Lutheraner und auch nicht für jene, die möglicherweise in Glaubensfragen auch in Schweden bedeutend toleranter dachten. Das Vermächtnis der Kirchenversammlung von Uppsala zwang zur deutlichen Demonstration. Alle hatten sich, wenigstens aber Gustav II. Adolf und seine Schweden, als eifrige Bekenner der Augsburger Konfession auszuweisen.

Eine Pilgerreise wurde es dennoch nicht. Mochte Rom den Katholiken die Heilige Stadt, Mekka den Moslems die Schwelle zum Paradies bedeuten, Augsburg war dem Feldherrn Gustav II. Adolf auch als Festung wert. Und er wusste, dass sich hinter den Mauern der Fuggerstadt Reichtum angehäuft hatte, Geld, viel Geld, das eine Armee anziehen musste, hungrige, immer durstige Söldner eilen ließ. Auch König Gustav II. Adolf benötigte zeitlebens größere Zuschüsse in seine Kriegskassen.

Augsburg war umso interessanter, als der Bayernherzog 1632 die freie Reichsstadt, mehrheitlich noch immer eine protestantische Hochburg wie einst Donauwörth, gezwungen hatte, 5 000 seiner Soldaten als Besatzung aufzunehmen. Augsburg war folglich eine Liga-Festung, Herausforderung für den Schweden und kaum denkbar bei weiteren Märschen ins Innere Bayerns, eine gefährliche militärische Konzentration im Rücken. Am schwersten wog möglicherweise, dass Gustavs II. Adolf Rechtsverständnis erlaubte, Augsburg als feindliche Eroberung zurückzugewinnen, de jure belli als neues Eigentum, zum geistigen Besitzstand der Altvorderen Schwedens nun auch den materiellen, ein überzeugendes, freudespendendes Argument.

Die schwedische Armee musste also hinein, Glück für die Bürger der Stadt, dass die Garnison ebenso gerne wieder herauswollte, die doch sehr unfreiwillige Speisung der Fünftausend enden sollte. Nach kurzer Kanonade einigte man sich auf den freien Abzug der Ligisten, konnten die Schweden einen umjubelten Einzug am 10. April 1632 halten. Ehrliche Freude wahrscheinlich auch bei den katholischen Mitbürgern, blieb der Stadt doch das Schicksal Donauwörths, das Weinen und Schreien in der Oderstadt Frankfurt, der Brand der Elbestadt Magdeburg erspart. Den triumphalen Gottesdienst in Augsburgs Hauptkirche dürfte Gustav II. Adolf als öffentliche Bestätigung göttlichen Auftrages zur Befreiung der Lutheraner empfunden haben. Vielleicht war er gleichermaßen dankbar, dass Gott es so gefügt hatte, alles zusammenfiel, der Nutzen Schwedens, der eigene Gewinn und der Jubel der Protestanten. Hatte er solche Empfindungen, so störte es kaum, dass er sich wenig später aus einem Fenster des Fuggerpalastes lehnen, hier die Huldigung der Bürgerschaft als Herrn der Stadt entgegennehmen musste. Es mag ihn eher belustigt haben, dass einer der kaiserlichen Generäle Graf Otto Heinrich von Fugger war, Spross jenes unermesslich reichen Anton Fugger, des Geldgebers Kaiser Karls V., seelenverwandt dem Habsburger, einer der großen Gegner der Reformation. Alles hier war symbolisch, Augsburg, das waren die zwei Säulen schwedischer Macht, das reine Bekenntnis, der kaufmännische Reichtum, das Geld der deutschen Handelshäuser. Gustav II. Adolf war es eine Einheit. Vielleicht hätte er in dieser Stunde beides als schwedisches Kampfziel benannt, nicht prioritieren wollen.

Wahrscheinlich überschätzte Gustav II. Adolf die derzeitigen Augsburger Realitäten. Abgesehen davon, dass der König auch deren Bürger nötigte, ihm einen Treueid als »ihrem natürlichen Herrn« zu schwören (G: Harte, II, 255), musste sich die Stadt zur Zahlung von 240 000 Reichstaler jährliche Kontribution verpflichten. Doch beliefen sich die städtischen Steuereinnahmen nur auf etwa 50 000 Reichstaler, wie ein deutscher Militärhistoriker unlängst in seiner Gustav-Adolf-Biographie errechnete. Und selbstverständlich beließ der König eine starke Garnison in der Stadt, befahl den Augsburgern umfangreiche Schanzarbeiten. Er wollte die Ewige Stadt des Luthertums zu einer schwedisch-protestantischen »Insel-Festung« im katholischen Bayern ausbauen.

Die Stadt war jedoch noch in anderer Hinsicht ein bemerkenswerter Abschnitt in Gustavs II. Adolf »politischer Biographie« in Deutschland (G: Junkelmann, 415). Sie lieferte den Stoff, aus dem später die Hoffnungen auf reale Koexistenz der unterschiedlichen Bekenntnisse hochrankten, sich bald mit dem Namen des Schwedenkönigs verbanden. Hatte man schon gelegentlich früher auf deutschem Boden die Neigung Gustavs II. Adolf geahnt, anders als daheim den verschiedenen Konfessionen ein Bleiberecht einzuräumen, sollte gerade die Hochburg der reinen Lehre lutherischen Glaubens nun auch zur internationalen Stätte wenigstens der beiden Bekenntnisse entsprechend des Augsburger Friedens werden. Das war wenig genug, schien dennoch nahezu revolutionierend, bisher unbekannte Siegermentalität, überraschte alle. Natürlich hatte der Schwede sofort einen evangelischen Magistrat verordnet, den katholischen Magistrat aus dem Amte gejagt, doch zugleich der katholischen Minderheit seinen besonderen Schutz gelobt. War das gemäß der Bestimmungen des Religionsfriedens auch nur eine Rückkehr zum Status quo, so erstaunte Gustav II. Adolf am 14. April nicht nur die Augsburger. Sein Hofprediger Jakob Fabricius – treuer Gefolgsmann des Königs noch auf dem Schlachtfeld von Lützen, kämpferisch, streitbar auch dort, ein ruhender Pol für die schwankenden schwedischen Regimenter – galt auch in seinem Metier auf der Kanzel als einer, der wusste, was er wollte, was sein König erwartete. An diesem bedeutsamen Apriltag wollte sein Herrscher offenbar ein weiteres Zeichen setzen, war eine frühe Form wirklicher Toleranz gewünscht.

Es besteht tatsächlich kein Zweifel, dass Fabricius auf Weisung Gustavs II. Adolf von der Augsburger Kanzel herunter verkündete, es sei »nicht billig oder christlich ... falschgläubige Menschen zu schlachten, töten oder auszurotten nur wegen deres falschen Glaubens und um der Lehre wegen«. Wer nicht ohne Zwang den rechten Glauben annehmen wolle, müsse es sein lassen. Man »soll ... ihn nicht mit gewaltsamen Mitteln dazu zwingen, denn Gott fordert freiwillige Taufe und jeder muss selbst dem Herrn Rechenschaft ablegen wie oder was er glaubte« (G: Böttcher, W., 250). Ein religiöser Paukenschlag, wirklich ein großer Schritt auf dem Wege zur späteren Übereinkunft von Münster und Osnabrück in jenem konfessionell verklärten blutigen Machtkampf tief im Herzen Deutschlands. Vielleicht bedauerlich, dass der König keine Gelegenheit mehr finden sollte, solch geläuterte Gesinnung auch in Schweden verkünden zu lassen. Hier musste noch Jahrzehnte später seine Tochter Christina jesuitische Lehrer als Protestanten getarnt empfangen, sich einer eifrigen, sofort einsetzenden Gesinnungsprüfung ihrer Gäste erwehren. Die Monarchin konnte solche Kontakte nur unter höchster Geheimhaltung wagen.

Es muss angezweifelt werden, dass der König in Schweden ähnliche Predigten gestattet hätte. So drängt sich auch hier schließlich wieder die Frage auf, war es nur politischer Klugheit geschuldet? Erwuchs jene später so oft und rührend gerühmte Toleranz nur aus Nützlichkeitserwägungen? War es das, was Gustav II. Adolf auch französisches Geld zählen ließ, Katholiken einen Rang unter seinen Söldnern einräumte, Schwedens Stadtkommandant wenig später in München der katholische Jakob Hepburne werden konnte, Obrist der grünen Brigade Schwedens vorher. Wäre dann nicht auch wieder zu fragen, wo man ihn eigentlich suchen müsse, diesen Gustav II. Adolf, den »Glaubensstreiter«, wann ihn der Sucher endlich fände? In dem zornigen evangelischen Streiter im Frühjahr an der Frankfurter Tafel oder trifft man dort auf einen Heuchler, der solch antikatholischen Hass nur vortäuschte, vermeinte, dazu gezwungen zu sein? Hatte er nun hier in Bayern gelernt oder war er schon immer weniger lutherischer Dogmatiker, als er es seiner Umwelt zeigen wollte?

Es irritiert, dass sich die Zeitgenossen beständig gegenseitig beschuldigten, der andere »prätendirte« die Religion nur aus eigensüchtigen Motiven, es sei ihm damit nicht ernst, ein Aspekt, der auch die Historiker zur Vorsicht zwingt. Auch jene Großen der ersten Hälfte des 17. Jahrhunderts kannten einander, vom Libertinismus, der großen Welle der »Freigeisterei«, trennten sie nur wenige Jahre. So könnte auch Wallensteins berühmte Bemerkung, man müsse Gustav Adolf »auf die Fäuste sehen und nicht aufs Maul« (W: Mann, Wallenstein, I, 492), mehr sein als nur ein allgemeiner Verweis auf die wirklichen schwedischen Ziele in Deutschland. Die Fragen bleiben.

War Augsburg ein leichter militärischer Sieg, so erwies sich Ingolstadt, damals eine der stärksten Festungen Bayerns, als Rückschlag. Manche Historiker rechnen den fehlgeschlagenen Sturmangriff als das »kritische Moment des Feldzuges von 1632« (G: Junkelmann, 422), verweisen auf die etwa 1 700 schwedischen Toten und Verwundeten, eine gewichtige Zahl zweifelsohne. Dennoch muss dieser Ansicht widersprochen werden. Der schwedische König zeigte sich hier allerdings keineswegs als der maßvolle, umsichtige Kriegsherr, der er gewöhnlich sein wollte. Er trieb seine Soldaten in verlustreichen Angriffswellen gegen Befestigungen, die erst nach längerer Vorbereitung sturmreif gewesen wären. Vielleicht ließen ihn die Erfolge im Oderraum, die fast verlustarme Einnahme des Marienberges, die schnelle Kapitulation von Mainz, die kampflose Übergabe Augsburgs leichtsinnig werden. Überschätzte er den Klang seines Namens, die Wirkung eines angstvollen »Gustav Adolf ante portas« nach dem Erfolg von Rain auf die besiegten Bayern, gab sich der Illusion hin, sein Kriegsruhm lasse den Gegner resignieren. Maximilian jedenfalls verzagte nicht, ließ aus allen Rohren feuern. Er konnte zufrieden sein, die Bayern trafen gut, erschossen dem König das Pferd. Blutverschmiert mussten Offiziere und Leibknechte den Herrscher unter dem toten Tier hervorzerren. Der Kampf zog sich hin. Merkwürdigerweise ließ Gustav II. Adolf das Gros der bayrischen Armee abziehen. Undenkbar, dass solche Bewegung ihm und seinen Spähern entging, nicht vorstellbar, dass er eine Feldschlacht gegen Maximilian scheute. Er hatte offensichtlich andere Pläne.

Ärgerlich, dass schon am Abend des 22. April das schwedische Trosslager brannte. Bayrische Bauern, Guerillas, besorgten das ihrige, zündeten ein Freudenfeuer, das so ganz anders als frühere bäuerliche Huldigungen des Königs leuchtete. Es wurde gesehen von vielen, die nun an anderen Orten ähnlich zündelten, Gedanken an erzürnte schwedische Bauern hundert Jahre vorher wachriefen. Ingolstadt lag weiter entfernt von Augsburg, als der König gedacht hatte.

War die Verteidigung Ingolstadts tatsächlich mehr als eine nahezu bedeutungslose Episode im bayrischen Krieg, dann diktierte Gustav II. Adolf in maßloser Selbstüberschätzung hier noch einmal Richelieu seine Bedingungen einer Neutralisierung Bayerns, fühlte sich weiterhin als »starker Mann Deutschlands«. Frankreichs bayrischer Gesandter war angereist, forderte Frieden für Maximilian, fand wenig Gegenliebe im schwedischen Lager. Der Franzose drohte schließlich, auch das schon Gewohnheit, mit 40 000 Franzosen an der Seite Bayerns. Die Antwort des Schweden war ungewöhnlich, irritierend für jene, die weiterhin an dem »frommen Krieger« festhalten möchten. Axel Oxenstierna notierte später in einem ausführlichen Protokoll das Gesagte, Gustavs II. Adolf Entgegnung, ihm sei es gleich, »mit was Nation sie fechten«, sollte es so kommen, wäre »auch der Türke« ihm ein »guter Freund« (G: Gfrörer, II, 974).

Im Zorn daher gesagt, ein treffendes Gegenargument! Vielleicht, in der Erregung fällt in der Tat manches, was weniger ernst gedacht, nie versucht wird. Und es war Frankreich zugedacht, Königen, deren Politik seit dem 16. Jahrhundert den Habsburgern mit den Osmanen nicht nur drohte. Vergessen werden sollte aber auch nicht, dass eben dieser christliche schwedische Monarch selbst nie zögerte, die Türken gegen den polnischen Feind zu ermuntern, schon gelegentlich in Stambul nach Freunden suchen ließ. Im Übrigen erwartete Gustav II. Adolf damals entsprechend frohe Botschaft aus dem fernen Osmanenreich, hoffte, auch gegen den Kaiser auf sehr konkrete Militärassistenz. Und diesmal verhandelte der Schwede keineswegs mit dem Siebenbürgener Christen allein, dem Nachfolger Bethlen Gabors. Er hatte schon gegen Jahresende 1631 einen Diplomaten, Paul Strassburg, nach Stambul gesandt, auf geheimen Wegen durch Polen. Sein Sondergesandter suchte die Pforte für einen neuerlichen Krieg gegen den Kaiser, einen Katholiken zwar, aber einen Christen doch, zu begeistern. Der Diplomat mühte sich redlich, berichtete stolz, man schätze im Diwan den Namen und die Siege des Königs von Schweden. Strassburg suchte ebenso die Tataren als auch einige Balkanfürsten zu überreden, versprach den Tataren schwedische Subsidien. Er erreichte immerhin, dass Gustav II. Adolf im September 1632 im fränkischen Windsheim ungewöhnliche Gäste empfangen konnte, tatarische Gesandte, kriegerisch gesinnte Herren. Sie beklagten eifrig, dass die Pforte einem tatarischen Angriff derzeit nicht beipflichten wollte, den Krieg in Persien prioritierte, man gegen des Sultans Bescheid nicht könne. Die Herren bemerkten dennoch, die Dinge möchten sich vielleicht auch anders entwickeln, deuteten an, man bliebe am Schwarzen Meer an Zahlungen Gustavs II. Adolf interessiert.

Galt es die Macht seiner Dynastie, scheute auch Gustav II. Adolf nicht vor außergewöhnlichen, unchristlichen Allianzen zurück, hatte sich der Protestant doch auch dem Katholiken Richelieu verbunden. Er veröffentlichte schnellstens den Allianzvertrag, trug eifrig Sorge, dass alle Welt es erfahre.

Natürlich waren türkische Truppen nicht in Bayern zu befürchten. Gustav II. Adolf schwebte kein reales Bündnis dieser Art vor. Diese Heere sollten nur die kaiserlichen Truppen an der südöstlichen Grenze des Habsburger Reiches binden. Das Wortspiel scheint gewichtig nur, nachzuweisen, dass es kaum die religiöse Bindung, ein Glaubensbekenntnis war, dem der Schwede Entscheidungen unterordnete. Wenigstens ließen ihn solche Gedanken nicht sofort erschaudern, den »frommen Glaubenshelden« nicht weniger namhafter Historiker selbst unserer Zeit. Hier glich er Richelieu, stand dem Kardinal kaum nach.

Es war auch wahrlich keine türkische Armee, die damals, Mitte Mai, auf München marschierte, wenngleich die Zeitgenossen die Schreckvorstellungen türkischer Drangsale, die Erwartungen der Christen an einen Türkenkrieg erfüllt fanden. Sie taten gut daran, Erbarmen kaum, hier Schonung noch weniger zu erhoffen als bei den realen Türkenvorstößen an Ungarns Grenzen. Ringsumher brennende Dörfer bestätigten die schlimmsten Klischees. Manche Beobachter berichteten von leichenbedeckten Feldern, scharenweise massakrierten Bauernkämpfern, daneben schwedische Soldaten zuhauf, Opfer eines verzweifelten Guerillakrieges, apokalyptische Ahnungen für viele.

Gustavs II. Adolf sieggewohnte Armee zog trotz des Misserfolges vor Ingolstadt zügig nach Süden, trieb in gewohnter Weise Kontributionen ein, ungewöhnlich nur die Höhe der Forderungen. Landshut hatte 100 000 Reichstaler zu zahlen. Die Stadt konnte nur die Hälfte einsammeln, musste Geiseln als Pfänder stellen, solcherart garantieren, dass jetzige Versäumnisse sich nicht hochrechneten. Dem kleinen Freising wurden 20 000 Reichstaler auferlegt. München, so erfuhren die verängstigten Stadträte, sollte sich gar mit 300 000 Reichstalern von der Plünderung freikaufen. Auch hier willigten die Herren ein, wussten, derartige Summen waren nicht aufzutreiben. Hilfreich waren die Zusicherungen doch, Gustav II. Adolf zog am 7. Mai mit großem Gepränge in Maximilians Hauptstadt ein, mit ihm Friedrich V. von der Pfalz. Mochte der »Winterkönig« diesen Triumphzug auskosten, Kurhut und Kurpfalz jedenfalls erhielt er auch hier nicht.

Der schwedische Monarch überraschte die Münchener. Er tat vieles, sich in der erzkatholischen Stadt als menschenfreundlicher Eroberer, Herr über eine wohldisziplinierte Armee zu präsentieren. Gustav II. Adolf gab sich tolerant, scheinbar aufgeschlossen für vieles Fremde. Er wohnte sogar einem katholischen Gottesdienst in der Michaelskirche bei. Der König begab sich auch in das dortige Jesuitenkolleg, diskutierte mit dem Rektor und einigen anderen wortgewaltig katholische Rituale, verweilte fast zehn Tage in der bayrischen Residenz. Erfreulich für die schwedischen Waffenmagazine, dass kundigen Nachforschungen Erfolg wurde, man unter Sand versteckt auf dem Boden des Münchener Zeughauses 119 Kanonenrohre entdeckte. Eine wichtige Beute, so glücklich gefunden, dass der König selbst erschien, eifrig mitwirkte, die kostbaren Stücke zu bergen. Der Krieg mit Bayern, der Liga, dem Kaiser würde weitergehen, München hatte auch hier keine Entscheidung, kein Ende gebracht.

Dem Kaiser mögen die Absprachen in Göllersdorf, zwei Tage vor Gustavs II. Adolf Sieg bei Rain, im Nachhinein recht glücklich erschienen sein. Nun war doch mit Albrecht von Wallenstein wieder jener fähige Feldherr gewonnen, der nach Überzeugung der verängstigten Majestäten und Würdenträger der katholischen Welt allein dem schwedischen »Löwen« Paroli bieten konnte. Anfang April sagten dann die kaiserlichen Unterhändler dem »Generalissimus« zu, was dieser verlangte. Sie versprachen, was sie wohl nie zu halten gedachten. Schriftlich erhielt der Böhme nichts, benötigte solches kaum, kommandierte er doch eine Armee, die der schwedischen ebenbürtig schien.

Nach Erfolgen in Böhmen gegen die Sachsen marschierte das kaiserliche Heer, das sich mit Maximilians Truppen vereinigte, auf Nürnberg zu, dem wichtigsten schwedischen Stützpunkt zwischen Süddeutschland und Sachsen, zwang die schwedische Hauptarmee zum Entsatz.

12 Albrecht von Wallenstein, Herzog von Friedland und Mecklenburg, war der bedeutendste kaiserliche Feldherr im Dreißigjährigen Krieg. Mit dem befestigten Lager bei Zirndorf errang er im Sommer 1632 einen bedeutenden Abwehrerfolg gegen Gustav II. Adolf. Skizze von Anton van Dyck.

13 Neben den großen Schlachten prägte die alltägliche Gewalt gegen die Bevölkerung, das Plündern und Niederbrennen ganzer Landstriche, das Gesicht des Dreißigjährigen Krieges. Überfall auf ein Dorf, Ölgemälde von Peeter Snayers.

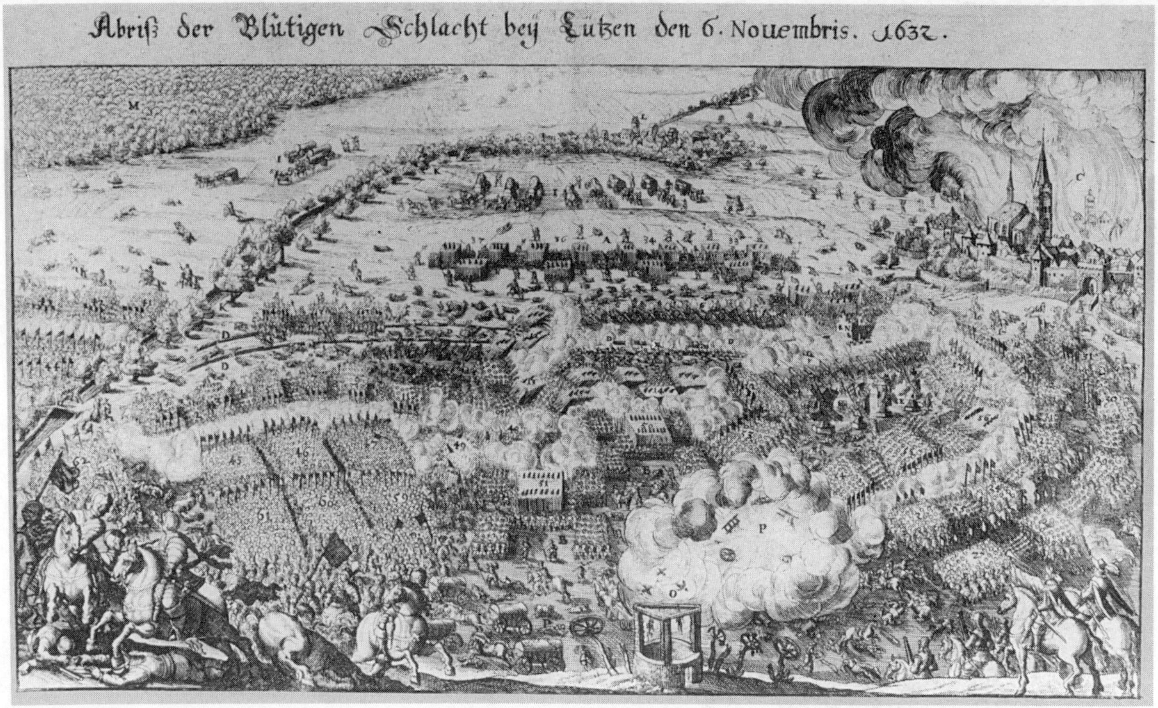

14 *Am 6. November 1632 trafen die Heere Gustavs II. Adolfs und Wallensteins in der Schlacht bei Lützen aufeinander. Nicht der unentschiedene Ausgang, sondern der Tod des schwedischen Königs bestimmte die epochale Bedeutung dieser Schlacht. Radierung von Matthäus Merian.*

15 Erst im Juli 1633 wurde der Leichnam Gustav II. Adolfs von Wolgast aus nach Schweden überführt. Man hatte darauf gewartet, dass ein repräsentatives Geschwader zur Heimholung des Königs segelfertig war. Holzstich nach einem Gemälde von Carl Gustav Hellquist.

Nürnberg,
das Ende deutet sich an

Immer wieder haben auch seriöse Historiker spekuliert, wie ernst Gustav II. Adolf im Herbst 1630 Verbindungen zu Wallenstein gesucht habe. Damals bemühte sich der Schwede um Bündnisse aller Art, war ihm jeder deutsche Fürst, jede größere Stadt, natürlich auch ein gestürzter, dennoch weiterhin mächtiger Herzog von Friedland einen Briefwechsel wert. In einem sehr persönlich gehaltenen Schreiben vom 30. Oktober hatte sich Gustav II. Adolf noch aus Stralsund an den Generalissimus gewandt, seinen Unmut ausgedrückt, »dass seine so treuen Dienste, ansehnliche Victorien . . . für den Kaiser so schlecht belohnt und ihm dafür mit lauter Undank vergolten wurde«. Großmütig hatte der Schwede Wallenstein angeboten, ihm »Liebes und Gutes« zu tun (Q: Irmer, I, XXIV, Fußnote).

Glaubt man teilweise sehr zweifelhaften, Wallenstein später bewusst belastenden Quellen, so haben beide bis zum Herbst 1631 sehr eigene Varianten hilfreicher schwedischer Sympathie für Wallensteins Ehrenrettung diskutiert. Der Friedländer soll 12 000 Soldaten nebst 58 Geschützen für einen Angriff auf die kaiserlichen Erblande gefordert haben, ihm dafür die Krone eines böhmischen Vizekönigs versprochen worden sein. Als einer der aktivsten Prager Fenstersturzler war Graf Matthias Thurn, der berühmte böhmische Rebell, dem Kaiser ebenso verhasst wie folgerichtig Gustav II. Adolf gleichermaßen nahe. In einem Brief vom 27. Juni dieses Jahres verkündete er dem schwedischen Monarchen, Wallenstein sei zur Zusammenarbeit bereit, eine zweifelhafte Quelle. Ihn trieb ein ausgeprägtes Eigeninteresse, sich vor Gustav II. Adolf als wichtiger Verbindungsmann zu dem gefürchteten Böhmen zu empfehlen. Thurn benötigte solchen Erfolg. Reaktionen von Wallensteins Hand wurden nicht bekannt. Sicher ist nur, dass der Schwede nach Breitenfeld weniger Neigung für Wallenstein bekundete.

Gustav II. Adolf musste bald verärgert verstehen, dass der Böhme seinerseits – halbwegs im Einverständnis mit dem Wiener Hof, undurchsichtig aber, nach vielen Seiten konspirierend – Kontakte zu Kursachsens Feldherrn Hans Georg von Arnim knüpfte. Wallensteins einstiger Unterbefehlshaber, damals Obrist und General, war Gustav II. Adolf nicht sonderlich gewogen. Arnim, ebenso geschickt als Diplomat – Ränkeschmied, wie man in Gustavs II. Adolf Umgebung boshaft vermeinte – , wie er als Feldherr in Polen gegen die schwedische Armee kämpfte, ließ die schwedischen Gesandten am Hofe Johann Georgs einiges wissen von geheimen Unterredungen, die er auch im Interesse ihres Königs mit Wallenstein pflege. Ärgerlich, dass

Gustav II. Adolf schnell zu erkennen glaubte, wie wohl bedacht der sächsische Heerführer seine Informationen streute, Gespräche Wallensteins mit den böhmischen Emigranten sich offenbar sehr von denen Arnims und des einstigen kaiserlichen Oberbefehlshabers unterschieden.

Wallensteins neuerliches Generalat ließ die Verbindungen zum protestantischen Lager gegen Jahresende 1631 abbrechen, nicht völlig, wie die schwedischen Spione bald herausfanden. Arnim verhandelte weiter, nun doch unverkennbar mit dem Ziel, Sondervereinbarungen Kursachsens mit dem Kaiser zu treffen. So jedenfalls folgerten Gustav II. Adolf und einige, ihm nahestehende deutsche Fürsten.

Im Januar 1632 lud Wallenstein Arnim zu neuen Gesprächen nach Aussig an der Elbe ein. So ließ es der Feldmarschall höchstpersönlich den Dresdner Residenten Gustavs II. Adolf wissen, berichtete wiederum weniger, als die Schweden erwarteten. Der verschlagene Sachse gab sich einfältig, beteuerte, er wollte Wallenstein aushorchen, sei überrascht worden von dessen Anfrage, ob Kursachsen zu Friedensverhandlungen geneigt sei. Und natürlich hatte der sächsische General sofort auf den König von Schweden verwiesen, betont, nur ihm komme solche Verhandlung zu. Wallensteins Sonderbeauftragter, der Graf von Trcka, habe sich von Arnim verabschiedet, er bedauere, dass der Sachse nun Wallensteins »Feind werden müsste«. Nicht ungeschickt ließ der Feldmarschall damals den schwedischen Gesandten hören, bei allen Gesprächen sei er illusionslos. Ein Universalfrieden zwischen Schweden, den evangelischen Reichsständen und dem Kaiser müsse schon deshalb scheitern, weil Gustav II. Adolf durch Frankreichs Einmischung einen Separatfrieden mit der Liga verhandele. Eine Maßnahme, so Arnim, »welche letztere nur auf eine Sprengung der evangelischen Allianz« ziele (Q: Irmer, I, XXXIX, LXI). Unüberhörbar der Verweis, dass er – Arnim – kaum etwas anderes tue als die schwedische Seite.

Als Anfang April 1632 die allgemeinen Friedensüberlegungen in Frankfurt als gescheitert galten, sich Gustav II. Adolf jegliche weitere Vermittlung einzelner deutscher Reichsstände verbat, musste auch jede neuerliche sächsische Initiative als offener feindlicher Akt gegen die schwedische Krone erscheinen.

Die Schweden sahen schon den Besuch des Herzogs Franz Albrecht von Sachsen-Lauenburg zu Jahresbeginn in Dresden als Aktivität des Friedländers an. Sie notierten verärgert, dass Arnim sofort versicherte, der Lauenburger habe die kaiserlichen Dienste quittiert. Gustavs II. Adolf Repräsentant wusste möglicherweise aus anderen Quellen, dass Johann Georg am 17. Januar 1632 seinen Feldmarschall ausdrücklich unterrichtete, der »Herzog Franz Albrecht« habe »vom Herzog zu Friedland Commission an uns«. Dort hatte der sächsische Kurfürst auch versprochen, Arnim über die weiteren Details informieren zu wollen. Und sicher vermeinten die schwedischen Gewährsleute, so sie schon damals alles kannten, solche Nachrichten aus Dresden seien überflüssig, sei Arnim doch aus erster Hand umfassend unterrichtet.

Anfang Mai 1632 glaubte man schwedischerseits genau zu wissen, dass Arnim weiter verhandelte, Wallenstein nur deshalb seine Truppen im Sammlungsraum um Znaim zurückgehalten habe. Gustavs II. Adolf Sonderbeauftragter in Dresden, der Graf Philipp Reinhard von Solms, wurde plötzlich aktiv. Er klagte Arnim bei Johann Georg als Verräter an, meinte wohl vor allem den Kurfürsten selbst. Kaum zufällig ließ Axel Oxenstierna im Februar 1633 bei vertraulichen Gesprächen mit Georg Wilhelm in Berlin verlauten, Arnim habe mit Wallenstein nur geredet, um diesen von Aktionen gegen Sachsen abzuhalten. Der Kanzler wusste wohl, dass dieses schnell auch in Dresden und Torgau gelesen würde. Ihm sei bekannt, so ließ er scheinbar ganz nebenbei fallen, dass man in Dresden tatsächlich beabsichtigte, »sich mit Wallenstein gegen die allgemeine Sache zu verbinden« (Q: Irmer, I, LX). Das war vermutlich auch schon im Frühjahr 1632 erkennbar, so dass Gustav II. Adolf dann an der Frankfurter Mittagstafel seinen Unmut über die sächsische Haltung in der Schmähung angeblich offenkundiger katholischer Hinterlist artikulierte und alle wussten, auf wen der König auch zielte.

Oxenstierna sagte in Berlin die Wahrheit und wusste doch mehr. Er kannte auch Arnims ablehnende antischwedische Gesinnung, verstand sicherlich, dass der sächsische Feldmarschall mehr diskutierte als nur eine vorübergehende Verzögerung Wallensteinscher Aktionen. Der große Böhme hat seinen sächsischen Widerpart später einmal einen »Schelm« genannt, »der sich in allen seinen Aktionen seit der Schlacht bei Breitenfeld gegen den König von Schweden wie ein ›achtdoppelter Verräther‹ benommen habe«, wie es einer der schwedischen Diplomaten erfahren konnte. Die Schweden jedenfalls tuschelten über auffällige Rücksichtnahme und Schutzbefehle Arnims, in Prag Wallensteins persönlichen Besitz zu schonen. Sie konnten wenig oder gar nicht begreifen, dass der Sachse den zurückgekehrten böhmischen Emigranten nur zögerlich zu alten Rechten verhalf, oft nicht helfen wollte. Und merkwürdig mochte es schon scheinen, dass ausgerechnet jetzt 10 000 Reichstaler ausstehende Löhnung aus früheren Diensten von Wallenstein an Arnim angewiesen wurden, wie ein aufgefangenes Schreiben des Generalissimus belegte. Bestechung, Lohn für offenkundigen Verrat, so zischten Arnims Gegner auch in Dresden. Ebenso glaubte man es in Wien zu wissen, las selbst der Bischof von Osnabrück die interessante Vermutung, Arnim wolle wieder »in kaiserl. Maj. Dienst treten« (ebd., I, 40, I, LXIII, II, XXXVIII, Fußnote, Anm. 2,I, LXV, Fußnote, Anm. 1).

Schnell offenbarte sich für den Grafen Solms, dass Johann Georg hinter seinem Feldmarschall stand, die wesentlichen Details aller Gesprächsrunden kannte. Verständlich, dass Arnim gelegentlich Ärger äußerte, der Kurfürst verstecke sich hinter ihm, die offensichtliche Komödie dennoch bereitwillig mitspielte. Jedenfalls hielt Graf Solms wenige Tage später eine umfangreiche Verteidigungsschrift des sächsischen Heerführers in seinen Händen. Er musste erkennen, dass sich Johann Georg für dieses Mal unzweideutig für Arnim verbürgte, die Schweden mit der offenherzigen Erklärung schreckte, er selber bestehe auch ferner darauf, dass Arnim mit Wallensteins Bevollmächtigten spreche. Der Kurfürst gelobte aber, Arnim einen weiteren Offizier und eigenen Vertrauten zur Seite zu stellen, kaum eine sonderliche Beruhigung für den Gustav II. Adolf ergebenen Solms.

Der offene Bruch zwischen Sachsen und Schweden wurde dennoch vermieden, da Johann Georg plötzlich, am 12. Mai 1632, fast wie in Bierlaune, dem Grafen Solms eröffnete, die »Pfaffen und ihre Knechte seind alle Schelmen, sie suchen mich zu betrügen; ich will ihnen dergleichen thuen«. Und höchst überraschend unterstrich der Kurfürst den Wunsch, Gustav II. Adolf möge so schnell wie möglich mit seinem Heer zu Sachsens Rettung heranmarschieren (ebd., I, 172). Abgesehen davon, dass Graf Solms eigene Gedanken bewegen mochten, wer hier wen betrog, an die Geschichte vom betrogenen Betrüger denken konnte, sah der schwedische Gesandte seine Stunde gekommen. Er wetterte seinerseits gegen die Verlogenheit kaiserlicher Politik, wetteiferte mit Johann Georg, vor allem aber sich selbst, den Kurfürsten und die sächsischen Räte von der Widersinnigkeit eines Abkommens mit dem Kaiser zu überzeugen. Leuchteten Solms die eigenen Argumente ein, schienen die Sachsen weniger einsichtig, wie sich bald zeigte. Der Graf reagierte verstört, als ihm bekannt wurde, Arnim habe noch am 11. Mai wiederum konferiert, in

Rakonitz sogar mit Wallenstein selbst gesprochen. Der Gesandte wirkte noch irritierter, als man ihm eröffnete, der Kurfürst sei ebenso erstaunt, ja verwirrt, wünsche deshalb umso nachdrücklicher einen schnellen Zug Gustavs II. Adolf nach Sachsen. Er empfehle die Vereinigung der sächsischen und schwedischen Völker bei Leitmeritz. Schade, dass Graf Solms so gar nichts über seine Gefühle berichtete, diese Äußerungen Johann Georgs nicht weiter kommentierte.

Es scheint, als habe sich Wallenstein schon damals entschieden, Kursachsen Bedingungen anzubieten, die er gegebenenfalls auch gegen den Wiener Hof durchsetzen wollte. Allerdings lagen diese Vorstellungen kaum im schwedischen Interesse, hätten eine Aufkündigung der schwedisch-sächsischen Allianz erzwungen. Der Gesandte des Landgrafen von Hessen-Darmstadt jedenfalls berichtete am 15. Mai 1632 an seinen Fürsten, Wallenstein habe Kursachsen die Aufhebung des Restitutionsedikts angeboten. Johann Georg wolle nun seinerseits über die Verbindungen Hessen-Darmstadts ermitteln, ob die katholischen Fürsten eine solche Entscheidung des kaiserlichen Generalissimus mittrügen. Vielleicht ein ganzes Kartell von Betrügern und betrogenen Betrügern, die Rolle Kursachsens jedenfalls scheint bis heute nicht restlos klar! Vieles war offen geblieben, als der Graf von Solms gemeinsam mit dem Grafen Thurn Ende Mai über Hof nach Eger reiste, dort Gustav II. Adolf erwarten, Johann Georgs Treuebekenntnis berichten sollte, an das er selbst nicht richtig glauben konnte.

Derweil stand der König von Schweden mit der Hauptarmee in Donauwörth. Er sandte Axel Oxenstierna noch am 23. Mai einen Brief, er wolle seine vorteilhafte Stellung in Süddeutschland nicht verlassen, hier die Verhandlungen zwischen Kursachsen und Wallenstein abwarten. Auch das ist kaum vereinbar mit der Wochen zuvor noch vollmundig zugesagten Sicherung Sachsens durch ihn. Seinem Kanzler vertraute der König an, er wolle einem solchen Abkommen dann nicht entgegentreten, sollten Sachsen, Brandenburg und Schlesien neutralisiert, die sächsischen Truppen seinem Heere eingegliedert, wenigstens aber nicht Wallenstein zugeführt werden.

Er wird trotzdem nicht wirklich unglücklich gewesen sein, als er drei Tage später erfahren sollte, Wallenstein habe am 5. Mai Prag erobert, wende sich gegen Kursachsen. Sofort hatte Graf Solms nach Dresden zurückzureiten, Johann Georg die Versicherung zu überbringen, Gustav II. Adolf eile ihm mit seiner Armee zur Hilfe. Ein zweiter Sonderbevollmächtigter, der Pfalzgraf August, meldete sich am 13. Juni beim sächsischen Kurfürsten mit neuerlicher ausführlicher Botschaft. Er hatte ihn bewusst ausgewählt, wusste Schwedens Herrscher doch um das nahe Verhältnis des Pfälzers zu Johann Georg. Tatsächlich fand sich der erschrockene Sachse nach einer ersten Unterredung mit August am 14. Juni bereit, Gustav II. Adolf die bindende Versicherung abzugeben, künftig nur nach Einwilligung des schwedischen Monarchen Friedensgespräche mit Wallenstein beginnen zu wollen. Vier Tage später adressierte Johann Georg eine definitive Absage an Wallenstein. Der kaiserliche Feldherr marschierte – aber nicht nach Kursachsen. Er verließ Böhmen, rückte in die Oberpfalz ein, zog weiter nach Franken, wandte sich gegen Gustav II. Adolf. Beide, Wallenstein und der schwedische König, notierten mit sehr ungleichen Gefühlen, dass Feldmarschall Arnim die sächsische Armee nach Schlesien führte, nicht wieder in Böhmen einfiel, schon gar nicht auf Österreich zielte. War jener zufrieden, reagierte dieser nachdrücklich beunruhigt. Es bewahrheitete sich: Trotz aller Versprechungen Johann Georgs blieben die Sachsen unsichere Verbündete im Ringen gegen Bayern und kaiserliche Truppen. Gustav II. Adolf konnte nur auf sie rechnen, wenn er als Helfer in großer Not erschien.

Derweil diskutierten Johann Georg und der Pfalzgraf in Dresden Gustavs II. Adolf Friedensvorstellungen. Sie debattierten über die Forderung nach Wiedereinsetzung des Kurfürsten von der Pfalz, schwedische Entschädigungsansprüche, Gustavs II. Adolf Forderung des absoluten Direktoriums über die evangelischen Reichsstände. Das war nichts, was der Sachse frohen Herzens bewilligen konnte und wollte. Vor allem das letztere schien ihm durch einen Friedensschluss hinfällig, wie Johann Georg den Pfalzgrafen wissen ließ.

In der entsprechenden Debatte formulierte der gemeinsam mit dem Pfalzgrafen angereiste Wortführer Gustavs II. Adolf, Württembergs Kanzler Jacob Löffler, Schweden sei berechtigt, Forderungen an Mecklenburg, Pommern und Brandenburg zu erheben. Diese Länder habe es dem Feinde bewaffnet entrissen. Auch besitze die schwedische Krone die katholischen Eroberungen nach Kriegsrecht. Wahrscheinlich, dass Johann Georg im Beisein Gustavs II. Adolf zurückhaltender gewesen wäre. Löffler und dem Pfalzgrafen gegenüber fand er sich nur zur Anerkennung der Suprematie Schwedens über die katholischen Territorien bereit. Er äußerte aber entschiedene Einwände zu den anderen Forderungspunkten, zerstritt sich ernsthaft mit August.

Ein kurzes Zwischenspiel war der Einmarsch schwedischer Truppen unter Wilhelm von Weimar. Dieser galt nicht eben als besonders lieber Gast in diesem Teil Sachsens. Es sollte wohl eine Drohgebärde gegen eine befürchtete Annäherung Dresdens an Wien sein, wurde auf sofortige Weisung Gustavs II. Adolf abgebrochen. Es ist aber kaum wirklich denkbar, dass Graf Solms und der Weimaraner ohne heimlichen Rückhalt agierten. Schwedens Monarch jedenfalls zeigte sich unangenehm überrascht, wollte es möglicherweise zu diesem Zeitpunkt auch sein, ließ den Konflikt durch eine persönliche Entschuldigung in Dresden beigelegen. Auch Johann Georg wünschte derzeit keine weiteren Komplikationen, beeilte sich sogar, eine neue Loyalitätserklärung für Gustav II. Adolf abzugeben.

Liest man seine tagebuchartigen Notizen, muss man glauben, Pfalzgraf Ludwig war geneigt, Johann Georgs Erklärungen als ernsthaft und alles als persönlichen Erfolg zu verstehen. Er erreichte mit dieser erfreulichen Botschaft Gustav II. Adolf nicht mehr. Der Pfälzer verstarb auf der Reise nach Nürnberg in Windsheim am 20. August, erlebte so Gustavs II. Adolf Probleme im Nürnberger Lager nicht, auch nicht den misslungenen Sturm auf Wallensteins Schanzen. Er hörte wohl kaum noch genauere Nachrichten über erste neuerliche Verwüstungen der sächsischen Kernlande durch Wallensteins Streifkorps.

Der Generalissimus hatte Heinrich Holk, den Dänen, mit einer anderen »Botschaft« in die »Meissener Lande« gesandt, verheerte nun die Gebiete nahe Dresdens. Kroatische Reitervölker brannten am 9. September mehrere Dörfer vor den Toren der Residenzstadt nieder. Gerade bewirtete Johann Georg einige Diplomaten, ein Fest, üppig, mit vollen Tischen und Bierkannen, gewiss kaum ohne gebührliche Kerzenpracht. Wallensteins Reiter ließen Johann Georg übermitteln, »sie wollten ihm dazu so viel Lichter anzünden, dass er gar wohl sollte sehen können« (G: Harte, II, 425).

Er hat gesehen, auch verstanden, was er sehen sollte, was ihm die Kaiserlichen zeigen wollten. Bierjörge ließ sich aber nicht sonderlich rühren, bei diesem Fest nicht und später auch nicht. Schon seinerzeit verrechnete sich Tilly. Auch jetzt war der trotzige Sachse nicht zu verschrecken, vielleicht, weil dieses nicht seinem Kurhut galt. Brennende Bauernhütten waren eben nicht zurückgenommene Klöster und Bistümer. Unberührt blieben seine Bierfässer und Kochtöpfe, wurden auch niemals leer. Auch Wallenstein konnte Johann Georg so nicht an die kaiserliche Seite pressen. »Botschaften« dieser Art überzeugten den Kurfürsten weniger. Holk blieb ebenso wie Gallas, den Wallenstein noch nachsandte, das »Werben« um Johann Georg eindringlicher zu artikulieren, der Erfolg versagt. Nun entsandte der Sachse seinerseits Gustav II. Adolf Truppen zur Hilfe.

Das aber konnte der schwedische König im Sommer 1632 nicht wissen. Zu kompliziert erwies sich die eigene Situation nun, da die Gefahr vorerst von Sachsen, dem unsicheren Verbündeten, abgewendet schien, sich alle kaiserliche Macht auf Gustav II. Adolf konzentrierte. Dessen Heere operierten weit verstreut. Er konnte damals im fränkisch-bayrischen Grenzraum nur eine Streitmacht aufbieten, die bestenfalls halb so stark wie das bayrisch-kaiserliche Heer war, dass sich drohend auf Nürnberg zu bewegte. Und es befehligte jener, der wohl alleine Gustav II. Adolf ernsthaft gefährlich werden konnte.

Ende 1631 war es Kurfürst Maximilian Gewissheit geworden, dass Ferdinand II. entschlossen war, Wallenstein wieder als Oberbefehlshaber zu gewinnen. So ließ er durch seinen Kanzler Joachim Donnersberg in Wien verlauten, er habe anlässlich der neuen Ehrenbezeugungen für den Friedländer in seiner »Freundschaft und Treue« zum Kaiser »etwas« geschwankt. Dann habe er sich aber getröstet, Ferdinand werde Sorge tragen, Wallenstein von Bayern fernzuhalten (G: Harte, II, 296). Maximilian hatte offenbar für sich entschieden, weiterhin im kaiserlichen Lager zu verbleiben, empfehlenswert wohl doch nach der schweren Niederlage des bayrisch-kaiserlichen Heeres. Das war ein echter Trost für die Wiener, denen Bayerns Verhandlungen mit Frankreich, auch der Allianzvertrag zwischen Richelieu und Maximilian nicht verborgen blieben.

Er hatte sich die neuerliche Hingabe an Ferdinand in gewohnt bayrischer Treue auch gleich honorieren lassen, der fromme Glaubensstreiter Maximilian, den Habsburgern erneut die Pfandherrschaft über Österreich abhandeln wollen. Bestrebt, den selbstbewussten Wittelsbacher nicht zu verärgern, seine Zustimmung zur Rückberufung Wallensteins, wenigstens aber die Duldung des Generalissimus zu vereinbaren, gelobte der Wiener Hof dem Kurfürsten, er solle »weder Beleidigung, noch Geringschätzung, oder Unrecht« durch den Herzog von Friedland gewärtigen müssen (G: Harte, II, 296). Große Versprechungen, Wallenstein sofort hintertragen, Gesten bayrischer Stärke, wenig überlegt angesichts des schwedischen Ausgreifens auf den fränkischen Raum, die wenig später, im Frühjahr, vergessen sein sollten, mussten. Gustavs II. Adolf »Sprung« über den Lech wirkte da Wunder, überzeugte Maximilian rasch.

Jetzt ließ Maximilian an verschiedenen deutschen Höfen Traktate verbreiten, in denen er seine unverbrüchliche Treue zum Kaiser beschwor, anonyme Intriganten beschuldigte, Lügen verbreitet zu haben. Bayern habe zu keiner Stunde ernsthaft an eine Neutralisierung gedacht.

Das mochte stimmen, sehr ernst war es Maximilian mit dieser Übereinkunft nicht gewesen, wenigstens nicht bis zur Niederlage bei Rain. Tatsächlich hatte auch er nur sehr widerwillig dem französischen Ansinnen zugestimmt, in diesem Papier nur eine eventuelle Rückversicherung gesehen, interessant, gewichtig nur für den Fall, der Schwede sollte in Bayern einfallen. Er log dennoch, der fromme Kurfürst, als er in jener Erklärung dreist behauptete, er habe niemals »mit einem bedeutenden westlichen Monarchen eine Allianz geschlossen«. Er erwarte aber in Bälde, dass sich Frankreich als katholische Macht an die Seite der deutschen Katholiken stelle, gemeinsam gegen jene Ausländer gekämpft werde, die »zu unsern Thoren einzogen« (ebd.).

Gleichzeitig bat Maximilian, sandte Boten um Boten, vergaß die Geringschätzung des Emporkömmlings, flehte um einen schnellen Marsch der kaiserlichen Armee nach Bayern. Er beschwor Wallenstein, ihn und seine Lande vor der schwedischen Geißel zu bewahren.

Der Generalissimus kam nicht, fand immer neue Ausflüchte, musste sein Heer erst sammeln, verstärken, üben, dann Böhmen von den Sachsen räumen. Er ließ sich auch nicht durch versteckte Drohungen aus Regensburg und der Wiener Hofburg beunruhigen. Schließlich geruhte Wallenstein, dem Bayern eine Vereinigung anzutragen, außerhalb Bayerns, in Tirschenreuth nahe Eger. Hier endlich konnte Maximilian heimlich aufatmen, sicher sein, dass der Schwede ihn nicht dem Pfälzer auslieferte, Friedrich, dem verlachten »Winterkönig«, der kürzlich erst im heimischen Münchener Palast sehr ungebeten residierte. Erst jetzt fühlte sich der Wittelsbacher endlich geborgen in einem so gewaltigen Heeresverband, den wohl auch kein Gustav Adolf ungestraft attackieren konnte.

Er hatte wirklich Grund zur Freude, war er doch bei Weiden nur mit Mühe einem schnellen Zug Gustavs II. Adolf entwichen, dank der Schnelligkeit seiner Reiter. Es war wohl auch ein wenig sein Verdienst als entschlossener Feldherr. Maximilian hatte das Fußvolk hinter den Berittenen aufsitzen lassen, auch die Idee gehabt, alles auf schnelle Pferdewagen zu laden. So blieb er dem Schweden um die entscheidenden Stunden voraus, kam nun noch immer nicht zurück nach Bayern, das eigene Land zu säubern, aber doch gemeinsam mit Wallenstein nach Nürnberg. Er wusste hier Gustav II. Adolf, wohl mehr noch gehasst als den ungeliebten Böhmen, mit einer damals relativ kleinen Armee. So wünschte, dachte er sich einen sofortigen Angriff, die Demütigungen von Rain und München gerächt.

Und wieder war ihm der verhasste Friedländer nicht zu Willen, lehnte kühl einen Sturm des schwedischen Lagers ab. Wallenstein verwies auf die gefährlichen Folgen eines unüberlegten Anrennens solcher Befestigungen, fast eine neue Verschanzung von der Bedeutung Nürnbergs. Es war das Werk fleißiger Tag- und Nachtarbeit vieler tausender Freiwilliger, Soldaten und Nürnberger Bürger, Bauern auch, Flüchtlinge aus dem weiteren Umfeld, brave, ehrliche Evangelische, Glaubensstreiter gegen die heranstampfende katholische Macht. Sie alle fühlten sich ganz jenem Geiste verpflichtet, den der Schwede in seinem Flugschriften immer wieder verkündete. Viele waren überzeugt, der »Löwe aus Mitternacht«, gottgesandt, unfehlbar, werde sie auch hier zu neuen Triumphen führen.

Wallenstein erwies sich wiederum als souveräner Generalissimus. Er kümmerte sich wenig oder gar nicht um Drohgebärden oder freundlich geheuchelte Bitten des Bayernherzogs. Der große Heerführer zählte die Kanonen, Geschütze Gustavs II. Adolf und jene aus der Waffenschmiede des Heiligen Römischen Reiches, Produkte Nürnberger Handwerkskunst und offenbar noch immer nicht versiegter Kapitalien.

Als Wallenstein Nürnberg am 8. Juli erreichte, hatte Gustav II. Adolf bereits die Befestigungen der Stadt in aller Eile, dennoch geschickt verstärken lassen. Zahlreiche neue Schanzen waren aufgeworfen, seine Truppen besser noch als einst bei Werben geschützt. Auch hatten die Schweden mit der Verödung der Territorien des kaiserlichen Aufmarsches begonnen.

Im kaiserlichen Oberbefehlshaber fand der König jedoch erstmals seinen Meister. Auch dieser verschanzte sich bei Zirndorf, südlich der alten Reichsstadt, zerstörte seinerseits die wichtigsten Versorgungswege der Schweden. Er griff dennoch zum Erstaunen aller das schwedische Lager nicht an. Nur 20 000 Soldaten Gustavs II. Adolf standen etwa 45 000 Wallensteiner und Bayern gegenüber, führten eifrig einen wechselseitigen Vernichtungskrieg der Magazine. Das schwedische Feldtagebuch beispielsweise verzeichnet für den 31. Juli die Zerstörung bedeutender Vorräte des Gegners in Freistadt, etwa 30 Kilometer von Wallensteins Basis entfernt. Die sich stetig verschlechternde

Versorgungslage Nürnbergs und der schwedischen Armee verbesserte sich dadurch jedoch kaum. Man hatte vieles vernichtet, Heu verbrannt, selbst nur Weniges ins eigene Lager karren können. Am 21. August 1632 brach Gustav II. Adolf gegen die kaiserlichen Verschanzungen auf, in direktem Gegensatz zu früherem Verhalten, gegen eigene militärstrategische Einsichten, wie viele Historiker meinen. Sie vergessen dabei die Angriffe auf Frankfurt an der Oder, den Handstreich gegen den Marienberg, wohl auch den Übergang bei Rain, ganz sicher aber das blutige Anrennen bei Ingolstadt. Es war wohl weniger eine prinzipiell neue Taktik des Königs, eher der Bedrängnis seiner stolzen Armee geschuldet. Not kennt kein Gebot, die schwedische Armee hungerte. Wallensteins Konzept ging auf. Das Warten, trotz aller Klagen, des Drängelns von Maximilian und mancher seiner Obristen, heimlicher Spötteleien über den Zauderer, auch ungeduldiger Nachfragen aus Wien, zahlte sich nun aus.

Der Schwede hatte die Mehrheit seiner Truppen hier bei Nürnberg zusammengezogen, sie ohne Widerstand des kaiserlichen Heerführers mit der Hauptarmee vereinigen können. Immer wieder fragte sich Gustav II. Adolf misstrauisch, warum Wallenstein selbst kleinere Korps nicht angriff, an der Vereinigung mit dem König hinderte. Der Monarch war äußerst vorsichtig zu Werke gegangen. Er sicherte alle Anmarschwege, regelte brieflich den Zuzug, bemühte selbst Axel Oxenstiernas Organisationstalente. Spätestens jetzt muss Gustav II. Adolf klar geworden sein, was der Generalissimus bezweckte. Nun drängte sich – Seite an Seite mit Nürnberger Bürgermilizen, geflüchteten Bauernscharen und längst schon hungriger Soldaten und Offiziere der Regimenter der Hauptarmee Gustavs II. Adolf – mit den neuen Heeren aus Bayern, vom Oberrhein und dem Mainzer Raum nahezu die doppelte Anzahl Soldaten zusammen. Eine gewaltige Streitmacht zum Schlagen, aber ungeeignet, nicht zu unterhalten, so sie untätig wartete. Eine heimliche Hoffnung des Königs hatte sich nicht verwirklichen lassen. Er wünschte größere Einheiten, die Bernhard von Weimar, Gustav Horn und der unermüdliche Axel Oxenstierna herangeführt hatten, in die Festung Lichtenau zu werfen. Damit gedachte er, das Zirndorfer Lager von seinen Verbindungslinien nach Bayern abzuschneiden, den unbeweglich, scheinbar unerklärlich unberührt verharrenden Wallenstein auszuhungern. Aber der Nürnberger Burgkommandant hatte die starke Festung überhastet aufgegeben, einer kaiserlichen Garnison Raum gebend. Da konnte man sich im schwedischen Lager trösten, mutig aufmuntern, mutmaßen,

Wallenstein habe die gleichen Probleme, wisse nicht einmal eine solche Stadt wie Nürnberg hinter sich. Helfen konnte solches Gerede dennoch kaum, längst waren die ursprünglich gefüllten Magazine leer, fast acht Wochen hatten viele Zehntausende daraus gelebt. Nun war das große Pferdesterben der letzte Akt vor dem Ende auch tausender Soldaten, gefährdete verseuchtes Wasser, fehlendes Brot die letzten intakten Armeekörper. Gustav II. Adolf konnte die Zeichen deuten, hatte das große Soldatensterben in Livland und Preußen nicht vergessen. Er sah und hörte, was in den Zelten und an den Lagerfeuern gemurrt, gehetzt wurde. Das Land nach Norden war ausgesaugt. Wallenstein hatte alles bedacht. Er war kein Tilly, den unfähige Fürsten treiben konnten. So entschied Gustav II. Adolf, alles auf eine Karte zu setzen, rechnete wohl auch mit der Schwäche der anderen, dem eigenen Nimbus als ewiger Sieger.

Nach konzentriertem Artilleriefeuer während des 22. Augusts setzten die Schweden in der Nacht über die Regnitz bei Fürth nördlich des Wallensteinschen Lagers. Wegen der erschreckend hohen Verluste beschloss Gustav II. Adolf, die feindlichen Schanzen zu umgehen und aus südlicher Richtung anzugreifen. Hier hatte der kaiserliche Feldherr seine Hauptstellungen auf einer Anhöhe nahe einer zerfallenen mittelalterlichen Burg angelegt, die »Alte Veste«, die Stellung durch gewaltige Baumverhaue zusätzlich geschützt.

Vielleicht war es wirklich ein tragisches Missgeschick, das Gustav II. Adolf am nächsten Morgen widerfuhr. Wallenstein führte das Gros seiner Truppen aus der Verschanzung, formierte das Heer westlich des Lagers hinter dem kleinen Bibertbach. Die Front, so unlängst ein deutscher Militärhistoriker, richtete sich vermutlich nach Südwesten. Die Aufstellung war wohl durchdacht, weil die kaiserliche Armee somit in voller Länge durch die Lagergeschütze auf den Wällen gesichert wurde. Vielleicht hätte der Schwede unter diesen Bedingungen tatsächlich eine Schlacht vermieden, wie dieser moderne Kenner des Schlachtgeländes und des Geschehens um den Nürnberger »Stellungskrieg« interessanterweise vermutet (G: Junkelmann, 430). Zweifel scheinen aber angebracht, bedenkt man die blutigen, fast aussichtslosen Angriffe auf die tödliche Feuerwogen speienden Schanzen und Wälle. Vielleicht hatte der Schwede irrtümlich begonnen. Aber dann wurde der Kampf mit jener Konsequenz fortgesetzt, die auch den Schlachtenlenker Gustav II. Adolf in offenen Treffen auswies. Es war im Übrigen ein durch die fast aussichtslose Lage Getriebener, der hier die Entscheidung suchte.

Dennoch scheint sicher, dass der schwedische Feldherr die Bewegung im Lager, den Ausmarsch, falsch deutete. Gustav II. Adolf verzichtete auf eine persönliche Erkundung, organisierte anders als bei Rain ungeduldig den Sturmlauf, eine Kritik, die seither die Experten eint. Wie immer hatte sich der König nicht durch die Einwände seiner Generäle und Obristen abhalten lassen, charakteristisch offenbar für viele Vasa und ihre Pfälzer Erben auf dem schwedischen Thron, typisch noch für den genialen Karl XII.

Hier nun war wirklich Zurückhaltung angemahnt. Statt der vermeintlichen Nachhut stand hinter den Wällen, Palisaden und Baumverhauen der nördlichen Linien des Wallenstein-Lagers eine kampfentschlossene Armee, nicht die Reste einer sich schon aufgegeben wähnenden Garnison. Wallensteins Söldner verteidigten ihre Positionen ebenso entschlossen wie die Angreifer vorwärts stürzten, wurden beständig durch neue Einheiten verstärkt oder ausgewechselt.

Am frühen Morgen des 24. August hatten die Schweden eine neue Kanonade gegen die »Alte Veste« eröffnet. Sie brachten jedoch ihre Geschütze nicht dicht genug an den Gegner heran. Schlüpfriger, steil ansteigender Boden hinderte sie. Durch einen überraschenden Reiterangriff erlitten sie dann erneut erhebliche Verluste, liefen dennoch immer von neuem gegen den Berg. Während des ganzen Tages versuchten die besten schwedischen Regimenter, zu den Ruinen der Burg vorzudringen. Vergebens, Gustav II. Adolf wurde mit seinen eigenen Waffen geschlagen. Nun wiederholte sich das »Spiel um Werben«, diesmal mit vertauschten Rollen. Mehr als 600 Gefallene und doppelt so viele Verletzte zählte der Oberst Nils Brahe am Abend. Der fähige schwedische General Lennart Torstensson war einer der wenigen, der bis zu Wallenstein vordringen konnte, allerdings nur als Gefangener! Beinahe hätte auch Gustav II. Adolf so vor den Böhmen treten können, rekognizierte in diesem Moment wahrlich nicht weit entfernt von seinem großen Artilleristen. Er wäre an diesem Tage aus sehr gesonderten Gründen vielleicht nicht das schönste Geschenk gewesen, dass er Wallenstein mit dem Sturmlauf gönnte. Maximilian aber hätte den gefangenen Schweden ganz sicher mit herzlicher Freude empfangen.

Unzufrieden brach der Schwedenkönig am folgenden Tag den hoffnungslosen Kampf ab, zog sich auf Nürnberg zurück. Er wagte dennoch nicht, sofort das Todeslager aufzugeben. Er hoffte noch immer, nun aber doch schon ein offenbarer Illusionist, auf einen plötzlichen Abzug Wallensteins, glaubte wohl, das Ausharren seinem Ruf als Unbezwinglicher zu schulden. Gustav II. Adolf suchte laut, hier dem Vater, Karl IX. nicht unähnlich, bei anderen die Schuld.

Jene Historiker, die eine humanere Kriegsführung Gustavs II. Adolf behaupten, stützen sich immer wieder auch auf jene berühmte Strafrede Gustavs II. Adolf im Nürnberger Lager am 18. August, wenige Tage vor dem unsinnigen Sturm auf Wallensteins Befestigungen. Dabei fabulieren sie gerne von schwedischer Manneszucht, sind wohl auch überzeugt, der Schwede habe Plünderungen und Verwüstungen auf ein Mindestmaß reduziert. Doch muss man den Text eher lesen als eine Rechtfertigung eigener bisheriger Fehleinschätzungen denn als eine Abrechnung mit der deutschen Nation, wie es häufig durch Publizisten, aber auch von einigen Geschichtsschreibern gedeutet wird. Es war wohl vor allem der laut gewordene Vorwurf, der König lasse seine Soldaten hilflos verderben, der Gustav II. Adolf bewegte, besonders nachdrücklich die eigene Bedürfnislosigkeit hervorzuheben, den Zuhörern das eigene Beispiel vorzuleuchten. Hier im Nürnberger Lager waren das immerhin die verbündeten deutschen Reichsfürsten und Offiziere vom Range eines Oberstleutnants aufwärts. Der Monarch wandte sich Männern zu, die das Leben kannten, wohl unterscheiden konnten, wer da heuchelte, sich bescheiden gab und dennoch alles beanspruchte.

Ein Zufall war es nicht gewesen, vielleicht nicht einmal besondere Zuneigung zu dem im verlustreichen Anrennen gegen die Ingolstädter Schanzen gefallenen Markgrafen Christoph von Baden-Durlach, dass der König selbst die Leichenrede hielt. Auch hier behauptete Gustav II. Adolf, er »verfechte« eine »gerechte Sache«, »nämlich Teutschland in seine alte Freiheit zu setzen«. Zweifellos eine merkwürdig berührende Aussage gerade damals in Bayern nach dem doch recht eindeutigen Treueid der Augsburger Bürgerschaft für Gustav II. Adolf »als ihrem natürlichen Herrn und der Kron Schweden«. Solch kühne Argumentation scheint nur jenem möglich, der keinen Widerspruch, wenigstens keinen laut artikulierten, fürchten musste. Zweifelhaft trotzdem, weil der Historiker verwundert fragen wird, warum der König solche Worte brauchte. Ungern möchte man Gustav II. Adolf einen Heuchler nennen, kann kaum eine andere Bezeichnung wählen, sicher sein, dass wohl auch viele der versammelten Offiziere und Soldaten die Rede als Hohn empfanden. Sie mochten häufig nur schlecht lesen können, manchmal des Schreibens unkundig gewesen sein. Ohren und Augen zu hören und zu sehen hatten sie doch. So musste der Herrscher auch einräumen, ihm sei nicht verborgen geblieben, dass sein »glücklicher Erfolg viele Neidharte erwecket, die sagen möchten und die Einfältigen überreden wollten, ich suche nichts, als andere zu plündern und mich zu bereichern« (G: Gfrörer, II, 970). Tatsache wohl gerade für jene, die nicht naiv das Geschehen verfolgten, nicht einfach die religiöse Berufung des Schweden glauben mochten. Schon gar nicht dann, wenn sie sich selber als Katholiken begriffen, den schwedischen Fahnen wegen des Soldes und der größeren Beuteerwartungen folgten. Es bedurfte wohl eher der Einfalt, Gustav II. Adolf auch diesen treuherzigen Ausbruch glauben zu wollen, er beschränke sich weiterhin nur auf den Kampf für die »Libertät« Deutschlands. Für nicht wenige der Zuhörer galt jene jetzt mehr denn je doch vor allem als Befreiung der besiegten Ligafürsten von ihren Territorien. »Libertät« war die Umverteilung deutscher Lande, sichtbarer Gewinn für den schwedischen Monarchen, seine national-schwedischen Heerführer und zahlreiche deutsche Feldobristen, folgerichtig und wünschenswert auch in deren Augen.

Ähnlich begann der König einige Monate später auch jene große Rede im Nürnberger Lager, die auf uns gekommen ist, weil sie sofort an den Herzog Wilhelm von Weimar gesandt, dort verwahrt wurde. Sie sollte wiederum als Reaktion auf Unmutsäußerungen der Militärs gelesen werden, diesmal vor allem als Abwehr drohender Revolten der Hungernden gedacht, die in diesem Krieg nicht für schöne Worte fochten. Ihnen waren Lohn und Beute der wirkliche Anreiz. Sie hätte Gustav II. Adolf gar zu gerne auf seine Idee einer gottgefälligen Kampagne zur Rettung des Evangeliums, wenigstens aber zu treuer Gefolgschaft im Namen einer Interessengemeinschaft eingeschworen. Auch und gerade deshalb, weil es an solchen Orten um eine ausgezehrte Landschaft naturgemäß wenig zu verteilen, kaum etwas zu gewinnen gab. Vielleicht dachte er seine Rede auch schon als Vorbereitung auf den Opfergang der Soldaten und Offiziere wenige Tage später, wissend, dass es üblich war, nur dann in die Schlacht zu ziehen, wenn vorher ausreichend Sold gezahlt war. Der König wusste, es würde nötig sein, zumindest die höheren Offiziere hinter sich zu vereinen.

Es wurde einer jener wohl bedachten Zornesausbrüche, die Gustav II. Adolf gelegentlich für unverzichtbar wähnte, politisch motiviert, mehr ein wohl berechnetes Spiel denn überzeugte Sinneshaltung. Und natürlich bemühte der Herrscher wieder einmal Gott als Zeugen, vielleicht, weil dieser erfahrungsgemäß nicht widersprach, anders als jene, die Gustav II. Adolf im wirklichen Leben seit der Landung auf Usedom bis Nürnberg erlebte. Keiner unter den hohen Herren im Feldlager, der für den Besitz solcher Städte wie Stralsund, Wismar und Stettin nicht mehr als sechs Taler gesetzt hätte. Der König behauptete dennoch, er habe sich »in diesem ganzen Kriege noch nicht um sechs Taler bereichert« (G: Harte, II, 374), vergessen offenbar die Hunderttausende, die er allein den Stralsundern schuldete. Wahrlich ein klägliches Argument für alle Anwesenden um den königlichen Feldherrn, die gewöhnlich selbst die Kontributionen für Gustav II. Adolf eintrieben und verwalteten, Kronzeugen des herrschaftlichen »Irrtums«, falls auch sie es nicht heimlich Lüge nannten. Der Historiker mag nicht richten, wundern aber über solche Ungereimtheiten will er sich doch. Es scheint wohl eine besondere Stärke des Monarchen gewesen zu sein, just im rechten Augenblick eigene Verfehlungen, Schwächen vergessen zu können, selbst an persönliche Reinheit zu glauben, wenigstens aber, es die anderen glauben zu machen. Kaum vorstellbar allerdings, dass sie es wirklich so sahen, die Herren Obristen und Generäle, auch wenn sie so taten. Es war vielleicht doch einfach Heuchelei. Gustav II. Adolf war nicht so einfältig zu denken, was er anderen einreden wollte, der Vasa, Enkel des großen Demagogen Gustav I.

Unmittelbar vor dem Sturm, angesichts zahlreicher Desertionen seiner unzufriedenen Söldner – eventuell schon mit dem Blick auf einen wenig befriedigenden Abmarsch aus dem Lager – , empfand der König die drängende Notwendigkeit, vor seine deutschen hohen Offiziere als souveräner Herrscher und Oberbefehlshaber zu treten. Ihrer nörgelnden Kritik wollte er mit einem geharnischten königlichen Tadel begegnen. »Ihr Fürsten, Grafen, Herren und Edelleute, ihr seid es, die ihr am meisten euer eigenes Vaterland verderbt«, eifrig an seinem Untergang mitwirkt, wandte sich der König den Adressaten dieser Strafpredigt zu. Wahre Worte zweifellos, strittig nur, ob auch hier die eigene »Bedeutung« die der anderen nicht doch übertraf. Er zollte ihrer Tapferkeit seine Anerkennung, rügte aber die Neigungen, sich durch Raub und Plünderung zu bereichern. Richtet »euch selbst und prüfet, ich bitte euch, euer eigenes Gewissen, wie viel Antheil ihr habt an allen den Erpressungen und Grausamkeiten«, die nun auch zu Lasten der schwedischen Armeen gingen. Alle seine »Völker werden Schweden genannt«, doch komme das größte Übel von den Deutschen. »Ja, ihr Deutschen seid es vorzüglich, die ihr eurer Vaterland bestehlt und gegen eure eigenen Glaubensgenossen wütet«. Gott sei sein Zeuge, wie sehr er sie »verabscheue und ergrimme im Geiste«, wenn er sie nur erblicke (G: Böttcher, W., 281–283).

Abgesehen davon, dass ihn Schändlichkeiten gegen Andersgläubige offensichtlich weniger empörten, wird man kaum widersprechen können, dass dieser deutsche Herrenstand Rauben und Morden zur Norm erhob, über die Schelte kaum befremdet sein durfte. So mag auch überraschen, dass die Beschimpften sichtbar Reue zeigten. Der Bericht benennt Tränen in den Augen vieler harter Männer, betretene Mienen. Schwer vorstellbar, dass der deutsche Hochadel wirklich so beeindruckt war. Schließlich erlebten die meisten von ihnen die Kriegszüge Gustavs II. Adolf schon seit langem. Sie hatten in Bayern befehlsgemäß das Land ebenso zerstört wie früher in Polen oder in Livland. Ja, sie kannten einander wohl, die nationalschwedischen und die deutschen Befehlshaber. Im Übrigen bestanden die schwedischen Völker hier im Nürnberger Lager bereits fast völlig aus Deutschen, höchstens zehn bis knapp zwanzig Prozent sollen noch Schweden oder Finnen gewesen sein, rechnen die meisten Historiker.

Vielleicht war er so selbstgefällig, glaubte es wieder einmal auch selbst in diesem Augenblick, hingerissen von der eigenen Beredsamkeit, gerührt von den Tränen der anderen. Es waren ja auch wunderbare Worte, so recht geeignet, ihn rein zu waschen für Jahrhunderte. So wollte er gesehen werden, vergessen machen, dass er jene Verödungsstrategie als wesentlichen Teil schwedischer Kriegsführung ansah. Schon bei seinem Onkel Erik XIV. hatte er diese Taktik der verbrannten Erde als Instrumentarium eines entschiedenen Kampfes gegen die Feinde studieren können. Sein eigener Vater führte im Baltikum diese Tradition fort. Auch er, Gustav Adolf, der Kronprinz, schloss die erste selbständige militärische Aktion, Kristianopels Eroberung, mit der erbarmungslosen Brandschatzung ab, den bittenden Prediger dieser Stadt, seinen Glaubensgenossen, in barschen Worten abweisend. In Deutschland taten es die anderen wie er, nicht besser, kaum wirklich schlechter. Er hatte einige Male die Plünderungsfristen gekürzt, gewöhnlich hohe Geldbeträge gefordert, selbst frühzeitig schon die Bibliotheken und Kunstkabinette ausräumen lassen. Die soldatischen Gewohnheiten unterband er nicht wirklich, konnte es natürlich auch keineswegs. Gustav II. Adolf »plünderte«, so eine der bedeutendsten Kennerinnen der Geschichte des Dreißigjährigen Krieges vor einigen Jahrzehnten in einer Neuauflage ihres Werkes. Sie verteidigte auch diese Erkenntnis in dem Schluss, der König raubte »wie niemand in diesem Krieg vorher geplündert hatte, da er es planmäßig tat, um diese Hilfsquellen seiner Feinde zu vernichten« (A: Wegdwood, 289).

Geglaubt haben dürfte er ohnehin nicht wirklich, was er sagte, gewiss nicht, dass »mir euer deutsches Reich nicht so viel« gegeben habe, »dass ich auch nur schlecht mich davon kleiden können«. Das war widersinnig, Propaganda nur, schlechte allzumal. Den meisten Obristen waren doch die Weisungen des Königs vertraut. Sie wussten am besten, was sie in seinem Auftrage eintrieben, an Geldern, Kontributionen. Die Herren kannten die Zahlen schon deshalb genau, weil nicht wenig davon in die eigenen Taschen geflossen war, unverständlich, lächerlich daher die Behauptung, er, Gustav Adolf »begehre nichts von euch« (G: Böttcher, W. 281–283). Vielleicht war es auch insbesondere das Wissen des Königs über die vielen »Unregelmäßigkeiten« der Abrechnungen seiner Unterführer. Galt es die schwedische Kriegskasse, fühlte sich der königliche Plünderer selbst geplündert durch jene, die in seinem Namen raubten.

Hier sprach einer, der nicht wagen konnte, die Tapferkeit seiner Offiziere zu schmähen. Der König musste seinen Ärger über die Erfolglosigkeit dieses Wartens bei Nürnberg, die Hoffnungslosigkeit seines Krieges auf jene Weise austoben, die Schuld anderen, den Kleinen zumessen. Er glaubte, das seinem Ruf, seiner Ehre schuldig zu sein. Sie sollten mit dem Sold zufrieden sein, nicht »wie Banditen und Kroaten vom Stehlen und Plündern« leben wollen (ebd.). Hehre Worte, Lügen angesichts dessen, dass Gustav II. Adolf selbst die Lande bewusst ausplünderte, Soldzahlungen nicht er, sondern die ausgesogenen deutschen Städte und Landschaften tragen mussten. Er begehrte wahrlich viel von »Deutschland« und seinen Menschen, zahlte trotzdem gewöhnlich auch verspätet.

Als sich Wallenstein seinerzeit mit der gewaltigen Heeresmacht seinem Lager näherte, »ließ sich Gustav Adolf angelegen seyn, die rückständigen Soldforderungen seiner Officiers und Soldaten abzutragen«, wie einer seiner eifrigsten evangelischen Biographen hundert Jahre später betonte. Der Publizist gestand ein, in diesen Tagen habe Unruhe im schwedischen Lager geherrscht, begannen »viele seiner besten Feldobersten, und fast alle Gemeine mit ihnen, grausam und raubsüchtig zu werden« (G: Harte, II, 343, 369). Das war das Gesetz des Krieges. Erhielten die Söldner nicht regelmäßig ihren Sold, nahmen sie, was sie bekamen. Als der Schwedenkönig den deutschen Krieg begann, wusste er, sein Land konnte den Feldzug nicht finanzieren. Plünderungen, in welcher Weise auch immer, ob königliche

Brandschatzungen oder privates Freibeutertum, waren vorprogrammiert. Im Übrigen dosierte der ach so selbstgerechte Monarch in der Regel auch seine Strafen entsprechend. Einen Korporal, unmittelbar nach dem königlichen Donnerwetter als Plünderer eines Nürnberger Bauern benannt, übergab Gustav II. Adolf in milden, heeresväterlichen Worten dem Profos. Zwei gleichfalls ertappte Rittmeister ermahnte der König in harten Ausdrücken.

Es ist schon merkwürdig, dass viele seiner Biographen nicht abstehen, ihn als einen Gerechten zu loben, Wallenstein dagegen fast immer als einen diffamieren, der sich bösartig schützend vor seine plündernde grausame Soldateska stellte. Jene leugnen, dass sich der Friedländer ebenso einen Namen erwarb, hart auf Disziplin achtete, sogar höhere Offiziere gelegentlich strafte. Gewiss, Gustav II. Adolf hatte noch vor seinen Heerführern gedröhnt, er wolle ohne Ansehen der Person, »was für einen Rang er auch seiner Geburt oder Kriegsbedienung« nach einnehme, fortan drastisch durchgreifen (G: Harte, II, 375), Reden, die von Wallenstein nicht bekannt wurden. Der Schwede aber muss es bei den beiden Hauptleuten schon wieder vergessen haben, gut nur, dass der exekutierte Korporal nicht mehr klagen konnte.

Englands Gesandter Vane war Gustav II. Adolf nicht eben in herzlicher Neigung zugetan. Aber er berichtete kaum völlig grundlos, kein Produkt gehässiger eigener Erfindung, am 23. Juni 1632 aus Ulm an die Londoner Regierung, obwohl »sich der König von Schweden durch Kriegsauflagen und andere Mittel stark aufgeholfen habe, so bezahlte er seinen Völkern doch nicht einen Heller, sondern lasse plündern«. Sollte er das wirklich nicht ändern, geriete plötzlich einmal selbst in Bedrängnis, welche Prophezeiung, damals, kurze Zeit nach den glücklichen Münchener Tagen, »so würden sie vermuthlich von sich selbst auseinandergehen« (ebd., 361–362).

Soweit hatte es Gustav II. Adolf nicht kommen lassen, obwohl auffallend viele bereits gegangen waren, sich bald in das Heer Wallensteins einreihten, ewiges Kommen und Gehen, Wechseln zwischen katholischen Kreuzen und evangelischen. Er hatte dem mit seiner Drohgebärde vorbeugen wollen, der König von Schweden, als er die schrecklichen Auswüchse kriegerischen Alltags seiner deutschen Heerführer geißelte. Der Monarch vertraute dennoch nicht allein auf Worte, lieh unmittelbar vor dem Angriff auf Wallensteins Befestigungen noch einmal eine größere Summe Geld von den Nürnbergern, »um seinem Heer den Sold auf einen Monat voraus zu bezahlen«

(ebd.). Es stürmte sich eben auch unter den schwedischen Fahnen nur dann recht mutig, wenn der Söldner gelöhnt wurde, ihm das Sterben, das große Risiko dieses Berufes, lohnenswert scheinen mochte.

Manchem mag es damals auch ein Omen gewesen sein, der Tag des Angriffs, der 24. August, der Bartholomäustag. Als alles vorüber war, der Schwedenkönig seine Verluste auflistete, zeigte sich, der protestantische Kriegerkönig war diesmal der Totentreiber seiner evangelischen Glaubensstreiter gewesen. Wollte man den Krieg so sehen, wie es Gustav II. Adolf immer wieder propagierte – zweimal täglich in angeordneten Gebetsübungen, geleitet, überwacht von zwei Predigern in jedem Regiment –, dann waren Hunderte, vielleicht zweitausend evangelischer Kämpfer gefallen. Der Schwede hatte seine Leute gegen bayrische und kaiserliche Kugeln zur Schlachtbank gelenkt. Sie starben durch solche, die unter katholischen Feldzeichen ihre Musketen und Piken gebrauchten. Man murmelte solches damals, noch deutlicher ein Jahrhundert später, wollte die Bedeutung des Tages besonders in der historischen Fixierung auf das einstige Hugenottenmorden verstehen. Nichts ist überliefert, ob Gustav II. Adolf ähnliche Gedanken bewegten. Sicher dagegen, historisch dokumentiert ist, dass er sich nach der Niederlage bei der »Alten Veste« intensiv befragte, ob Frieden nicht tatsächlich die bessere Alternative sei. Immerhin konnte Wallenstein befriedigt an Ferdinand II. schreiben, der Schwede habe sich »bey dieser impressa gewaltig die hörner abgestossen« (Q: Förster, Briefe, II, 237).

Gustav II. Adolf hatte schon vor dieser verzweifelten Aktion über einen wirklichen Schlussstrich nachgedacht, spürte wohl mehr und mehr das Aussichtslose seiner Situation, fühlte den Widerstand der deutschen Reichsstände. Es war eingetreten, was seinerzeit Johan Skytte über die Haltung der deutschen Fürsten voraussagte. Sie seien undankbar, die evangelischen Deutschen, die »noch immer den Kaiser liebcosen wollen«. Selbst Johann Albrecht von Mecklenburg, sein Schützling, dem doch er, Gustav Adolf, das Land zurückgegeben habe, nannte »in seiner apologia ihn den frommen Kaiser«, beschuldigte »nur die Jesuiten und kaiserlichen räth . . ., da ihme doch dieser fromme Kaiser wider Gott und Recht von Land und Leuten getrieben. Desgleichen wolte die gute stadt Franckfurth noch immer gut kaiserlich sein«, so klagte Gustav II. Adolf am 6. September, unmittelbar vor dem Abmarsch aus dem Nürnberger Lager. In Frankfurt würde wohl selbst der dortige Stadtsyndikus beschwören, »der Kaiser were noch sein herr« (Q: Irmer, I, 265–266).

Gustav II. Adolf konnte gelegentlich schon vergessen, dass jene, die früher nahezu souverän über ihre Territorien verfügten, nun seine Vasallen waren, abhängiger von ihm als jemals zuvor dem Kaiser verpflichtet. Er hatte vieles gegeben mit der Drohung, es gegebenenfalls wieder zurückzunehmen. Manches Mal mag der Mecklenburger beunruhigt gehört und gelesen haben, wie wichtig dem Schweden die mecklenburgische Ostseeküste blieb. Es war keineswegs auszuschließen, dass er eines für den Mecklenburger nicht besonders guten Tages das Reich Schweden um Johann Albrechts Land als neues »län« vergrößerte.

Der Mecklenburger und andere kaiserergebene Herren waren Gustav II. Adolf nur wenige kurze Sätze wert, Rahmen für wichtigere Anliegen des Königs. Die anonyme Mitschrift, unter Axel Oxenstiernas Papieren entdeckt, offenbart nur wenig über den Zuhörerkreis. Sie erwähnt einen Appell des Herrschers an die Geschlossenheit städtischen Widerstandes, offenbar Protokoll einer neuerlichen Diskussion mit einigen Magistratspersonen, gewichtig aber vor allem als Dokumentation wachsender Resignation des Königs. Hier spricht nicht mehr der unbesiegte Herr Europas. Er wolle »von friedensmitteln deliberiren«, wünschte Kursachsen, sogar den Kaiser eingeschlossen. Gustav II. Adolf habe deshalb »den gefangenen obristen Sparrer dieser tagen bewilliget, auf gewisse stunden in des feinds lager zu gehen«, darüber mit Wallenstein zu reden. Er – so der schwedische König – »wäre erbietig«, über Forderungen zu verhandeln, »die hoffentlich nicht unbillig« empfunden würden. Schweden wünschte »das eroberte Pommern nach desselbigen herzogs absterben für sich« und seine Nachfolger, wollte »ein stand des reiches« werden (ebd.). Auch begehre er Magdeburg und Halberstadt, nicht für die schwedische Krone, sondern als Entschädigung für Kursachsen und Kurbrandenburg, gedachte Wallenstein statt Mecklenburgs mit dem Herzogtum Franken und Würzburg zu belohnen.

Es wäre »manchem seltsam« vorgekommen, was der König »in höchstem vertrauen . . . andeutete«, so schließt die Quelle (ebd.). Hier ist nicht vermerkt, dass es eben jene Punkte waren, gegen die gerade erst Johann Georg protestiert hatte. Seit geraumer Zeit diskutierte Gustav II. Adolf darüber bereits mit den Nürnbergern, wollte sie offenbar nun verbreitet sehen. Wenig war hier in der mächtigen Reichsstadt zu spüren von jenem Optimismus, der den Siegreichen nach Breitenfeld auf der »Pfaffengasse« trieb, ihn noch in Frankfurt und Mainz belebte. Doch neigte er niemals, weder vor noch nach der

Strafrede, zu einem Verzichtfrieden. Jetzt wollte der König auch öffentlich ausgesprochen haben, wie er, seine Vertrauten, alle Gewinnler des deutschen Feldzuges, die nationalschwedischen und die entschiedenen, treu in der schwedischen Allianz verbliebenen deutschen Reichsstände belohnt werden mussten. Gustav II. Adolf wollte von den Deutschen vieles haben, mehr als nur sechs Taler, gedachte es in Bälde möglichst vertraglich zu fixieren.

Schon am 8. Juni hatte der schwedische Monarch seine Diplomaten Philipp Sadler und Martin Chemnitz angewiesen, den Nürnberger Rat, eines der mächtigsten reichsstädtischen Organe des Reiches, zu den Chancen einer neuerlichen Friedensinitiative zu hören. Diese war offenbar ehrlicher gewünscht als jene, die ein halbes Jahr vorher in Frankfurt als totgeborene Idee diskutiert wurde. Er war sicher auch aufgeschreckt, weil eine Einigung Sachsens und Habsburgs ohne Schweden möglich geworden schien, solches Schwedens Deutschlandpläne gefährden würde. Er war wohl nicht mehr der einsame starke Löwe unter gierigen Wolfsrudeln, für den ihn hoffentlich viele noch immer nahmen. Vielleicht war der Schwede nur noch ein Wolf neben anderen, sicher stärker noch, gefräßiger wahrscheinlich als die meisten seiner Gegner, die aber waren viele, wurden immer mehr.

Schon in den nächsten beiden Tagen erörterte der König selbst das eigene Friedenskonzept mit den führenden Köpfen des Nürnberger Patriziats. Die Aufhebung des Restitutionsedikts und die Herstellung des Zustandes von 1618 mochte aus protestantischer Sicht wünschenswert sein. Auch einige Wiener Hofräte dürften das verstehen können. Maximilian, der Bayer, würde es nicht wollen, Wallenstein, der böhmische Gewinnler aus der Rebellion der dortigen Stände, konnte es wohl so auch nicht unterschreiben. Eine Grundlage wäre es möglicherweise dennoch, förderlich für erste Kontakte, so hörte es Gustav II. Adolf, wollte die vorsichtigen Antworten so verstehen. Kernpunkte aller kommenden Friedensgespräche mussten aus schwedischer Sicht jene Fragen sein, die der König am 6. September noch einmal kurz zusammenfasste: Entschädigung für Schwedens Hilfeleistung, Sicherheit vor künftigen Angriffen auf Gustavs II. Adolf Reich. Was an diesem Septembertag nur zum Fazit gereichte, hatten Sadler, Chemnitz und vor allem er selber vorher mit den Nürnbergern gründlich debattiert.

Der Monarch hatte sich zwar beständig in der Rolle des Retters der deutschen Protestanten sehen wollen, trotzdem schon frühzeitig keinen Zweifel gelassen, dass auch auf deutschem Boden schwedische Hilfe ihren Preis haben sollte. Er wollte hier auch nie einen Widerspruch erkennen. Scheinbar verständnislos wies Gustav II. Adolf jeden Einwand zurück, er wolle ungewünschte Leistungen honoriert sehen, habe die meisten seiner Bündnispartner nur kraft seiner, gegen sie gerichteten Kanonen gewonnen. Er gedächte sich nicht zu bereichern, erwarte nur eine gerechte Entschädigung für eigene Kosten, müsse zurückverlangen, was er der großen Sache geopfert habe. Schwedens Volk habe doch durch Steuern, schwedisches und finnisches Blut die Landung und Operationen in Pommern erst ermöglicht.

Verlangte Gustav II. Adolf zunächst »satisfactio« durch Zahlungen entsprechender Gelder, so wuchsen seine Wünsche bald dahin, dass er deutsche Territorien als künftige Sicherheit Schwedens, eine »assecuratio«, auch öffentlich forderte. Das verunsicherte die mecklenburgischen Herzöge, vermehrte Georg Wilhelm von Brandenburgs Skepsis. Anfangs ließ der Schwede die »assecuratio« noch als Pfandherrschaft bis zur Zahlung der finanziellen Entschädigung deuten. Später dann, mit den unverhohlen geäußerten Ansprüchen Gustavs II. Adolf auf die eroberten Territorien als rechtmäßige Kriegsbeute, redeten die schwedischen Diplomaten bereits von Landabtretungen als »satisfactio«, gewann auch die Forderung nach »assecuratio« neue Dimensionen. Jetzt wünschten Gustav II. Adolf und die Stockholmer Reichsräte in Deutschland eine »dominierende protestantische Machtkonzentration mit Schweden als Kern«, wie es treffend in dem schwedischen Standardwerk zur Geschichte des schwedischen Beitrages im Dreißigjährigen Krieg formuliert wurde (B: Generalstaben, V, 267). Pfalzgraf August und Kanzler Löffler unterbreiteten auftragsgemäß, von Gustav II. Adolf in einer umfangreichen – bewahrten – Instruktion eingestimmt, noch im August 1632 Johann Georg solche Vorstellungen.

Schon nach dem Sieg bei Breitenfeld weiteten sich die schwedischen Ansprüche. Zwar notierte noch wenige Tage danach Christian von Anhalt in seinen persönlichen Aufzeichnungen Gustavs II. Adolf Versicherung, er »danke Gott für solch herrliche Victoria und wünsche, dass sie dem evangelischen Wesen möchte zum besten gereichen«. Er selbst, so hatte der König auch in diesem Gespräch versichert, erstrebe »keinen anderen Vorteil«. Er habe keinerlei andere Ambitionen »als die Lehre Gottes, die Erhaltung der evangelischen Religion«, wolle den Frieden im Reich und die deutsche Freiheit befördern, »begehre nicht eine Hand breiten Landes davon« (Q: Der Dreißigjährige Krieg in Augenzeugenberichten, 271). Wahrlich wieder einmal höchst fromme Äußerungen, gewiss nicht erfunden durch den Anhalter, kaum geglaubt von diesem, schon gar nicht von Gustav II. Adolf selbst, dem Schönredner. Längst hatte er seine Diplomaten anders unterwiesen. Nun sollten Brandenburg, Braunschweig-Wolfenbüttel und Mecklenburg legitimieren, dass Schweden einen kriegsrechtlichen Anspruch – »jus belli« – auf alle vom Feinde befreiten protestantischen Gebiete erworben hatte. Gustav II. Adolf behauptete für einige wichtige protestantische Territorien, so beispielsweise Wismar und Warnemünde auch wirkliche Okkupationsrechte. Später schloss er Würzburg, Bamberg und Mainz ein, beanspruchte nun in allen eroberten Reichsteilen ein »jus superioritatis«, das einstige kaiserliche Hoheitsrecht.

Auch in Stockholm sannen die Herren Reichsräte eifrig, wie sich Gustavs II. Adolf Krieg für Schweden lohnen sollte. Sie bedachten die Gründung einer Evangelischen Liga zur Sicherung eines ewigen Friedens, wollten das auf der Basis eines protestantisch-katholischen Gleichgewichts im Römischen Reich verwirklichen. Die Herren wünschten des Weiteren spezielle Handelsprivilegien für schwedisches Kupfer, Eisen und Agrarwaren. Der König ließ nun in Dresden und Nürnberg ausdrücklich diskutieren, er denke über das jetzige »Corpus bellicum«, die Allianzverträge für die Kriegsdauer, bereits weiter hinaus an eine beständige politische Vereinigung, das »Corpus Evangelicorum«.

Interessanterweise hatte Gustav II. Adolf vor allem die Interessen der deutschen Reichsstädte im Blick, wünschte deshalb besonders Nürnberg eingebunden. Er regte selber in seiner Heimat zu Beginn der zwanziger Jahre zahlreiche städtische Neugründungen an, verstand die künftige wirtschaftliche und politische Bedeutung solcher Kapital- und Gewerbezentren. Noch unmittelbar vor seinem Tode veranlasste er, was Axel Oxenstierna auf der Ulmer Konferenz und wenig später im Heilbronner Bund realisieren wollte.

In den Nürnberger Diskussionen versicherte Gustav II. Adolf, ihm schwebe als eigentliche »assecuratio« eine »dauerhafte Sicherung des Friedens« durch das »Corpus Evangelicorum« als Teil eines weiter bestehenden Reichsganzen in Deutschland vor. Er wünschte aber einen eigenen Ständetag, vom Römischen Reich unabhängige Gerichtshoheit. Daher empfahl der König den Nürnbergern, einen Verbund nach dem Modell der Vereinigten Niederlande zu überdenken.

Gustav II. Adolf fand in der entsprechenden Debatte ein wahrhaft einleuchtendes Argument. Er könne sich nicht durch eine Unterschrift unter einem Vertrag, durch ein »Papier gegen den Schuss einer Kartaune schützen«, benötige schon Plätze, selbst Kanonen aufzustellen (G: Berner, 525).

Er sei »kein hergelaufener Soldat, der sich mit Geld abspeisen lasse«, erläuterte Gustav II. Adolf des Weiteren auch seine derzeitigen Vorstellungen über eine »satisfactio« (ebd., 523). Er bezog sich auf Rechtsvorstellungen des Hugo Grotius, des großen niederländischen Völkerrechtlers, später auch Diplomat im Dienste Schwedens. Der König und sein Reichskanzler wussten die nützlichen Formulierungen wohl zu gebrauchen. Gustav II. Adolf beanspruchte hier in Nürnberg in diesem Sinne als »assecuratio« die deutsche Ostseeküste, wob wie zufällig seine Idee eines Eheprojektes mit Berlin ein. Der Monarch beklagte, dass man dort wegen des kalvinistischen Bekenntnisses des jungen Friedrich Wilhelm allerdings noch Einwände äußere. Er glaube im Übrigen den Zuhörern versichern zu können, bestimmte Brandenburger Ansprüche auf Pommern könnten befriedigend mit der Vergabe Magdeburgs und Halberstadts an Georg Wilhelm gelöst werden.

Sie werden emsig gelauscht, auch gewichtig genickt haben, die Nürnberger Patrizier. Sie erwähnten nur beiläufig, welche Probleme ihnen gegenwärtig ihre Bürgerschaft zumutete, dass viele der Kaufherren und Meister derzeit über die Lasten der Einquartierung murrten, widersprachen dem König nicht. Die Stadtrepublik Nürnberg war nicht das Reich.

Viele dort mögen trotzdem aufgeatmet haben, als Gustav II. Adolf am nächstfolgenden Tage, am 8. September, unter klingendem Spiel den Raum verließ, der ihm und den Nürnbergern keine Lebensmöglichkeiten mehr bot, noch immer ein kampfkräftiges Heer kommandierend. In der Tat ein beeindruckendes Schauspiel, dieser Rückzug der Verlierer, dem auch Wallenstein in seinem Bericht an den Kaiser ehrlichen Applaus zollte. Allerdings verweigerte der Friedländer den ihm angebotenen Entscheidungskampf ungerührt, eine symbolische Geste des schwedischen Königs, der seine abziehenden Truppen noch einmal zur Schlachtordnung formierte. Sein Heer verharrte so mehrere Stunden vor Wallensteins Lager, marschierte dann stolz von dannen, ließ ein Korps von 4 400 Soldaten unter General Knyphausen und Axel Oxenstierna in und um die Nürnberger Burg zurück. Als »Bürgen und Geissel dafür, dass – was auch geschehe – in den besten

Händen liege, wolle er seinen Reichskanzler zurücklassen, einen Mann ... der nächst seiner eigenen Person das meiste für Schwedens Reich bedeute«, versicherte Gustav II. Adolf den unruhigen unter den Räten. Er ahnte wohl, dass mancher der Nürnberger voller Sorge auf das Zirndorfer Lager blickte, einen Sturm der zurückbleibenden bayrischen und kaiserlichen Truppen fürchtete (B: Ahnlund, Oxenstierna, 704). Der König und Axel Oxenstierna wussten es besser. Auch Wallenstein musste abziehen, konnte nicht bleiben, keine Belagerung, keinen Angriff wagen. Seine Armee war ebenfalls erschöpft, ausgezehrt.

Wie so viele Fragen und Widersprüche um Wallenstein die Historiker noch immer scheiden, so resultierte die Passivität des Herzogs von Friedland an jenem Septembertage bei Gustavs II. Adolf Abzug in unterschiedlichen Auffassungen über die Motive des Böhmen. Er habe den Schweden noch immer gefürchtet, einen angeschlagenen, zu allem entschlossenen Gegner, meinen einige. Sein Brief vom 8. September an den Kaiser, Gustav Adolf »habe gar eine schöne Retirada gethan, undt weiss gewis aus diese undt alle seine Actionen das er das Handtwerck leider wol verstehet«, belege diese Sorge. So denken jene, die damals und heute wahrscheinlich Wallensteins Absichten folgen, gewünschte Schlüsse ziehen (Q: Förster, Briefe, II, 245–246). Er wollte, so könnte man es berechtigt verstehen, als ängstlich, vorsichtig verstanden werden. Wallenstein beabsichtigte keine neue Schlacht, war ganz einfach kein Wagehals. Eine andere Lesart wäre gegründet, dass der Generalismus den Kampf vermied, weil er die nächste Intrige gegen sich bereits ahnte. Er wusste, dass Ferdinand II. und eine feindlich gesinnte Hofpartei ihn und seine Befugnisse nur qualvoll erduldeten, den ungeliebten Feldherrn gar zu gerne erneut verabschiedet hätten, eher schneller als später, sobald er seine Aufgabe gelöst habe. Ein entsprechender vollständiger Sieg – und kaum etwas spricht gegen diese Aussicht am 8. September – über die schwedische Armee musste den Friedländer entbehrlich machen. Natürlich wusste Wallenstein, dass Gustav II. Adolf seine Kanonen bereits vorgesandt hatte, ein Heerführer, der ähnlich wie nach ihm Napoleon auf die Schlachtenartillerie besonders vertraute. Der Schwede rechnete also trotz der großen Geste mit keiner Schlacht, Spiegelfechterei, die unter Umständen tödlich enden konnte. Er kannte aber wohl Wallenstein auch schon soweit, glaubte, dass sich der Generalissimus nicht selber entließ, nicht jedenfalls, bevor er seinen Gewinn endgültig sicher wusste.

Ohne den gefährlichen Schweden als heimlichen »schwarzen Peter« in seinem gewagten Spiel, ein Schockmittel, gegebenenfalls für seine Gegner in Wien, Madrid, Regensburg und München parat, musste Wallenstein alle begründeten Hoffnungen fahren lassen, wieder nach Mecklenburg zurückkehren zu können oder doch entsprechend entschädigt zu werden. Auch vergaß er keineswegs, dass Maximilians Abneigung in diesen Nürnberger Wochen eher gewachsen war, so der Wittelsbacher sich hier noch steigern konnte, abgrundtiefer Hass auf den Friedländer war es allemal.

Ein total besiegter Gustav II. Adolf, eine zerstreute schwedische Hauptarmee, zu der ohnehin fast alle Heere auf deutschem Boden gezogen waren, der König möglicherweise sogar gefangen, als Tauschobjekt für einen schnellen Rückzug der Schweden aus dem Reich wohl geeignet, sollte Wallenstein mehr ängstigen als der stolz Dahinmarschierende. Der Generalissimus war keiner, der wirkliche Furcht vor diesem Gegner empfand, schon gar nicht nach den Ereignissen an der »Alten Veste«. Zu Recht erregten sich Hof und Kaiser, Maximilian und die anderen Ligafürsten, ahnten, dass Wallenstein auch diesmal keinen wirklichen Sieg erstrebte. Er wünschte wohl einen Frieden, bereitete ihn auch weiterhin vor, das aber musste ein Friede nach seinen Vorstellungen, kein katholischer Siegfrieden sein. Der weitsichtige kaiserliche Feldherr verstand nur zu gut, dass fanatisches Beharren auf Positionen des Sommers 1630 einen neuen Gustav Adolf oder andere erfolgreiche Eindringlinge machen würde. Er sehnte sich wohl selbst, krank, müde, nach einem guten Frieden, Albrecht von Wallenstein, der doch bedeutendste Stratege dieses Krieges, zu Unrecht so Geschmähte. Er konnte durch einen neuen entscheidenden Sieg alles verlieren. Da war es besser, die anderen glauben zu lassen, er habe den schwedischen König noch immer sehr gefürchtet. Sollte dieser doch ziehen, wohin er wollte, möglichst wieder nach Bayern. Er, Wallenstein, wollte derweil Johann Georg die Daumenschrauben ein wenig fester ziehen.

In der deutschen Historiographie wird dem Geschehen um Nürnberg besonderes Gewicht beigemessen. Einer der bedeutendsten deutschen Wallenstein-Biographen resümierte, der Ausgang »war für den König von Schweden ärger als eine Niederlage in offener Feldschlacht«, ein Argument, das man aber in dieser Gegenüberstellung anzweifeln kann. Die Auswirkungen waren jedoch tatsächlich bedrückend für Gustav II. Adolf. Der Beherrscher Deutschlands war zum konfusen Marschierer geworden, wie es dieser Historiker doch recht treffend charakterisiert, »hin und herziehen ohne Zweck, je nachdem, was der Feind tat; Sterben und verbrannte Erde« (W: Mann, Wallenstein, II, 205).

Nun war endgültig deutlich geworden, dass auch das Eingreifen Schwedens den Krieg nicht entschieden hatte. 1651, kurz vor seinem Tode, äußerte der alte Axel Oxenstierna noch einmal seine Überzeugung, »unser seliger König hätte nach dem Siege bei Leipzig in die kaiserlichen Erblande eindringen sollen«, für Schweden »gute Bedingungen des Friedens« erzwingen können (G: Gfrörer, II, 1035). Ausdruck der Unzufriedenheit des Reichskanzlers mit den Ergebnissen des Westfälischen Friedens, sicher seine tief gegründete Haltung, hier aber wohl weniger eine Kritik an dem toten König als vielmehr ein Vorwurf an Königin Christina. Geschickt bemäntelt, richtig wohl daran dennoch der Hinweis auf damalige Möglichkeiten, den Krieg glücklich enden zu können, hätte Gustav II. Adolf in jenen Wochen und Monaten des schicksalhaften Jahres 1631 wirklich auf einen Frieden in Deutschland gezielt, nicht weitermarschieren wollen, mehr als nur einige Territorien und Geldzahlungen erstrebt.

Im September 1632 war alles verändert. Die Chance zum Siegfrieden nach dem großen Tag von Breitenfeld schien vertan, die Schlacht war nur noch Geschichte. Dahin war Gustavs II. Adolf Nimbus als ewig siegreicher Feldherr. Wahrscheinlich, dass es der Monarch ehrlich meinte, als er sich am 3. September erneut an den Kurfürsten von Sachsen wandte, schrieb, er begehre einen Gott gefälligen und für die »evangelischen Stände zu beständiger Sicherheit« notwendigen Frieden (G: Berner, 522). Was damals dem Schweden persönlich noch selbstverständlich schien, Pommern und die Direktion des »Corpus Evangelicorum«, war nun nach Zirndorf möglicherweise nur noch ein Traum, auch wenn sich Gustav II. Adolf entschlossen erneut nach Süden wandte, Habsburg nun endlich in den Erblanden angreifen wollte. Ein frommer Wunsch nur, schnell verflüchtigt angesichts der Realitäten einer intakten Armee Wallensteins. Die strategische Initiative verlor der schwedische Monarch bereits vor dem Marsch auf Nürnberg. Seine Entscheidungen lenkte Wallenstein. Würde dieser nun nach Sachsen marschieren, müsste die schwedische Armee schließlich folgen. Da half wenig, dass Gustav II. Adolf die Wirklichkeit ignorierte.

Am 29. September 1632 schrieb der König dem Kanzler Oxenstierna, er habe vernehmen müssen, Wallenstein sei »mit seiner Armee nach Bamberg aufgebrochen, Pappenheim aber im Anzug auf das

Land Hessen«. Doch glaube er, weiter zum Bodensee vorrücken zu können. Kursachsen wäre »bei dieser andringenden Winterzeit« wenig gefährdet (G: Berner, 548). Gewollte Illusion, Hoffnung auf ein Wunder, trotziges Beharren und die Selbsttäuschung, in diesem Feldzug noch immer der Initiator zu sein!

Ähnlich dachte wohl auch Axel Oxenstierna. Er glaubte noch immer oder schon wieder, durch einen schnellen Vorstoß in die kaiserlichen Erblande könne der König die Lage total verändern. Nicht zum Bodensee solle Gustav II. Adolf ziehen, das überlasse er besser Gustav Horn, der aus dem Elsass heraus in Schwaben einfallen, dort den Raum befrieden könne. Die Hauptarmee müsse längs der Donau nach Osten marschieren, »sich den Weg in das Erbland des Kaisers bahnen« (B: Ahnlund, Oxenstierna, 710).

Deshalb lehnte Oxenstierna auch die beabsichtigte Belagerung Ingolstadts ab, wollte stattdessen Regensburg besetzt sehen. Damit wäre Bayerns mächtige Lechfestung blockiert, der König beherrsche die Oberpfalz, »Österreich oberhalb der Enns . . . und so ist der Weg nach Böhmen, Österreich, Steiermark, Salzburg überall offen«, schrieb der Kanzler in einem Brief an den König am 1. Oktober. Fünf Tage später wiederholte er mit großer Eindringlichkeit seine Überzeugung. Oxenstierna bemerkte, noch nie seit seiner Ankunft in Deutschland »habe sich die Gelegenheit so glücklich gefügt, den Kaiser anzugreifen«. Der König solle »Bayern mit Macht antasten und den Bauern in Österreich . . . sekundieren«, aufstandswillige Lutheraner, die schon in Nürnberg und wieder in Windsheim dem schwedischen König eine Erhebung antrugen, um schwedische Offiziere baten (ebd., 710–713).

Schnell erwiesen sich solche Träume als Seifenblasen, die im rauen bayerischen Oktoberwind zerplatzten. Kurfürst Maximilian durchkreuzte solche Vorstellungen, besetzte nach einem Eilmarsch Regensburg. In einer Relation 1636 für die Diskussion im Reichsrat sah sich Axel Oxenstierna veranlasst, einzugestehen, durch diesen bayrischen Vorstoß sei sein Plan allerdings gegenstandslos geworden. Den Entschluss des Königs vom 5. Oktober, zurückzumarschieren, zu Sachsens Entsatz herbeizueilen, habe er dennoch nie wirklich teilen können. Der Vorstoß in die ungeschützten kaiserlichen Staaten hätte Wallenstein zurückzwingen müssen . . .

Gustav II. Adolf habe diesen Optimismus seines Kanzlers schließlich nicht mehr teilen können. Er sah nicht nur eine Gefahr für Sachsen, fürchtete damals in heimlicher tiefer Verzweiflung eine Allianz

Englands, der Generalstaaten und Dänemarks gegen Schweden, eine übertriebene Sorge, wie die schwedischen Historiker heute glauben. Oxenstierna hat es 1636 in Stockholm den Räten in seiner Relation als unerschütterliche Überzeugung des Königs geschildert. Dieser fand es nicht ratsam, »von der Küste« abgeschnitten zu werden, »vor allem nicht, nachdem er die stärkste Kraft des Feindes sich dahin wenden sah« (B: Ahnlund, Axel, 713).

War es das, revidierte sich der König schnell, stoppte den Zug nach Südosten. Er opferte die Illusion einer schnellen Entscheidung auf österreichischem Boden, hatte wohl ohnehin diesen Marsch erst im kommenden Frühjahr ernsthaft beginnen wollen. Schon am 3. Oktober erreichte er Neuburg an der Donau, zögerte noch einmal, verstand endgültig, dass Albrecht von Wallenstein ihm nicht folgen würde. Der Friedländer ließ sich von ihm das Handeln nicht vorschreiben, folgte eigenen Entschlüssen, konnte es. Das vor allem war wohl die bitterste Erfahrung Gustavs II. Adolf in diesen Herbsttagen. Er kannte des Friedländers Brief an seine, gegen die Sachsen bereits operierenden Unterfeldherren Gallas und Holk nicht. Schwedens Herrscher wusste nicht, dass Wallenstein glaubte, wolle jener »sich nicht verlieren, so muß er dem Kurfürsten sekundieren«. Schlagen wir den Schweden in Sachsen, »so sind alle seine Sachen in Schwaben, Bayern und Franken gefallen« (Q: Hallwich, Briefe, II, 326).

Der König begriff aber zweifellos, der Plan eines Vormarsches in den Süden war sinnlos geworden, wiederum konnte er nur reagieren. Am 7. Oktober glaubte Axel Oxenstierna seinerseits den Herrscher zurückrufen zu sollen, skizzierte ein düsteres Lagebild. Die Dinge in Deutschlands Mitte stünden überall schlecht, der Feind beginne, »Meister im Felde zu spielen«, ihm fielen »folglich alle Mittel zu« (G: Barudio, Gustav, 591). Durch verminderte Kontributionen sei es unmöglich geworden, die geschwächten Heere in den besetzten Territorien zu unterhalten. Selbst aus Pommern lese er unbefriedigende Nachrichten über drückende Versorgungsprobleme. Ein Schreiben, so recht geeignet, die Sorgen Gustavs II. Adolf gigantisch zu mehren.

Allerdings las der König diesen Brief nicht, wenigstens nicht das zugesandte Original. Oxenstiernas Bote wurde abgefangen. Die Bayern mögen genüsslich die hier illustrierte bedrückende Entwicklung für Schwedens Armee und deren König debattiert, ihrerseits Schlüsse für die nächste Zukunft gezogen haben.

Gustav II. Adolf verstand zweifellos auch ohne Oxenstiernas Analyse die derzeitigen Gegebenheiten. Er erfuhr erst in Nördlingen am 10. Oktober, dass sich die Lage verändert hatte, jetzt reale Aussichten erwuchsen, Wallenstein in Sachsen anzugreifen, alles zu wenden. Es bedurfte des dringenden Hilferufes Johann Georgs nicht mehr, den Gustav II. Adolf am 14. Oktober in Nürnberg empfing. Er kam schon, vergessen die Zweifel, die Sorge, er könne gescheitert sein.

Der lange Marsch nach Lützen

Mitte September brachten Kuriere aus Nürnberg Gustav II. Adolf in Windsheim die Nachricht, sein großer Gegner habe am 13. September seinerseits das Zirndorfer Lager aufgegeben, sei nach Norden abmarschiert. Wieder schien Sachsen bedroht. Der König hatte zu entscheiden, sollte die schwedische Hauptarmee Johann Georg schützen oder verfügte der Kurfürst über ausreichende eigene Kräfte, um Wallensteins Armee zu widerstehen.

Der Schwede ritt nach Zirndorf. Er stand am 18. September dort, wohin es ihn am 24. August so leidenschaftlich getrieben hatte, mitten in den kaiserlichen Befestigungen. Er schloss nach gründlicher Erkundung der ausgedehnten Anlagen, der Generalissimus könne hier höchstens 22 000 Mann konzentriert haben. Folglich dürfte Wallenstein derzeit kaum mehr als diese Anzahl Reiter und Fußknechte kommandieren. Er müsste selbst mit den Einheiten Holks und Gallas' der sächsischen Armee und seinen in Thüringen stehenden mehr als 7 000 Schweden unter Bernhard und Wilhelm von Weimar eher unterlegen sein, als eine wirkliche Bedrohung bedeuten. Eine irrtümliche Rechnung, wie manche Historiker meinen.

Sei es, dass sich Gustav II. Adolf verschätzte, Wallenstein wirklich über mehr als 30 000 Soldaten verfügte, geschwächt war aber auch er. In Sachsen und Schlesien standen tatsächlich ausreichend Truppen des sächsisch-schwedischen Bündnisses bereit, die möglicherweise einfallende kaiserliche Hauptarmee bei einem Marsch auf Dresden aufzuhalten, eventuell sogar zurückzudrängen. Allerdings musste Feldmarschall Arnim sein Heer sofort aus Schlesien heranführen.

Es war tatsächlich weniger eine Frage der Truppenstärken, auch kaum die Furcht Gustavs II. Adolf, seine Feldherren könnten dem Generalissimus unterlegen sein, was den Herrscher beunruhigte. Johann Georg blieb der große Unbekannte in allen Plänen des Schwedenkönigs. Er schien trotz neuerlicher Treuebekundungen noch immer für ihn ein zweifelhafter Verbündeter, längst dahin die herzliche Verbundenheit des Dresdeners unmittelbar nach dem Breitenfelder Sieg. Nun wollte der Sachse gewiss nicht mehr helfen, Gustav II. Adolf eine Kaiserkrone aufzusetzen, so der Schwede noch oder schon wieder danach streben sollte. Und ein erfolgreicher Wallenstein war, trotz offensichtlicher Gewogenheit, gerade nach dem Nürnberger Erfolg für Johann Georgs eigene »Krone« gefährlicher geworden.

Der sächsische Kurfürst galt den Zeitgenossen unter den deutschen Fürsten als begnadeter Jäger. Man ehrte ihn als den größten Waidmann unter ihnen, war er doch auch deshalb »des Reiches Oberjägermeister«. Viele wussten ihn auch als gewaltigen Zecher bei ausschweifenden Festlichkeiten zu rühmen. Ansonsten konnten Freunde und Gegner weniger Maximen aufrechnen. Zu Beginn des 19. Jahrhunderts nannte ihn einer der ersten namhaften Historiker einen Trunkenbold »nach der gewöhnlichen Weise von Männern, in deren großen Leibern ein schwacher Geist wohne«. Er bedeutete, dass man selbst zu Johann Georgs Zeiten in beißenden Nachreden die Trunksucht des Kurfürsten geißelte. So schrieb beispielsweise einmal der Pfälzer Rat und schwedische Diplomat Ludwig Camerarius ironisch aus den Niederlanden an Axel Oxenstierna, auf eine Festlichkeit in Dresden verweisend, er habe »bis jetzt nichts gewisses erfahren können, als daß Niemand dabei vor Durst gestorben« sei. Es wäre schon ein »wahres Wunder«, könne man den Kurfürsten »aus der ewigen Trunkenheit herausreißen«, eine durch andere zeitgenössische Urteile belegte, kaum übertriebene Wertung. Wollte der Dresdner Hof eine Äußerung Johann Georgs widerrufen, so pflegten schon die damaligen ausländischen Gesandten spöttisch zu lachen, man wisse schon, »Bierjörge« habe es wieder einmal »im Suff« gelobt. Man richtete sich im Übrigen mit seinen Anliegen nach dem Grundsatz, Johann Georg im Laufe des Nachmittags und des frühen Abends zu Entschlüssen zu bewegen. Kenner wussten, in den Morgenstunden entschied der zögerliche Fürst nichts, benötigte wohl erst einige Kannen Bier, nicht zu kleine, um seiner Sinne richtig mächtig zu werden, Mut zu fassen.

Einig waren sich insbesondere die schwedischen Diplomaten, dass Johann Georg in militärischen Fragen von Hans Georg von Arnim, in allen politischen Entscheidungen sich durch seinen Hofprediger Hoe von Hohenegg, einen österreichischen Lutheraner, leiten lasse. Beide Herren galten den sparsüchtigen Schweden als geldgierige, schon deshalb schlechte Protestanten. Gustavs II. Adolf Diplomaten bedauerten, über weniger klingende Argumente zu verfügen als offenbar die Habsburger und ihre jesuitischen Verführer. Die schwedischen Beobachter klagten über »Goldkörner aus Peru«, die der Hofprediger liebe, die »die Bitterkeit seines lutherischen Hasses in Süßigkeit« verwandelten (G: Gfrörer, II, 777–778).

Moderne Geschichtsbetrachtungen charakterisieren Johann Georg als »Objekt«, »nicht Träger der geschichtlichen Wandlungen« (A: Zeeden, 272), als ebenso bedeutungslose Persönlichkeit wie Georg Wilhelm von Brandenburg, einen Kalvinisten, mit dem der Sachse offenbar mehr als mit Friedrich, dem Pfälzer, harmonierte. Auch das ein

Beleg, wie wenig wirkliche Trennlinien damals durch das Bekenntnis gezogen wurden.

Gewichtiger als solche persönlichen Neigungen und Bindungen, die den Zeitgenossen entscheidend schienen, blieb dem keineswegs selbstlosen deutschen Patrioten Johann Georg in seiner Ablehnung fremder Mächte auf deutschem Boden der Besitz der beiden Lausitzen. Er konnte sie seinerzeit für den Kampf an der Seite des Kaisers gegen die Thronursurpation Friedrichs V. von der Pfalz in Böhmen gewinnen. Es war ein starkes Argument für jene, die Johann Georg überzeugten, der kalvinistische »Winterkönig« sei ärger noch als die Katholiken. »Erkenntnisse« dieser Art bremsten den Sachsen vor übereilter Zustimmung zu Gustavs II. Adolf Friedenskonzepten noch im Sommer und Herbst des Jahres. Eine Gemeinsamkeit mit dem Pfälzer musste Johann Georg in der Tat missfallen, fast so bedrückend wie das kaiserliche Festhalten am Restitutionsedikt. Hatte ihn der Wiener Hof durch jenes Dekret erst in das Lager des Schweden gezwungen, beeilte er sich doch trotzdem nie sonderlich, war diesen Weg nur sehr zögerlich geschritten. Er blickte wieder und wieder hoffnungsvoll zurück, sah nach Wien, prüfte alle Berichte Arnims gründlich. Das tat er keineswegs immer in Bierstimmung. Vor allem bewegte ihn die Frage, ob sich die Dinge für Sachsen zum Besseren wandten, das Land aus der ungeliebten Allianz mit Schweden ausbrechen könnte. Würde der Kaiser die Hindernisse zwischen evangelischen und katholischen deutschen Reichsständen, zwischen Dresden und Wien ausräumen, Sachsen möglichst einen glücklichen Frieden mit ungeschmälertem Besitzstand einräumen? Johann Georg erhoffte einen Vertrag, der dem Lande erhalten sollte, was es gewonnen hatte, die geistlichen Pfründen, den Besitz der beiden Lausitzen, Breslau und das umliegende Land.

Gustav II. Adolf verwirrte, beunruhigte in diesen Tagen ernsthaft, dass Johann Georg, wie dieser versicherte, auch die schwedischen Gesandten eifrig berichteten, Botschaft über Botschaft an seinen Feldmarschall nach Schlesien sandte. Arnim aber setzte seine Operationen dort fort, erfolgreich, gewinnbringend zweifellos, negierte die Weisungen aus Dresden scheinbar unberührt. Rasch wuchs der Verdacht im schwedischen Hauptquartier, dass die Sachsen unlauter spielten. Arnim empfing offenbar auch noch andere Befehle des Kurfürsten, solche, die ihn in Schlesien festhielten. Notrufe, für Gustav II. Adolf und die Öffentlichkeit gedacht, und solche Weisungen, die nur wenige Eingeweihte am sächsischen Hof und natürlich vor allem Johann Georg und Arnim kannten. Unangenehm nur, dass der Kurfürst immer offener drohte, komme Gustav II. Adolf nicht persönlich zu seinem Entsatz, müsse er sich mit dem Kaiser vergleichen.

Schwedens König entschied sich dennoch, dem Sachsen, vor allem aber den Weimarer Herzögen zu vertrauen. Er wandte sich nach Süden, marschierte mit der Hauptarmee über Rothenburg, Dinkelsbühl, Nördlingen nach Donauwörth, hörte hier die Kunde von der Kapitulation seines Kommandanten in Rain, beschloss ein Exempel.

Gustavs II. Adolf Aktionen gegen Rain und später Landsberg scheinen von der Überzeugung des Herrschers geprägt, durch starke Reaktionen beweisen zu müssen, dass er trotz des Scheiterns bei Nürnberg souverän seine Bahn zog, stärker, nicht schwächer geworden sei. Schon unmittelbar nach den Nürnberger Ereignissen wurde in evangelischen Kreisen die Lesart des Geschehens propagiert, nicht Schwedens König sei Wallenstein unterlegen, sondern dieser habe ihn nicht bezwingen können. So muss wohl auch die spektakuläre Hinrichtung des ansonsten verdienstvollen altgedienten Obristen Mitschefall, ein Name, der nur deshalb in die Geschichte einging, in Neuburg an der Donau verstanden werden. Selbst die Königin hatte sich für den Offizier verwandt. Er wurde dennoch auf dem Marktplatz enthauptet. Sein Oberstleutnant und acht Hauptleute des Regiments mussten auf dem Gerüst die Exekution ihres Kommandeurs ansehen, dass schimpfliche Ende als Drohung begreifen. Gustav II. Adolf hatte Marie Eleonores Bitten mit den Worten abgewiesen, »das Mitleiden« würde hier »im gegenwärtigen Fall, alle gute Ordnung und Manneszucht, bey dem Kriegsdienste, gäntzlich aufheben« (G: Harte, II, 462).

Er muss wohl wirklich sehr beunruhigt gewesen sein, dass seine Armee gelitten habe, an Kampfstärke verliere, er seine Entschlossenheit demonstrieren müsse. Ursprünglich hatte er sogar gedacht, auch die anderen Offiziere hinrichten zu lassen. Gustav II. Adolf spürte in diesen Wochen, dass ihm die Initiative in Deutschland entglitt, er mehr und mehr Treibgut der historischen Entwicklung wurde, aufhörte, aktiver Gestalter zu sein. So wehrte er sich auf seine Weise, bezahlte Mitschefall seine Furcht mit dem Tode. Gleichzeitig raffte sich der König mit gewohnter Energie wieder auf. Er dachte nun bereits in neuen weit greifenden Zielen, wollte im Frühjahr 1633 den Krieg aus Süddeutschland donauabwärts in die kaiserlichen Erblande tragen, dort eine Entscheidung erzwingen.

Derweil scheiterte Wallenstein an der Festung Coburg. Der schwedische Kommandant widerstand allen Drohungen, so dass der Generalissimus die Verbindungslinien Berhards von Weimar zu Gustav II. Adolf nicht zerstören konnte. Als der Friedländer, ohne die bayrischen Truppen und den energischen Aldringen, bei Weida an der Elster verharrte, brach Schwedens König die begonnene Belagerung von Ingolstadt ab. Von neuer Zuversicht getrieben, hastete er nach Norden. Gustav II. Adolf wusste nun, dass Wallensteins Armee geschwächt war, Pappenheim in Niedersachsen Krieg führte, Gallas fernab in Schlesien operierte. Ein plötzlicher Erfolg über den kaiserlichen Oberbefehlshaber konnte alles ändern, musste es.

Gustav II. Adolf wandte sich zurück nach Nürnberg, vereinigte sich hier mit General Knyphausen, marschierte am 7. Oktober weiter nach Thüringen, begleitet auch durch Axel Oxenstierna. Auf dem Wege fand der König zu alter Entschlossenheit zurück. Von einem fast unverständlichen Optimismus getrieben, entwickelte er neue, weit tragende Pläne. Er ließ seinen Kanzler wissen, dieser solle Konzepte finden, in den oberdeutschen Kreisen eine neue Armee – Gustav II. Adolf dachte an 130 000 Mann – zu rekrutieren, aus den kriegsverschonten südlichen Territorien Proviant und Geld für den Feldzug des kommenden Jahres gegen Habsburg bereitstellen. Der König diskutierte mit dem Reichskanzler noch einmal die Idee des Evangelischen Bundes, sandte Oxenstierna mit weitreichenden Vollmachten nach Ulm.

Gleichzeitig trieb er seine Soldaten zu immer größerer Eile. Er legte in siebzehn Tagen fast 650 Kilometer zurück, stand am 13. Oktober bei Arnstadt, eine kurze Ruhepause nur für die erschöpften Pferde und Mannschaften. Derzeit reiste Axel Oxenstierna nach Süden, die Weisungen des Königs umzusetzen. Er berief am 21. Oktober aus Würzburg mit einem Rundschreiben die oberdeutschen Kreisvertreter zu einem Treffen nach Ulm. Oxenstierna ahnte nicht, das sich das Schicksal seines Monarchen und Feldherrn in wenigen Tagen vollenden, er letztmalig mit dessen Siegautorität die »Vasallen« lenken würde.

Alles deutet daraufhin, dass Gustav II. Adolf noch einmal voller Zuversicht an die Entscheidung glaubte. Der König erreichte Naumburg am 21. Oktober, wiederum schneller als Wallenstein. Er legte dort zehn Tage später auf dem rechten Saaleufer ein befestigtes Lager an, täuschte Wallenstein, der an Werben und Nürnberg dachte. Der König reagierte auch nicht, als das kaiserliche Heer, inzwischen wieder durch Pappenheim verstärkt, bis Weißenfels vorrückte, eine Schlacht anbot. Offenbar ein letzter genialer Zug Gustavs II. Adolf.

Glaubt man einigen zeitgenössischen schwedischen Chroniken, allerdings erst lange nach Lützen publiziert, so habe sich der König erschrocken über die nahezu göttliche Verehrung durch die einfachen Menschen in und um Naumburg gegenüber seinen Hofprediger geäußert. Er fürchte Gottes Zorn, so soll er bemerkt haben. Er wage nicht zu denken, wie der Herr auf die ständige fast göttliche Verehrung seiner Person reagieren werde. Ihn ängstige hier besonders die Aufnahme in Naumburg, er ahne, dass ihm bald ein Unglück widerfahren werde.

Es erscheint schon merkwürdig, dass sich dieser eifrige »Gottesstreiter« – beharrt man auf der auch inneren christlichen Einstellung Gustavs II. Adolf – in seinem Krieg um die Rettung des wahren Bekenntnisses, eines gottwohlgefälligen Werkes, um irdische Eifersüchteleien Gottvaters bekümmern sollte. Es war ja gerade Luther, der den väterlichen, verzeihenden Allmächtigen wieder entdeckte. Rachegefühle wurden hier gewöhnlich den eifersüchtigen griechischen Göttern zugebilligt. Der strafende christliche Gott beschränkte sich auch im Alten Testament doch mehr auf größere Vergehen, denkt man an Sodom, Ägypten, die Babylonier beispielsweise.

Man wird solche angeblichen Ängste wohl vor allem als Erfindungen und Zutaten der Chronisten und damaligen Historiker verstehen müssen. Im Übrigen rechnete der König vor größeren Kriegsereignissen gewöhnlich mit der Möglichkeit des plötzlichen Kriegertodes. Er kalkulierte mehr oder weniger überlegt eventuelle Folgen. Gustav II. Adolf hatte ja in diesem Geiste schon seinerzeit Christina dem Schutz der schwedischen Reichsstände überantwortet, in Erfurt seine zurückbleibende Gattin dem zweifellos nicht übermächtigen Arm des dortigen Magistrats überlassen, auch das natürlich eine offenbar berechnete übliche Geste. Politik des Königs auch dieses, gewichtiger – so sagen manche Kenner der schwedischen Geschichte – sei der berühmte Brief Gustavs II. Adolf Ende 1630 an seinen in Preußen verweilenden Kanzler. Hier bat er Axel Oxenstierna, seine Frau und sein Kind so zu behüten, wie er, der König, sich andernfalls auch um dessen Familie sorgen, wie Oxenstierna seine eigenen Angehörigen halten würde.

War der König hier im Naumburger Lager wirklich erschrocken über die außergewöhnliche Verehrung durch das Naumburger Volk, so konnte er dann als einen Fingerzweig göttlicher Zuneigung werten, dass ein Bauer sich bei ihm meldete. Er wies einen Brief vor, aus den Händen des Oberst Rudolf von Colloredo empfangen, beauftragt, das Schreiben an den Kommandanten der Festung Querfurt zu tragen. War es nun auch an den falschen Adressaten gelangt, göttliche Fügung oder nicht, las Gustav II. Adolf die Zeilen doch ohne Gewissensbisse und mit sichtlicher Freude. Nun habe ihm Gott Wallenstein in die Hände gegeben, soll der Herrscher laut frohlockt haben, wie einige frühe Quellen berichten. Vielleicht auch das nur eine Ausschmückung, ähnlich illustrativ wie der Bericht des Hofpredigers Fabricius über das angebliche Gespräch mit dem König. Sicher scheint aber heute, dass sich Gustav II. Adolf erst jetzt, nachdem er wusste, dass Wallenstein Pappenheim nach Halle entlassen hatte, zur Schlacht entschied. Der König glaubte, Wallenstein überraschen zu können.

Möglicherweise überzeugte ihn, dass Colloredo den Querfurter Offizier ausdrücklich nach Halle zu Pappenheim beorderte, wie es die alten Nachrichten detailliert ausmalen. Vielleicht war es auch, weil entsprechende Kundschafterinformationen eingingen, Gefangene berichtet hatten.

Derweil verteilte Wallenstein seine Truppen in die Winterquartiere, entließ Pappenheim nach Niedersachsen. Der Generalissimus rechnete für die nächsten Monate nicht mehr mit einem schwedischen Angriff. Es spricht für Wallensteins Weitblick, dass er gleichzeitig »dem Feind das Objekt für einen konzentrischen Angriff« entzog, wie kürzlich ein deutscher Militärhistoriker in einer bemerkenswerten Arbeit zu Gustav II. Adolf erkannte. Tatsächlich bezweckte der Böhme mit seiner wohldurchdachten Streuung der Truppen über ein größeres zusammenhängendes Territorium einen strategischen Zweck. Er wollte einen »die schwedische Armee einschnürenden« Kordon schaffen. Wallenstein rechnete bei einem eventuellen Angriff Gustavs II. Adolf auf einzelne größere Quartierplätze seiner Regimenter mit hinhaltendem Widerstand, bis er mit schnell gesammelten Kräften zum Entsatz heranzog, eine Schlacht annahm oder die Schweden zum Rückzug zwang (G: Junkelmann, 449). So quartierte der kaiserliche Feldherr seine Heere im weiten Raum des südwestlichen Niedersachsens und nordöstlichen Sachsens ein, das gegnerische Territorium solcherart von Freund und Feind auszusaugen, Johann Georg zu schwächen. Damit schonte er gleichzeitig die kaiserlichen und Liga-Staaten.

Auf diese Weise hielt der Generalissimus das Gros der Truppen zusammen. Er sandte Colloredo mit stärkeren Kräften zurück nach Weißenfels, ein »Horchposten« nahe dem schwedischen Lager, blieb selbst im Schloss zu Lützen.

Vielleicht entschied sich mit der Mission Colloredos das Leben Gustavs II. Adolf. Manche Historiker meinen, ohne dessen Abteilungen wäre die kaiserliche Armee überrumpelt, vom Schwedenkönig zu Paaren getrieben, Wallenstein wahrscheinlich im Schlaf überrascht worden, das allseits bekannte »wenn und hätte«.

Er aber »hatte«! Albrecht von Wallenstein ignorierte trotz der erwarteten Winterruhe den gefährlichen Widersacher nicht, sandte ihm mit Colloredo einen seiner erfahrensten Unterführer entgegen. So meinen einige, die auch hier Größe Wallensteins dokumentieren wollen. Andere bedeuten, dass sich der Generalissimus gerade gegen eine Würdigung dieses Offiziers durch die Wiener Hofburg entschieden wehrte, Colloredo wenig geeignet nannte. Dieser habe damals nur die Weißenfelser Garnison zurückholen sollen, Zufall also. Sei es so oder anders, der Feldherr hatte den Obristen abgeschickt, wünschte wahrscheinlich die Garnison in Weißenfels in unmittelbarer Nähe des schwedischen Lagers zu verstärken, nutzte wohl kaum einen hohen Offizier als Boten.

Colloredo deutete die Konzentration der schwedischen Hauptarmee am Ufer der Rippach beim gleichnamigen Dorf richtig. Gustav II. Adolf marschierte an diesem 5. November mit seinem Heer auf Lützen zu. Eilboten warnten Wallenstein, selbst verteidigte Colloredo mit seinen geringen Truppen eine Anhöhe zwischen Lützen und Rippach auf der anderen Flussseite. Er täuschte Gustav II. Adolf, der stärkere Kontingente vermutete, seine Truppen zur Schlacht aufstellte. Mehrere Stunden gingen verloren. Erst gegen Abend setzte die schwedische Armee über die Rippach.

Als der Däne Heinrich Holk später seinem König einen Bericht über die Schlacht bei Lützen sandte, erwähnte er ausdrücklich das Gefecht an der Rippach als entscheidend. Der General meinte, es sei der Kampf um den »Pass Ripack« gewesen, der Gustav II. Adolf »lange aufgehalten« habe. Sonst »würde er den ersten Abend . . . einen großen Effekt erzielt haben«. Holck selbst stellte im Fackelschein auf Wallensteins Befehl die Regimenter in Schlachtordnung auf. Er wies den nach und nach eintreffenden Einheiten ihren Platz an, konnte das, weil nach »drei Alarmschüssen und einem scharfen Scharmützel, in welchem die Kroaten« einen Fahnenträger verloren, »die Armeen diese Nacht in einer Entfernung von etwa vier Kanonenschüssen von einander entfernt im Felde« stehen blieben (Q: Quellen zur Geschichte Wallenstein, 252).

So gewann Wallenstein eine Nacht zur Vorbereitung, Zeit genug,

Pappenheim von Halle zurückzuordern, sich auf die Schlacht in der Ebene um Lützen vorzubereiten. Noch in den Nachtstunden erreichte Pappenheim der eigenhändig von Wallenstein geschriebene Befehl. Er wurde blutbefleckt in Pappenheims Rocktasche entdeckt. Heute in Wien aufbewahrt, gilt er als bedeutsames Zeugnis europäischer Kriegsgeschichte: »der feindt marchirt hereinwarths der herr lasse alles stehen undt liegen und incamire sich herzu mitt allem volck und stücken, auf das er morgen frue bey uns sich befünden, ich aber verbleibe hiemitt des herrn dienstwilliger A. H. z. M., Lützen den 15 Novemb, Ao 1632. Er ist schon an dem Pas wo gestern der bese weg gewest ist« (A: Den svenska historien, V, 195).

Lützen, das Ende

Wieder einmal soll Gustav II. Adolf in diesen letzten Stunden vor der Schlacht in scharfen, im Selbstgespräch vernehmlich formulierten Vorwürfen die undankbaren deutschen protestantischen Reichsfürsten angeklagt haben, so laut jedenfalls, dass es gehört und berichtet werden konnte. Er habe »diejenigen, welche meine Befehle, meinen Rat, meine Ermahnungen, nicht beherzigt haben«, in einer unaussprechlichen Wendung verurteilt (G: Junkelmann, 452).

Sehr glaubwürdig wirkt diese Schilderung nicht, scheint eine spätere Erfindung, interessant aus der Sicht der damaligen Chronisten, aufschlussreich noch heute für die Historiker. Sie ist unwahrscheinlich schon deshalb, weil Gustav II. Adolf selbst am besten wusste, wie selbstsüchtig er die Interessen der Deutschen wahrnahm. Er dürfte nicht wirklich bei ihnen weniger politisches Verständnis, Dummheit vorausgesetzt haben als bei sich, seinen Räten und den vielen ausländischen Beobachtern, wahrlich kein Grund für verinnerlichtes geklagtes Unverständnis. Hörten die Begleiter solches tatsächlich, so war auch dieses laute Murmeln adressatenorientiert, dann sicherlich auch Ausdruck allgemeiner Unzufriedenheit des Königs, Reflexion der Depressionen. Die Klage bleibt aber ebenso widersprüchlich zu jener glücklichen Grundstimmung, die alle Historiker auch anführen. Merkwürdigerweise erscheint diese jenen ebenfalls selbstverständlich, die den König am Morgen des 6. November in düsteren Ahnungen vermuten, dieses »Fürwahr, nun glaube ich, daß Gott ihn in meine Hände gegeben hat«, die Überzeugung, jetzt mit Wallenstein abrechnen zu können, der Triumphgedanke des 5. November (G: Böttcher, W., 296).

So dürfte wohl an jenem weltbewegenden Schlachtenmorgen, dem Tag der nun so sehr gewollten Entscheidung, der König entschlossen gewesen sein, dem Krieg die neuerliche grundsätzliche Wende zu geben. Niedergeschlagenheit, Verzweiflung gar, wie sie angedeutet werden von späteren Chronisten, heutigen Historikern, korrespondieren nicht mit der gewöhnlichen Verhaltensweise Gustavs II. Adolf in solchen Momenten. Das muss als eine konstruierte Linie früherer – in den Wochen des unsicheren Hin- und Hermarschierens in Süddeutschland geäußerter – Grabessehnsucht bis zur angeblichen Todesgewissheit an diesem verheißungsvollen 6. November abgelehnt werden. Hier, auf dem Schlachtfeld von Lützen konnte jener Seufzer gegenüber Axel Oxenstierna nicht mehr gelten, er wünsche sich »nichts sehnlicher . . ., als daß sein Gott ihn vorzeitig aus dem irdischen Jammertal abrufe und also den bitteren Kelch künftiger Enttäuschungen an ihm vorübergehen lasse«, gestöhnt auf dem Wege von Nürnberg nach Arnstadt in einer Zeit wirklicher Unsicherheiten (B: Goetze, 90). Solche Anwandlungen mussten schon verflogen sein, als er seinen Kanzler nach Ulm schickte, den alten Optimismus zurückgewonnen hatte. Im Übrigen wusste Axel Oxenstierna solche königlichen Klagen später recht gut zu nutzen, die deutschen Verbündeten mit diesem Vermächtnis des enttäuschten toten Königs in die Pflicht zu nehmen. Eigentlich wissen wir nur von ihm von solchen sehr konkreten Gedankengängen Gustavs II. Adolf.

Er hatte tatsächlich wenig Grund, der Schlacht sorgenvoll entgegenzusehen. Der schwedische Monarch wusste sehr genau, dass er an diesem frühen Morgen seinem Gegner erheblich überlegen war, mochte Wallenstein seinerseits auch alles tun, dem Schweden eine möglichst geschlossene Front entgegenzustellen.

Ohne Pappenheims 2 300 Reiter und 2 700 Mann Fußvolk verfügte der Generalissimus zu Schlachtbeginn nur über 10 000 Infanteristen, knapp 7 000 Kavalleristen und 24 Geschütze. Gustav II. Adolf konnte 12 800 Musketiere und Pikeniere, 6 200 Reiter, 20 schwere Geschütze und 40 Feldkanonen einsetzen.

Der Schwede hatte im Naumburger Lager etwa 19 000 Soldaten konzentriert, erwartete weitere Verstärkungen durch die Heere seiner sächsischen und Lüneburger Verbündeten, die bei Torgau an der Elbe standen. Inzwischen marschierte auch Arnim mit 6 000 Mann heran, während das kaiserliche Heer unter General Gallas als mögliche Hilfe für Wallenstein nicht mehr gezählt werden durfte, zu weit entfernt operierte dieser Feldherr.

Anders als bei Breitenfeld formierte auch der kaiserliche Feldherr seine Truppen in Anlehnung an die schwedische Taktik in zwei Treffen. Wallenstein hatte kleinere bewegliche Einheiten geschaffen, den einzelnen Verbänden einige Geschütze zugeteilt, die Kavallerie auf beide Flügel verteilt. Erneut musste Gustav II. Adolf gegen einen Gegner antreten, der von ihm gelernt hatte, den Meister übertreffen wollte.

Gewöhnlich berichten die Historiker, dichter Nebel hätte am 6. November – dem 16. November »neuen Stils« – den Schlachtbeginn verzögert. Erst zwischen 7.00 und 8.00 Uhr konnte die schwedische Armee aus dem Raum Rippach aufbrechen und nach Lützen marschieren. Gegen 11.00 Uhr griff das erste schwedische Treffen die Kaiserlichen an. Noch immer verhüllten Nebelschwaden weite Teile des Schlachtfeldes.

Interessanterweise behauptet jener Historiker, der das Verhältnis Gustavs II. Adolf zu Ebba Brahe als »platonisches Minnespiel« empfindet, es habe verlässlichen Angaben zufolge »den oft erwähnten Nebel beim Aufmarsch der Royal-Armee nicht gegeben« (G: Barudio, Gustav, 609). Erstaunlich und eigentlich so bedeutsam, dass diese Quelle belegt werden sollte. So bleibt ein erstauntes Aufmerken und die schließliche Frage: ernsthafte Forschung oder Wichtigtuerei? Für die Mehrheit der Historiker – auch die Autoren der schwedischen Nationalgeschichte halten daran fest – entwickelte sich das blutigste Treffen des Dreißigjährigen Krieges jedenfalls auch derzeit noch unter erschwerten Naturbedingungen. Der Pulverdampf und die Rauchschwaden des brennenden Lützen mögen dann die Sicht noch erheblich verschlechtert haben. Die Bemerkung eines Chronisten, dass nun »ein solch dicker Nebel einfiel, daß einer den anderen auf vier Schritt kaum zu sehen vermochte« (Q: Jessen, 318), schließt ja nicht aus, es wäre nicht vorher bereits wenig Sicht gewesen.

Gustavs II. Adolf Persönlichkeit als Militär erschließt sich, will man ansonsten den Schlachtverlauf nicht als völlige Fehlleistung des Königs buchen, in der Tat erst durch die Wetterunbilden. Der Nebel als entscheidender Helfer Wallensteins, so das klassische Fazit.

Die Nebel kamen und gingen. Gegen 11.00 Uhr war ein Vormarsch möglich, der Blick auf das Gelände mag trotzdem erschwert worden sein. Offen bleibt auch, ob es am frühen Morgen nicht ähnlich undurchdringlich gewesen ist wie während der entscheidenden Augenblicke des Schlachtgetümmels. Zu denken gibt die Feststellung eines der besten deutschen Kenner der Geschichte des Dreißigjährigen Krieges, die schwedische Armee habe die Nacht »ein paar Hundert Schritt vom Feind entfernt« verbracht (W: Mann, Wallenstein, II, 224), zweifellos eine vage Schätzung, auch im Widerspruch zu dem Holk-Rapport. Und doch, der Aufbruch der Armee Gustavs II. Adolf zwei bis drei Stunden später erlaubt dann wohl trotzdem die Vermutung, es sei Nebel gewesen, der die Aufstellung des Treffens des Schwedenkönigs trotz der Nähe beider Armeen – auch vier Kilometer wären so anders nicht – derart verzögerte.

Eine letzte Gewissheit wird schwerlich gewonnen werden. Zu widersprüchlich lesen sich die vielen Augenzeugenberichte, oftmals später und ohne Aufzeichnungen angefertigt, schon beeinflusst von anderen veröffentlichten Darstellungen, dazu Erinnerungen, zeitgenössischen Wiedergaben des angeblichen Geschehens. Es bleiben Fragen für den Historiker bei dem Versuch, die Schlacht zu rekonstruieren und die Leistung Gustavs II. Adolf als schwedischer Oberbefehlshaber zu würdigen.

Im Kriegsarchiv zu Stockholm wird eine Skizze der Schlachtordnung von Lützen aufbewahrt, die man bei einem getöteten Soldaten fand. In Wien ist ein blutbefleckter Schlachtplan archiviert, der aus dem Nachlass Pappenheims stammen soll, von Wallenstein bereits Anfang November entworfen sei. Der Reitergeneral soll ihn mit auf den Weg nach Halle genommen haben, ein Zeugnis, das für die Umsicht des Generalissimus spricht. Der kaiserliche Feldherr rechnete mit einem möglichen Marsch der Schweden auf Leipzig und hatte Lützen als eventuelles Schlachtfeld ausgewählt. Es kann wohl vermutet werden, dass sich Wallenstein in der Nacht vom 5. zum 6. November in der Eile und Überraschung an diese Überlegungen hielt. Pappenheim jedenfalls scheint es geglaubt oder gewusst zu haben. Er ritt zielgerichtet, von Halle kommend, auf das Schlachtfeld, fand seinen Flügel und die geplanten Stellräume sofort. Im Übrigen decken sich dieser Plan und die Soldatenskizze in wesentlichen Punkten.

Als gesichert gilt, dass gegen 10.00 Uhr morgens die Schweden im Gelände zwischen einem Wassergraben und der Straße von Lützen nach Leipzig ihre Truppen in zwei Treffen geordnet hatten. Nils Brahe, der während des Kampfes tödlich verletzt wurde, kommandierte das schwedische Zentrum, der Herzog Bernhard von Weimar den linken Flügel, Gustav II. Adolf selbst übernahm die rechte Seite. Es scheint, als habe der Schwedenkönig bei dem sich vorübergehend lichtenden Nebel die Schwächen des linken kaiserlichen Flügels ausgemacht, vielleicht auch nur erahnt. Von Gefangenen wusste er, dass der gefürchtete Pappenheim auf dem Wege nach Halle war. Wallenstein soll zur Täuschung des Gegners Trosssoldaten auf Pferde gesetzt, so von seinen Schwächen abgelenkt, mit einem Angriff auf den rechten Flügel gerechnet haben.

War das so, hatte der kaiserliche Feldherr seinen großen Widerpart unterschätzt. Gustav II. Adolf warf sein Leibregiment und die Eliteverbände gegen 11.00 Uhr, nachdem er erneut wegen des dichter werdenden Nebels Zeit verlor, gegen Wallensteins schwächste Position. Gleichzeitig marschierte auch Bernhard von Weimar gegen die kaiserlichen Stellungen vor . . . vielleicht nur der zeitgleiche Angriff und Zufall, dass der König den eigenen rechten Flügel befehligte. Dann doch kein scharfer Blick des stark kurzsichtigen Königs gegen 9.00 Uhr, schon gar nicht das frühzeitige Erkennen der aufgestellten

Trosssoldatenabteilung, der Schwäche in Wallensteins Aufmarsch, am ehesten noch das Wissen um das Fehlen Pappenheims? Schon möglich, sogar wahrscheinlicher! Es bleiben tatsächlich viele offene Fragen. Seit Urzeiten schreiben die Historiker höchst zerstritten über diese Schlacht, wähnen die einen Gustavs II. Adolf Genie unbestreitbar dokumentiert, andere alles dem Zufall, der Erfahrung geschuldet.

Während etwa um die Mittagsstunde die kaiserlichen Truppen in Unordnung unter dem Druck der schwedischen Verbände zurückwichen, ein Chaos sich auf Wallensteins linkem Flügel anbahnte, hetzte ein Kurier Bernhards von Weimar zu Gustav II. Adolf. Er vermeldete das Scheitern des Angriffs auf dem eigenen linken Flügel, verkündete gar, der Herzog fürchte, die Stellung nicht mehr lange halten zu können.

Immer wieder ist über die tolldreisten, manchmal wenig überlegt scheinenden Angriffe und Einsätze des schwedischen Königs im dichtesten Kampfgewühl diskutiert worden. Schon die Zeitgenossen beklagten zuweilen die Waghalsigkeit des Herrschers. Sie wünschten den Feldherrn weniger exponiert, vermeinten, er solle den Einsatz der Truppen aus sicheren Positionen koordinieren. Doch sah sich auch Wallenstein, schwer gichtkrank, im Laufe des Kampfes bei Lützen gezwungen, inmitten seiner wankenden Regimenter zu fechten, ein Beispiel an Tapferkeit zu geben. Die frühe tödliche Wunde des energischen Pappenheims verhinderte einen Schlachtverlauf, der für die schwedische Armee wahrscheinlich katastrophal geworden wäre.

Obwohl auch dieses nicht absolut sicher fixiert werden kann, scheint Feldmarschall Graf Pappenheim gegen 12.00 Uhr auf das Schlachtfeld mit etwa 2 000 Reitern galoppiert zu sein. Er hatte nur kurz gerufen, ob es der Flügel sei, auf dem der König kommandiere, war dann zielbewusst vorwärts geritten. Und wieder berichten die alten Chronisten eine Legende. Sie wollen wissen, dass eine alte mönchische Weissagung im Familienarchiv der Pappenheims verwahrt wurde, einst werde ein über und über mit Kriegsnarben bedeckter Familienspross, auf einem weißen Ross ungestüm trabend, einen großen König aus dem Norden in einer entscheidenden Schlacht eigenhändig töten.

Vielleicht redeten die Menschen damals wirklich das. Es kannten ja viele den sehnlichsten Wunsch des bayrischen Reitergenerals, selbst sein Leben hinzugeben, könnte er den verhassten Schweden töten. Und schon sprichwörtlich war die Wucht, das Draufgängerische der Angriffe Pappenheims, hatte ja schon Tilly geklagt, er habe bei Breitenfeld verloren, weil sein Reiterführer verfrüht angegriffen hatte. Auch die Verbindung mit einem König aus dem Norden spricht für eine Volkserfindung nach 1625, waren doch vorher Herrscher dieser Sphäre süddeutschen Vorstellungen unendlich fern. Man nahm dort erst mit Christians IV. Erscheinen in Norddeutschland diese Welt wahr.

Natürlich liegen keine exakten Berichte vor, die belegen, Pappenheim könne selber die Legende gefördert haben, am 6. November auf einem weißen Pferd geritten sein. Gewöhnlich saßen die Trompeter auf auffälligen Tieren. Wahrscheinlich ist auch dieses nur ein heller Farbtupfer in dem ansonsten blutigroten, nebelgrauen Geschehen. Es ist letztlich wohl auch unbedeutend, nur interessant als Dokumentation, wie ernst die Menschen damals das Ereignis nahmen, mit welcher Anteilnahme sie dieses Treffen verfolgten. Pappenheim jedenfalls traf Gustav II. Adolf nicht. Sein Kriegerschicksal vollendete sich bereits zu Beginn der ersten wilden Attacke, wenigstens vermeint das die Mehrheit der Historiker. Nur wenige berichten, er sei erst im dritten Anreiten getroffen worden. Unklarheiten auch, wie er zu Tode kam. Die Zeitgenossen erwähnten noch zwei Musketenkugeln, heute spricht man gewöhnlich von einem Streifschuss durch eine Kanonenkugel, die ihn aus dem Sattel warf, eine Panik seiner Kavallerie auslöste. Sein Trompeter berichtete längere Zeit später, 1633, die letzten verzweifelten Wutausbrüche des tiefgläubigen Katholiken, benannte Redefetzen, die wohl mehr Wunschdenken des Trompeters spiegeln. Der in seinen Armen in einer Kutsche auf dem Wege nach Leipzig versterbende Pappenheim habe unter Anderem versichert, er, der Soldat, sei nicht einfach ein Trompeter, er sei ein Kavalier. Vielleicht hat er solches gemurmelt, Sterbende neigten möglicherweise auch als feudal-stolze Grafen zur Verbrüderung, der Tod als der große Gleichmacher. Noch verwirrender dann der Schluss, Pappenheim sei in seinen Armen alsbald nach so viel geäußerter Zuneigung verschieden. Weitere Berichte lauten wieder anders. Schon die alten Chronisten datierten den Tod des Feldmarschalls in der Leipziger Pleißenburg am 7. November morgens gegen 7.00 Uhr. Angeblich soll Pappenheim befriedigt verstorben sein in der Gewissheit, Gustav II. Adolf sei ebenfalls gefallen. Ähnliches erwähnt auch die moderne Geschichtsschreibung. Merkwürdig nur, dass Wallenstein selbst noch am folgenden Tag dessen Tod nur als Gerücht abtat, eine Bestätigung erst neun Tage später erhielt. Selbst Axel Oxenstierna hörte am 10. November in Hanau gerüchteweise vom Tode Gustavs II. Adolf reden, konnte das aber noch begründet anzweifeln, so unklar schien alles. Erst am Abend des 11. Novembers musste er sich dann aber in Frankfurt in das Unvermeidliche fügen.

Im etwa 15 km entfernten Stadtzentrum des alten Leipzigs hatte man den gesamten Tag den Donner der Kanonen gehört, »befunden, daß die Schwedische und die gantze Kaiserliche Armee hart aneinander gewesen« seien, wie es ein Leipziger Bürger notierte. Erst in der Nacht sei der Lärm langsam verklungen, »sehr viel Beschädigte und Thote« in die Stadt gekarrt worden, unter ihnen auch Pappenheim, »der mit einer Drahtkugel« – einer Kartätsche offenbar – »durch die Hüfte geschossen, daß er in drei Stunden thots verblichen« (Q: Jessen, 319).

Dieser Chronist vermerkte zahlreiche Details des Abmarsches der Kaiserlichen. Er berichtete Abschiedsworte Holks, erwähnte jedoch mit keiner Silbe auch nur gerüchteweise eine Nachricht vom Tode Gustavs II. Adolf. Offenbar wurde die Kunde von der schwedischen Führung bewusst zurückgehalten, wie viele Historiker glauben. Bedenkt man, wie schnell die Nachricht vom Tode Karls XII. vor dem Fredriksten unter den schwedischen Soldaten bekannt wurde, der dänische Kommandant und die Verteidiger der norwegischen Festung dieses noch Tage später nur allmählich verstanden, dann dürfte auch die offensichtliche Unkenntnis der Leipziger noch am nächsten Tage nicht sonderlich verwundern. Mehr als unwahrscheinlich, dass der sterbende Bayer solches überhaupt zur Kenntnis nehmen konnte, weder in der Kutsche, dort schon gar nicht, noch in dem letztlich doch mehrere Stunden entfernten Leipzig. Ein Sonderbote Bernhard von Weimars an Pappenheim, gewissermaßen zur Erfüllung der Legende?

Als Pappenheim vom Schlachtfeld gefahren wurde, hatte sich die Lage nach kurzem schwedischen Übergewicht bereits wieder verändert. Heute hat sich auch die neuere schwedische Geschichtsschreibung zu der Folgerung bekannt, die Krise der Armee am kaiserlichen rechten Flügel rechtfertigte den Gegenstoß des Königs mit den småländischen Reitern. Es war kaum vorauszusehen, dass der Herrscher und seine Begleiter von den schützenden Schwadronen getrennt so hilflos den kaiserlichen Pulks ausgeliefert sein würden.

Einig sind sich alle Experten, dass Gustav II. Adolf bei Lützen die Entscheidung durch die Offensive suchte, Wallenstein seine Stellungen verteidigte. Der kaiserliche Feldherr ließ erstmalig auch einen Schützengraben für seine Musketiere ausheben beziehungsweise nutzte den neben der Straße angelegten Graben.

Das schwedische Feldtagebuch vermerkt, die kaiserlichen Geschütze hätten beim ersten schwedischen Angriff »ohne sonderlich zu schaden« geschossen (A: Den svenska historien, V, 195). Gustav II. Adolf habe gerade eine Batteriestellung mit sieben Kanonen gestürmt, als ihn Bernhard von Weimars Hilferuf erreichte. Wahrscheinlich ritt er im Gefühl des sicheren Sieges auf seinem Flügel dem Thüringer zu Hilfe, erfuhr nicht mehr, dass die eroberten Geschütze bald wieder an die Kaiserlichen fallen sollten.

Man bekomme kein klares Bild aus den eigenen Schilderungen, klagen die Autoren der schwedischen Nationalgeschichte. Auch das Feldtagebuch konzentrierte sich nur auf Darstellungen über den Tod des Königs. Es scheint aber sicher, dass Gustav II. Adolf noch das Scheitern des Gegenstoßes der pappenheimischen Kürassiere wahrnahm, deren panikartige Flucht nach dem Fall ihres gefürchteten Befehlshabers registrierte. Erwiesen ist es nicht. Es spricht einiges dafür, dass neuerliche dichte Nebelschwaden die Schlacht in dieser entscheidenden Phase auf dem siegreichen linken schwedischen Flügel unterbrochen haben. Dann ist Gustav II. Adolf tatsächlich genau in diesem Moment mit den Småländern hilflos ins Ungewisse geritten.

Ein Korporal der Musketiere soll jenen Offizier entdeckt haben, dem alle ehrfürchtig Platz gaben. Er habe einem Musketier befohlen, auf den Mann anzulegen, er müsse ein wichtiger Herr sein. Merkwürdig, was alles im Nebel auf Lützens Schlachtfeld möglich war. Ein plötzliches Aufreißen der Schwaden, vielleicht, wahrscheinlicher aber doch ein Zufallstreffer, erst später zur bewussten Tat hochberichtet. Ein Schuss in den linken Arm, nicht gefährlich, aber die Wunde, stark blutend, schwächte den Herrscher schnell. Versuche, den Blutfluss zu stoppen, misslangen offenbar, dann der Tod wenig später bei einem neuerlichen Angriff. Widersprüche ebenso über den Zeitpunkt des Auffindens der königlichen Leiche! Während einige Zeitgenossen behaupten, man habe den Körper erst spät abends entdeckt, gaben andere bereits den Moment an, als sich der Nebel wieder lichtete. In diesem Moment warf General Octavio Picolomini in mehreren Attacken die siegreichen Schweden des rechten Flügels zurück. Der Befehlshaber des zweiten schwedischen Treffens, General Dodo von Knyphausen, riet dem neuen Oberkommandierenden, Bernhard von Weimar, bereits den Abbruch der Schlacht.

Letztlich ist auch das unwichtig. Der ehrgeizige Herzog von Weimar führte die Regimenter bis zum Einbruch der Dunkelheit tief in die kaiserlichen Linien, die Entscheidung konnte er nicht erzwingen. Als

Pappenheims Infanterieregimenter Lützen erreichten, war der Kampf noch immer »nahezu unentschieden«, wie es die moderne schwedische Historiographie beurteilt (A: Den svenska historien, V, 154).

Der Autor der bekannten Wallenstein-Biographie folgert aus den Berichten der Augenzeugen, dass Pappenheims Infanteristen die Kanonen Wallensteins einsam auf dem Schlachtfeld entdeckten, dass sich die schwedischen Truppen ebenfalls in ihre Ausgangsstellungen zurückzogen. Sie bemerkten nicht einmal den Abzug Wallensteins. Holk berichtete Christian IV. auch dieses. Er beklagte, der Generalissimus habe sich auch nicht durch die Ankunft der Fußknechte Pappenheims gegen 19.00 Uhr überzeugen lassen, den Kampf fortzusetzen, den folgenden Morgen abzuwarten.

Wallenstein war gemeldet worden, Arnims Sachsen und Georg von Lüneburg hätten die Elbe bei Torgau überschritten, seien im Anmarsch. So mussten die von Halle kommenden Soldaten, etwa 3 000, mit ihren Kanonen weiterziehen. Weil »es keine Pferde gab, die ganze Artillerie abzuführen, . . . hielt man es für besser, abzumarschieren, die Stücke stehen zu lassen«, sich mit Gallas zu vereinigen, bevor die Sachsen zu den Schweden aufschlossen. Im Übrigen seien »der Herzog und alle hohen Offiziere blessiert« gewesen, niemand hätte mehr geschossen, beide Seiten nicht gewusst, wer der Sieger sei (Q: Quellen zur Geschichte Wallensteins, 253).

Erst am nächsten Morgen konnte sich Bernhard von Weimar der herrenlosen Geschütze bemächtigen, den Abmarsch der Kaiserlichen feiern, sich als Sieger fühlen. Die vor allem von protestantischen Historikern und Publizisten gern berichtete Geschichte der nächtens auf dem Schlachtfeld ausharrenden erschöpften schwedischen Soldaten ist also Legende.

Das deutsche Standardwerk zur europäischen Geschichte wertet Lützen als eine »Schlacht, die mit leichten Vorteilen für die Schweden ausging, jedoch nur ein Sieg mit Vorbedacht war, weil auch die Kaiserlichen das Feld behaupteten«. »Wallenstein hatte nicht gewonnen, aber auch nicht verloren« (A: Zeeden, 275). Englands in Deutschland bekanntester Experte der modernen Historiographie zum Dreißigjährigen Krieg folgerte vor einiger Zeit, die Lützener Schlacht sei »trotz ihres unentschiedenen Ausgangs« deshalb bedeutsam, weil damit eine Serie militärischer Erfolge der Protestanten endete (A: Parker, 212). Bemerkenswerterweise urteilte auch einer der bedeutendsten deutschen Kirchenhistoriker dieser Periode über Lützen, dort hätten beide Heere »schließlich ohne Sieg und Niederlage vor Erschöpfung voneinander« lassen müssen (A: Heckel, II, 228). Ähnlich äußerte sich auch ein anderer deutscher Historiker, Wallenstein-Biograph, einer, der den großen Böhmen berechtigt würdigt, Lützen als Ausweis der Feldherren-Begabung Wallensteins deutet. Es sei der Mangel an Pferden gewesen, der den Generalissimus bewog, die Kanonen zurückzulassen. Soldaten Bernhards von Weimar hätten diese Beute nicht verteidigt. Auch hier das bekannte Fazit, der Verlust von fünf Fahnen bei den Kaiserlichen, deren Trophäen aber sechzig schwedische Feldzeichen, zählbarster Beleg für die ungeheuren Verluste der königlichen Armee, Ausdruck ebenso für deren Kampfgeist. Ganze Regimenter waren aufgerieben worden, niemand übriggeblieben, die in den Novemberschlamm gedrückten Fähnchen und Fahnen fortzutragen. Möglich, dass es nur dreißig waren, eine Rechnung, die Wallenstein selbst in ersten Berichten wagte. Dennoch das Urteil auch dieses Historikers gewichtig, nicht »der unentschiedene Ausgang ... das Ende Gustav Adolfs« habe die Bedeutung dieser Schlacht bestimmt (W: Diwald, 501). Die wohl derzeit jüngste Analyse des blutigen Geschehens bilanziert, taktisch gesehen endete der Kampf unentschieden. Die »leichten Vorteile« der Schweden, »gegen Abend erkämpft«, seien mit dem Eintreffen der Pappenheimer »wieder aufgehoben« worden. Wallenstein hätte weiter fechten können. Die Fortsetzung des Kampfes schien für ihn durchaus erfolgversprechend. Erst sein Abzug »und die anschließende Räumung Sachsens machten Lützen zu einem teuer erkauften Sieg der Schweden« (G: Junkelmann, 461). Dem ist wohl wenig hinzuzufügen.

Der tote König
Der Beginn einer Legende

Der Tod des schwedischen Königs wurde bald in ganz Europa Gewissheit. Ferdinand II. dankte seinem Feldherrn in einem Glückwunschschreiben, jauchzte, »Gott sei ewig Lob und Dankh gesaget«. Der Kaiser versicherte dem Generalissimus, er habe sich ihn, seinen Kaiser, »noch mehr« verpflichtet (Q: Jessen, 325). Wie man weiß, wechselte solche Zuneigung des Habsburgers bald.

Anders reagierte der Papst. Es ist wohl kaum nur eine zeitgenössische Erfindung, dass er den Tod dieses gefährlichen Feindes der Habsburger bedauerte. Vielleicht beklagte er das Geschehene nicht wirklich, der italienische Fürst. Ihm bedeutete ein habsburgisch dominiertes Europa wenig, ja gar nichts. Frankreichs Widerstand an der Seite der Schweden blieb die wirkliche Alternative zu spanischem und österreichischen Drängen. Offiziell allerdings sandte auch Urban VIII. dem Kaiser am 11. Dezember eine Gratulation. Er versicherte, so »bald die langersehnte Nachricht über diesen Sieg uns erreichte«, habe er in der Kirche Santa Maria dell' Anima »unter unendlicher Freude« eine Messe gehalten, Gott gedankt »für die große Wohltat«. Gemeinsam mit den Kardinälen und vielen römischen Gläubigen habe er dessen gedacht, dass Gott »Deine ruhmwürdigen Taten für die Verteidigung der katholischen Kirche gesegnet habe« (B: Göransson, Gustav II. Adolf, 289). Ferdinand II. und dessen Räte werden es besser gewusst, dem Vatikan diesen frommen Ausbruch so freudiger Gefühle nicht wirklich geglaubt haben. Der Einheit aber von Papst, Kaiser und Gegenreformation war jedenfalls Genüge getan.

Wadislaw, Polens neuer König, katholisch wie sein Vater Sigismund, war soeben gerade einstimmiger Wahlsieger auch gegen den Kandidaten Gustav II. Adolf geworden. Er wusste wohl, dass der Vasa-Vetter den Thron in Warschau nicht wirklich wünschte. Der Pole soll nachdenklich geäußert haben, mit diesem Vasa sei der Größte des königlichen Geschlechts vergangen. Anteilnahme, die nichts kostete, aber doch eine Haltung, zu der sich Philipp IV. und der Escorial nicht verstehen konnten. Einer der ersten bedeutenden protestantischen Biographen Gustavs II. Adolf, William Harte, englischer historisierender Kanonikus zu Windsor, hatte 1759 erbittert angemerkt, die Spanier feierten den Tod des schwedischen Königs mit einem »spöttischen Trauerspiel« zwölf Abende hintereinander. Sie zündeten »so viel Feuerwerk, daß sich der Hof endlich ins Mittel schlagen mußte, damit es bey dem einbrechenden Winter nicht etwann an Holz gebrechen möchte« (G: Harte, II, 569). Wahrscheinlich übertrieb der eifernde Geistliche, wollte protestantische Hassgefühle schüren. Richtig war aber, dass die Herrschenden in Spanien hofften, einem gefährlichen Feind entronnen, dem Endsieg näher gekommen zu sein. Sie sahen wahrlich keinen Grund, Trauer bekunden zu müssen wie der große Franzose, Richelieu. Die Zeitgenossen allerdings durchschauten ihn schon, verstanden den Kardinal als Heuchler.

Kaum glaubhaft, dass König Christian IV. tränenüberströmt die Todesnachricht anhörte, Dänemarks Reichskanzler Christian Friis sich trauernd zwei Tage in seine Kammer zurückzog, wie man überall in Kopenhagen Anfang Dezember 1632 erzählte. Wohl denkbar, dass sich nicht nur der Kanzler, sondern alle führenden Dänen, der dortige Reichsrat und König Christian IV., tatsächlich einschlossen, in Klausur begaben. Ganz sicher nicht, um zu weinen und zu klagen. Wahrscheinlicher, dass sie dort debattierten, was folgen musste. Sicher befragten sie einander, ob der Erzfeind Schweden nun wirklich schwächer, weniger gefährlich für Dänemark geworden sei.

Gewaltig trauerte Marie Eleonore, ehrlich, tat das mit solchem Ungestüm, dass man ernsthaft um ihr Leben bangte. Wenigstens gab sich das königliche Gefolge so. Axel Oxenstierna musste sich persönlich der Königin annehmen, ihr wieder und wieder geduldig zureden, die unglückliche Brandenburgerin aufrichten, vom Leichnam trennen. Der Kanzler ließ ihr schließlich Gustavs II. Adolf Herz in goldener Kapsel, eine übliche, Schmerz bekundende Geste in der vermögenden Oberschicht, vielleicht hier Ausdruck wirklicher Verzweiflung.

Wenig wissen wir dagegen über die Tiefe der Gefühle, mit denen Johann Georg in Dresden, Georg Wilhelm im fernen Königsberg, die Mehrheit der deutschen Verbündeten den Tod des Königs beklagten. Selbstverständlich, dass sie in starken Worten dem Reichskanzler Betroffenheit offenbarten. Von Trauer, Bestürzung und Verzweiflung war in den Kondolenzschreiben ebenso die Rede wie im Protokoll des Stockholmer Reichsrates an jenem 8. Dezember 1632, als Pfalzgraf Johann Casimir, Graf Jakob De la Gardie, Nils Bielke, Graf Per Brahe, Karl Karlsson Gyllenhelm – Gustav Adolfs Halbbruder – und einige andere bedeutende Herren der schwedischen Aristokratie die Todesbotschaft vernahmen. Angeblich verbrachte der dortige »Senat den Tag in Tränen und Klagen« (Q: Protokoll, 1632, 251). Gewiss, gesorgt werden sie sich haben. Die Herren mussten tief beunruhigt über die Frage grübeln, wie es weitergehen sollte, ängstlich auch, ob bisher Erworbenes gefährdet sei.

Sorge, echte Trauer mag manchen evangelischen Deutschen und

Schweden bewegt haben. Nicht wenige fürchteten neuerliche Heerzüge kaiserlicher Armeen bald wieder auch in Norddeutschland, Krieg und Verwüstungen für die einen, weitere Belastungen für die anderen.

Derweil fuhr man den Leichnam des toten Königs in einem triumphalen Trauerzug durch Deutschland. Unzählige Gedenksteine erinnern noch heute daran. Sie helfen jenen, die dieser gemeinsamen Geschichtsperiode des deutschen und schwedischen Volkes nachspüren: das Dorf Meuchen in unmittelbarer Nähe der Walstatt, wo der Leichnam gesäubert wurde, Weißenfels, Ort der ersten Aufbahrung und Einbalsamierung, ein Zimmer in einem Gasthaus, in dem wenige Tage vorher Pappenheim ruhte. Weitere Stationen waren Wittenberg, wo der Sohn Gustav Gustavsson, Frucht der kurzen Lagerliebe von Pskov, die Totenwache hielt. Er war damals Student an der geistigen lutherischen Hochburg. Dann das Wolgaster Schloss, wo der Sarg bis in den Sommer 1633 stand. Man glaubte warten zu müssen, bis ein repräsentatives Geschwader in Schweden segelfertig war. Endlich folgte die feierliche Überführung nach Schweden, schließlich die ehrenvolle Beisetzung im Sommer 1634 in der Riddarholmskirche in Stockholm.

Mit dem Ehrengeleit und mit der Königin kam Trauer und Leid auch für die kleine Erbprinzessin Christina. Sie will den Vater sehr geliebt haben, ließ sie später alle wissen. Von ihm habe sie jene Zuneigung empfangen, die ihr die Mutter versagte, die sie möglicherweise zeitlebens entbehrte. Einige Höflinge wollten bereits 1630 im Abschiedsschmerz der Kleinen ein böses Omen erkannt haben. Sie weinte tagelang, als der Vater wenige Wochen nach seiner großen Stockholmer Rede nach Deutschland aufbrach. Die Tränen des unschuldigen, nicht einmal vierjährigen Kindes hätten Schreckliches ahnen lassen, da sie »von Natur aus wenig und selten weinte«, wie sich die reife Christina später in Rom erinnern wollte (Q: Christina, 29–30). Vielleicht glaubte sie selbst auch an Vorahnungen, Zeichen, ein Mensch ihrer Zeit. Aber sie war vor allem doch Politikerin, eine Frau, die wusste, was sie zu verkünden gedachte, was die Menschen glaubten sollten.

Auch der Vater, dieser berühmte, sterbengewöhnte Feldherr, konnte »die Tränen nicht zurückhalten«, der Mann, dem die kleine Erbprinzessin wenig später erste rührende Kinderbriefe sandte, den Monarchen ihren »vielgeliebten« und »Herzliebsten Herr Vater« nannte. Sie bat ihn, ihrer zu gedenken »und bald wiederzukommen, und mir auch was Hübsches zu schicken«. Ein Wunsch, den sie wenig später in einem weiteren Brief in deutscher Sprache erneut formulierte, Gustav II. Adolf ihr »demüthiges Konterfey« schickend (B: Pfister, 22). Worte, die zweifellos Höflinge dem kleinen Mädchen in die Feder diktierten, die aber ebenso sicher auch jene Gefühle spiegeln, die Christina für den fernen Vater empfand. Sie lassen ahnen, dass dieser schwedische Heldenkönig auch ein zweites Leben kannte, seiner Familie, wenigstens aber dem Kinde sehr nahe stand.

Und doch, als die Nachricht vom Tode auf dem Schlachtfeld von Lützen im Stockholmer Schloss Bestürzung auslöste, fühlte die sechsjährige Christina ersten Stolz, als erregte Höflinge begannen, der Erbprinzessin zu huldigen. »Ich war damals noch so kindlich, dass ich nicht verstand, ob es Glück oder Unglück bedeutete, aber ich erinnere mich wohl, wie entzückt ich war, alle diese Menschen zu meinen Füßen zu sehen und wie sie meine Hände küssen wollten« (Q: Christina, 35). Damals habe sie nicht begreifen können, welche Pflichten aus dem Herrscheramt erwachsen sollten, was für schwierige Aufgaben ihr der große Vater überlassen musste.

Schnell waren der Glücksrausch und die Huldigungen vorbei. Die heimgekehrte Mutter ließ alle Gemächer der neuen Wohnstatt im Schloss zu Nyköping mit schwarzem Tuch ausschlagen, die Fenster verhängen, die Räume Tag und Nacht nur durch Kerzenlicht erhellen. Marie Eleonore genoss die Trauer, ergab sich ganz ihrem Schmerz. Sie war nur mit Mühe, vielem Zureden und sanfter Gewalt von der monatelang aufgebahrten Leiche zu trennen. Bis zum Sommer des Jahres verteidigte die Königin auch das in einer goldenen Kapsel eingefasste Herz ihres Gatten als ihr gehörig. »Sie weinte nahezu Tag und Nacht, und an manchen Tagen steigerte sie ihren Schmerz auf eine so eigentümliche Art, dass man ihr nicht zusehen konnte, ohne das tiefste Mitleid zu empfinden« (Q: Christina, 35).

Wohl fühlte auch die Tochter zunächst Respekt und sicher ebenfalls ein wenig Zuneigung für die klagende Mutter. Später dann wurde Christina alles »lästig«, wie sie notierte. Vor allem die plötzlich aufkommende Gefühlswallung und Hinwendung Maria Eleonores zu ihr empfand sie als schrecklich, ebenso hemmungslos wie sie sich früher durch Gleichgültigkeit, ja Ablehnung gequält wähnte. Die Königin wollte nun Mutter sein, liebte das Kind »jetzt zärtlich, weil sie fand, dass ich das lebende Bild des verstorbenen Königs sei« (ebd.). In der Tat eine merkwürdige Beziehung der Brandenburgerin zu diesem Mann. Will man nicht alles auf krankhafte Neigungen reduzieren, bleibt doch auch hier ein kaum zu negierendes Dokument sympathischer menschlicher Größe des so über den Tod hinaus verehrten Königs, vielleicht gewichtiger als manche pflichtgemäße Ehrenbezeugung prominenter Zeitgenossen und späterer bedeutender historischer Persönlichkeiten.

Der »Krug« war in Deutschland zerbrochen, Gustav II. Adolf gefallen in jenem Land, dessen Sprache ihm so vertraut war, dessen Probleme er kaum weniger gut kannte. Gelöst hat er sie nicht, wollte es wohl auch nicht. Seine Siege beendeten weder das massenhafte Morden auf deutschem Boden, noch haben seine Soldaten die Deutschen evangelischen Glaubens schützen können und wollen. Toleranz sei angesagt gewesen in der Armee Gustavs II. Adolf, so sagen jene, die sich der Würdigung des Schwedenkönigs verpflichtet fühlen. Beute sei auch hier das einzige Maß aller Dinge geblieben, das die Soldaten bei den schwedischen Fahnen hielt, meinen die anderen. So unrecht scheint das letztere nicht zu sein. Seinem Adel hatte der Monarch nun auch große Güter in Norddeutschland geschenkt. Manche Ladung wertvoller Beute, darunter unschätzbare Bücher, war über die Ostsee verschifft, bereicherte auch manchen Bürgerhaushalt. Am wenigstens von allem erhielten Bauern und Handwerker und jene schwedischen und finnischen Soldaten, die die Kämpfe auf den europäischen Schlachtfeldern überlebten. Selbst bei Kriegsende, als Schweden fünf Millionen Reichstaler Entschädigung für die Zahlung der Soldrückstände zugesprochen erhielt, floss die Hälfte des dann tatsächlich Gezahlten in die Taschen der Diplomaten und hohen Offiziere.

Vielleicht hätte Gustav II. Adolf diesen Raub an seinen Soldaten nicht zugelassen, wie der Berliner Historiker Jan Peters einräumte. Sicher ist auch das nicht, denkt man an die Vorwürfe des englischen Gesandten, der König zahle den Sold unregelmäßig oder gar nicht. Immer hat der König beklagt, dass sein Volk die schwere Kriegsbürde tragen musste. Erlassen hat er die Steuern nicht, obwohl sein Krieg sich vor allem in Feindesland »ernährte«. Ein König der Besitzlosen, ein »Bauernkönig« ist er nie gewesen, weder der Schweden noch der Deutschen, nicht einmal dem Namen nach wie sein Vater. Nach seinem Tod trieben es seine Soldaten noch ärger als die Kaiserlichen und Franzosen, sagen manche Historiker. Sie deuten an, wie sehr er auf Recht und Ordnung hielt, zitieren jene jahrhundertealte protestantische Legende, vergessen die ebenso zahllosen Klagen der Balten, Polen und Deutschen. Selbstverständlich konnte und wollte auch Gustav II. Adolf Plünderungen nicht verhindern, berücksichtigt man nur die »Ermattungs- oder Verödungsstrategie«. Kaum anzunehmen, dass Leid und Elend in den zunehmend verwüsteten Landschaften ihm überhaupt eine andere Wahl gelassen hätten.

Analysiert man das umfangreiche Schrifttum zu Gustav II. Adolf, fällt auf, dass schon wenige Jahrzehnte nach seinem Tode nur noch wenig über ihn berichtet wird. Auch in Schweden scheint das Interesse stark nachzulassen. Wohl glaubte noch die Tochter, Königin Christina, in Rom dem Vater einige Anmerkungen schuldig zu sein, suchte das Bild eines bedeutenden Herrschers als eigene Reflexion nachweislicher schwedischer Größe zu bewahren. Ihrem Vetter und Nachfolger auf dem schwedischen Thron aber blieb die Vasa-Tradition weniger gewichtig. Er war durch sie erhoben, seinerzeit selbst schwedischer General in Deutschland, Oberbefehlshaber Schwedens noch nach 1648, der Zweibrückener Pfälzer Karl X. Gustav. Aber der neue Herrscher Schwedens schrieb selbst nordeuropäische Geschichte, sah sich einer Allianz der Polen, Brandenburger und der Wiener Habsburger gegenüber. Der Pfälzer folgte zwar den Spuren Gustavs II. Adolf, auf seine Weise jedoch, wollte seine eigene Idee eines nordischen Großreiches der schwedischen Krone verwirklichen. Er scheiterte im Übrigen ähnlich jung. Ein halbes Jahrhundert später standen Schweden, Deutschland, Europa unter dem Eindruck der Kriege und Siege Karls XII. Wohl ritt der neue junge schwedische »Heldenkönig« selbst im September 1706, bald nach seinem Einzug in das Schloss Altranstädt nahe Leipzigs, auf das Schlachtfeld von Lützen. Er war allerdings noch weniger gern hier in Sachsen geduldet als Gustav II. Adolf. Der Sieger über König August den Starken äußerte echte Ergriffenheit, bewunderte den großen dynastischen Ahnen. Aber er fühlte sich mehr als Erbe väterlicher Politik, wollte Bestehendes konservieren, war nicht eigentlich ein Eroberer.

Erst im letzten Drittel des 18. Jahrhunderts erinnerten sich sowohl in Schweden wie in Deutschland die Publizisten und Historiker wieder auffallender Gustavs II. Adolf. Der Reichshistoriker Sven Lagerbrink und König Gustav III. beschäftigten sich dort mit dem Leben und Wirken dieses Vasakönigs. Hier wandten sich Friedrich Schiller und Preußens König Friedrich II., auch einige süddeutsche Staatsrechtler und Geschichtslehrer wieder dem schwedischen Eingreifen in den Dreißigjährigen Krieg zu. Der große deutsche Nationaldichter und Jenaer Geschichtsprofessor sollte wohl als Schöpfer einer ersten, bis heute nachwirkenden kultischen Gustav-Adolf-Verehrung benannt werden. Einleuchtend, dass mit dem Reifen nationalen Bewusstseins in Deutschland das Bild des schwedischen Herrschers je nach Sicht der Historiker und Publizisten heller oder grauer leuchtete, eine Entwicklung, die Sverker Oredsson detailliert reflektierte.

Bisher hätten in Deutschlands Geschichtsschreibung jene Autoren dominiert, die manchmal sogar die »Zertrümmerung« Deutschlands als Folge des schwedischen Sieges verteidigten. Sie hätten sie als »ein notwendiges Opfer« für die Sicherung des evangelischen Glaubens in der Welt beurteilt, so der Lunder Geschichtswissenschaftler. Seine höchst interessante Arbeit über die Argumente der Historiker zu Gustavs II. Adolf deutschem Krieg erschien 1994 auch in deutscher Übersetzung. Andere, eine Minderheit, schreibt Oredsson, entschieden sich überzeugt für entgegengesetzte Wertungen. Den katholisch-orientierten Historikern war Schweden zu keiner Zeit bedroht. Für sie trat Gustav II. Adolf als Aggressor in den Krieg, war für Deutschlands Entwicklung »ein großes Unglück«. Eine dritte Kategorie Geschichtsexperten lastete dem König die Vernachlässigung der einheimischen sozio-ökonomischen Entwicklung an. Ihre Repräsentanten resümierten, der »wirkliche Nutznießer des Krieges war die schwedische Feudaloberschicht« (A: Oredsson, 19, 270–271, 257).

Besonders aufschlussreich scheint in diesem Zusammenhang Oredssons Erkenntnis, der »Kult« um Gustav II. Adolf ufere erst im vorigen Jahrhundert aus, sei dem beginnenden Nationalismus in Deutschland und Schweden geschuldet. Dieser »brauchte Helden« (ebd., 268). Natürlich markierte der 6. November 1832 einen ersten besonderen Höhepunkt der beginnenden Gustav-Adolf-Glorifizierung. Nicht von ungefähr wählten die Inspiratoren künftiger Ehrungen des so gekürten protestantischen Glaubensstreiters dieses Datum. Sie taten das weniger, weil sie Schillers Überzeugung teilten, der König sei rechtzeitig gefallen, bevor die weitere Entwicklung in Deutschland – das Rauben und Morden – sich unwiderruflich mit seinem Namen verband. Jene damaligen Agitatoren meinten wohl eher, dass ein Heldentod, der Opfergang für eine große Idee, schwerer wog.

Schon ein Jahr zuvor, anlässlich der Feiern zur 200. Wiederkehr der Schlacht bei Breitenfeld, hatte man dort einen Gedenkstein aufgestellt. Die Inschrift verkündete allen, die es wissen, weiter berichten sollten, Schwedens König, »Christ und Held, rettete bei Breitenfeld Glaubensfreiheit für die Welt« (G: Schwede, 212).

Bald taten Historiker und Publizisten, verständlicherweise evangelischen Glaubens, ihr Möglichstes, den Deutschen, den nun bald immer öfter herpilgernden Schweden und Finnen, einzugeben, er, Gustav II. Adolf, sei vom Lutheraner zum großen Toleranten gewachsen. Die Geschichte vom klugen, weltoffenen Diskutierer Gustav Adolf in Münchens Kirchen und Jesuitenschulen klang bald auch in jeder Schulstube im evangelischen Deutschland. Sie wurde ebenso gerne von schwedischen Schulmeistern berichtet. Weniger laut sprach man von den Katholikenverfolgungen in Schweden, vergaß sie vielleicht auch zu erwähnen. Im Lande nördlich der Ostsee konnte dennoch niemand so richtig von Glaubensfreiheit reden, da dort noch bis 1860 jeder schwedische Konvertit seine Erbrechte einbüßte, das Land verlassen musste. Bekenntnisfreiheit galt hier nur für Menschen anderer Nationalitäten.

Bischof Elias Tegner, selbst ein begnadeter Literat und Historiker, verkündete in den dreißiger Jahren des 18. Jahrhunderts stolz, es sei die Reformation gewesen, die auch in Gustav Adolfs Heimat der Gedankenfreiheit den Weg bahnte. Der Geist aber lebte fort, sollte es wohl auch, den Gustav II. Adolf beschworen hatte, lange, bevor er nach Deutschland aufbrach. Hier blieb die Überzeugung tief verwurzelt, die Katholiken seien abgrundschlecht, gut, edel sei nur die Wesenart aufrichtiger Lutheraner. Verstanden Tegner und andere, auch deutsche Bewunderer Gustav Adolfs, nun vereint in zahlreichen Gustav-Adolf-Bünden, Äußerungen dieser Art als freiheitliches Bekenntnis, dann allerdings hatte der König bei Breitenfeld nicht umsonst gesiegt, war sein Tod bei Lützen umgesetztes Vermächtnis. Da konnte man auch die Augsburger Predigt des Jakob Fabricius gerne erwähnen. Dort oben im Norden blieben die Menschen Lutheraner und auch in weiten Teilen Deutschlands gewannen sie an Einfluss.

Wie die schwedischen, so widmeten sich auch immer mehr deutsche Historiker intensiv der Geschichte Gustavs II. Adolf. In der Folge überschwemmten lokale Broschüren, erste größere Darstellungen, gewöhnlich tendenziös, das Land. Vielen deutschen Historikern, vor allem natürlich den pro-preußischen protestantischen Gelehrten, galt Gustav II. Adolf nach 1871 als Vorläufer des »Großen Kurfürsten Friedrich Wilhelm, Friedrichs des Großen und Kaiser Wilhelms« (A: Oredsson, 277). Sicher eine höchst merkwürdige Konstellation, zumal Friedrich II. von Preußen seine sehr eigenen Auffassungen über das schwedische Engagement in Deutschland hatte. Nur zu begreiflich, bedenkt man Preußens Interesse an Schwedisch-Pommern, ein steter Dorn im Hohenzollernfleische bis 1815. Andererseits lag wohl auch ihm, späteren Geschichtsschreibern, auch dem großen

Ranke, einiges daran, aus dem Sieg des Protestantismus Brandenburg-Preußens historische Mission in Deutschland zu schöpfen. Es sollte ein leuchtender evangelischer Glaubensstreiter die Bahn vorgezeichnet haben, auf der nun spätere preußische Herrscher zu Deutschlands Glück und Nutzen weiterschritten. So schien Gustav II. Adolf ein nützlicher Heros.

Die politische und ideologische Annäherung Schwedens und Deutschlands Ende des vorigen Jahrhunderts »verstärkte das Interesse für das Gemeinsame der beiden Länder«, fixierte die Blicke noch stärker auf Gustav II. Adolf (ebd., 258). Neben den Befürwortern einer einheitlichen glücklichen Tradition des deutschen und schwedischen Protestantismus meldeten sich aber auch in Schweden schon damals Andersdenkende zu Wort, beklagten den Blutzoll beider Völker.

Zeitweise urteilten neben Gustav-Adolf-Streitern auch deutsche Historiker sehr kritisch, »der größte Dienst, den er der Freiheit des deutschen Reiches noch erzeigen konnte, ist – zu sterben«, lautete beispielsweise in Anlehnung an Friedrich Schillers berühmte Wendung die scharfe Wertung auch Gustav Droysens. Dieser nationalliberale norddeutsche, auf Preußens nationale Aufgabe eingeschworene Historiker legte die erste, wissenschaftlichen Kriterien entsprechende Biographie Gustavs II. Adolf vor. Der sozialdemokratische Publizist und Geschichtswissenschaftler Franz Mehring sah Schwedens König gar als »Todfeind« des deutschen Volkes. Er billigte ihm aber edlere Züge zu als der Masse der »deutschen Zwergdespoten«, die sich um ihn scharten (B: Mehring, Gustav Adolf, 57). In jüngster Zeit betonte Golo Mann ebenfalls den rechtzeitigen Tod für Gustavs II. Adolf Ruhm. Er glaubte anmerken zu müssen, dieser habe »so viel blutige Wirrsal und mehr« hinterlassen, »als er angetroffen hatte und die er hatte meistern wollen und nicht können«, eine wahrlich meisterhafte Charakteristik (A: Mann, Weltgeschichte, 201).

In den Jahren zwischen den Weltkriegen triumphierten in beiden Staaten gewöhnlich diejenigen Historiker, die »idealistisch geprägte Erklärungen« für Gustavs II. Adolf Ideen und Taten vortrugen (A: Oredsson, 304, schwed. Ausgabe). Harald Hjärne, Nils Ahnlund wurden die bedeutendsten schwedischen Exponenten, Johannes Paul der gefeierte deutsche Historiker dieser Richtung, noch erfolgreich Jahrzehnte später, Autor einer höchst merkwürdigen Gustav-Adolf-Biographie noch in den sechziger Jahren. Dort konnten aufmerksame Leser erfahren, diesem Herrscher eignete »eine aus germanischem

Geist und echt protestantischem Wesen entsprungene Toleranz«. Angeblich unterschied sich der »deutsche Krieg Gustav Adolfs ... von allen vorhergehenden ... (dadurch), daß seine Ursachen vorwiegend ideller Natur« waren (B: Paul, Gustav Adolf, 9, 95).

Vor einigen Jahren wurde erneut Ernst Walter Zeedens vortreffliche, durch ihre Kürze besonders imponierende Wertung Gustavs II. Adolf publiziert, in wesentlichen Zügen ähnlich der Sverker Oredssons. Wie dieser sieht jener den »Zusammenprall von Überzeugungen, die ihren Sitz im Leben oder in den leitenden Ideen von Generationen oder ganzen Generationsreihen« hatten. Der Schwede sprach mit seinem Kriegszug »zwei elementare Kräfte der deutschen Geschichte« an, den »Protestantismus und das Nationalgefühl«. Er provozierte gleichermaßen andere, »den Katholizismus und ein in Grenzen vorhandenes Reichsgefühl«. Noch nach dem Zweiten Weltkrieg hätten sich so »einige bedeutende deutsche Historiker« zu so »dubiosen, mit ethischen Argumenten unterbauten Thesen« »verstiegen«, es sei unbillig, »dem Befreier des Protestantismus seine redlich erkämpfte Beute« zu neiden. Es wäre doch selbstredend gewesen, »daß der König ›für die Opfer, die er Schweden auferlegen mußte, auch eine Entschädigung‹« erwartete.

Dennoch erliegt auch Zeeden dem Mythos des »Glaubenskrieges«. Er knüpfte selbst da an, wo die Vorkriegsgeneration abbrach. Noch 1992 äußerte dieser Historiker, »Gustav Adolf war nicht nur ein Glaubensheld«. Eine Charakteristik, die in der Hervorhebung, er sei eben auch ein »Eroberer«, ein »gewiegter Taktiker und Propagandist« gewesen, doch das konfessionelle Element übergebührlich unterstreicht (A: Zeeden, 277).

Ähnlich bedachtsam bemerkt ein anderer bedeutender deutscher Historiker unserer Tage, der Berliner Ilja Mieck, »religiöse und politische Motive« seien »in besonderem Maße für die Intervention des Schwedenkönigs« aufzulisten. Mit Schwedens Eingreifen änderte sich der Charakter des Dreißigjährigen Krieges, »verlagerte sich das Schwergewicht zunehmend auf die politische Komponente«. Das scheint fast ein Widerspruch in sich. Er ist wohl nur geglättet, weil Mieck keine ausdrückliche Gewichtung der religiösen und politischen Absichten Gustavs II. Adolf gegeneinander versucht. Somit wird es möglich, auch in den Motivationen des Königs machtpolitische Prioritäten vorauszusetzen. Ein ungutes Gefühl bleibt aber, wirkt es doch, als versuche auch er, dem gängigen Klischee eines »sowohl als auch« gerecht zu werden. Mieck schränkt solche Aussage gleichermaßen in der Erkenntnis weiter ein, der »Subsidienvertrag des katholischen Frankreichs mit dem lutherischen Schweden . . . ist ein herausragendes Indiz für die Entkonfessionalisierung des Krieges« (A: Mieck, 141). Eben dem ist wohl zuzustimmen, aber diesen Vertrag handelte niemand anders auf schwedischer Seite aus als der König selbst. Und natürlich weiß das auch Ilja Mieck!

Ähnlich salomonisch wollte sich auch Martin Heckel äußern. Er dankte noch 1985 Gustav II. Adolf – wie er meinte – »zu Recht« als Retter des Protestantismus, nannte ihn ebenso entschieden auch einen Eroberer (A: Heckel, 281). So urteilte noch ein weiterer Kenner, Helmut Diwald. Dieser bedeutende Wallenstein-Spezialist erklärt religiöse Motivationen des Schweden in dem Wortspiel »Ja und nein, sowohl als auch«. Dem Leser kann solches ebenso gefallen wie die feine ironische Formel, Gustav II. Adolf als Aggressor in Mecklenburg zugebilligt, er brauche »mehr Truppen, um den verstockten Protestanten des Reiches zu zeigen, daß er als ihr Befreier kommt« (W: Diwald, 443, 455). Das ist sicher auch so zu lesen, zweifellos genüsslich formuliert, dass Gustav II. Adolf die religiöse Hilfeleistung vor allem nützliches Argument gewesen sei, Referenz an den Stil des Autors. Unverständlich bleibt trotzdem, dass diese offenbare Legende vom wild entschlossenen »Retter des Protestantismus« Gustav II. Adolf weiterlebt, noch immer ein »Tabu« bleibt, oder aber schon wieder geworden ist. Es haben doch seinerzeit schon bedeutende deutsche und schwedische Historiker gewagt, dem gläubigen gekrönten Lutheraner auch in Deutschland einen imperialen, höchst weltlichen Feldzug zuzutrauen. Und auch Martin Heckel hat doch beispielsweise selbst in seiner Darstellung der deutschen Entwicklung zwischen 1528 und 1648 kühn formuliert, das »Auseinanderklaffen von Bekenntnis und Bekenntnisverwirklichung« sei »geradezu zum Signum des konfessionellen Zeitalters geworden« (A: Heckel, 158).

In der Tat scheinen manchmal Kehrtwendungen schwierig. Wer mit bestimmten schlüssigen Auffassungen aufwuchs, weiß, welche Entscheidungen bei Tabubrüchen anstehen. Mancher junge Historiker im Osten Deutschlands ist groß geworden mit konservativen Wertschätzungen Friedrichs II. von Preußen. Sie wurden daheim im Bücherschrank gehütet. So verwarfen nicht wenige das lange dort übliche Bild des krückstockschwingenden, Spießrutengassen inspizierenden Herrschers. Aber just in jenem Moment, als viele ostdeutsche Historiker zu Friedrich dem Großen wechselten, gewiss nicht leichtfertig, gewöhnlich überzeugt, erschlossen sich mir bei den Quellenstudien in brandenburgisch-pommerschen Archiven andere Urteile. Sicher bleibt er ein bedeutender preußischer Herrscher, Teil der deutschen Geschichte. Doch gestehe ich ihm heute nur noch das Prädikat »der Zweite« zu, würde eher Otto von Bismarck einen Großen nennen. Ähnliches kann mancher Wissenschaftler in der Auseinandersetzung mit Gustav II. Adolf erleben. Kennt man die bekannten Bearbeitungen, Werke hervorragender Fachleute, liest selbst die Korrespondenzen und Äußerungen des Schweden, die zeitgenössischen Quellen aus der Umgebung des Herrschers, studiert vor allem die Legion der schwedischen Forschungsergebnisse, versucht es wenigstens, dann müssen Zweifel wachsen.

Auch das kein ungewöhnlicher Vorgang. Schon seinerzeit, 1910, leitete der Historiker Friedrich Bothe seine bedeutsame Untersuchung der wirtschaftspolitischen Zielsetzungen Gustavs II. Adolf in der sehr persönlichen Klage ein, das Quellenstudium habe ihn zur Aufgabe eines lieb gewordenen traditionellen Herrscherbildes genötigt. Er empfinde »gewissen Wehmut«, sei doch damit »das Idol seiner Jugend zerstört. Die Idealgestalt des großen schwedischen Königs werde ihres Schimmers entkleidet«. Er habe verstehen müssen, »daß die Hoffnung, das deutsche Geld in den Dienst seiner nationalschwedischen Bestrebungen stellen zu können«, Gustav Adolfs »politische Haltung in der deutschen Frage wesentlich beeinflußt hätte«. So bliebe ihm Gustav II. Adolf »der gewaltige Kämpfer«. Doch müsse er sich damit abfinden, »in ihm den eigennützigen, kaufmännisch berechnenden Herrscher des fremden Staates und nicht den selbstlosen, von idealen Regungen erfüllten Glaubenshelden zu sehen«. Das befremde ihn umso mehr, als der Schwede »andere anzuklagen pflegte, sie ließen sich von materiellen Interessen und nicht von der Sache des Protestantismus leiten« (B: Bohte, Vorwort, VII-VIII; siehe auch A: Oredsson, 83). Zweifellos Äußerungen, die eine Desillusionierung belegen.

Bothes Erwartungen erfüllten sich ebenso wenig wie die meinigen. Auch ich musste entdecken, dass Gustav II. Adolf bei anderen umso heftiger suchte, was er selbst des Öfteren sichtbar vernachlässigte. So wuchs auch für mich während der intensiven Studien ein anderes Bild hoch, drängte sich plötzlich auch die Frage auf, wie ernst nahm es dieser Herrscher selbst mit dem Glauben? Sicher, wie nahezu alle Zeitgenossen des beginnenden 17. Jahrhunderts ein gläubiger Mensch, so lebt Gustav II. Adolf auch in zahlreichen eigenen Briefen, sehr persönlich gedacht, gewiss für keine Öffentlichkeit geschrieben. Doch belegen andererseits die Quellen auch einen kühl kalkulierenden Religionspolitiker, dem das Bekenntnis vor allem Waffe wird. Ständige öffentliche Appelle, oft recht durchsichtige Aktionen, wiederholtes bewusstes Bemänteln aggressiver machtpolitischer Ziele durch Glaubensfloskeln, so steht der schwedische König auch in seiner Zeit. Wer mag mit letzter Gewissheit entscheiden wollen, was gewolltes Spiel, was ehrliches inneres Gefühl bleibt? Gewiss ist Werner Buchholz zuzustimmen, der 1987 kategorisch folgerte, Gustav II. Adolf habe seine Entscheidungen »ohne religiöse Rücksichten aus rein machtpolitischen Erwägungen heraus getroffen« (Z: Buchholz, 314). Schade, dass sich Klaus Zernack, wie Peters und Buchholz Kenner der Geschichte der Großmacht Schweden, gerade zu dieser Frage nicht äußert, die Religionsproblematik auch in seiner jüngsten Beitragssammlung zur Geschichte Nordosteuropas ausklammerte.

Es scheint, als treffe die schwedische Religionswissenschaftlerin Ingun Montgomery den Kern im Wesen der Religiosität Gustavs II. Adolf, als sie 1983 bemerkte, es sei ganz eindeutig und undiskutabel, dass man den König nicht als gläubiges Individuum verstehen dürfe. Seine Frömmigkeit sei nicht »als Ausdruck für eine persönliche Auffassung« zu deuten. Es sei »seine Pflicht« gewesen, die evangelische Religion zu betonen, so zu handeln, wie »man es von ihm als König des protestantischen Schwedens erwartete«. Die Unabhängigkeit von Dänemark habe auch eine von Rom bedeutet. Diese »doppelte Freiheit, politisch und religiös« war durch Gustav I. Vasa dem Lande erkämpft, »eine Freiheit, die zu bewahren, die wichtigste Aufgabe seiner Nachfolger wurde«. Gustav II. Adolf konnte den Thron besteigen, nachdem Karl von Södermanland, der Vater, als »Verteidiger des evangelischen Glaubens« gegen Sigismund aufgetreten war (B: Montgomery, 60–62).

Sogar Heinrich IV., der einstige Hugenotte, hatte als König von Frankreich betont, früher oder später müsse eine Religion, in diesem Falle die katholische, für ganz Frankreich gelten. Folglich würden die Sonderrechte der früheren Bundesgenossen, La Rochelle, die Hochburg und das fast autonome Zentrum der Hugenotten, das Symbol religiöser Vielfalt Frankreichs, fallen. Eine Erkenntnis, die Richelieu dann Jahrzehnte später konsequent umsetzte.

In Schweden war es die in Uppsala 1593 angenommene Überzeugung, »dass religiöse Einheit eine Voraussetzung für politische Einheit und damit für Ruhe und Frieden im Lande« sei. In diesem Sinne habe Gustav II. Adolf, so Montgomery, ständig betont, »Sigismund hätte eben wegen seiner katholischen Religionszugehörigkeit zu keiner Zeit Rechte auf Schwedens Thron gehabt«. Nur ein lutherisch gläubiger König konnte eine wesentliche Aufgabe des schwedischen Grundgesetzes erfüllen, als »Beschützer der Kirche« auftreten, »das reine unverfälschte Augsburger Bekenntnis« verteidigen.

Gustav II. Adolf erlebte, dass sich die katholischen Staaten hinter Sigismunds Anspruch auf die schwedische Krone stellten. Er verstand so seinen Kampf gegen den polnischen Vasa immer auch als Auseinandersetzung mit den gegenreformatorischen Kräften in Europa. Sein Vater hatte noch 1600 angeboten, sicher nie wirklich ernst gemeint, Sigismunds Sohn die Thronfolge einzuräumen, falls dieser sich zur lutherischen Kirche bekenne. Karl von Södermanland betonte solcherart, wie eng verbunden das evangelische Bekenntnis mit der Krone war. Der Reichstag 1600 erkannte ihn ausdrücklich als Regenten an, weil »er die Religion gerettet hatte« und »weil er sich verpflichtete, sie auch in Zukunft entsprechend des Beschlusses von Uppsala durchzusetzen«. Sein Sohn Gustav II. Adolf betonte folglich sowohl im »Königsversprechen« 1611 als auch bei seiner Krönung 1617 die Auffassung, »er sei ein Werkzeug« Gottes, erfülle dessen Aufträge. »Er war deshalb bestrebt, dass sowohl sein Kampf gegen Sigismund und später sein Eingreifen in Deutschland nicht aufgefasst wurden als Ausdruck privater Interessen sondern als Kampf gegen die Gegenreformation«.

Interessanterweise folgert dennoch diese Religionshistorikerin, es bestehe aber kein Zweifel, dass Gustav II. Adolf überzeugt war, sein Kampf sei legitim und rechtfertige den Krieg. Solche Haltung konnte natürlich aus sehr politischem Kalkül erwachsen, sie schließt andererseits auch eine religiöse Berufung nicht aus. Ein solcher Schluss bleibt doch umso anmerkenswerter, als man bisher die Religion in Montgomerys Darstellung durchaus als eine politische Äußerung des Königs lesen konnte. Man dürfe die Haltung Gustavs II. Adolf nicht als propagandistisch in einem modernen Sinne verstehen, sollte dennoch nicht vergessen, dass der Herrscher überzeugt gewesen sei, »daß man mit dem Religionsargument allen Widerstand gegen Ausschreibungen und harten Kriegsdienst brechen könne« (B: Montgomery, 66–67, 72–73). Warum, so könnte man fragen, soll dieses Wissen nicht das Wesentliche gewesen sein? Konnte ein so kluger Fürst wie Gustav II. Adolf die Brauchbarkeit der Religion für seine Ziele verstehen und doch ebenso fest glauben wie jene, die er auf diese Weise für seine Wünsche und Absichten gewinnen wollte? Ist es wirklich zu modern, zu zeitgemäß gedacht, folgert man, er könne die Religion vielleicht mehr benutzt haben? In der Tat eine höchst sensible Problematik, eine Frage, die provoziert. Wenigstens muss sie jene verwirren, die überzeugt sind, Produkt einer jahrhundertealten Interpretation, dass der schwedische König selber glaubte, was er andere glauben lassen wollte. Vielleicht ist diese schwedische Antwort einleuchtend, dass der »nahe Zusammenhang zwischen Religion und Politik . . . *auch* eine politische Bedeutung bekam«, wir uns fragen müssen, ob wir deshalb »aus unseren, einer ganz anderen Zeit erwachsenen Bewertungen« die »Pflicht oder nur das Recht haben, ihn zu enthronen«, den Mythos des Glaubenshelden grundsätzlich anzuzweifeln (ebd., 73). Ja, das kann man diskutieren, überzeugt sein und bewerten, er blieb seiner Religion ganz sicher ehrlich verpflichtet. Man wird aber doch nicht verschweigen dürfen, dass er sich des politischen Nutzens dieses Bekenntnisses für seine Machtpolitik jederzeit bewusst war. So blieb die Religion ihm immer auch wichtigstes Werkzeug. Möglich, dass die Grenze zwischen Überzeugung und Manipulation fließend war.

Auch die neuere schwedische Historiographie hebt vor allem die ökonomischen und machtpolitischen Ziele seines Handelns hervor. Sie unterstreicht, ein stark wirkendes Motiv für die Landung in Deutschland war, den Ausbau der Machtstellung an der Ostsee dadurch zu sichern, sich der Gebiete an der deutschen Ostseeküste zu bemächtigen. Dem ist wohl beizupflichten. Gustav II. Adolf war der starke Arm jener, die diesem Streben nachlebten, bereitwillig in die eroberten Gebiete zogen und sich Güter nahmen, so ausgedehnt, wie sie nur immer bekamen. Der König war durchdrungen von der Idee eines mächtigen Schwedens, fühlte sich in der Tradition der »Goten«. Er lebte wahrscheinlich andererseits auch dem Gedanken, einem gottgefälligen Werk verpflichtet zu sein. Gustav II. Adolf sah sich auch als kämpferischer Lutheraner, ohne religiösen Motiven wirklichen Einfluss auf seine Entscheidungen einzuräumen, »ein Don Quichotte«, wie ihn Golo Mann in seinem »Wallenstein« auch verstehen wollte (W: ebd., II, 232). Er war eine »Einheit aus Widersprüchen, deren Ausstrahlung die Zeitgenossen spürten und die bis heute anhält«, wie es der Publizist Felix Berner sehr philosophisch formulierte (G: ebd., 576). Gustavs II. Adolf gelehrte Tochter Christina bemerkte ihrerseits, ihr Vater sei groß gewesen »wegen seines Pflichteifers, seiner Taten, seines Blutes und seines eigenen Lebens« (Q: Christina, 17), eine sehr schwedische aristokratische Sicht.

In der Tat muss man vor allem schwedische Kriterien aus dem Blickwinkel jener finden, denen Gustavs II. Adolf Kriege nützten.

»Bäuerliche Proteste im eigenen Land störten ihn ebenso wenig wie die Angst der protestantischen Fürsten Norddeutschlands«, resümierte der Historiker Richard van Dülmen (A: ebd., 406). Man wird ergänzen müssen, dass sich der Schwedenkönig wohl auch gelegentlich ehrlich überzeugt als protestantischer Kämpfer fühlte, sich einem gottgefälligen Werk verpflichtet glaubte. Vor allem aber kämpfte er um die Machterweiterung Schwedens, um den Führungsanspruch auch im deutschen Norden, um europäische Großmachtpositionen seines Landes, ganz zuerst doch um die Dominanz der Vasa. Dabei haben das schwedische und das deutsche Volk große Opfer bringen müssen. Gustav II. Adolf hat für kurze Zeit europäische Geschichte geschrieben, den Frieden in Europa nicht bringen können. Nach seinem Tode brannten weiter deutsche Städte und Dörfer, schluchzten daheim die hinterbliebenen schwedischen Frauen und Kinder. Er mag ein bedeutender Heerführer gewesen sein, verschaffte Schwedens Aristokraten und reichen Handelsbürgern für kurze Zeit europäische Geltung. Der »Große« war er wohl doch nur für die Großen seines Landes.

Schwedens Historiker glauben heute zu wissen, dass ihr Land »in der ersten Hälfte des 17. Jahrhunderts die aggressivste Macht im Ostseeraum und keineswegs das ständig bedrohte Land« war, wie das noch vor einigen Jahrzehnten auch der bedeutendste englischsprachige Schweden-Historiker der Gegenwart äußerte. Dabei wusste sich dieser eins mit einer traditionellen, der »alten Schule« der schwedischen Historiographie. Sverker Oredsson hat dagegen sehr tief gelotet, pointiert zugespitzt, es sei das Modell des schwedischen Militärstaates gewesen, das Pate stand für Brandenburgs Entwicklung zu jenem Europa ängstigenden preußisch-deutschen Militärkomplex. Das Land des hilflosen Georg Wilhelm, der Staat des Großen Kurfürsten noch, sei wieder und wieder von Schweden »gedemütigt« worden, ein Staat »ohne eigentliche Armee«. Er musste lernen, sich selbst zu verteidigen, wollte er die »Aushebungen für die schwedische Armee« vermeiden, die Kriegskontributionen an Gustav II. Adolf und Axel Oxenstiernas mächtiges Reich sparen. Die Brandenburger lernten gut. Selbst der schwedische Schlachtruf »Gud med oss«, das deutsche »Gott mit uns« hätten Gustav Adolfs Jünger weitergereicht, so ein sehr ehrliches schwedisches Fazit. Es wird noch gesteigert in der Erkenntnis, die großen Historiker der Vergangenheit hätten berechtigt »eine Linie von Gustav Adolf über den Großen Kurfürsten bis hin zu Wilhelm I. und Bismarck« gezogen, weder für Deutsche noch für Schweden Grund, stolz zu sein (A: Oredsson, 274, 276–277). Auch dem ist wohl nichts hinzuzufügen.

Für Schwedens weitere Entwicklung bedeutete die imperiale Politik, die Gustav II. Adolf als väterliches Erbe übernahm, fortführte, die nach seinem Tode den schwedischen Hochadel mit Axel Oxenstierna an der Spitze leitete, eine gefährliche Belastung für künftige Herrschergenerationen. Wohl sicherte Karl X. Gustav, der Sohn Katharina Vasas, der Schwester Gustavs II. Adolf, noch einmal den Bestand des Reiches in seiner größten Ausdehnung. Er triumphierte vor allem, weil die übermächtigen Seemächte und das große Frankreich eine schwedische Katastrophe nicht wünschten. Doch zeichnete sich mit Fehrbellin wenige Jahre später der drohende Zusammenbruch für die junge europäische Großmacht bereits ab. Erstmalig siegten die Brandenburger über die schwedische Armee. Schweden besaß trotz aller Beschwörungen des Reichtums dieses Landes und seiner Könige durch einen Olaus Magnus, der Überzeugungen Gustavs II. Adolf und seiner Generäle und Politiker zu keiner Zeit ausreichende Ressourcen für eine solche Machtstellung. Karls XII. Untergang wurde in Gustavs II. Adolf Siegen angelegt.

Vielleicht hätte Johannes Magnus mehr sagen müssen über das Ende der Goten. Der Heldentod des Teja als die letzte und wahre Perspektive, eine Vorahnung für Gustavs II. Adolf Sterben und Karls XII. Tragik?

Zeittafel

Julianischer Kalender		Gregorianischer Kalender
09. 12. 1594	Geburt Gustav Adolfs im Stockholmer Schloss	19. 12. 1594
04. 10. 1595	Herzog Karl von Södermanland zeigt demonstrativ dem Reichstag in Söderköping seinen Sohn, deutet Thronansprüche an	14. 10. 1595
09. 02. 1611	Entscheidung des dänischen Reichsrates für einen Angriff auf Schweden	19. 02. 1611
03. 05. 1611	Überraschender Angriff Christians IV. von Dänemark auf Kalmar	13. 05. 1611
11. 08. 1611	Karl IX. von Schweden fordert Christian IV. zum Zweikampf	21. 08. 1611
30. 10. 1611	Tod Karls IX.	09. 11. 1611
26. 12. 1611	Mündigkeitserklärung Gustav Adolfs	05. 01. 1612
01. 01. 1612	Gustav II. Adolf verliest vor den Ständen sein »Königsversprechen«	10. 01. 1612
06. 01. 1612	Gustav II. Adolf ernennt Axel Oxenstierna zum Reichskanzler	16.01. 1612
24. 05. 1612	Kapitulation der Festung Älvsborg und Übergabe an die Dänen	03. 06. 1612
20. 01. 1613	Frieden von Knäröd	30. 01. 1613
24. 05. 1616	Geburt des illegitimen Sohnes Gustav Gustavsson im Feldlager vor Pskov	03. 06. 1616

27.02.1617	Frieden zu Stolbovo	09.03.1617
26.08.1617	Gustav II. Adolf verkündet vor dem Reichstag ein Annexionsprogramm Schwedens im Kampf um die Ostseeherrschaft	05.09.1617
12.10.1617	Krönung Gustavs II. Adolf im Dom zu Uppsala	22.10.1617
25.11.1620	Eheschließung Gustavs II. Adolf in Stockholm mit Marie Eleonore von Brandenburg	05.12.1620
15.09.1621	Eroberung Rigas durch Gustav II. Adolf	25.09.1621
18.02.1622	Gustav II. Adolf entwickelt neue Annexionspläne vor den schwedischen Ständen	28.02.1622
07.01.1626	Sieg Gustavs II. Adolf über das polnische Heer bei Wallhof in Kurland	17.01.1626
07.12.1626	Geburt der Tochter Christina, Königin in Schweden (1632–1654)	17.12.1626
07.04.1627	Verwundung Gustavs II. Adolf im Gefecht bei Dirschau	17.04.1627
22.02.1629	Treffen Gustavs II. Adolf mit Christian IV. von Dänemark in Ulvsbäck bei Makaryd	04.03.1629
17.06.1629	Niederlage Gustavs II. Adolf bei Stuhm gegen ein kaiserlich-polnisches Heer	27.06.1629
16.09.1629	Waffenstillstand zwischen Schweden und Polen bei Altmark nach Vermittlung Frankreichs	26.09.1629

10. 11. 1629	Entscheidung des schwedischen Reichsrates für einen Angriffskrieg auf deutschem Boden	20. 11. 1629
19. 05. 1630	Abschiedsrede Gustavs II. Adolf vor dem Ausschuss der Stände	29. 05. 1630
26. 06. 1630	Landung Gustavs II. Adolf auf Usedom	06. 07. 1630
10. 07. 1630	Gustav II. Adolf zwingt Bogislaw XIV. von Pommern vor Stettin zur Allianz mit Schweden	20. 07. 1630
22. 08. 1630	Rede Gustavs II. Adolf vor den pommerschen Ständen	01. 09. 1630
13. 01. 1631	Subsidienvertag Schwedens und Frankreichs zu Bärwalde	23. 01. 1631
10. 06. 1631	Bündnisvertrag Gustavs II. Adolf mit Georg Wilhelm von Brandenburg	20. 06. 1631
07. 09. 1631	Sieg Gustavs II. Adolf über Tilly bei Breitenfeld	17. 09. 1631
14. 09. 1631	Kriegsrat Gustavs II. Adolf mit Johann Georg in Halle	24. 09. 1631
07. 12. 1631	Gustav II. Adolf geht mit seiner Armee bei Mainz über den Rhein	17. 12. 1631
05. 04. 1632	Sieg der schwedischen Armee über Tilly bei Rain am Lech	15. 04. 1632
24. 08. 1632	Misslungener Angriff Gustavs II. Adolf auf das Lager Wallensteins bei Zirndorf und der »Alten Veste«	03. 09. 1632

06. 09. 1632	Programmatische Abschlussdiskussion Gustavs II. Adolf mit Nürnberger Patriziern über Schwedens Friedensvorstellungen	16. 09. 1632
08. 09. 1632	Triumphaler Abzug Gustavs II. Adolf aus dem Nürnberger Raum	18. 09. 1632
18. 09. 1632	Gustav II. Adolf besichtigt das verlassene Lager Wallensteins, zieht falsche Schlüsse über die strategischen Möglichkeiten des kaiserlichen Feldherrn	28. 09. 1632
10. 10. 1632	Gustav II. Adolf entscheidet in Nördlingen, in Eilmärschen nach Sachsen zu gehen, Wallenstein anzugreifen	20. 10. 1632
06. 11. 1632	Tod Gustavs II. Adolf bei Lützen	16. 11. 1632
14. 06. 1633	Gustavs II. Adolf Sarkophag wird im Schloss zu Nyköping aufgestellt	24. 06. 1632
22. 06. 1634	Feierliche Beisetzung Gustavs II. Adolf in der Riddarholmskirche zu Stockholm	02. 07. 1634

Quellen und Literatur

Q: Gedruckte Quellen

Alla Riksdagars och Mötens Besluth Samt Arfföreningar Regements-Former Försäkringar och Bewillningar ... af And. Anton Stierman, 1728

Ahnlund, Nils: Peder Galts depescher 1622–1624, Stockholm 1920

AOSB (Axel Oxenstierna: Skrifter ock brevväxling. Historiska och politiska skrifter, Stockholm 1888 ff.)

Arckenholz: Historische Merkwürdigkeiten, die Königin Christina von Schweden betreffend, zur Erläuterung der Geschichte ihrer Regierung und insonderheit ihres Privatlebens ..., Bd. 1, Leipzig/Amsterdam 1751

Beer, Johann: Der Könige in Schweden Leben, Regierung und Absterben, Nürnberg 1673

Botvidi, Johannes: Een predikning öffuer then stormächtige, högborne furste och herre her Gustaff Adolph then Store, ... när H. C. M:s lekamen begroffs uthi Gråmunka Kyrkio I Stockholm, hollen aff Johanne Botvidi ... then 22. Junii åhr 1634, Stockholm 1634

Briefe und Akten zur Geschichte des Dreißigjährigen Krieges. Neue Folge

Chemnitz, Bogislaw Philipp: Geschichte des Königlich Schwedischen in Teutschland geführten Krieges erster Theil, Stettin 1648

Chlumecky, Peter Ritter von: Briefe Albrechts von Waldstein, Herzogs von Friedland. Regesten der Archive im Marktgrafenthume Mähren, Bd. 1, Brünn 1856

Christina von Schweden: Memoiren, Aphorismen, München 1967

Ds.: Brev fran sex decenier. Urval och övers. av Sven Stolpe, Stockholm 1960

Chronica, en kort och nyttig, om alla Sweriges och Göthes Konigar, som hafwa bade in- och uthrijkes regerat Ifran then Första Konung Magog ... nu regerande H. Carl then IX ..., Stockholm 1656

Documente Bohemica Bellum Tricennnale Illustrantia, V: Der schwedische Krieg und Wallensteins Ende. Quellen zur Geschichte der Kriegsereignisse der Jahre 1630–1635, Prag

Droysen, Gustav: Schriftstücke von Gustaf Adolf zumeist an evangelische Fürsten Deutschlands, gesammelt und herausgegeben, Stockholm 1877

Dudik, Bernhard: Waldsteins Correspondenz. Eine Nachlese, T 1–2, in: Archiv für österreichische Geschichte 32 (1865) 337–416 und 36 (1866) 185–238

Förster, Friedrich: Albrechts von Wallenstein, des Herzogs von Friedland und Mecklenburg, ungedruckte, eigenhändige, vertrauliche Briefe und amtliche Schreiben aus den Jahren 1627 bis 1635, 3 Bde, Berlin 1828/29

Gottfried, Johann Ludwig: Inventarium Svecia, Frankfurt/M. 1632

Grotius, Hugo: De jure belli ac pacis libri tres, Paris 1625 (dt. Tübingen 1950)

Hallwich, Hermann: Briefe und Akten zur Geschichte Wallensteins 1630–1634, 4 Bde, Wien 1912

Ds.: Fünf Bücher Geschichte Wallensteins, 3 Bde, Bd 3 (Dokumentenbd). Leipzig 1910

Hildebrand, Emil: Wallenstein und seine Verbindungen mit Schweden. Aktenstücke aus dem Schwedischen Reichsarchiv zu Stockholm, Frankfurt/M. 1885

Irmer, Georg: Die Verhandlungen Schwedens und seiner Verbündeten mit Wallenstein und dem Kaiser von 1631 bis 1634, 3 Bde, Leipzig 1888/89/91

Jessen, Hans: Der Dreißigjährige Krieg in Augenzeugenberichten, Düsseldorf 1963

Khevenhüller, Franz Christoph: Annales Ferdinandei, Oder Wahrhaffte Beschreibung Kaysers Ferdinandi des Andern. Mildesten Gedächtnis, Geburth, Aufferziehung und bishero in Krieg- und Friedens-Zeiten vollbrachten Thaten, 12 Bde, Leipzig 1721

König Gustav Adolf von Schweden an Hans Georg von Arnim auf Boitzenburg (Två bref), in: Fürsten- und Feldherrenbriefe aus der Zeit des dreissigjährigen Krieges. Aus dem Archiv Hans Georg von Arnims . . ., veröffentl. v. Karl Heldmann, 1913.

Konung Gustaf Adolphs egenhändigt författade historia öfver sig sjelf, Stockholm 1773

Lagerbring, Sven: Sammanhang af Swea Rikes Historia Ifrån De Älsta till de Nyaste Tider til Ungdomes Tjenst uppsatt, Förste Delen Som innefattar Rikets Stats-Kunskap, 3. erweit. Aufl. Stockholm 1790

Magnus, Olaus: Historia om de nordiska folken, Stockholm 1988

Ds.:Historien Der Mittnächtigen Länder Von allerley Thun Wesen Condition Sitten Gebreüchen Aberglauben Vunderweisung Uebung Regiment Narung Kriegßrüstung . . ., Basel 1567

Monro, Robert: His Expedition with the Worthy Scots Regiment levied in August 1626 by St. Donald Mac-Key, London 1637
Ogier, Charles: Fran Sveriges storhetstid. Franske legationssekretaren Charles Ogiers dagbok under ambassaden i Sverige 1634–1635, Stockholm 1978
Olai, Erico, The Swenske och Göthers Historia . . ., Stockholm 1678
Oxenstierna, Axel, Rikskanslern Axel Oxenstiernas skrifter och brefväxling, 27 Bde, Stockholm 1888–1969
Pufendorff, Samuel: Continuirte Einleitung zu der Historie der vornehmsten Reiche und Staaten von Europa, worinnen deß Königreichs Schweden Geschichte und dessen mit auswertigen Kronen geführte Kriege insonderheit beschrieben werden, Frankfurt/M. 1699
Ds.: Sechsundzwanzig Bücher Kriegsgeschichte von Gustav Adolphs Feldzuge in Teutschland an bis zur Abdankung der Königin Christina, Frankfurt/M und Leipzig 1688
Quellen zur Geschichte Wallensteins, hrg. v. Gottfried Lorenz (Ausgewählte Quellen zur deutschen Geschichte der Neuzeit, 20), Darmstadt 1987
Quellen zur Vorgeschichte und zu den Anfängen der Dreißigjährigen Krieges, hrg. v. Gottfried Lorenz (Ausgewählte Quellen zur deutschen Geschichte der Neuzeit, . . .), Darmstadt 1991
Svenska Kungartal: Tal till rikets ständer av Gustav Vasa, Gustav II Adolf och Gustav III, Stockholm 1914
Svenska riksradets protokoll, hrg. v. N. A. Kullberg u. a., Stockholm 1878 ff.
Styffe, Carl Gustav: Konung Gustaf II Adolfs skrifter, Stockholm 1861
Tal och skrifter av Konung Gustav II Adolf. Etturval av Carl Hallendorff, Stockholm 1915
Theatrum Europeum, Bd. I–III, Frankfurt/M. 1646/1662/1670

A: Allgemeine Grundlagenwerke

Abel, Wilhelm: Massenarmut und Hungerkrisen im vorindustriellen Europa, Hamburg und Berlin 1974
Åberg, Alf: Schwedens Geschichte in Taschenformat, Stockholm 1985
Ds.: Var svenska historia, 5. Aufl. Stockholm 1991
Andersson, Ingvar: Schwedische Geschichte, München 1950
Ds.: Sveriges Historia, 7. erweit. Aufl., Stockholm 1982

Ds., Jörgen Weilbull: Schwedische Geschichte im Abriß, Stockholm 1989

Attman, Artur: The Struggle for the Baltic Markets. Power in Conflicts 1558–1618 (Acta regiae societatis scientiarum et litterarum Gothoburgiensis, Humanoria, 14), Göteborg 1979

Barudio, Günter: Der Teutsche Krieg 1618–1648, Frankfurt/M. 1985

Behre, Göran u. a.: Sveriges historia 1521–1809, Stockholm 1985

Bowle, John: Geschichte Europas. Von der Vorgeschichte bis ins 20. Jahrhundert, 3. Aufl. München, Zürich 1989

Bracher, Ulrich: Geschichte Skandinaviens, Stuttgart 1968

Carlsson, Sten u. Jerker Rosén: Svensk historia, Bd. I: Tiden före 1718, 4. Aufl. Stockholm 1983

Christian IVs Verden, red. Svend Ellehoj, Köbenhavn 1988

Czok, Karl: Geschichte Sachsens, Weimar 1989

Delbrück, H.: Geschichte der Kriegskunst im Rahmen der politischen Geschichte, Bd. 4, Berlin 1920

Dufner, Wolfram: Geschichte Schwedens. Ein Überblick, Neumünster 1967

Dülmen, Richard van: Entstehung des frühneuzeitlichen Europas 1550–1648 (FISCHER WELTGESCHICHTE, 24), Frankfurt/M. 1982

Englund, Peter: Ofredsår. Om den svenska stormaktstiden och en man i dess mitt, Stockholm 1993

Forschungen und Quellen zur Geschichte des Dreißigjährigen Krieges, hrg. v. Konrad Repgen, München 1981

Gegenreformation, hrg. v. Ernst Walter Zeeden, Darmstadt 1973

Franz, Günter: Der Dreißigjährige Krieg und das deutsche Volk. Untersuchungen zur Bevölkerungs- und Agrargeschichte, Stuttgart 1961

Froese, Wolfgang: Geschichte der Ostsee. Völker und Staaten am Baltischen Meer, Gernsbach 2002

Gamrath, Helge og E. Ladewig Petersen: Periode 1559–1648, in: Danmarks Historie, 2, Tiden 1340–1648, Köbenhavn 1980

Garstein, Oscar: Rome and the Counter-Reformation in Scandinavia. The Age of Gustaphus Adolphus and Queen Christina of Sweden. 1622–1656, Leiden, New York, Köpenhavn Köln 1992

Generalstaben. Sveriges Krig. 1611–1632, 6 Bde, Stockholm 1936 bis 1939

Gerhardt, Martin u. Walther Hubatsch: Deutschland und Skandinavien im Wandel der Jahrhunderte, Bonn 1950

Geyer, Gustav Erik: Geschichte Schwedens (Geschichte der europäischen Staaten), Bd. 3, Hamburg 1836
Ds.: Svenska folkets historia, 4 Bde, Malmö 1929
Gindely, Anton: Geschichte des Dreißigjährigen Krieges, 3 Bde, Leipzig 1882–1884
Grimberg, Carl: Svenska folkets underbara öden, 9 Bde, Stockholm 1924
Hantsch, Hugo: Die Geschichte Österreichs, 2 Bände, Graz 1968 bis 1969
Heckel, Martin: Deutschland im konfessionellen Zeitalter, in: Deutsche Geschichte in drei Bänden, Bd. 2, Göttingen 1985
Heckscher, Eli F.: Sveriges ekonomisk historia fran Gustav Vasa, 2 Bde, Stockholm 1949
Heiberg, Steffen: Christian 4. Monarken, Mennesket og Myten, København 1988
Hendriksson, Alf: Svensk historia, Stockholm 1973
Ds.: Dansk historia, 2 Bde, Stockholm 1989
Hroch, Miroslaw u. Josef Petran: Das 17. Jahrhundert. Krise der feudalen Gesellschaft, Hamburg 1981
Hroch, Miroslaw: Handel und Politik im Ostseeraum während des Dreißigjährigen Krieges, Prag 1976
Hubatsch, Walter: Das Zeitalter des Absolutismus 1600–1789, Braunschweig 1965
Jäger, Oscar: Geschichte der neueren Zeit. 1517–1789 (Weltgeschichte in vier Bänden), III, 7. Aufl. Bielefeld, Leipzig 1903
Johannesson, Kurt: Gotisk renässans. Johannes och Olaus Magnus som politker och historiker, Stockholm 1982
Kan, A. S.: Geschichte der skandinavischen Länder. Dänemark, Norwegen, Schweden, Berlin 1978
Klopp, Onno: Der Dreißigjährige Krieg bis zum Tode Gustav Adolfs 1632. Zweite Ausgabe, Tilly im Dreißigjährigen Kriege, Paderborn 1891
Kötschke, Rudolf u. Hellmut Kretschmar, Sächsische Geschichte, Bd. 2: Geschichte der Neuzeit seit der Mitte des 16. Jahrhunderts, Leipzig u. Dresden 1935
Krieg und Politik 1619–1648. Europäische Probleme und Perspektiven, hrg. v. Konrad Repgen u. Elisabeth Müller-Luckner, München 1988
Der Dreißigjährige Krieg: Perspektiven und Strukturen, hrg. v. Hans Ulrich Rudolf (Wege der Forschung, 451), Darmstadt 1977

Lagerqvist, Lars O.: Sverige och dess regenter under 1000 år, Stockholm 1979
Langer, Herbert: Hortus Bellicus, Weimar 1978
Ds.: Stralsund 1600–1630, Weimar 1970
Ds. u. a.: Spätfeudalismus und »Morgenröte« des Kapitalismus (1500–1640), in: Allgemeine Geschichte der Neuzeit, Berlin 1986
Ds.: Reich und Fürstenmacht im Zeichen konfessionell-politischer Auseinandersetzung und des erneuten Aufschwungs der Volksbewegungen (1555 bis 1618); Der Dreißigjährige Krieg (1618 bis 1648), in: Deutsche Geschichte in zwölf Bänden, Bd. 3, Berlin 1989
Lemandt, Frank: Die zeitgenössische literarische Reaktion auf den Tod des Königs Gustav II. Adolf von Schweden, Frankfurt/M. 1998 (Diss. Univ. München)
Leo, Heinrich: Lehrbuch der Universalgeschichte, 3. Aufl. Halle 1853
Lundkvist, Sven: Die schwedischen Kriegs- und Friedensziele 1632–1648, in: Krieg und Politik 1618–1648. Europäische Probleme und Perspektiven, hrg. v. Konrad Repken u. Elisabeth Müller-Luckner, München 1988
Lutz, Heinrich: Das Ringen um deutsche Einheit und kirchliche Erneuerung. Von Maximilian I. bis zum Westfälischen Frieden, Propyläen-Studienausgabe Frankfurt/M u. Berlin 1987
Mann, Golo: Das Zeitalter des Dreißigjährigen Krieges, in: Propyläen Weltgeschichte, Bd. 5, Frankfurt/Main u. Berlin 1964
Meyer, Jean: Frankreich im Zeitalter des Absolutismus. 1515–1789 (Geschichte Frankreichs, 3), Stuttgart 1990
Mehring, Franz: Deutsche Geschichte vom Ausgange des Mittelalters, Berlin 1947
Ds.: Zur Geschichte Preußens, Berlin 1981
Mieck, Ilja: Europäische Geschichte der Frühen Neuzeit, 4. verb. Aufl. Stuttgart u. a. 1989
Nordström, Johan: Johannes Magnus och den götiska romantiken, Stockholm 1975
Ohlmarks, Åke och Nils Erik Baehrendtz, Svensk kulturhistoria. Svenska krönikan, Stockholm 1993
Oredsson, Sverker: Gustav Adolf. Sverige och Trettioariga kriget (Bibliotheca Historica Lundensis, 70), Lund 1992
Ds.: Geschichtsschreibung und Kult. Gustav Adolf, Schweden und der Dreißigjährige Krieg (Historische Forschungen, 52), Berlin 1994
Parker, Geoffrey: Der Dreißigjährige Krieg, 1987

Ds.: Die militärische Revolution. Die Kriegskunst und der Aufstieg des Westens 1500–1800, Frankfurt/M. 1990
Peters, Jan: Die alten Schweden. Über Wikingerkrieger, Bauernrebellen und Heldenkönige, Berlin 1981
Polisensky, Josef V. : The Thirty Years War, London 1971
Press, Volker: Kriege und Krisen. Deutschland 1600–1715, München 1991
Rabe, Horst: Reich und Glaubensspaltung. Deutschland 1500–1600, München 1989
Ranke, Leopold von: Preussische Geschichte, Essen o. J. (1995)
Ritter, Moritz: Deutsche Geschichte im Zeitalter der Gegenreformation und des Dreißigjährigen Krieges, 3 Bde, Stuttgart 1889–1908 (Neudruck Darmstadt 1974)
Roberts. Michael: The Swedish Imperial Experience 1560–1718, Cambridge u. a. 1979
Schilling, Heinz: Aufbruch und Krise. Deutschland 1517–1648, Berlin 1988
Schmiedt, R. F. : Vorgeschichte, Verlauf und Wirkungen des Dreißigjährigen Krieges, in: Lehrbuch der deutschen Geschichte (Beiträge, 3), Berlin 1965
Schmidt, Georg: Der Dreißigjährige Krieg (Wissen, 2005). München 1995
Schormann, Gerhard: Der Dreißigjährige Krieg, Göttingen 1985
Schultze, Johannes: Die Mark Brandenburg, 2. Aufl. Berlin 1989
Scocozza, Benito: Christian 4, Köbenhavn 1987
Ds.: Ved afgrundens rand. 1600–1700 (Danmarkshistoirie, red. Olaf Olsen, 8), Köbenhavn 1988
Steinberg, S. H.: Der Dreißigjährige Krieg und der Kampf um die Vorherrschaft in Europa. 1600–1660, Göttingen 1967
Sturmberger, Hans: Kaiser Ferdinand und das Problem des Absolutismus, München 1957
Den svenska historien, Bd. 4: Gustav Vasa. Riket formas, Stockholm 1978
Ds.: Bd. 5: Sverige blir en stormakt, Stockholm 1988
Sveriges historia genom tiderna, Bd. 2: Gustav Vasa. Vasasönerna. De sista Vasarna, Stockholm 1948
Sjögren, Otto: Sveriges historia, Bd. 2: Gustav Vasa. Gustav Vasas söner, Stockholm 1925
Ds.: Bd. 3: Storhetstiden. Vasaskedet. Pfalziska huset, Stockholm 1925
Vajda, Stephan: Felix Austria. Eine Geschichte Österreichs, Wien 1980

Vitense, Otto: Geschichte von Mecklenburg, Augsburg 1994 (Reprint der Ausgabe von 1920)
Wandruszka, Adam: Das Haus Habsburg. Geschichte einer europäischen Dynastie, Stuttgart 1956
Wedgwood, C. V.: Der 30jährige Krieg, 3. Aufl. München 1993
Wehrmann, Martin: Geschichte von Pommern, 2 Bde, Augsburg 1992 (Reprint der Ausgaben von 1919 u. 1921)
Willoweit, Dietmar: Deutsche Verfassungsgeschichte, München 1990
Zeeden, Walter: Hegemonialkrieg und Glaubenskämpfe. 1556 bis 1648, in: Propyläen Geschichte Europas, Frankfurt/Main u. Berlin 1992
Zernack, Klaus: Nordeuropa. Skizzen und Beiträge zu einer Geschichte der Ostseeländer, Lüneburg 1993
Zöllner, Erich: Geschichte Österreichs, von den Anfängen bis zur Gegenwart, Wien 1962

B: Bearbeitungen

Ahnlund, Nils: Axel Oxensttierna intill Gustav Adolfs död, Stockholm 1940
Albrecht, Dieter: Richelieu, Gustav Adolf und das Reich, München, Wien 1959
Arnoldsson, Sverker: Krigspropaganda i Sverige före trettioariga kriget, in: Historia kring trettioariga kriget, Falun 1994
Bär, Max: Die Politik Pommerns während des dreißigjährigen Krieges, Leipzig 1896
Böhme, Klaus-Richard: Bremisch-verdische Staatsfinanzen 1645 bis 1676. Die schwedische Krone als deutsche Landesherrin, Diss. Uppsala 1967
Böttcher, Diethelm: Die schwedische Propaganda im protestantischen Deutschland, Jena 1951
Boethius, Bertil: Svenskarna i de nedersachiska och westfaliska kustländerna juli 1630–november 1632, Uppsala 1912
Bothe, Friedrich: Gustav Adolfs und seines Kanzlers wirtschaftspolitische Absichten auf Deutschland (Frankfurter Historische Forschungen, 4), Frankfurt/M. 1910
Burkhardt, Carl J. : Richelieu. Der Aufstieg zur Macht. Behauptung der Macht. Großmachtpolitik und Tod des Kardinals. Materialien, 2. Auflage München 1988
Droysen, Johann Gustav: Gustav Adolf, Bd 1–2, Leipzig 1969/70

Ericsson, Lars: Borgare och byråkrater. Omvandlingen av Stockholms stadsförvaltning 1599–1637, Stockholm 1988

Ferm, Olle: De högadliga godsen i Sverige vid 1500–talets mitt, Stockholm 1990

Findeisen, Jörg-Peter: Das Ringen um die Ostseeherrschaft. Schwedens Könige der Großmachtzeit, Berlin 1992

Ds. : Christina von Schweden, Frankfurt/Main 1992

Goetze, Sigismund: Die Politik des schwedischen Reichskanzlers Axel Oxenstierna gegenüber Kaiser und Reich (Beitr. Sozial- u. Wirtsch., 3), Kiel 1971

Göransson, Göte: Gustav II Adolf och hans folk, o. O. 1994

Gustav II Adolf – 350 år efter Lützen, Utg. Livrüstkammaren, Stockholm 1982

Hadenius, Stig: Riksdagen. En svensk historia. Sveriges Riksdag 1994

Halmfrid, Staffan: Gutsbildung und Agrarlandschaft in Schweden im 16.–17. Jahrhundert, in: Die Bauerngesellschaft im Ostseeraum und im Norden um 1600 (Acta Visbyensia, II) Visby 1965

Hempel, Annette: Eigentlicher Bericht/so wol auch Abcontrafeytung/ eine Untersuchung der nichtallegorischen Nachrichtenblätter zu den Schlachten und Belagerungen der schwedischen Armee unter Gustav II. Adolf (1628/30–1632), Frankfurt/M. u. a. 2000 (Diss. Kath. Univ. Eichstätt)

Heyde, Astrid: Die Darstellungen König Gustav II. Adolf von Schweden: Studien zum Verhältnis von Herrscherbild und Herrschermythos im Zeitraum von 1607 bis 1932, Flensburg 1995 (Diss. Univ. Kiel)

Historia kring trettioåriga kriget, red. av Görau Kystad, Falun 1994

Kretschmar, Johannes: Gustav Adolfs Pläne und Ziele in Deutschland und die Herzöge zu Braunschweig und Lüneburg (Quellen und Darstellungen zur Geschichte Niedersachsens, 17), Hannover, Leipzig 1904

Kuske, Bruno: Westdeutschland im Dreißigjährigen Kriege, in: Köln, der Rhein und das Reich. Beiträge aus fünf Jahrzehnten wirtschaftsgeschichtlicher Forschung, Köln 1956

Lindegren, Jan: Utskrivning och utsugning. Produktion och reproduktion i Bygdea 1620–1640, 1980

Montgomery, Ingun: Gustav Adolf och religionen, in: Gustav II Adolf – 350 ar efter Lützen, Stockholm 1982

Mehring, Franz: Gustav Adolf. Ein Fürstenspiegel zu Lehr und Nutz der deutschen Arbeiter, 2. Aufl. Berlin 1908

Milch, Werner: Gustav Adolf in der deutschen und schwedischen Literatur, Breslau 1928

Neuer-Landfried, Franziska: Die katholische Liga. Gründung. Neugründung und Organisation eines Sonderbundes 1608–1620 (Münchener historische Studien. Abt. Bayrische Geschichte, 9), Kellmünz 1968

Nilsson, Sven A.: Den stora krigens tid. Om Sverige som militärstat och bondesamhälle, Uppsala 1990

Öhquvist, Johannes: Das nordische Dreigestirn, Stuttgart 1941

Odhner, Claes Theodor: Om orsakerna till Gustaf II Adolfs deltagande i trettioåriga kriget, Lund 1882

Pfeffer, Maria: Flugschriften zum Dreißigjährigen Krieg, Frankfurt/M. 1993

Pfister, Kurt: Königin Christine. Mensch, Staat und Kultur der Welt des Hochbarocks, München 1949

Platzhoff, Walter: Geschichte des europäischen Staatensystems 1559–1660, München u. Berlin 1928

Rapp, Alfred: Das fanatische Jahrhundert. Die große Legende von den Glaubenskriegen, Stuttgart 1970

Ritter, Gerhard: Weltwirkung der Reformation, Darmstadt 1969

Roberts, Michael: From Oxenstierna to Charles XII. Four studies. Cambridge 1991

Runeby, Nils: Monarchia mixta. Maktfördelningsdebatt i Sverige under den tidigare stormaktstiden (Studia Historica Upsaliensia, VI), Stockholm 1962

Saget, P. u. Alf. E. Stein: Gustav Adolf: Deutschlands Eroberer – nicht Erretter, vorzugsweise im Lichte seiner eigenen und zeitgenössischen Aeusserungen, Osnabrück 1895

Sandberg, Robert: I slottets skugga. Stockholm och kronan 1599–1620 (Stockholms monografier), Stockholm 1991

Sandström, Ake: Mellan Torneå och Amsterdam. En undersökning av Stockholms roll som förmedlare av varor i regional- och utrikeshandel 1600–1650, Stockholm 1990

Seidler, Josef: Untersuchungen über die Schlacht bei Lützen, Memmingen 1954

Strindberg, Axel: Bondenöd och stormaktsdröm. Studier över skedet 1630–1718, Stockholm 1937

Sundberg, Karin: Resurcer och sociala relationer. Studier av ett lokalsamhälle i förändring 1600–1800: Österhaninge och Västerhaninge socknar (Bibliotheca historica lundensis, 76), Lund

Sverige 1628: Bilder och texter kring ett årtal, Red. Christine Östling, Stockholm 1995
Tham, Wilhelm: Den svenska utrikes politikens historia, I: 2. 1560 bis 1648, Stockholm 1960
The Thirty Years' War. Problems of Motive, Extent, and Effect (Problems in European Civilization, hrg. v. Theodore K. Rabb, Lexington u. a. 1964
Villstrand, Nils Erik: Anpassning eller protest. Lokalsamhället inför utskrivningarna av fotfolk till den svenska krigsmakten 1620–1679, Åbo 1992
Voges, Ursula: Der Kampf um das Dominium Maris Balitici 1629 bis 1645. Schweden und Dänemark vom Frieden zu Lübeck bis zum Frieden von Brömsebro, Greifswald 1938
Wand, Karl: Gustav II Adolf och Jesuitdolken. Kamp och försoning med den katolska kyrkan i Sverige, Stockholm 2003
Weibull, Lauritz: De diplomatiska förbindelser mellan Sverige och frankrike 1629–1631, Lund 1899
Westphal, Otto: Gustav Adolf und die Grundlagen der schwedischen Macht, Hamburg 1932
Zelllhuber, Andreas: Der gotische Weg in den deutschen Krieg: Gustav Adolf und der schwedische Gotizismus, Augsburg 2002

G: Gustav-Adolf-Biographien

Ahnlund, Nils: Gustav Adolf den Store, Stockholm, 4. Aufl. 1932
Ds.: Gustav Adolf den Store, Stockholm 1963
Barudio, Günter: Gustav Adolf der Große. Eine politische Biographie, Frankfurt/M. 1982
Berner, Felix: Gustav Adolf. Der Löwe aus Mitternacht, Stuttgart 1982
Böttcher, W.: Gustav Adolph, König von Schweden. Ein Buch für Fürst und Volk, Kaiserwerth am Rhein 1845
Bracher, Ulrich: Gustav Adolf von Schweden, Stuttgart u. a. 1971
Droysen, Gustav: Gustav Adolf, 2 Bde. Leipzig 1869–1870
Fryxel, Anders: Gustav II Adolf, Stockholm 1833
Gfrörer, A. F. : Geschichte Gustav Adolphs, König von Schweden und seiner Zeit für Leser aus allen Ständen, Stuttgart, Leipzig 1837
Harte, Walther: Das Leben Gustav Adolphs des Großen. Königs von Schweden, 2 Bde, Leipzig 1760–1761
Hjärne, Harald: Gustaf Adolf. Protestantismens förkämpe, Stockholm 1901

Hornborg, Eirik: Konung Gustav II Adolf. En minneskrift, Helsinki 1932

Junkelmann, Marcus: Gustav Adolf (1594–1632). Schwedens Aufstieg zur Großmacht, Regensburg 1993

Lamparter, Eduard: Gustav Adolf. König von Schweden. Der Befreier des evangelischen Deutschlands, Barmen 1892

Paul, Johannes: Gustav Adolf, 3 Bde, Leipzig 1927–1932

Ds.: Gustav Adolf. Christ und Held (Persönlichkeit und Geschichte, 33), Göttingen 1964

Roberts, Michael: Gustavus Adolphus. A History of Sweden 1611 bis 1632, 2 Bde, London u. a. 1953, 1958

Schwede, Alfred Otto: Gustav II. Adolf. Ein Lebensbild, Berlin 2. Aufl. 1982

Wittrock, Georg, Gustav II Adolf (Sveriges Historia till vara dagar, 7), Stockholm 1927

W: Wallenstein-Biographien

Boehn, Max von: Wallenstein, Wien 1926

Diwald, Hellmut: Wallenstein. Biographe, Berlin 1987

Gindely, Anton: Waldstein während seines ersten Generalats im Lichte der gleichzeitigen Quellen. 1625–1630, Leipzig 1886 (Reprint Wien 1972)

Görlitz, Walter: Wallenstein. Eine politische Biographie, Frankfurt/M. 1948

Mann, Golo: Wallenstein. Sein Leben, Frankfurt/M. 1971

Ranke, Leopold von: Geschichte Wallensteins, Leipzig 1869 (Düsseldorf 1967)

Z: Zeitschriften-Artikel

Backhaus, Hellmut: Zum Verlust der schwedisch-pommerschen Archive vor Bornholm 1678, in: Jahrbuch für Regionalgeschichte, 15 II, 1988

Boethius, Bertil: Gustav II Adolfs protestantiska politik, in: Svensk Tidskrift 1917

Buchholz, Werner: Der Eintritt Schwedens in den Dreißigjährigen Krieg in der schwedischen und deutschen Historiographie des 19. und 20. Jahrhunderts, in: Historische Zeitschrift 1987

Dagens Nyheter, Ausgaben August bis Dezember 1983 (Diskussion)

Erdmannsdörfer, Bernhard: Zur Geschichte und Geschichtsschreibung des dreißigjährigen Krieges, in: Historische Zeitschrift 1865

Findeisen, Jörg-Peter: Gustav II. Adolf von Schweden. Er kam helfen, doch niemand hatte ihn gerufen, in: Geschichte-Erziehung-Politik, 2/1995

Gustav II Adolf hade blodgrupp A, in: Svenska Dagbladet, 10. März 1991

Hacker, Hans-Joachim: Die Finanzlage Stralsunds 1630–1648 im Spiegel der städtischen Einnahme- und Ausgabe-Register, in: Greifswald-Stralsunder Jahrbuch, 12, Weimar 1979

Ds.: Zum Schiffs- und Warenverkehr im 17. Jahrhundert, in: Studia Maritima, III, 1981

Langer, Herbert: Reichszustände im Spiegel dänischer Gesandtschafts- und Residentenberichte in der ersten Hälfte des 17. Jahrhunderts, in: Jahrbuch für Regionalgeschichte, 15 II, 1988

Lennart Nilson gar till historien, in: Svenska Dagbladet, 3 März 1991

Lindegren, Jan: The Swedish »Military State« 1560–1720, in: Scandinavian Journal of History 1985

Mästerfotografen avslöjer kungamörderen, in: Aftonbladet 1. November 1992

Oredsson, Sverker: Gustav II. Adolf – en lysande Propagandist, in: Historieläsarens förenings årsskrift, Bromma 1995/96, S. 49–54

Ds.: Warum griff Schweden in den Dreißigjährigen Krieg ein?, in: Pommern. Geschichte. Kultur. Wissenschaft, Greifwald 1991, S. 105–112

Peters, Jan: Über die Ursachen der schwedischen Teilnahme am 30-jährigen Krieg. Bemerkungen zur Gustav-Adolf-Auffassung bei Walther Hubbatsch, in: Wissenschaftliche Zeitschrift der Ernst-Moritz-Arndt-Universität Greifswald, 1958/59

Paul, Johannes: Gustav Adolf in der deutschen Geschichtsschreibung, in: Historische Vierteljahrschrift 1928

Ruhland, Volker: Der Dreißigjährige Krieg und Kursachsen, in: Geschichte-Erziehung-Politik, 2/1995

Stavenow, Ludvig: Gustav Adolfsproblemet och den svenska historieforskning, in: Nordisk Tidskrift 1914

Personenregister